臺灣歷史與文化 研究輯刊

七 編

第 2 冊

龍渡滄海：
清代臺灣社會的風水習俗（下）

洪 健 榮 著

花木蘭文化出版社

國家圖書館出版品預行編目資料

龍渡滄海：清代臺灣社會的風水習俗（下）／洪健榮 著 — 初
版 — 新北市：花木蘭文化出版社，2015〔民104〕

目 2+262 面；19×26 公分

（臺灣歷史與文化研究輯刊 七編：第 2 冊）

ISBN 978-986-404-172-5（精裝）

1. 堪輿 2. 民俗學 3. 清代 4. 臺灣

733.08　　　　　　　　　　　　　　　103027813

ISBN-978-986-404-172-5

9 789864 041725

臺灣歷史與文化研究輯刊

七 編 第 二 冊　　　　　　　ISBN：978-986-404-172-5

龍渡滄海：清代臺灣社會的風水習俗（下）

作　　者	洪健榮
總 編 輯	杜潔祥
副總編輯	楊嘉樂
編　　輯	許郁翎
出　　版	花木蘭文化出版社
社　　長	高小娟
聯絡地址	235 新北市中和區中安街七二號十三樓
	電話：02-2923-1455／傳真：02-2923-1452
網　　址	http://www.huamulan.tw 信箱 hml810518@gmail.com
印　　刷	普羅文化出版廣告事業
初　　版	2015 年 3 月
定　　價	七編 10 冊（精裝）台幣 20,000 元

龍渡滄海：
清代臺灣社會的風水習俗（下）

洪健榮　著

目次

第五章　風水習俗的社會互動（上）

有清一代，隨著漢人絡繹不絕地移墾臺灣，原先長期盛行於閩粵地區喪葬習俗中的風水行為，也在一波又一波「移民潮」的帶動下，陸續散佈於臺灣南北各地。除了漢人聚落日常性的擇居營葬之外，風水信仰有時也成為家族移徙或廟宇遷建的指標，甚至是公共建設與地域開發之際考慮的要點之一。下層庶民百姓如此，上層菁英份子也大抵若是。除了實踐的客體與應用的對象略有不同之外，在引藉風水觀念進行陰陽宅布局的行為層面上，呈顯出不論貴庶且無分官民皆一體同行的情形。

本章落實在前述的認知基礎上，嘗試從術數文化與社會互動的觀點，進一步探討風水習俗與清代臺灣各種社會文化現象之間的關係，考察風水習俗所連結的地方各項發展。筆者引述的基本資料，除了官書檔案、地方志書、契據碑刻與譜系文獻之外，私家筆記文集以及臺灣各地鄉土史料中所刊載的風水傳說故事，也是重要的論證來源。基本上，傳說故事係清代臺灣風水習俗的一部分，也是傳播風水觀念的主要媒介，其內容反映特定時空人們的集體心態，本身也是一種「真實的」社會現象，而非僅止於一種天馬行空、子虛烏有的平白想像。如能掌握自清代流傳至今的各類風水傳說故事的背景脈絡，也許將有助於我們從深層文化的角度，洞悉風水之說在社會大眾心理層面上的影響。

本章的節次安排即呼應前述的問題意識，首先考察聚落形成的風水成因與地方興衰的風水背景，藉以透視風水習俗與臺灣地域拓墾的互動關係。其次，則聚焦於文教設施選址營建的風水考量與地方官紳的堪輿思維，以呈現地方文教發展與傳統風水習俗的相應聯繫。

第一節　地域拓墾

　　開拓意指一地之聚落形成與產業發展的歷程，特定區域的拓墾是人類文化活動的結果。本節探討風水觀念對於清代臺灣地域開拓與聚落形成的影響，依序從地域拓墾過程中的風水考量、漢移民聚落形成的風水背景、地域興衰與風水形勢的聯想、風水論述所反映的空間「內地化」等四個面向，各立一段加以說明。

一、地域拓墾過程中的風水考量

　　地域拓墾、聚落形成與產業發展皆有賴於群體力量的投入，如從閩粵移民作為拓墾主體的角度來考察清代臺灣各地的開發，其實也正意味著外來漢人勢力對於特定空間的進佔。在漢人披荊斬棘並建立聚落的過程中，由於海天新世界充斥著各種難以預料的危機因素，職是之故，具有彌補人們對於有窮生命的不確定感為主要功能的風水術數，適足以發揮其安定民心及鼓舞士氣的實質作用。

　　乾隆五年（1740），北臺墾戶首金順興即郭錫瑠（1705～1765）率眾前往大坪林青潭口（今新北市新店區一帶），擬在該處開鑿陂圳以墾成田園，然因地勢險要，其間更不時與附近的泰雅族原住民發生衝突，造成水圳工程的進度延宕多時。十七年（1752），郭錫瑠等人再行動工興築，但終究功敗垂成。翌年（1753），蕭妙興與郭錫瑠相商，承接其所闢青潭坡地，將墾戶名稱改為金合興，稟請官府出示牌照給定圳路，即偕同股夥朱舉、曾鎮、王綸、簡書、陳朝誇、吳德昌、江游龍、林棟材等人深入其境，擇日興工，引青潭溪水鑿圳墾荒。與事者克服外在環境的諸多困擾，至二十五年（1760）前後陸續鑿成各大小圳路。三十八年（1773）初，經官府丈明自青潭坑口起直透至獅山外止的圳岸地界，隨即定汧分水，灌溉大坪林五莊田園，水份計四百六十甲。斯時，蕭妙興曾邀請一位堪輿明師「林濃」，[註1] 擇日翻修先前的草創寮地，以求「革故鼎新，師美其地」。同年三月，眾人同立公訂水路車路合約字，除了載明彼此必需遵行的權限分際之外，主事者蕭妙興特將林濃先生對於大坪

〔註 1〕　疑即乾嘉時期活躍於北臺的著名堪輿師林郎（或作「瑯」）。按閩南語發音，「濃」
　　　　及「郎」音頗為相近。由於林郎（瑯）的名聲響亮，自清代以來北臺各地故
　　　　老相傳的多處佳穴吉壤，往往與他的堪輿行蹤發生聯繫；而其神話性的風水
　　　　事跡，迄今依舊流傳於北臺各村落鄉間。相關的記載，可參見鐘義明《增訂
　　　　臺灣地理圖記》一書。

林五莊風水形勢的點劃，擇要附錄於該合約字後云：

> 統覽我庄地勢，山川懷抱，日后富貴收全。獅頭山主從東方發祖，來南方吉地，南屬火，獅頭是火山，天機活潑，貴龍旺象，淡地可推為第一名山。當前則案山重重，兩邊則轉翼對耦。大貢山之峰秀麗，左班供立，錫口山之尖魁奇；右斑隨峙，外有觀音、大屯，相對守門戶，為外關鍵。遠代高官，內有尖山、拳山對峙，把溪門為內關鍵鎖，尖山鳳嘴把大溪；近代文官，拳山眾管索小溪，邇代武將，遠近次第出仕。溪名乾溪，實半月沉江，庄中萬金不斷；山連七山，即七星墜地，日后二甲聯芳。〔註2〕

　　根據合約字中所載蕭妙興的現身說法，他「特舉大概以附錄之，以記不忘」的用意，主要是為了「徐以待之可也，我等相勉為善也可」。換句話說，蕭妙興引藉傳統風水之說以撫慰眾人正值排除萬難、拓墾初成之際的成就感，藉以激勵參與者堅持到底的決心，並可號召來者共襄盛舉，積極投入大坪林地區這塊「風水寶地」的拓墾事業，以逐步實現堪輿名家先前之富貴雙全的風水預言。大體而言，蕭妙興巧妙地運用漢人社會普遍性的風水信仰，向拓墾關係者出示一種近乎「望梅止渴」式的未來保證。

　　清代後期，漢籍移民拓墾竹塹地區大湖口（今新竹縣湖口鄉）之際，其間也曾流傳一段出自某堪輿名師的風水讖語云：「好地生在大湖口，有介金獅朝北斗；長崗來作岸，波羅把水口；誰人做得到，金銀萬萬斗」。〔註3〕如這段讖語所云，山環水繞的大湖口擁有令人致富的風水形勢，足可滿足拓墾者趨吉生財的心理需求，自是吸引渡臺漢人進墾此地的一大驅力。後世流傳的一首〈苗栗地理錦囊〉，也傳達出類似的民俗思維云：「苗栗地理結在西山口，鹿仔喞花路上走，扒仔岡做案，新港把水口，誰人做得對，金銀萬萬斗」。〔註4〕

　　拓墾主事者憑藉風水讖言來彌補眾人對於現狀的不確定感，俾獲取在心理上對於未知領域的安全感，甚至於產生一種煽風點火式的催促作用。對於

〔註2〕臨時臺灣土地調查局，《臺灣舊慣制度調查一斑》，頁147。有關清代臺北地區大坪林一帶的開發，可詳參尹章義等，《新店市誌》，第3章，頁106～118；溫振華，《清代新店地區社會經濟之變遷》，第3章，〈大坪林官莊之形成與發展〉，頁57～93。
〔註3〕羅烈師，《大湖口的歷史人類學探討》，頁38，228。文中的「地理明師」，一說是淡水同知李慎彝，或說為林郎（瑯）。
〔註4〕臺灣省文獻委員會編，《苗栗縣鄉土史料》，頁33。

渡遷臺地的閩粵移民而言，根據他們過去生命經驗中所熟悉的風水觀念來選擇一處理想的安居樂土，使原本陌生的地區轉化爲似曾相識的環境，以求能在移居區內拓墾有成，並發展家族勢力，無疑也是一項效度頗佳的可行方式。

原籍漳州府南靖縣習賢里的陳樵，於乾隆年間偕妻攜子渡海來臺，最初擇居淡水廳和尚洲（今新北市蘆洲區）一帶。數年後，因和尚洲地勢低下易遭水患，乃遷往桃仔園大坵園許厝港附近。不久後，再續向西方移徙，行經雙溪口、下關厝仔直至大崙山。相傳陳樵父子自大崙山眺望四境，以該處與故居塘山（穴屬睡眠地牛穴）的地形相似，地理風水頗佳，適宜開墾耕作，於是決定落腳於此，以作長居久安之計。在陳樵父子及其後代子孫的長期經營下，拓墾田園遍及大崙山上、山下、崙坪、新坡、青埔子、上大堀、下大堀等地。日後子孫繁衍，蔚成今桃園縣觀音鄉大堀村一帶的陳氏家族。〔註5〕

道光中期，九芎林庄總理姜秀鑾（1783～1846）奉淡水廳同知李嗣鄴諭令，組織金廣福墾號拓墾竹塹東南山區。相傳姜秀鑾率眾進墾北埔之初，曾延請堪輿師（或云即本身精通堪輿學理的同知李嗣鄴）扦點地理龍穴，擇定慈天宮廟址與天水堂宅地，作爲姜家與漢人勢力在地發展的基礎，護佑大隘墾業順遂昌隆。〔註6〕此後，整個北埔客家聚落實質環境的建構，多經由堪輿先生的指點，深受風水觀念的影響。〔註7〕

當漢人新闢活動領域的時候，風水觀念偶亦扮演前導性的角色，推促其拓墾事務的進度。嘉慶初期，漳州府漳浦縣籍吳沙（1731～1798）率領漳、泉與粵籍漢人進墾蛤仔難地區（即噶瑪蘭，今宜蘭平原），自北而南陸續建立起頭圍（今宜蘭縣頭城鎮城東、城西、城南、城北等里）、二圍（今頭城鎮二城里）、三圍（今宜蘭縣礁溪鄉三民村）與四圍（今礁溪鄉詩結村）等聚落，並設置鄉勇以防禦原住民。根據相關文獻的記載，在吳沙及其子光裔、姪吳化等人率眾拓展的過程中，曾經接受過一名堪輿師的導引。如噶瑪蘭教諭謝金鑾（1757～1820）在〈蛤仔難紀略〉中提到：

> 嘉慶三年間，有龍溪蕭竹者，頗能文章、喜吟詠，於堪輿之術自謂得異人傳。從其友遊臺灣，窮涉至蛤仔難。吳沙款之居且切。乃爲標其勝處爲八景，且益爲十六景。今所傳「蘭城拱翠」、「龍潭印月」、「曲徑香泉」、「濁水涵清」之類者皆是也。竹悉爲賦詩，或論述其

〔註5〕 陳柳金編，《陳氏族譜並渡臺史記》。
〔註6〕 梁宇元，《清末北埔客家聚落之構成》，頁61，94，107。
〔註7〕 吳聲淼，〈隘墾區伯公研究：以新竹縣北埔地區爲例〉，頁110～112。

山水脈絡甚詳。時未有五圍、六圍，要其可以建圍之地，竹於圖中皆遞指之；後乃遵建焉。〔註8〕

在謝金鑾的這段陳述中，顯示了吳沙曾遵從漳州龍溪籍堪輿師蕭竹的圖說指點，卜擇風水適當的地區新闢五圍（今宜蘭市）、六圍等漢人聚落。我們知道，於嘉慶初期蒞臺的蕭竹流傳有〈甲子蘭記〉一文，根據他的現身說法：「嘉慶三年秋，余與黃友渡臺。越三載庚申，遊極北之甲子蘭。其地沃野三百餘里，可闢良田萬頃，容十萬戶。余細閱勝概，千山競秀、萬水朝宗，內納一大陽基，通眾再造四圍。聊題詩記圖說，以志不泯」。蕭竹並有詩云：「遨遊臺地已三秋，覓盡山川何處求。步向蘭中尋一吉，羅紋交貴水縈流」；又云：「屏風錦帳列千尋，融結蘭城天地心。萬疊江山遙拱秀，率濱應沐化波深」。〔註9〕從這些涉及噶瑪蘭地理形勢的風水解讀，呈現出地域開發與風水格局的關聯，當中不難看出蕭竹本人的堪輿素養，以及他藉由堪輿論述來號召漢人積極墾闢噶瑪蘭的醉翁之意。

對於蕭竹的風水比附，謝金鑾相當不以為然。在前引〈蛤仔難紀略〉一文中，他質疑「蕭竹甚悉於蛤仔難，乃其為圖，則專寫四圍；以其時竹為吳沙卜四圍地，特誇其妙，故為圖坐乾向巽，其言後山之疊脈，水法之迴抱，雖於山川之向背特詳要，皆為四圍言之」。〔註10〕也就是說，謝金鑾認為蕭竹刻意標榜蛤仔難四圍地區擁有奇佳的風水格局，來迎合吳氏族人率眾開闢蛤仔難的意向，連帶獲取其信任，這不外是堪輿地師所慣用的「投其所好」的手法。姑且不論此事的因果關係為何，通觀謝金鑾的說法，畢竟也透露出吳氏率眾拓墾噶瑪蘭前後與堪輿師蕭竹的一段淵源。

另外，於道光元年（1821）奉檄權判噶瑪蘭地區的臺灣道姚瑩（1785～1853），在其所著《東槎紀略》卷三〈噶瑪蘭原始〉中，根據自身實地的探訪見聞並徵考案牘文獻，批駁謝金鑾〈蛤仔難紀略〉中涉及蕭竹與吳沙之間關係的記載或有失實之處云：「嘉慶三年，吳沙已死，安有款居蕭竹之事？若謂二年，則是時僅開頭圍，與番爭鬥未息，安得游覽全勢？以余考之：蓋款蕭竹者，吳沙之子光裔與吳化輩也。化等既得二圍與番和，乃延竹進窺其地」。

〔註8〕柯培元等，《噶瑪蘭志略》，卷13，頁160～161。另參見唐贊袞，《臺陽見聞錄》，卷上，〈建置·蛤仔難〉，頁8。

〔註9〕連橫，《臺灣詩乘》，卷3，頁131～132。

〔註10〕柯培元等，《噶瑪蘭志略》，卷13，頁168。

〔註11〕姚瑩的質疑固然有理，然而，並沒有否定堪輿師蕭竹在噶瑪蘭拓墾史上的角色。無論款待蕭竹、聽信其言者究竟是吳沙還是其姪吳化，嘉慶時期宜蘭地區漢人聚落的形成與勢力的擴張曾經受過風水之說的影響，應該是一項可信度頗高的事實。

值得注意的是，在姚瑩的想法中，吳化延聘蕭竹的用意，主要是爲了借助他對於當地堪輿格局的確認，期能清楚地掌握原屬原住民活動區域的地理形勢，再予以「染指」，進一步擴張以吳氏爲首的漢人集團領地。在這個環節上，風水觀念作爲地域開拓的前導，同時也具有權力掌控的色彩。連橫（1878～1936）於《臺灣通史》卷三十二〈吳沙列傳〉中記載蕭竹其人其事云：

> ……至蛤仔難，時吳沙方闢斯土，客之。竹乃探形勢，標爲八景，且益爲十六景，悉賦詩，或記述其山川脈絡。當是時墾地未廣，平原萬頃，溪注分流。竹於圖中凡可以建城築堡者，皆遞指之。後如其言。沙既闢斯土，至者數千人，力田自給。顧自恥化外，百貨鮮通，竹又爲畫策，請入版圖。有司以土地遼遠，慮有變，不許。未幾竹卒，沙亦死，侄化領之，後從其議。〔註12〕

如連橫所言，這位精通堪輿術數、雅好遊歷四方的蕭竹，指引吳氏父子進行土地的佔有之餘，同時也策動其向清朝官府呈請在噶瑪蘭地區設治，風水格局的點劃與政治權力的運作，於此巧妙地結合起來，恰好爲漢人在這片土地上的勢力擴張，鋪陳出神聖化的風水背景，並奠下實質性的政治基礎。在他們取代當地的原住民勢力之餘，順便開闢出一處適合外來者安居樂業的「淨土」。

清代中前期漢人墾殖噶瑪蘭地區的歷史過程，呈現出風水習俗與地域拓墾之間的互動關係。經由風水觀念直接或間接的影響下，逐漸促成了當地漢人聚落的具體成型。在清代臺灣各地移墾社會發展的時空環境中，類似的情形，往往也是一種漢移民聚落形成的常態模式。

二、漢移民聚落形成的風水背景

漢人聚落的形成爲臺灣地域拓墾的具體成果，也是來自閩粵原鄉的生活方式重新實踐的地理空間。風水觀念作爲傳統文化習俗的一環，也不斷在這

〔註11〕姚瑩，《東槎紀略》，卷3，頁71～72。
〔註12〕連橫，《臺灣通史》，卷32，頁856。

片漢人新闢的境域中施展開來。

　　從現存的清代文獻中，我們可以看到某些關於聚落所在地域之風水形勢的描述。如原籍泉州府永春州的黃成美於嘉慶二十年（1815）十月詩頌新莊武廟勝景之際，也顯示了該作者對於興直堡一帶「觀音太祖尊星耀，興直名區萬水朝」之風水形勢的聯想，其稱道：「觀音山勢盡清奇，會合陰陽環四水；觀音前後皆幽致，賓主朝迎州卦堂。仙人抱網個團圓，鉛墜新街城郭地；崔巍疊聳與天高，會合雙溪朝九曲」。又云：「神降新庄鑿築宜，三金未卜是誰見；太極圖中同一氣，官居乙品無他處。塭水歸來索右旋，周圍碧玉萃三元；走馬三台垣氣和，玩尖六曜列前科」。〔註13〕黃成美的描述，勾勒出當時興直堡新莊街鄰近區域山環水繞、藏風聚氣的堪輿格局，發展潛力極為可觀。

　　陳培桂等人於同治十年（1871）刊《淡水廳志》卷二〈封域志・山川〉中，鋪陳廳治中路少祖山金山面山和其左、右翼諸山一帶的堪輿格局，以及廳治周遭漢人聚落的分布，同時也讓我們見識到修志官員心目中理想的風水景致：

> 由金山面西下，忽化陽脈，平原廣衍，可六、七里，漸遠而高，有窩曰出粟湖，不溢不竭；今為耕者鑿以引溉，遂涸。湖廣十餘丈，周圍皆平岡，……又北之護衛過脈者曰風吹輦崎。再由過脈崛起而雄偉者曰虎頭山，一名倒旗山；去治三里。其北曰十八尖山。虎頭之下為外較場，其北下橫斜小阜曰枕頭山。其南旁橫斜小阜為中塚。由外較場西下，而屋宇參差，煙火相望者，為巡司埔莊。在城東南隅，西面大海，萬頃杳冥，村墟墩阜，亦嶔崎錯落有致；以上廳治來龍所結穴也。〔註14〕

清末苗栗境內行政首善之區貓裡街（今苗栗市）的整體風水格局，在光緒二十年（1894）沈茂蔭等《苗栗縣志》卷二〈封域志・山川〉所附〈地理形勢說〉一文中，有相當扼要地呈現：

> 縣治坐北朝南，與祖山兩相對照，所謂迴龍顧祖者，此也。其祖是百二份之雞冠山，由內山番界東南來，層巒疊嶂，……五、六里，始有起伏巍然高聳者，曰牛屎崎山、貓裏山；其西下屋宇參差、煙火相望者，為貓裏街。在城南隅盤西而下，紆徐不迫，直趨夢花莊；

〔註13〕何培夫主編，《臺灣地區現存碑碣圖誌　臺北縣篇》，頁33～34。
〔註14〕陳培桂等，《淡水廳志》，卷2，頁28～29。

此縣治來龍結穴之處，是即山之幹也。〔註15〕

文中的描述，宛然一片風水寶地的聚落景象。類似這種龍脈氣行、砂案兼具的聚落景象，另可見於光緒二十年屠繼善《恒春縣志》卷十五〈山川〉中所記縣城西南五里的西屏山：「正居縣前，如一字平案。自南之紅柴坑山起脈、西之龜山收局，數十山連綿不斷。高均一、二里，其平如砥。十餘里中，林木蒼翠，雞、犬、桑、麻，疏密成村。夕陽西下之時，炊煙四起，縷縷如織，洵城鄉佳景也」。〔註16〕同年，雲林縣訓導倪贊元《雲林縣采訪冊》記載雲林縣境沙連堡諸山，也不乏此種風水寶地的刻劃。如位處縣東北二十八里的江西林山，「其山穿田突起，勢如橫屏。山頂坦平，廣二、三里，四面玲瓏秀麗。山背二峰形如獅、象，俯瞰清、濁兩溪。山麓民居錯處，厥土丹赤」；座落於縣東三十八里的崠頂山，「自鳳凰山分龍，蜿蜒六、七里，路皆平坦；至大水窟頭，束脈聳起。山二、三里，高低不一；森然屹峙，明媚幽雅；巖頭時有白雲封護。居民數十家，自成村落」。〔註17〕

此外，如陳朝龍等《新竹縣采訪冊》卷一〈山川〉記載縣境南二里竹塹堡山虎頭山，「自十八尖山東方來，高三十餘丈，端圓肥厚，高聳壯麗，以象形得名。龍脈融貫，地氣獨鍾；斂之既歸，發之愈廣。蓋至此而眾山皆盡，眞氣凝焉。山下漸化平原，縱橫廣坦，迢十餘里，悉爲秀靈奧區。縣城之建，所由萃川嶽之奇也」；又記載縣南十五里竹塹堡南隘山，「自十圖山北方來，形勢超拔，蔚然挺秀，高八、九丈。下開平原，周廣數里。有鄭姓南村別墅，背山卜築；茅屋十數間，結構精緻。屋後因山布置，自高而下層層種花。每當春、夏之間，紅、紫爭豔，如列錦屏，頗擅山林勝概。門前有一池，周廣二十餘丈，深以丈計」。〔註18〕直到明治三十年（1897）十二月由蔡振豐完稿的《苑裏志》中，其卷上〈封域志〉記載境內諸山後提到：「俗傳苑裏來龍，係自火燄山發祖，由苢蕉坑山過脈至印斗山，始放平洋；由貓盂莊、客莊微伏，至苑裏結爲市鎮」。〔註19〕明治三十一年（1898）四月由林百川、林學源等編《樹杞林志》之〈封域志·山川〉中，記載下堡山的來龍去脈以及北埔、樹杞林一帶風水寶地的山川分佈云：

〔註15〕沈茂蔭等，《苗栗縣志》，卷2，頁27～28。
〔註16〕屠繼善等，《恒春縣志》，卷15，頁252。
〔註17〕倪贊元等，《雲林縣采訪冊》，頁146～149。
〔註18〕陳朝龍等，《新竹縣采訪冊》，卷1，頁19，25。
〔註19〕蔡振豐，《苑裏志》，頁19。

五指山距署三十餘里，爲署治之祖山。五指第三峰低伏過峽，一縷
逶迤而下，由笙竹林七、八里，曰大烏龍崗頂；五、六里，曰豬湖
仔山，崛起土屏爲署治之少祖山，後送前迎，紆徐而出；六、七里，
曰尾隘仔山，擘幹分支。由南而下七里者，爲北埔之來龍所結穴也；
前有疊翠層巒，後枕芙蓉屏障，縱橫環拱，居然一名區也。由北而
降八、九里者，爲樹杞林之來龍結穴也；礪山帶河，左迴右抱，嶔
崎錯落，儼乎一巨觀也。[註20]

通觀前舉各項群山環抱且山明水秀的敘述，修志官紳透過文字的運用，
將讀者的目光聚焦於一種被誘導性的視野，使得我們從字裡行間依稀可以
看出街莊聚落發展與風水因素的相互爲用。另一方面，姑不論這些風水格局的
點劃是否爲修志人員事後的認定，或是他們的主觀因素加以理想化的結果，
風水形勢與聚落形成的緊密聯繫，相信是有清一代渡海來臺的閩粵移民所追
求的理想情景。事實上，隨著清代漢人戶口的持續增加造成定居社會的逐漸
成型，風水觀念在村落空間的選址闢建與形式布局方面，往往發揮出一種指
導性或制約性的實質作用。

關於風水觀念對於傳統聚落形成的影響，如梁宇元研究新竹北埔客家聚
落，林會承研究彰化縣鹿港街鎮結構，張琬如等人研究新竹關西上南片羅姓
村落，邱永章研究屏東六堆客家聚落五溝水，劉敏耀研究澎湖傳統聚落空間，
夏雯霖研究屏東後堆地區傳統聚落，賴志彰研究臺中地域的傳統聚落空間，
池永歆研究臺中東勢大茅埔傳統聚落空間，皆指出類似的現象。[註21] 此類
例證在歷史文獻中亦是不乏可見，如清代初期相傳福建移民以南部蕭壠社奉
祀阿立祖的公廨附近，地理風水頗佳，而在該處建立起漢人的市廛，名爲蕭
壠街（今臺南市佳里區一帶）。[註22]

清代中葉北斗街的選址擇建和其聚落規劃，亦明顯帶有風水思想的成分

〔註20〕林百川、林學源，《樹杞林志》，頁18。

〔註21〕梁宇元，《清末北埔客家聚落之構成》，頁107～112；林會承，《清末鹿港街鎮
　　　　結構》，頁40～41；張琬如等，《關西上南片羅姓村的形成與發展》，頁58～
　　　　60；邱永章，〈五溝水──一個六堆客家聚落實質環境之研究〉，頁132～136；
　　　　劉敏耀，〈「地理」對澎湖聚落空間的影響〉，頁33～73；夏雯霖，〈清末後堆
　　　　地方傳統聚落之研究〉，頁48～58；賴志彰，〈一九四五年以前臺中民居空間
　　　　地域特色之轉化〉，頁291～295；池永歆，〈空間、地方與鄉土：大茅埔地方
　　　　的構成及其聚落的空間性〉，頁27～30，169～181。

〔註22〕吳新榮，《南臺灣采風錄》，頁308～309。

在內。彰化縣南部東螺溪南岸舊社橚仔莊附近，漢人約於乾隆三年（1738）
在當地開建市街，名爲東螺街。嘉慶十一年（1806），東螺街因漳、泉械鬥，
遭受兵燹焚毀。同年，東螺溪氾濫，洪水沖崩市街。當地武舉陳聯登、監生
陳宣捷與街耆高倍紅、吳士切、謝嘍等人爲了避免平民商賈陷入流離失所的
窘境，於是倡議遷徙街址，卜擇於舊街北方二里許的地域。此後，再向原住
民東螺社（今彰化縣埤頭鄉一帶）番業主取得該土地的使用權，緊接著經營
市街新建的規模。其北段中建南向的天后宮，西北設置土地公祠，兩旁俱有
舖舍的規劃，稱之爲北橫街。中街與後街呈東西向，內設有二大巷，其南亦
有橫街；街巷縱橫二里，俱爲井字形。主事者考量形勢相似的因素，將新闢
市街正式定名爲北斗街。根據嘉慶十三年（1808）二月舉人楊啓元所撰〈東
螺西保北斗街碑記〉的說法，在當時地方紳耆的心目中，北斗街「地雖彈丸，
而規模宏遠」，其南方里許有文昌祠，與「北斗魁前六星」的象徵，若合符節；
再南向二十餘里有斗六爲朝山，又應合「南斗六、北斗七」的數目，誠爲文
明吉兆。此外，其東、西、南方皆有大溪迴護，北方則有小澗合流，山明水
秀，不啻天造地設的自然形勝。〔註23〕彰化知縣吳性誠（？～1826）隨後於
道光二年（1822）三月撰著〈建北斗街碑記〉，文中亦追溯北斗街新建緣由及
其內部結構的規劃云：

> 建街首事……因於距街里許得一地焉，名曰「寶斗」。相厥形勢，可
> 以興建。遂與地主定議，經營規畫。內則築宮作室，通塗巷，以象
> 「井」字之形；外則插竹濬溝，設門柵，以叶「豫」卦之意。復出
> 己貲，購買園地，充建廟宇，崇祀天上聖母，名曰奠安宮：蓋取「奠
> 定厥居，安集乎民」之義焉。街成之日，更名「北斗」；則取「酌量
> 元氣，權衡爵祿」之義焉。〔註24〕

如從堪輿學的角度審視〈東螺西保北斗街碑記〉、〈建北斗街碑記〉所呈
現的北斗街的地理形勢，頗爲符合山環水抱、得水藏風的風水格局；包括其
中街道祠廟的位向規劃，也帶有一種「仰觀天文、俯察地理」的關聯性。這
自然不是偶然的巧合，而是綜理此事的地方士紳奉行風水觀念的結果。

漢人村落區位重視風水格局的形塑，地方行政中心亦是講究這套傳統的
趨避原則。臺灣縣爲清代前中期府治之所在，其形勢的完備與否向爲地方官

〔註23〕 臺灣銀行經濟研究室編，《臺灣中部碑文集成》，頁 16～17。
〔註24〕 臺灣銀行經濟研究室編，《臺灣中部碑文集成》，頁 28～29。

紳所注目。如清代後期《臺灣縣輿圖纂要》之〈臺灣縣輿圖險要說〉分析縣境的堪輿形勢時指出：「郡治坐寅向辛；臺灣為郡屬首邑，寓郡以為治也。東以羅漢門為屏藩，西以鹿耳門為門戶；大武壠則北方要隘，木岡山亦南路關頭，其形勝也。邑之來脈根自內烏山，東十餘里為羅漢門。平疇廣衍，四壁皆山」。該圖志編纂者因此認為：「信乎！恢恢郡治作南北之屏藩、為山海之關鍵也」。〔註25〕

　　在治臺官員規劃地方行政區域的時候，自不忘援引風水觀念以加強他們論證的說服力。最令後世耳熟能詳的例證，自非臺北府的設治莫屬。光緒元年（1875）六月十八日，欽差辦理臺灣事務大臣沈葆楨（1820～1879）上〈臺北擬建一府三縣摺〉，向清廷宣稱如欲鞏固全島防務，勢將重新調整行政區劃。行文中贊揚臺北一帶擬建府治的地理絕佳，同時也透露出該區域的堪輿形勢云：

> 伏查艋舺當雞籠、龜崙兩大山前之間，沃壤平原，兩溪環抱，村落衢市，蔚成大觀。西至海口三十里，直達八里坌、滬尾兩口，並有觀音山、大屯山以為屏障，且與省城五虎門遙對，非特淡、蘭扼要之區，實為全臺北門之管。擬於該處創建府治，名之曰臺北府。〔註26〕

　　在沈葆楨的精心刻劃下，臺北地區山環水抱且氣勢磅礡的風水輪廓，已是昭然若揭。清朝政府旋於翌年初設置臺北府。在此之後，曾有地方紳民呈請將府治移駐新竹，臺北知府林達泉（1830～1878）為此榜示民眾如能設治於臺北的優越處，榜文裡所一一指陳的項目中，隱約也涉及堪輿形勢的點劃云：「此地四山環抱，山水交匯；府治於此創建，實足收山川之靈秀，而蔚為人物」。〔註27〕在府治設於臺北或新竹的這場爭議中，斯時暫駐竹塹的知府林達泉以其評斷臺北盆地山川形勢的風水見解，積極為當地爭取更多的政治優勢與社會資源。林達泉與沈葆楨對於設治臺北一帶的形勢考量，幾乎是前呼後應。而他們慧眼獨具地發掘臺北平原的發展潛力，也預示了日後臺北地區蔚為全臺首善之區的先聲。

〔註25〕引見不著撰人，《臺灣府輿圖纂要》，頁101～103。
〔註26〕洪安全等編，《清宮月摺檔臺灣史料》，頁2024；沈葆楨，《福建臺灣奏摺》，頁58。
〔註27〕蔣師轍、薛紹元編纂，《臺灣通志》，頁491～492。另參見尹章義，〈臺北設府築城考〉，收入氏著，《臺灣開發史研究》，頁408～412。

　　風水觀念影響傳統聚落空間的形成與城鄉市鎮的規劃，對於攸關地域開發的各項公共建設的進行，也具有參照性的作用。有關地方公共建設的風水考量，如本書第三章第二節所述，座落於臺灣各地作爲漢人聚落信仰中心的寺廟，舉凡在設置的過程中，大多根據風水觀念予以選址興建。寺廟的建立標幟著當地漢人勢力的具體成型，進而帶動聚落的發展暨地方相關產業的進展。風水觀念直接或間接地成爲推動寺廟擇建和地域開拓的助力，其社會影響力自不容我們忽視。

　　自清代以來，在臺灣某些地區流傳寺廟神靈應驗的傳聞，透露出寺廟如能建造於風水佳穴必有助於地方興旺的心態，亦可視爲一種「命運共同體」之集體意識的展現。此據人類學者林美容於〈村庄史的建立〉一文中的說法：

> 臺灣漢人村庄在理念上是一個命運共同體，村庄與村民命運與共的
> 概念具體的表現在對村廟的「地理」的愼重與村廟風水和村庄的興
> 衰禍福之相關的看法上。〔註28〕

　　以臺灣民間極爲普遍的媽祖信仰爲例，如嘉慶二十年（1815）七月鄉進士鄭捧日題撰〈重修仁和宮碑記〉中，開宗明義宣稱彰化縣二林地區聖母宮（今彰化縣二林鎮媽祖廟仁和宮）擁有絕佳的地理形勝，該廟的興闢對於地方產業經濟的發展與文教事業的振興，具有相當重要的影響云：「二林有聖母宮，由來舊矣。地連衢壤，厥位面陽；清溪環其前，竹木護其後。勝概既昭，神威彌赫。設立以來，聿彰呵護；士則家詩書而戶禮樂，商則山材木而海蠻蛤，庇佑及於無疆」。〔註29〕淡水廳新莊地區慈祐宮（今新北市新莊區慈祐宮）創建於雍正七年（1729），主祀天上聖母。乾隆四十二年（1777）冬，該廟進行重修之前，地方官紳曾令「諸人豎赤幟以作其氣，謀卜筮，蠲吉良，計工程，勸義舉，即舊址而鼎新之」。〔註30〕同治六年（1867）九月，慈祐宮再度拆卸重修，至同治十二年（1873）六月竣工，生員黃謙光題撰〈重修慈祐宮碑記〉追溯慈祐宮的興建沿革及其社會功能，其中指稱雍正年間「當闢是地，即建是宇。其時橋無題鴈，農工咸幸平安；街亦如龍，商賈莫憂抑塞。此雖新莊之地脈方興，實我后之天階默祐者也」。〔註31〕

〔註28〕林美容，〈村庄史的建立〉，收入氏著，《鄉土史與村庄史──人類學者看地方》，頁234。

〔註29〕臺灣銀行經濟研究室編，《臺灣中部碑文集成》，頁21。

〔註30〕何培夫主編，《臺灣地區現存碑碣圖誌　臺北縣篇》，頁10～12；邱秀堂編，《臺灣北部碑文集成》，頁68。

〔註31〕何培夫主編，《臺灣地區現存碑碣圖誌　臺北縣篇》，頁27～28。

　　再以供奉福德正神（土地公）的祠祀為例，臺灣縣境福德祠（今臺南市安平路新興宮）歷經乾、嘉時期兩度重修，至道光三十年（1850），地方董事李都瑛、邱允柱、石如堯、張茂陳、蔡長勝、張和源、張鼎興等人鑑於該祠久經風雨飄搖以至於棟榱濕漏，乃倡議重修廟觀並更新結構。是年十一月，眾人於竣工之時公立碑記題誌曰：「我新街福德祠，背海面街，地挺其秀，神效其靈，闔境之信善，實仰庇焉。自國初建祠以來，舟車輻輳，市肆振興，皆公之靈爽，實式憑之」。〔註32〕碑文中對於福德祠的風水格局及其裨益地方發展的貢獻，堪稱是推崇備至。

　　另以佛教寺觀的興闢成效為例，如光緒十四年（1888）鳳山縣境董事葉作舟、胡澄淵、黃澄淵、方雲標同立〈修造岡山路碑記〉中，曾援引乾隆中期臺灣知府蔣允焄初創大崗山超峰寺之際的堪輿預言，解說當時香火鼎盛且進香人潮絡繹不絕的現象，主要為形家之說應驗的結果云：「岡山岩超峰寺，為前太守蔣公建。蔣公用形家言，謂『六十年後香火必大盛』；今果然，每歲進香者累萬盈千也」。〔註33〕無論形家之言的內容或其應驗的情形是否屬實，即使為後人的附會之說，亦有強化社會大眾在心理上信仰其「有拜有保祐」的靈驗效果，進而形諸實際的崇祀行為。長期以來，遠道而至或就近入山的進香人潮，對於超峰寺鄰近區域的相關產業，應有相當程度的助益。

　　大致說來，宗教發展聯繫著風俗民情與社會變遷，藉由信仰內涵、信眾組織和祭祀活動，發揮其教化民心、團結民力以及安定地方的社會功能。宗教信仰的社會功能與風水習俗的社會影響，可說是如出一轍；而兩者之間共同標榜趨吉避凶以追求完好人生的信仰效益，亦足以造就彼此相互為用且相得益彰的加分效果，一併達成理想的落實與現實的滿足。

　　就漢人聚落形成的相關指標而言，除了擇建於風水佳穴的寺廟攸關地方的發展之外，農墾水利的開發與風水之說的關係，也是值得我們深入考察的對象。清治時期，閩粵移民從中國大陸原鄉帶來了精耕細作的水稻種植技術，隨著稻作文化的擴展，奠下了漢人開發臺灣本土的基礎。水稻的種植必需仰賴水源的灌溉，拓墾者通常藉由水利設施的興闢以獲取充足且穩定的水源，

〔註32〕　臺灣銀行經濟研究室編，《臺灣南部碑文集成》，頁291～292。

〔註33〕　臺灣銀行經濟研究室編，《臺灣南部碑文集成》，頁365～366。在民間傳說中，知府蔣允焄不僅堪輿學造詣精深，亦曾「駛飛瓦」建超峰寺，與該寺因緣頗深。參見王奕期，〈臺南地區風水傳說之研究〉，頁75～77。

加速大規模的農地拓墾。〔註34〕由於水圳的關建牽涉到地形與水文的勘查，在這個環節上，講究山環水抱等地理因素的風水觀念，自有其持之有故、言之成理的發揮空間。康熙後期，中部彰化平原八堡圳（施厝圳）的開鑿，即曾受過一名近似堪輿地師的指點。

康熙四十八年（1709），原籍泉州晉江的拔貢生施世榜（1671～1743，即墾戶施長齡）率眾引濁水溪水在諸羅縣半線一帶（今彰化縣境）開鑿大規模的水圳，前後耗時十年，於康熙五十八年（1719）竣工，灌溉遼闊的彰化平原，促成當地漢人拓墾事業的進展，對於清代臺灣中部地區的開發貢獻卓著。因其水源廣佈半線十三堡半之八堡（東螺東堡、東螺西堡、武東堡、武西堡、燕霧上堡、燕霧下堡、馬芝堡、線東堡），故稱八堡圳；又爲了紀念居功厥偉的施世榜，又名施厝圳。八堡圳開鑿期間，一度因圳道施工難予暢通，導致這項水利工程陷入瓶頸。當時曾有一位通曉堪輿之學的「林先生」，繪製輿圖教導施世榜鑿圳的方法。施世榜隨即遵照他的親身開示，最終得以順利開通水源圳道。事成之後，施世榜等人欲答謝這位林先生的鼎力協助，然經遍查竟未尋獲其人蹤跡。爾後，深受水利鑿成之惠的莊民在圳寮處築祠奉祀林先生神位（今彰化縣二水鄉鼻仔頭林先生廟），以誌其有功於八堡圳的歷史事蹟。〔註35〕

除了八堡圳這項膾炙人口的具體例證之外，如雍正末年，岸裡五社總通事張達京（1690～1773）從西螺邀來廖朝孔（1678～1736）與秦登鑑、姚德心、江又金、陳周文等人合組「六館業戶」，主要目的在於借重廖氏的堪輿專業，以從事臺中平原的水圳開鑿。道光年間，開鑿臺中東勢地區大茅埔圳的主事者之一易庚麟，本身就是一位風水師傅，原已熟悉察山觀水的技巧，而能適時地運用在水圳工程上。〔註36〕又如前所述，乾隆中期蕭妙興率眾於北臺大坪林一帶開鑿水圳的過程中，也曾與堪輿師林濃有過一段文獻可徵的風水因緣。〔註37〕清末盧德嘉彙纂《鳳山縣采訪冊》乙部地輿（二）〈諸山〉中，

〔註34〕 王世慶，〈從清代臺灣農田水利的開發看農村社會關係〉，收入氏著，《清代臺灣社會經濟》，頁131～140。

〔註35〕 周璽等，《彰化縣志》，卷2，〈規制志・水利〉，頁56；卷8，〈人物志・行誼〉，頁242。《彰化縣志》卷8〈人物志・隱逸〉中，特爲「林先生」立下專傳，刻劃其對八堡圳的貢獻與功成身退的風範（頁264～265）。另參見王崧興，〈八堡圳與臺灣中部的開發〉，頁42～49。

〔註36〕 溫振華，《大茅埔開發史》，第5章，頁78。

〔註37〕 臨時臺灣土地調查局，《臺灣舊慣制度調查一斑》，頁144～147。

在鳳山山麓清水巖的條目下註稱：「有泉從石罅出，清冽宜茶，注爲汙池，大旱不涸，灌田百餘畝。相傳此水爲堪輿林鎮仙仗劍喝出」。〔註38〕這則堪輿典故乃至其他有關林鎮仙的風水傳聞，至今在高雄地區仍爲民間人士所津津樂道。〔註39〕

　　另一方面，地方人士從事地域開發之際，往往也會考量堪輿禁忌之類的因素，以利拓墾事業的進展。毋論風水之說是否實際應驗，至少可以使拓墾參與者在心理上獲得安頓。如乾隆年間，粵東海豐籍曾昌茂渡海至臺，擇居淡水廳笨子港一帶（今桃園縣新屋鄉笨港村），當時有鑑於當地田土乏水灌溉，遂與地方人士洽議開圳事宜，並實地勘察地形、地勢、水源等地理條件。曾昌茂率眾開圳期間，曾將圳路斗折迂迴，以免除當地民眾恐其傷礙村落龍脈的疑慮，便能順利完成水圳鑿設工程。〔註40〕道光十三年（1833），林垂裕暨劉阿若、范阿台、鄧廷芳等人，向竹塹社墾戶廖財兄弟承給員山南重埔（今新竹縣竹東鎮三重里）青林山地一帶，擬建寮募丁、鑿圳築埤以墾荒成田。爲了避免界內水圳的開鑿遭受風水墳墓的干擾，特於是年十月同立合約字中，事先申明：「墾約內山林埔地，無論耕佃以及眾夥友等，不准墾內開窨墳堆，以致干礙圳路。若有先窨葬者不在禁內」。〔註41〕眾人約制這類築造風水的行爲，俾使水利工程得以儘速完成，進一步開展山埔林地的拓墾事業。此外，如黃清淵纂《茅港尾紀略》之〈西疇收穫〉中提到：

> 去街之東南約三里，有一陂焉；水深而魚肥，稱曰五社埤（俗稱番仔橋埤）。此陂在昔爲溝渠。陂之東近山，陂之西接港，雖有堤防，未易鞏固。先輩合五社之力而經營，相其地勢，可鑿者鑿之、可堰者堰之。又惑於迷信，嘗對清廷借入千金以壓禳之。費三年民力，而後厥功告成。〔註42〕

　　從這個例證可以看出，縱使在對待風水民俗的態度上，存在著信者自信、疑者自疑的價值差異，然而，風水觀念實際介入地方產業建設的現象，卻是一項不爭的事實。

〔註38〕盧德嘉，《鳳山縣采訪冊》，頁 29～30。
〔註39〕郭忠民編，《林半仙祕授地理法》，頁 16～36；謝貴文，〈臺灣民間故事「林半仙」初探〉，頁 145～162；謝貴文，〈報恩、報仇與報應——臺灣民間故事「林半仙」再探〉，頁 102～115。
〔註40〕郭薰風主修，《桃園縣志・人物志》，〈立功篇・曾昌茂傳〉，頁 33～34。
〔註41〕吳學明，《頭前溪中上游開墾史暨史料彙編》，頁 52～55，179～180。
〔註42〕臺灣銀行經濟研究室編，《臺灣輿地彙鈔》，頁 139。

　　整體而言，清治時期閩粵移民歷險渡海來臺，縱使能夠安然抵達，緊接著還須面對生存競爭的嚴峻考驗。實現理想必需先面對現實，在開關之初，除了尋獲生命延續的基本水源物資並妥擇一適宜墾殖的地點之外，爲了彌補心理上對於未知區域的不安全感，進而將這片新天地貼上漢人所熟悉的空間符號，以號召群眾從事實際的地域開拓，亦不失爲一有效的作法。當拓墾有成之後，聚落空間的實質規劃與公共設施的選址擇建，往往也需仰賴風水觀念的指導，俾求福地庇祐而能地靈人傑，讓先期拓墾的成果可以漸入佳境，以保障地方安定與人事興旺，此即理想與現實的共生。通觀傳統風水觀念對於清代臺灣地域開拓、聚落形成與家族墾殖的影響，無非具有推波助瀾的實質作用。在以下單元的論述中，我們另可以看到清代臺灣紳民如何將他們所熟悉的風水觀念，轉化爲一種判斷地域興衰及人事禍福的價值聯想。

三、地域興衰與風水形勢的聯想

　　對於濡染風水觀念的傳統士紳而言，臺灣各地域的興衰與其風水格局的良窊，彼此之間具有一定程度的因果關係。在道光十年（1830）六月五日府城士紳曾敦仁採得江西籍堪輿師閔光中所述〈臺灣府城龍局〉一文中，曾基於巒頭派的觀點，說明府城周遭的龍脈走勢如何造成府城境域富勝於貴的社會現象云：「第龍神到頭直結，則力量不足，龍身不頓起生峰，不甚爲貴，及進城後，始有星神精力，得其純厚之體，局收大水朝迎，此郡富勝於貴也」。再者，閔光中更依據三元理氣的堪輿法則，解析當地自古迄今兵事不斷的緣由，主要還是拜風水應驗之賜：「自震龍入首，震乃先天離位，惜乎離方之水，行至坤方安平而出，未能到酉向交會。如是，後天到，先天不到，陰陽未得交媾。如夫之有婦，婦情意別向。誠爲怒龍，不免鬥爭之競。兼之發祖之山，一派劍脊龍，故歷有干戈相戕之患，皆緣山水之應如此」。〔註43〕這既是專業堪輿師對於城郭建置的風水格局影響區域興衰的一段點評，也是一種涉及城垣所在形勢與風水吉凶禍福的「事後諸葛」式的聯想。

　　竹北一堡九芎林莊生員魏纘唐、墾戶金廣福（姜榮華）等人於同治六年（1867）五月二十五日提呈淡水同知嚴金清的稟告中，針對竹北一堡風水形勢影響九芎林等莊開關有成的前因後果，有一段扼要的陳述：「一保九芎林等莊自開關以來，時近百年。其來龍發祖，原由麻竹窩至赤柯寮岡過一小脈，

〔註43〕陳國瑛等，《臺灣采訪冊》，頁 6～7。

由是層巒疊嶂，始分枝幹。先年擇於公館街崇祀文昌帝君及國王聖母，所以一保地方，聚而居者不下數千家，葬爲墳者不僅幾千穴」。〔註44〕從這段關於金廣福墾隘鄰近區域的風水論述中，可以看出地方紳民在心態上如何認定聚落發展與風水格局之間所存在的互動關係。

理想的風水寶地攸關於遷臺漢人日常生活的卜居擇建與相地營葬，對於村落的凝聚與地域的開發，也扮演著重要的角色。當清代後期臺灣北部閩粵移民已然拓墾有成，在臺官紳亦曾針對當時漢人社會蓬勃發展的事實，作出一種風水應驗的後設詮釋。如同治九年（1870）七月，淡水同知陳培桂在其所撰〈艋舺新建育嬰堂碑記〉中，將艋舺地區的迅速發展與臺地龍脈的一致走向加以關聯云：「艋舺之在臺，猶滄海一扁舟耳。形勝家謂臺地龍脈皆西向，艋地亦然。開闢未久，生齒日繁，貿易之盛駸駸乎與郡城比」。〔註45〕浙江溫州人池志徵（1852～1937）於光緒十七年（1891）十月二十五日晨偕友人散步臺北城頭，遠眺四圍，有感而發，他堅信以臺北「崇山疊嶂，中開平原，氣象宏闊，實爲全臺收局，建城無逾此佳者」的地理環境優勢，未來的發展將卓然可期：「今雖悍陋，民氣初開，十年之後，當與粵東楚漢諸鎮同爲華洋靡麗之邦；以形勢決之也」。〔註46〕清末臺北板橋人林景仁（1893～1940）於〈東寧雜詠〉中曾以詩話史，透過龍渡滄海、雞籠發祖的聯想，來鋪陳閩粵移民渡臺墾殖的風水因緣云：「關潼、白畎兩崔巍，萬壑千巒此結胎；絕似吾閩浮海客，重洋遙長子孫來」。〔註47〕

治臺官員或地方紳民對於地域興衰與風水因素的聯想，如果回歸到中國傳統宇宙論及自然觀的學術文化背景加以考察，這樣的聯想其實帶有一種「關聯性思考」（correlative thinking, coordinative thinking）的系統思維特色。英國科技史家李約瑟（Joseph Needham, 1900～1995）等人於《中國之科學與文明》（*Science and Civilisation in China*）第二卷裡，曾整理西方學界研究中國科學思想所得出的基本觀念，其中強調，若與歐洲科學偏重於事物外在因果關係的「從屬性思考」（subordinative thinking）相對比，關聯式思考是一

〔註44〕陳朝龍等，《新竹縣采訪冊》，卷5，〈碑碣（下）〉，頁220；臺灣銀行經濟研究室編，《臺灣私法物權篇》，頁590～591。

〔註45〕何培夫主編，《臺灣地區現存碑碣圖誌　臺北市・桃園縣篇》，頁33～34；邱秀堂編，《臺灣北部碑文集成》，頁112。

〔註46〕池志徵，《全臺日記》，收入《臺灣遊記》，頁5。

〔註47〕臺灣銀行經濟研究室編，《臺灣詩鈔》，卷16，頁301。

種「直覺的聯想系統」，「概念與概念之間並不互相隸屬或包涵，它們只在一個圖樣（pattern）中平等並置。事物之間的相互影響，⋯⋯是由於一種感應（inductance）」；至於萬物的活動，「係由於其在循環不已的宇宙中的地位，被賦予某種內在的特質，使它們的行為自然而然」。換句話說，關聯式思維方式的特色，在於從事物的功用、屬性或其相互關係上，直覺地掌握世界狀態的一般性或特殊性，呈現出整體性且多樣化的詮釋風格。〔註48〕

在傳統關聯式思考的學術脈絡中，天地人交感與陰陽五行、氣論的有機推論方式，往往可以類比到一些涉及自然地理暨人文景觀的解說上，隨機調整出各種自圓其說的詮釋觀點，賦予既存現象符合傳統價值觀念的認知內涵。〔註49〕乾隆中期王瑛曾等《重修鳳山縣志》卷十一〈雜志・叢談〉記載：「維新里大岡山，形家謂其形肖犬。故凡有異謀者，輒被緝獲；以犬善警故也。山之靈其信然耶？山能鳴，鳴非吉兆」，〔註50〕即為一種關聯性思維的典型。由此可見，傳統風水理論的詮釋系統，無疑也是一種關聯性思維的發揮。〔註51〕

清代蒞臺官紳看待臺灣本土社會的發展，有時也會藉由陰陽五行、氣論的關聯性思維，來解釋各類的社會文化現象。例如，光緒年間定居苗栗銅鑼灣樟樹林莊雙峰山下的吳子光（1819～1883），曾將臺灣與中國大陸的情形相互比較，最後得出「臺地，戶口最盛，當由地氣使然」的結論。〔註52〕吳子光另於其〈奉旨建坊入祀昭忠祠贈忠信校尉羅公傳〉一文中，記載同治初年率眾抵抗戴潮春（？～1864）起事的廣東潮州籍羅冠英，「祖某東渡至臺，世居彰化東勢角莊。莊處萬山中，山高接雲漢，俯視群峰若部婁，磅礴鬱結之氣，必有偉人應運生而備國家之用者，所謂地靈人傑也」。〔註53〕

深諳堪輿學理的臺灣道劉璈（？～1889），於光緒九年（1883）正月十五

〔註48〕Joseph Needham, *Science and Civilisation in China*, vol. 2, pp. 279～293. 譯文見陳維綸等譯，《中國之科學與文明》，第2冊，頁466。

〔註49〕何丙郁、何冠彪，《中國科技史概論》，頁17～19；唐錫仁、黃德志，〈試論我國早期陰陽五行說與地理的關係〉，頁26～30；胡維佳，〈陰陽、五行、氣觀念的形成及其意義——先秦科學思想體系試探〉，頁16～28；楊文衡，〈試論中國古代地學與自然和社會環境的關係〉，頁1～9。

〔註50〕王瑛曾等，《重修鳳山縣志》，卷11，頁334。

〔註51〕王玉德，〈堪輿氣說十題〉，頁53～59

〔註52〕吳子光，《一肚皮集》，卷18，頁18b。

〔註53〕吳子光，《一肚皮集》，卷4，頁30b～31a。另見吳子光，《臺灣紀事》，附錄1，頁51。

日的〈核議梁丞稟擬開山撫番條陳由〉中，曾逐條列舉治臺官員開發原住民區域所將面臨的困難，並思索妥適的應對辦法。劉璈宣稱：「至於山嵐障氣，雖關地脈，亦有人功」，他認為縱使山川地脈的先天因素具有一定的影響力，然而，後天的人為作用若能運用得當，亦可以有效地改善原本的自然條件。如此一來，政經教化等相關措施的進行，舉凡「相其繁簡，分官受職。擇其險夷，設防建軍。人民既安，饒富有餘，乃收課稅以增賦役，立學校以興文教，相時度地，擇宜而施」，也就格外顯得舉足輕重。〔註54〕

劉璈試圖擺脫風水地脈的迷障，強調人為教化對於地域開拓的必要性。相形之下，池志徵於光緒十七年（1891）十月二十六日遊覽臺北府城南門外三里的艋舺時，觀察到這處淡水縣的扼要重鎮，「歌樓舞館，幾乎無家不是。俗重生女，有終其身不嫁以娼為榮者。此風不知何自始耶？」池志徵感慨世風日下、人心不古之餘，猶希望主政者能藉由風水格局的調整，以改變艋舺當地不良的社會風氣云：「地氣溫濕，人性自淫，宜開湖水以洩其菁華，宜栽大樹以收其亢氣。當道者何不一見及此耶？」〔註55〕此外，如林百川、林學源於《樹杞林志・古蹟考》的開場白裡，曾將風景名勝的形成歸因於風水氣運云：「山川磅礡之氣，莫不有鍾靈毓秀之奇；其在通都大邑，往往指不勝屈」。〔註56〕前述這類帶有「地理決定論」、「風水感應說」色彩的推闡論點，也正是一種關聯性思維的典型。

傳統風水理論講究山環水抱、鍾靈毓秀的地理條件，具備如此山川形勢的風水寶地，大多也是山明水秀、景觀狀麗的風景勝地。風景勝地形成的關鍵，與風水寶地的產生如出一轍，不外是緣自有心人士的主觀認定。謝金鑾等《續修臺灣縣志》卷一〈山水・勝蹟〉的開宗明義即清楚地道出了這樣的情形：「大地之秀，蔚為山林泉石，得人力為亭臺池沼，一經品題，遂成勝蹟，而沉沒者多矣；蓋其中有幸不幸焉」。〔註57〕另一方面，緣於察古識今、經濟資用的理念，也推促修志官紳留心於名勝古蹟的採擇，誠如蔡振豐於《苑裏志》卷下〈古蹟考〉中所謂：

> 一名一物，足備考證之資；多見多聞，實為身心之助。歷來古蹟之
> 留貽，亦誌地者所不能廢。況勝境乃天工之生成，名區亦地靈之鍾

〔註54〕劉璈，《巡臺退思錄》，頁183～186。

〔註55〕池志徵，《全臺日記》，收入《臺灣遊記》，頁5。

〔註56〕林百川、林學源，《樹杞林志》，頁111。

〔註57〕謝金鑾等，《續修臺灣縣志》，卷1，頁26。

毓；豈得謂無關政教，遂置而不問乎？故事雖類乎搜奇，而書不同
於語怪；統山水，泉石、寺觀、園亭，無一非引古證今之道。爰是
詳諸名跡，別爲一類，以資夫好古者之考古蹟。〔註58〕

自古以來，風水寶地與風景勝地素爲漢人易於擇定宅居的人間樂土，而
在傳統文人騷客詩情畫意的思維之中，兩者之間也存在著一種若即若離的「共
生」關係。〔註59〕乾隆中期，王瑛曾等《重修鳳山縣志》卷一〈輿地志·山
川〉中，曾聯繫縣邑烏山在風水學上的少祖意涵與風景觀念上的名勝形象，
並且解說其有助於安居樂業的因素云：「烏山爲鳳治少祖，高昂騰聳。界內諸
山，皆由此發脈。又民番雜居，可耕可樵。秀美之區，莫過於此」，〔註60〕即
流露出類似的思維。

針對風水寶地與風景勝地的關聯，於嘉慶初期遊歷北臺、精通堪輿術數
的蕭竹與噶瑪蘭八景的一段因緣，素爲時人所稱道。〔註61〕此例既顯示出堪
輿明師對於一地風景名勝的評定具有其權威性，也反映出風景勝地、風水寶
地與地域開拓的緊密聯繫。蕭竹所點劃的噶瑪蘭八景，爾後經過署噶瑪蘭廳
知州烏竹芳、柯培元等人的踵事增華或調整名目。〔註62〕其中，烏竹芳於〈蘭
陽八景詩並序〉中曾說明他於道光五年（1825）六月涖任之後，隨即在噶瑪
蘭這塊新闢之區新列八景的用意云：

予以乙酉夏承乏斯士，見夫民番熙穰，山川挺秀。北顧薩嶺，雲煙
縹緲；南顧沙喃，水石雄奇。其東則海波萬里，龜山挺峙；其西則
峰巒蒼翠，儼如畫屏。竊疑天地之鍾靈、山川之毓秀，未必不在於
是也。故特標其名而誌其勝，列爲八景，附以七絕；庶名山佳水，
不至蕪沒而不彰，後之人流連景物、延訪山川，亦可一覽而得其概
云。〔註63〕

〔註58〕 蔡振豐，《苑裏志》，頁 96。
〔註59〕 除了風景勝地的刻劃之外，中國古代山水畫的布局、章法、筆墨與意念，有
　　　　時也受到傳統風水學的龍脈觀及其自然觀的明示或暗示。「山水畫講造型，風
　　　　水觀念講吉形」，彼此察山觀水的思維方法亦有互通之處。趙啓斌，〈山水格
　　　　局與龍脈氣勢〉，頁 40～45。另參見牧尾良海，《風水思想論考》，第 9 章，〈風
　　　　水說と中國山水畫〉，頁 353～376；覃瑞南〈中國山水畫中風水龍脈之研究〉，
　　　　頁 79～92。
〔註60〕 王瑛曾等，《重修鳳山縣志》，卷1，頁 21。
〔註61〕 陳淑均等，《噶瑪蘭廳志》，卷8，〈雜識下〉，頁 413～414。
〔註62〕 柯培元等，《噶瑪蘭志略》，卷 13，頁 199。
〔註63〕 陳淑均等，《噶瑪蘭廳志》，卷8，頁 403。

　　論述之中呈現出風水寶地、風景勝地與民居樂土相互關聯的景象，不難想見烏竹芳的目的，主要是向世人宣稱噶瑪蘭地區山川秀麗且形勝絕佳，堪為閩粵移民安居樂業的沃壤，期盼能吸引更多漢人的入墾，進一步帶動這塊新闢區域的蓬勃發展。

　　大致說來，清代臺灣府縣廳各地所流傳的「八景」之說，有時也夾帶一些風水形勢的背景聯想；山光明媚的形勝佳地與得水藏風的風水寶地，兩者之間關係密切，既是官民從事地域開拓的成績單，也是漢人聚落發展的催化劑。

　　相形之下，清代後期定居苗栗地區的吳子光於〈金廣福大隘記〉一文中，表達他個人對於時人任意將山川勝景與風水來龍張冠李戴的作法，相當不以為然：

> 淡志八景，惟指峰凌霄略可採錄。至所謂隙溪吐墨者殊妄。問其溪源，流俱淺狹，水界清濁之間，獨鑿至底則純黑，是以藏垢納污之區，作點綴昇早之景，陋矣。堪輿家以五指峰為廳治少祖山，地在大隘境內，本非一山，好事者強合為一，此如羅浮、風雨二山，雜合全在　嵐點染、幻出奇觀爾，非天生就螺紋者比也。〔註64〕

　　吳子光的說法固然言之成理，然而，他的批評也正反襯出在某些蒞臺人士的心目中，風水與風景互為一體的可能性與連結性。

　　風水形勢與地域興衰的關聯，亦可從醞生於臺灣民間的各類傳說故事中，窺得一些蛛絲馬跡。例如，北臺淡水廳錫口地區於清代前期逐漸形成漢人街市，相傳當地為鯉魚穴的堪輿吉地，又因其南面與大尖山相對，而有水火既濟穴的傳聞。地方人士或認為，錫口地區拜風水福地之賜，故市街發展得以昌盛興隆。〔註65〕淡水廳竹塹地區興起於清代前期，後世亦流傳有鯉魚穴的說法，其魚口（或說魚臍）位於城隍廟口附近，魚尾則在十八尖山（或說長和宮）一帶，貫穿整個竹塹市街，地理形勢極佳。〔註66〕

〔註64〕吳子光，《一肚皮集》，卷7，頁7b～8b。另參見吳子光，《臺灣紀事》，卷2，頁48。

〔註65〕林萬傳，〈松山區耆老座談會紀錄〉，頁4，14；林萬傳，〈松山區地名沿革〉，頁65～66。

〔註66〕恠我氏著，林美容點校，《百年見聞肚皮集》，頁71；臺灣省文獻委員會編，《新竹市鄉土史料》，頁186；新竹都城隍廟，〈鯉魚穴的典故〉（碑文立於城隍廟口廣場）。

　　自明鄭至清代以來，臺灣各地所流傳的龍脈傳說與風水故事，也隱約於影射或附會之間，呈現出時人將護龍保穴、拱聚生氣的重要性，聯繫到地方政經情勢的社會心態與群體期望。清代臺灣社會普遍對於龍脈禁忌的遵循，也促使人們傾向於將區域的衰微與社會的弊端，歸咎於地理龍脈的損毀或風水格局的破敗。

　　相傳北臺新莊街的地理位於蛇穴上，故於清代前期發展成細長的街市型態。到了清代後期，相傳大料崁溪（今大漢溪）對岸的板橋林本源家族不希望新莊的聲勢凌駕於板橋之上，特延聘一名地理師前去敗壞新莊的風水地理。這名地理師遂在蛇穴的頭部放置一座石龜，使得原本繁榮的新莊街逐漸衰落。〔註67〕板橋林家遣人敗壞新莊地穴的傳說，或許是民間對於清代中後期新莊街盛況不再的一種事後詮釋，〔註68〕當中似乎也隱含著新莊、板橋兩地之間的地域競爭，或者是一種「瑜亮情結」。

　　臺中沙鹿地區的鯉魚山敗風水傳說，隱約也反映其與牛罵頭（今清水地區）之間的一段歷史糾葛。相傳鹿寮庄自古以來位處鯉魚山活穴下方，居民安居樂業。這尾鯉魚食牛罵頭的牛屎而肥大，鯉魚嘴前有一圓墩似牛屎，係屬於牛罵頭的土地，牛罵頭人士心生妒意，遂延請唐山地理師設計在今清水國小附近創建文廟，藉由文筆針對鯉魚眼使其失明而亡，以破壞鯉魚穴風水。據說鹿寮庄民不久之後果真慘遭瘟疫之害，倖存者急請地理師設法挽救，於文廟對面挖掘十餘個糞坑，以抵制文筆沖煞，讓鯉魚一眼得以復明。牛罵頭人士見狀，又在廟前建築照牆遮住糞坑的污穢，以保持文廟的清淨。此後，牛罵頭人士遭到報應而逐漸衰微，鹿寮人士反倒日益安寧。〔註69〕諸如此類村落之間互敗對方地理風水的傳聞，一方面表達出類似臺北新莊與板橋之間的利益衝突或地域歧見，另一方面，亦可透過傳說內涵中所刻劃的我群與他群之間的界限，來凝聚村落共同體本身禍福與共的集體意識。〔註70〕

　　座落於淡水街芋蓁林的鄞山寺，主祀汀州客家神祇定光古佛，相傳建於

〔註67〕海島洋人，〈採訪手帳〉，《民俗臺灣》，3卷6號，昭和18年6月，頁46。

〔註68〕清代中後期，新莊因大漢溪河道淤塞，原先的港運優勢為對岸的艋舺所取代。臺灣民間流傳的「一府二鹿三新莊」的俗諺轉變成「一府二鹿三艋舺」的結果，即是對於這段歷史滄桑的具體寫照。參見王世慶，《淡水河流域河港水運史》，頁36～40，88～91。

〔註69〕臺灣省文獻委員會編，《臺中縣鄉土史料》，頁154～155。

〔註70〕關於早期臺灣中部地區的風水傳說及其反映的地域意識，參見林美容，《鄉土史與村庄史——人類學者看地方》，頁246～251。

水蛙穴的風水吉地上。鄞山寺附近有一處位在蜈蚣穴上的草厝尾街，據稱汀州人士在芋蓁林一帶創建鄞山寺之初，草厝尾的泉州籍街民惟恐「蜈蚣」為「水蛙」所食，造成村落的禍患，於是群起反對，但卻無濟於事。鄞山寺落成之後，草厝尾街民認定當地風水因而敗壞，從此災難頻傳，街運日衰。後來，街民曾延請一名地理師，採取「釣蛙」的方法，為其壓制鄞山寺的風水形勝，以求趨吉避凶、消災解厄。〔註71〕在這則傳說的背後，無疑也帶有一種地緣意識及利害矛盾的色彩。

　　清代後期臺灣縣境鯽魚潭風水敗壞的傳聞，亦為一項顯著的例證。鯽魚潭（又名龍潭、東湖）位於臺灣縣境永康、長興、廣儲西三里交界處（今臺南市永康、仁德一帶），景致優美，康熙五十九年（1720）刊陳文達等修《臺灣縣志》將之列為八景之一。而在堪輿學上，鯽魚潭則被地方紳民視其為具有「天地生成之水，以養郡龍之氣」的聚氣功能。〔註72〕道光三、四年間（1823～1824），鯽魚潭北畔遭到河川的襲奪，導致流向轉變，沖斷當地的風水龍脈。《臺灣采訪冊》的編採者縣邑士紳曾敦仁、黃本淵、陳國瑛等人於道光十年（1830）七月初五日向官府呈報此事云：「東關外匯納眾流之鯽魚潭，原係北流，今已南徙。堪輿家每謂：斬斷郡城龍脈」。為了凸顯問題的嚴重性，他們更援引巒頭派的堪輿學論點，分析郡邑周遭的風水形勢如下：

> 郡城龍脈自馬鞍山發下，平洋橫亙十餘里，至陴仔頭，穿田過脈，口分南北，聳起虎仔山，高昂開屏列帳，盤旋數里，由東進，結此郡。其南畔分水，原從蓮池潭過頂陴頭，西流入二贊行溪，歸江注海。北畔分水，原由菅林潭過鯽魚潭、蜈蜞潭，通薦松溪，至三崁店溪，西流入江注海。前年大雨淋漓，北畔沙土壓塞浮高，北流之水反從埔羌頭南流，沖斷龍脈。〔註73〕

　　針對郡城的山水龍脈格局破損日久的情形，曾敦仁等人宣稱亟需補救龍身以貫通氣脈的迫切性云：「今龍身已斷，氣脈不貫，經有數年，急宜補救。否則，恐緩難圖，日久非通邑之利也」。〔註74〕

〔註71〕丸井圭治郎，《臺灣宗教調查報告書（第一卷）》，頁111～112；鈴木清一郎，《臺灣舊慣冠婚葬祭と年中行事》，第3篇，頁282；吳瀛濤，《臺灣民俗》，頁82～83。

〔註72〕陳國瑛等，《臺灣采訪冊》，頁26～27；陳文達等，《臺灣縣志》，卷9，〈古蹟〉，頁641～642。

〔註73〕陳國瑛等，《臺灣采訪冊》，頁6。

〔註74〕陳國瑛等，《臺灣采訪冊》，頁5～6。

　　同年七月三十日，曾敦仁再次呈報道光三、四年間鯽魚潭「北畔許寬蔦松頂淡水濫沖南流，通二贊行溪注海，其中郡龍過夾之脈脊斬斷（沖斷之處已詳在前），而關鎖之門戶亦浮淺矣（鹿耳門港）」。然而，時值龍脈遭受溪水沖損之後，附近居民猶「罔知傷龍，順勢開掘，反欲以潭作田爲善計，而官長、紳耆亦如是弗及細察。於六年間，就潭之中、左、右三架石橋，迎納右溪，通道終屬虛設無用。現潭水幾將涸矣」。曾敦仁認爲，由於先前主政官員與地方紳民的不當開墾，破壞了鯽魚潭一帶得水、藏風、聚氣的風水格局，造成潭水益見乾涸，連帶波及當地產業經濟的發展，並造成社會治安的敗壞：

> 查後前潭之出息，比此時田之收成，所差無幾，與其改潭爲田，僅益數家，不若祛田復潭，無傷全郡之爲愈也。試驗邇來郡內商賈，不甚見利，強劫盜賊，彼此頻聞，城廂內外，長流不竭之泉，常常見竭，夫非潭水之涸歟！

　　呈文中最後宣稱，如欲挽救地方產業的頹勢，提振經濟發展的動力，迫在眉睫的措施與正本清源的辦法，惟有從補救龍身一事著手，才能改善鯽魚潭的風水龍脈形勢，進而保障地方官民的身家財富：

> 蓋潭之涸，由於龍之斷，氣脈不能貫通（鹿耳門浮淺亦由是）。堪輿家所謂：氣者水之母，有氣斯有水，是也。岐黃家所謂：氣脫則血枯，亦類是。倘異日仍舊將田開潭（潭開則水歸注，而地氣貫通，龍身無難補復矣），使南流之水仍歸南，北流之水仍歸北，庶龍脈不斷，潭水不渴，港門自通，官民均蔭矣。〔註75〕

　　同日，曾敦仁另呈報龍脈損傷及港口浮淺的情形，指出其對海邊漁戶居民的日常生計造成一些負面性的影響云：「鹿耳門港，郡龍關鎖之水口。昔年可泊千艘。志所謂：連帆是也。今北畔沖漲，港內浮淺，往來船隻，俱泊港外矣。龍身沖斷，地脈不相貫故也」。〔註76〕

　　在地方官紳庶民的心目中，風水地脈的完整與否攸關社會興衰和大眾福址，茲事體大，因此，對於風水禁忌的遵循，具體衍生出各種避免龍脈遭受侵害的措施。嘉慶二十年（1815），彰化縣鹿港街郊商林文濬（1757～1826）捐金填修馬芝大路，以顧全鹿港地方龍脈，此舉獲得主政官員與地方人士的稱許，即爲明證。〔註77〕而地方傳聞中涉及地域興衰與族群消長的解說，也

〔註75〕陳國瑛等，《臺灣采訪冊》，頁 27。
〔註76〕陳國瑛等，《臺灣采訪冊》，頁 27～28。
〔註77〕周璽等，《彰化縣志》，卷 12，〈藝文志〉，頁 425。更多的例證，可參見本書

往往與風水地脈的得失聯繫在一起。這類形形色色、繪聲繪影的風水傳聞，如陳朝龍等《新竹縣采訪冊》卷一〈山川〉中記載縣境東南三十六里竹塹堡中興莊東北隅的龜山：

> 其山自東方大橫山脫下，似斷而續，平地突起，高一丈餘。四面平廣，恰肖元龜。相傳金廣福開墾之初，生番數十社皆逸；獨此社低凹在溪埔之中，四面受敵，尚抗據多年。最後溪反東流，龍脈沖斷，乃遁去。說者謂前脈未斷、番未遁時，溪流漲溢而水不能淹。此山之麓，遠望之若龜浮水面。今履其地觀之，猶儼然有生氣。〔註78〕

在此段牽涉到漢人開墾及其與原住民互動關係的陳述中，當地原住民的被迫遷離與漢人的順利進佔，似乎與風水龍脈的損傷有某種程度的巧合性質或因果關係，也可視為其對於漢人入侵原住民地域的行為，於事後尋求一種神聖化的解釋。

某些時候，風水的改易攸關社會人事起伏的觀念，往往轉化成一種具有關聯性思考色彩的風水讖言。如柯培元等《噶瑪蘭志略》卷十三〈雜識志〉中「龜山軼事」的條目下記載：

> 吳沙佔據頭圍，番出死力拒之。一老番謂其眾曰：若龜山臉開，此地非吾輩有矣。嘉慶四、五兩年，雷霆風雨，屢挫石峰，而東北破裂一角，遂成側顧之勢。十一、二年，吳沙呈淡水廳獻文墾之策。十五年，歸版圖。番之言驗。〔註79〕

前段風水讖言的蘊涵，彷彿是基於漢人中心主義的立場，為嘉慶初期吳沙率領閩粵籍漢人進佔噶瑪蘭原住民的土地，尋求一種合理化的後設詮釋。此外，黃學海於〈龜山賦〉中詠讚噶瑪蘭地區的山水形勢與開發條件之餘，也曾引述這項龜山傳聞，俾與漢人「征服」噶瑪蘭原住民區域的事實相互輝映：

> 是蓋元夫託始，靈氣胚胎，翱遊渤澥，隔絕塵埃。接臺灣山後之山，入海則龜蒙有別；鎮閩洋海東之海，仰山而龜兆多才。久鬱終通，昔斯嶼之忽坼；老番能識，謂漢人之必來。斯誠蘭地張屏，特萃坤輿之閒氣；從此瑤光烜采，益徵文運之宏開。〔註80〕

第四章第二節。

〔註78〕陳朝龍等，《新竹縣采訪冊》，卷1，頁21。

〔註79〕柯培元等《噶瑪蘭志略》，卷13，頁205～206。

〔註80〕陳淑均等，《噶瑪蘭廳志》，卷8，頁422～424。

　　解讀這種象徵性的詮釋背後所對應的社會現實，可以讓我們了解到，清治時期隨著漢人勢力在臺灣南北原住民地域的擴展，特定地域的「內地化」，〔註81〕有時也包括「風水化」的成分在內。前舉陳朝龍等《新竹縣采訪冊》中的龜山傳聞，即可作如是觀。

　　在這類風水感應思維所籠罩的社會氣氛中，部分地方人士往往直覺地認定風水的良窳除了關係到人事的興旺，對於特定區域本身的景氣與物產，也會造成重大的影響。如陳朝龍等《新竹縣采訪冊》卷一〈山川〉中記載竹塹堡的名勝珠池，「在縣城東門外半里東勢莊鄭氏宅於門庭外鑿一池，略似半月形，周二十餘丈。池中產蚌，皆有珠。後因附近開一溷廁有礙地脈，而珠遂絕。近數年來撤去溷廁，而蚌珠始漸漸復原矣」。〔註82〕此段傳聞所流露的意念，大致是將該區域物產的多寡有無，牽連到風水地脈的完整與否。

　　林百川、林學源等《樹杞林志》之〈志餘・樹杞林八景〉中，於「鳳髻朝陽」的條目下陳述北埔莊西面的鳳髻山，「其龍岡本從甲寅方出，忽焉迴抱向東，力挽狂瀾，因名之曰鳳髻朝陽。且昔年每至夜半候，嘗作喈喈而啼，附近居民往往聞之，人以為有靈氣焉。後因開圳溉田，就其頸而鑿之，聲遂寂然」。〔註83〕文中亦從風水氣脈遭到外力牽動的觀點，解說其間的名勝異象為何消失的緣由。

　　蔡振豐《苑裏志》卷下〈古蹟考〉中記載位居圳頭內的鵝山，「前有水田，每當禾稻將熟時，稻穗參差，粒穀無存，如鵝之啄食然。後被堪輿者將山上高聳之處削平，流出紅水，人謂傷鵝髻所致焉」；同樣座落於圳頭內的雞冠山，「形如雄雞。劉氏作墳於上，後被彰化縣令楊桂森所敗，於雞之伸頸處鑿一橫溝，紅水連流數月」；地處通霄灣的風鱟山，「兩小山對排，近大海。相傳漁人每朝見有兩鱟行跡連印沙埔；謂鱟性好淫，入海相交，故名為風鱟。自楊桂森豎石燭以後，無鱟行之腳跡矣」。〔註84〕前舉這幾段敘述，直接將山川名勝的災異變象歸咎於堪輿地師或嘉慶中期彰化縣令楊桂森的敗壞（關於楊桂森敗風水的心態史意涵，可參見本章第三節）。在這種地理（風水）感應觀的背後，可能隱藏著當地人士渴求風水安好以利諸事無礙的

〔註81〕凡本章所引「內地化」的說法，係根據李國祁，〈清代臺灣社會的轉型〉，頁131～159。

〔註82〕陳朝龍等，《新竹縣采訪冊》，卷1，頁53。

〔註83〕林百川、林學源，《樹杞林志》，頁128。

〔註84〕蔡振豐，《苑裏志》，頁96～97。

集體心態，或是對於該村落地域產業衰退的風水附會。

　　盧德嘉彙纂《鳳山縣采訪冊》乙部地輿（二）〈諸山〉中，在鳳山名勝獅子喉的條目下註稱：「山上闢一竅，徑六尺許，作獅子張口勢。土人云：其喉若吐煙，則東港必遭回祿。此理殊不可解」。〔註85〕盧德嘉所不可解的道理，想必是當地居民習以為常的風水觀念。獅子喉吐煙勢將導致東港火災的推論模式，正是一種關聯性思考的典型。而這類的風水傳聞在清代臺灣各地所在多有，其中最著稱者，如北臺士林芝山巖每逢初一、十五高掛天燈，必然造成艋舺當地發生火災的傳聞。〔註86〕

　　總而言之，清代臺灣民間各種涉及地域興衰與風水形勢的聯想，一方面呈現出風水觀念深入社會民心的影響力，一方面則流露出普遍大眾引藉風水觀念所帶有的功利性傾向。換句話說，他們既可以操作風水應驗的後設詮釋來符合社會上的集體需要，也可以隨機散佈一些攸關地域興衰及人事起伏的風水讖言來達成自我的期望。透過風水觀念的運用，芸芸眾生完成了理想與現實的「辨證統一」。平民百姓如此，官員士紳亦然，惟獨在各取所需的目的上，互有因應階級利益所作出的實質考量。以下所述反映在區域空間「內地化」的風水論述，即是一種基於統治階層的利益或主政官員的立場，進而對臺灣地域開拓的結果所作出的意識建構。

四、風水論述所反映的空間內地化

　　知識的建構具有時代背景與社會現實的條件，空間意識的本身也是一種文化現象。如果回歸歷史文化的脈絡，來考察清代臺灣志書中的風水論述所反映的地理空間的「內地化」，主要還是淵源於臺灣納歸大清版圖的事實及其後漢人逐步拓墾的結果。在謝金鑾等《續修臺灣縣志》卷一〈地志・山水〉的論述中，即有一段涉及臺地開發與龍渡滄海／分脈結穴之風水形勢的聯想：

> 然山渡乎海，其盤旋屈曲，垂乳結穴，可造郡邑、聚村落者，必西向內地而復歸於海。水出於山，其可舟、可游、可灌、可汲以養吾民者，必西流而卒歸於海。豈地理之所存，顧有不忘其本者歟？今居斯土者，官則受國恩、銜王命而至，君門萬里，臣心凜凜，視同

〔註85〕盧德嘉，《鳳山縣采訪冊》，頁 29～30。
〔註86〕曹永和，〈士林の傳說〉，《民俗臺灣》，1 卷 6 號，昭和 16 年 12 月，頁 25。

咫尺：民則農商富庶，必念食毛踐土之惠，以毋忘首邱之仁。反是
者不祥。〔註87〕

修志者秉持大一統帝國的政治文化意識，解說清代以來臺灣社會漸入佳
境，迄今呈現一片欣欣向榮的景象，係緣自先天地理的風水得當與後來主政
者的治理有方，兩者具有相輔相成的效果。緊接著這段引文之後，該書復說
明地理與人道的連帶關係云：

蓋觀諸地理，則有斷斷然者。地理即天理，亦即人道也。邑區區數
十里，則有專脈注結者，有別派分支、羅列拱衛，且有蜿蜒游行過
境以去者。蓋自番酋雜居，菁篁叢翳，士大夫終不肯裹犯霧露，爲
奇巖秀石之評。樵夫獵戶過之而不能名、名之而不能書，故不知名
者蓋夥。〔註88〕

有鑑於此，修志官紳進一步強調地方志書中應留意山川地理名稱、位置
及其相對距離的正確性，便能確切地反映漢人拓墾特定區域的實質成果，並
作爲清代官府掌控該地域的權力宣示。若是從原住民與漢移民的族群消長關
係加以考察，漢人勢力一旦深入叢山林野從事開闢活動，某些時候，即代表
著原住民生活領域的緊縮；呈現於志書中地理空間描述的風水格局化，無非
也是社會環境「內地化」的一種具體象徵。因而，在前引書論證「談地理者，
要以天道人事爲斷」的相關文字中，藉由他們所熟悉的文化概念來進行空間
秩序的重新排列，我們依稀可以感受到一股漢文化中心主義的心態，不時地
浮動著。〔註89〕

社會環境內地化／地理空間風水化的互爲因果，具有相連一體的關聯
性，表現在清代臺灣志書中關於各區域地理形勢的風水比附，即是作爲外來
統治者慣用的宰制作法。我們知道，方志傳達某一時期特定區域的沿革損益，
也是當政者掌控民情、治理國家與鞏固政權的具體範本。在經世思想和教化
理念的驅策之下，地方志書的編纂每與中央集權的加強或開疆拓土的需要聲
息相通。〔註90〕清代臺灣方志「山川」、「封域」門類所形塑的風水格局系統，
大多是對於閩粵移民拓墾臺灣本土的事後認定，也是出自於修志官紳因時地

〔註87〕謝金鑾等，《續修臺灣縣志》，卷1，頁16。

〔註88〕謝金鑾等，《續修臺灣縣志》，卷1，頁16～17。

〔註89〕謝金鑾等，《續修臺灣縣志》，卷1，頁17。

〔註90〕來新夏，《中國地方志》，頁73～81，236～242；陳捷先，《清代臺灣方志研究》，
頁1～13。

而制宜的現實考量。

　　清代臺灣志書敘述臺地山川的用意，如康熙後期陳夢林等《諸羅縣志》卷一〈封域志〉開宗明義宣稱：「臺灣跨海以東，山環西向，拱護閩邦；土地廣饒，諸羅得三之二焉。殆天造地設，以待聖人而為東方之保障者與？千峰作鎮、百川匯流，據上游山海奧窔之區，必將有偉人傑士鍾靈奇之氣，以作楨皇家。雖懸崖巨浸、強半不毛，然觀象於天、察利於地，損益張弛，自茲始矣」。〔註91〕又如道光中期周璽等《彰化縣志》的例言中，標榜山川形勢必需詳明登載的原則，主要原因不是為了誇耀郡邑的風景名勝，而是在於：

> 山有險易，川有阻深，何處易於藏奸，使不詳加考核，備列志乘，將涖斯土者，茫然莫辨其方隅，其何以思患豫防乎？茲編於郡志、諸羅志……所未載者，或耳目之所及，或輿論之所傳，博採旁徵，據實補入。某山某水為某方之扼要，某藪某澤為某地之保障；其訛舛者亦加考訂，俾後之君子，展卷披閱，燦若列眉。或於因時制宜之義，不無稍助云。〔註92〕

　　由此可見，修志者基於經世致用的理念，詳載臺灣本島的地理情勢，以呈顯海外遐方盡歸版圖的盛況，並有助於地方官員的施政。至於官修志書中將臺地山川賦予風水格局的面貌，個中緣由，仍不脫大清一統天下意識的預設立場。

　　清代臺灣志書山川門類的論述取向，主要採取一種登載各山名稱、位置、來脈、高度與長度或旁及該地名勝、物產的寫作格式，行文中偶亦在龍渡滄海、雞籠發祖的大前提上（參見本書第二章第三節），進一步建構出臺灣各區域的風水格局。根據傳統的風水理論，理想的堪輿形勢包涵龍、穴、砂、水、向等五項因素，其中以尋龍認脈為起始，以定穴立向為終結。清代臺灣志書山川門類相關的風水論述，首先完成的亦是各境域地理山川之來龍去脈的刻劃，此舉代表修志者憑藉漢文化傳統的風水觀念，對於臺地山川所作出的一種解讀。

　　康熙中葉，蔣毓英等《臺灣府志》卷二〈敘山〉中基於全臺祖山發脈、其餘分支環繞的形勢，記載臺灣縣、鳳山縣、諸羅縣境各山脈分佈。由於當時臺灣全島除了臺灣縣一帶（今臺南地區）的「內地化」程度較深之外，其

〔註91〕陳夢林等，《諸羅縣志》，卷1，頁1。
〔註92〕周璽等，《彰化縣志》，例言，頁6。

餘區域漢人初闢未久，呈現在書中有關風水形勢的用語尚呈簡略，不僅爲數有限，明顯度也不高，可見如：臺灣縣治內最高大的大木崗山，「巃嵷之勢，轟列無隙，是爲府治屛幛」，又縣境西面臨海的海翁堀線，北起鹿耳門、中經北線尾、南至安平鎭七崑身，「是又府治水口羅星也」；鳳山縣西南洋海中的小琉球山，「鳳山水口，藉是山而益縝密」；雄峙於諸羅縣東北的山脈係「拱輔邑右者也」，而聳立其東南的山脈，「皆拱輔邑左者也」。〔註93〕另外，就臺郡各縣治的地理格局而言，該志書卷二〈敍山〉記載臺灣之山云：

> 郡邑居其中，自木崗山南至大崗山，層巒聳翠，上出重霄，爲臺灣
> 郡界，而臺灣縣治附之。自大崗山南至沙馬磯頭山，包裹絡繹，環
> 抱鞏固，則爲鳳山縣治；自木崗山北至雞籠鼻頭山，諸峰競秀，綿
> 亙千里，則又諸羅之縣治也。蓋鳳山、諸羅雖分縣界，而遠峰近岫，
> 莫不明拱暗朝于郡治焉。〔註94〕

從前舉蔣志中的敍山文字可見，各境域諸山主要是在環抱拱輔地方行政中心的形勢刻劃下，才獲得它們在漢文化視野中的存有意涵。各縣治所在位置及其相對關係的風水描述，恍若體現了一種層次分明的政治倫理秩序。如此這般的論述取向與價值觀念，素爲後繼的清代臺灣志書所承襲。

蔣毓英等《臺灣府志》爲臺地山川脈絡的鋪陳，奠下了初步的規模。到了康熙中後期的志書，如康熙三十五年（1696）刊高拱乾等《臺灣府志》卷一〈封域志・山川〉、康熙五十七年（1718）刊周元文等《重修臺灣府志》卷一〈封域志・山川〉大致承襲與蔣志類似的敍述，僅是在原本的架構上增添一些漢人新近發現的山脈名稱及其位置說明，特別是疆域較爲廣袤的諸羅縣部分。而在木崗山的解說中，則增添了一句「是爲郡山之祖焉」，〔註95〕確定了它在臺灣縣境叢山諸嶺中的祖山地位。康熙五十九年（1720）刊陳文達等《臺灣縣志》卷一〈輿地志〉中記載縣境內的山峰，亦提到：「邑治之山，惟木岡山爲最大；參天特出，聳峙於北方，是爲臺灣之祖山也」。〔註96〕通觀《臺灣縣志》全書的山川描述，惟有這段記載明顯地涉及堪輿學的用語。相形之

〔註93〕蔣毓英等，《臺灣府志》，卷2，頁32～41。

〔註94〕蔣毓英等，《臺灣府志》，卷2，頁30～32。

〔註95〕高拱乾等，《臺灣府志》，卷1，頁8～16；周元文等，《重修臺灣府志》，卷1，頁9～17。此外，康熙52至54年間（1713～1715）曾隨臺灣知府馮協一渡海來臺的吳桭臣，在其所著〈閩遊偶記〉中亦有類似的敍述。見臺灣銀行經濟研究室編，《臺灣輿地彙鈔》，頁23～25。

〔註96〕陳文達等，《臺灣縣志》，卷1，頁122。

下，同年（1720）刊行的陳文達等《鳳山縣志》卷一〈封域志‧山川〉中關於風水形勢的點劃，則有較爲清晰的輪廓。如其記載一近接於半屏山南方的龜山，「是邑治之左肩也」；自打鼓山蜿蜒而下的蛇山，「是邑治之右肩也」；錯落於鳳山東北方的鳳彈及其西南與鳳山相附的鳳鼻，「悉皆環拱於邑治之前，而爲邑之對山也」；打鼓山西南的旗後山、漯底山，「率皆近而爲邑右之外輔也」；至於七鯤身，「外輔於邑治之西北，而爲全臺之拱衛也」；縣境西南大海中的小琉球山，「是又邑治之外輔，若遠而若近者也」。〔註97〕

有鑑於康熙時期各府志對於諸羅縣山川記載的簡略，康熙五十六年（1717）刊陳夢林等《諸羅縣志》特於〈凡例〉中標榜一項詳述前志所略的纂修原則云：「邑治山川叢雜，郡志多所缺略，故校勘特詳，凡三易稿而就；務使肢節脈絡井井分明，流峙高深各見生動。庶幾碧水青山本來面目，不致盡被作者塵封耳」。〔註98〕呈現在該書卷一〈封域志‧山川〉中所鋪陳的縣境內諸山羅列的脈絡，在臺灣全域大雞籠祖山的分支條理下，以諸羅縣邑的所在位置爲中心，記載了境域崇山竣嶺的風水格局，包括：矗立於淡水港東北而爲郡邑諸山少祖的大遯山，挺拔圓秀特立而爲邑治主山的大武巒山，全邑主山後障而高出大武巒山之背的玉山，近貼邑治之背而尾有小山逆於水口的牛朝山，同爲邑治右肩的大福興山、覆鼎金山，作爲邑治右肩外輔的枋仔岸山、鹿楮山、打利山、鹿仔埔山，同爲邑治左肩的阿里山、大龜佛山，作爲邑治左肩外輔的肚武膋山、畬米基山，邑治右臂的葉仔林山，邑治左臂、位踞離明且爲學宮對山的玉案山，邑左外障的翁仔上天山、半月嶺，邑右外障的牛相觸山、斗六門諸，以及雄偉傑出於淡水港東南而爲其東南鎮山的八里坌山等，整體刻劃出「環邑四顧，諸山森立，如踞中高坐」的情景。〔註99〕《諸羅縣志》對於縣境內地理山川及其風水格局的細膩分析，如果對照康熙後期漢人業已逐步深入臺灣中北路區域開拓的歷史背景，〔註100〕也可說是其來有自的結果。

雍正元年（1723），析諸羅縣北部新設彰化縣與淡水廳。隨著北臺行政區域的易動與閩粵移民勢力的擴展，至乾隆時期各方志所記載的地理山川形勢

〔註97〕陳文達等，《鳳山縣志》，卷1，頁5～7。
〔註98〕陳夢林等，《諸羅縣志》，凡例，頁7。
〔註99〕陳夢林等，《諸羅縣志》，卷1，頁6～11。
〔註100〕尹章義，〈臺北平原拓墾史研究（1697～1772）〉，收入氏著，《臺灣開發史研究》，頁44～125。

及其風水格局，也因應現實局面而作出調整。如乾隆七年（1742）刊劉良璧等《重修福建臺灣府志》卷三〈山川〉中關於臺灣府、鳳山縣的山脈部分，大致依循前志記載；而臺灣縣境的木岡山，此時則被降格「爲邑少祖山」。另就諸羅縣域諸山涉及風水格局的描述，則較前志大爲增加，反映出這段期間外來統治者對於當地各山脈的位置及其走向，有了更清楚的掌握。在該書所記二十八座山嶺中，如大武巒山「在縣治後，爲邑主山」，玉山「在大武巒山後，邑治主山之後障也」，牛綢山「近貼邑治之背，作護砂。其下復自右旋左，蛇伏於草地尾，有小山逆於水口；爲邑治鎮鑰」，大福興山與覆鼎金山「俱爲邑治右肩」，枋仔岸山、鹿楮山、打利山、鹿仔埔山「俱爲邑治右肩外輔」，大龜佛山「爲邑治左肩」，米基山爲「邑治左肩外輔」，葉仔林山「爲邑治右臂」，玉案山「亦邑治左臂。位踞離明，方幅蒼翠，爲學宮對山」，火山、嵌頭山、皀囉婆山、筆架山、翁仔上天山、半月嶺「皆爲邑左外障」。至於彰化縣的部分，在所登錄的五十一座山峰中，如大武郡山「由牛相觸分支右出，橫亙二十餘里，結縣治」，大肚山「護彰化縣治」，小鳳山「爲竹塹右臂」，大遯山「峰巒不可枚舉，諸山起祖於此」，八里坌山「自關杜門穿港而西，雄偉傑出於淡水港東南，是爲東南之鎮山」。〔註101〕

前述彰化縣諸山的情勢如果比照諸羅縣的記載，大多僅記載山名及其位置，有關山脈的走向和其在風水格局上的地位則稍呈簡略，這或許與乾隆初期漢人尚未大舉進入臺灣中部以北山區從事拓墾有所關聯。乾隆十二年（1747）刊范咸等《重修臺灣府志》卷一〈封域・山川〉中立足於蔣志的基礎上，在臺灣縣、鳳山縣、諸羅縣山的記載之外，因應行政區域的調整而將原本彰化縣諸山分成彰化縣、淡水廳兩部分。與前志相較之下，整體的山脈數目略有增添，或在諸山的相對位置上稍作變更，但有關各邑治周遭風水格局的描述則大同小異。〔註102〕乾隆三十九年（1774）刊余文儀等《續修臺灣府志》卷一〈封域・山川〉中，記載臺灣縣治南的魁斗山「三峰陡起，狀若三台環拱郡學；形家謂文明之兆」，除此之外，其餘各廳縣諸山的描述則一本於范志。〔註103〕

在鳳山縣方面，乾隆二十九年（1764）刊王瑛曾等《重修鳳山縣志》於

〔註101〕劉良璧等，《重修福建臺灣府志》，卷3，頁41～65。
〔註102〕范咸等，《重修臺灣府志》，卷1，頁6～30。
〔註103〕余文儀等，《續修臺灣府志》，卷1，頁7～31。

凡例中宣稱其秉持「縣於臺邑，幅員爲廣。峰巒層疊、溪澗紆迴，舊志多所缺略。今參互眾說，務使肢節脈絡井井分明；流峙高深各安位置。庶幾碧水丹山本來面目，不致被作者塵封耳」的態度，﹝註104﹞該書卷一〈輿地志・山川〉開宗明義亦說明：

> 按臺屬山川，內山深處，排雲矗漢，周疊萬重，特以人跡罕到，既不得其主名亦莫窺其形似。今亦不能悉載，姑就耳目所經見者識之。
>
> 舊志錯雜、府志簡率，眞境不出。今從王應鐘《閩都記》例，先敘脈絡、次詳形勝，庶使覽者按圖可稽焉。﹝註105﹞

基於如此原則，文中依序陳述全境五十五座山嶺的位置、脈絡、形勢、名勝等特點。如以縣治爲中心呈現諸山來龍去脈的風水輪廓，包括：高聳特起、諸山發脈於此且爲縣治諸山少祖的大鳥山，形如列嶂、爲縣治左輔與文廟左翼的半屏山，趨蓮池潭、拱衛文廟且爲縣治所在地的龜山，高山盤鬱、面護縣城且背峙海表的蛇山，面拱縣城、背峙大海的打鼓山，文峰插漢、爲縣治與文廟「文筆」的打鼓峰，障縣羅城的旗後山、石佛嶼，縣治東北內局拱輔的虎頭山、鬼埔山，縣治及學宮拱案的鳳鼻山、鳳彈山，以及縣南水口、天然禽羅的小琉球山等。﹝註106﹞大體上，較先前的縣志益爲詳細。

在臺灣縣方面，乾隆十七年（1752）刊王必昌等《重修臺灣縣志》卷二〈山水志〉記載縣境諸山，其中的木岡山，「在縣治東北五十餘里；巍峨聳峙，其頂常有雲霧。境內諸山，此最高大。是爲郡邑之少祖山」，此敘述將原先陳文達縣志中的郡邑「祖山」降格爲「少祖山」，淡化了該山在境域堪輿形勢上的相對重要性。文中並根據「臺灣山脈發自福省五虎門，磅礴入海，東至大洋中，突起二山：日關潼，日白畎。復渡重洋，至淡水結腦爲大雞籠山」的府志舊說，進而推論「郡邑諸山，實祖於此」。另記載城南的魁斗山，「狀若三台星，爲府文廟拱案」，其餘則無關於風水格局的具體說明。﹝註107﹞值得一提的是，由於《重修臺灣縣志》將臺灣縣的祖山來龍回歸到大雞籠山的起祖脈絡，並指稱木岡山爲郡邑少祖山，此舉後來招致道光三十年（1850）補刊《續修臺灣縣志》的纂修者持不同論點的批評。

﹝註104﹞王瑛曾等，《重修鳳山縣志》，凡例，頁7。

﹝註105﹞王瑛曾等，《重修鳳山縣志》，卷1，頁12。

﹝註106﹞王瑛曾等，《重修鳳山縣志》，卷1，頁12～20。

﹝註107﹞王必昌等，《重修臺灣縣志》，卷2，頁31～33。

　　謝金鑾等《續修臺灣縣志》本於徵實的原則，在凡例中強調「南方山嶺
重疊，都邑所建，必詳地脈所由來；此亦志書關鍵之大者」〔註108〕有鑑於此，
該書卷一〈地志‧山水〉以相當可觀的篇幅敘述臺灣縣山川，在大烏山的條
目下，以大烏山為郡垣祖山，以草山為郡垣少祖山，其後依序羅列出作為郡
城第一重屏障、第二重屏障、第三重屏障的諸山脈絡。另外在番仔湖山條目
下列舉邑右肩與邑右臂拱衛的諸山形勢，在內烏山條目下列舉邑左肩、左肩
外輔與邑左臂拱衛的諸山形勢。對於府學文廟拱案的魁斗山，陳述其「蟠屈
蜿蜒，以至西南，勢若內抱，形家所謂下砂者是也。邑來脈甚長，而所謂下
砂者止此」。在七鯤身嶼的條目下，說明其「在邑西南海中，脈自東南而來，
西轉下海，聯結七嶼，相距各里許，接續不斷，勢若貫珠，自南以北，而終
於安平鎮，與南北汕參差斜對，為邑之關鎖」。〔註109〕《續修臺灣縣志》的纂
修者建構其理想的風水形勢之餘，對於王必昌等修志書所述臺灣縣境諸山的
祖支脈絡，亦根據他們自身的堪輿認知，不憚其煩地加以商榷：

> 都邑之成也，必山與水分脈聚氣，以迴環而縈繞之；豈偶然哉。觀
> 大烏落脈而為分水。是山無名，當其初即以分水名之。分水者，山
> 南之水皆南流，山北之水皆北流也；而山之氣脈行乎其中，蓋昭然
> 矣。今自郡邑東溯至馬鞍，從馬鞍東溯至分水，其迢迢遠來者，昂
> 首伸腰，盤蛇旋馬，而未嘗或斷。乃今知邑之祖山果在大烏也，蓋
> 木拔道通，百年於茲矣。左鎮溪發源內山，即分水北流之溪也。本
> 藩溪亦發源內山。二溪皆自東徂西，記所謂兩山之間，必有川焉；
> 而木岡越在二溪以北，與邑治斷潢絕港，遠不相屬，斷為非邑之祖
> 山，固不待智者而明焉。〔註110〕

　　在此必需說明的一點，風水格局的成形基本上是一種人為意識的建構，
本身並無客觀存在或絕對必然的真確性可說，僅有自圓其說、言之成理的辨
識結果可言。返觀前述風水祖山爭議的產生，顯示出特定區域山川形勢與地
理龍脈的確認，難免夾雜著不確定的因素在內，同時也反映其在志書修纂的
心目中所佔有的重要地位。

　　再者，《續修臺灣縣志》的纂修者尚且將「風水化」的地理空間與「內地
化」的社會現實緊密地聯繫起來，作為其解釋臺灣區域開發的預設前提，此

〔註108〕謝金鑾等，《續修臺灣縣志》，凡例，頁13。
〔註109〕謝金鑾等，《續修臺灣縣志》，卷1，頁17～19，22。
〔註110〕謝金鑾等，《續修臺灣縣志》，卷1，頁24。

舉益增強了他們關注諸山脈絡之「對錯」與否的心態，誠如該志書所云：

> 木岡山為邑治之少祖，言者百數十年於茲矣。然言之於百數十年以
> 前，其不能詳也固宜。天梯石棧、蠻雲瘴霧之中，人跡罕到，遙望
> 某峰甚高，則指其處以為邑之少祖必是焉；豈昔人之智不我及哉，
> 勢使然也。今內山悉墾闢，村莊墟落，所在碁布；輪蹄履跡，暮往
> 朝來；山水所趨，脈絡昭然，耳目眾著，仍前人之偶訛、予來者以
> 滋疑，以為苟於事而無以示信也。〔註111〕

　　換句話說，他們認為前志將木岡山誤解為郡邑的少祖山，係緣自於漢人罕至該處山林而缺乏實地瞭解的背景因素，才會造成以訛傳訛的後果。而今漢人業已墾闢當地並且形成聚落，如此一來，對於邑治周遭山川脈絡形勢的掌握，也應該基於現實景況作出合理的調整。經過嘉義學教諭謝金鑾的遊歷考察並徵考舊志文獻，最終以「大烏山」取代「木岡山」在郡邑來龍的少祖山地位。〔註112〕該志書的纂修者之一臺灣縣教諭鄭兼才（1758～1822）題詩〈由彎崎至羅漢門雜詠〉稱道此事云：「脈絡分明記大烏，山形指掌考成圖。親經足跡今輸我，能補修書一字無」。詩末並註稱：「舊志以木岡小為府少祖山，退谷辨正之；謂少祖山當屬草山，而大烏其祖山也」。〔註113〕

　　整體而言，在清代前期的志書中，臺灣由南至北風水格局的清晰化與系統化，大致與閩粵移民拓墾的步伐與官方行政疆域的設治相一致；隱藏在這些論述背後的文化意涵，可以說是一種地理空間「內地化」的對稱，也因此使得自然環境的山川分佈，帶有歷史文化與政治統御的象徵意義。到了清代中期以後，各志書中涉及地理山川的風水刻劃，大多仍是對於漢人拓墾成果與官府行政規劃的事後認定。

　　蛤仔難地區（今宜蘭平原）於嘉慶初期先經墾首吳沙率眾拓墾於前，至嘉慶十七年（1812）新置噶瑪蘭廳，漢族文化對於當地的影響漸深。咸豐二年（1852）刊陳淑均等《噶瑪蘭廳志》卷一〈封域・山川〉中刻劃境域內的風水格局，除了廳治過脈的圳頭山、廳治少祖的大湖山以及作為臺郡北端結腦處的鼻頭山之外，有關其他各地風水形勢較為明顯的敘述，當屬一座位於廳治東六十里、形勢家所謂龜蛇把口的龜山島（龜嶼），「其龍從蘇澳穿海而

〔註111〕謝金鑾等，《續修臺灣縣志》，卷1，頁20。
〔註112〕謝金鑾等，《續修臺灣縣志》，卷1，頁21～22。
〔註113〕謝金鑾等，《續修臺灣縣志》，卷8，頁618～619。

來，一路石礁，高者如拳，小者如卵，隱隱躍躍，如起似伏」。〔註114〕另外，陳淑均等人亦在玉山的條目下，檢討過往將玉山視爲蘭境祖山的傳聞云：「蘭人皆以境內諸山發脈於此，有不以爲主山而不樂且怪者。細爲思之，特豔乎玉之名美耳」。文中緊接著基於漢族中心觀的立場，對於此說加以辯駁：「就使玉山皆玉，而遠在蘭疆三日生番界外，他屬既皆得而見之矣，萬一土番歸化先在他屬，而我認彼外附之地爲主山，豈不反成笑柄耶？夫海疆之地，既以海爲宗，自不必尋山作主」。陳淑均等人不恥於這類攀緣附會的作法，在玉山條目下最終宣稱：

> 蘭之高嶼，豈無龜山？而當開闢之初，詳准梁堪輿改議，已不肯鑿求主山，毋亦以蘭踞臺山之後，猶齊既處山陰，即不必與魯爭泰山，而獨以泱泱表海者爲大耳。諸君多來自漳、泉，試問漳、泉形勝之大，在山乎？在海乎？而又何疑於蘭乎。〔註115〕

他們徵考嘉慶中期堪輿師梁章讀的風水圖說，強調時人應以噶瑪蘭地區的山川形勢爲本位，毋須刻意假託境外峻嶺作爲蘭境主山，採取降格以求的方式來滿足自我的虛榮心。陳淑均等人認爲，這種名不符實的作法，到頭來還是流於鏡花水月般的不切實際。誠如其在廳志初稿例言中的表白：「玉山在界外番屬，距廳二百數十里之遙；乃通臺表障，非蘭之主山也；蘭人明別而呼之曰番玉山矣。奈好事者豔其美名，猶侈爲蘭山之祖，而甘以境內諸峰爲兒孫，不亦僭乎！」〔註116〕陳淑均等人批評過往將玉山假託爲蘭境主山的心態，實立基於他們漢族中心／噶瑪蘭本位的前提，進而重視噶瑪蘭區域風水格局的自我完整性。

彰化縣、淡水廳在雍正元年（1723）之前皆屬於諸羅縣的管轄範圍，正式設治之後，經過百年來閩粵移民的蓽路藍縷以啓山林，到了清代後期大致開闢成以漢人爲主體的社會形態。反映在志書的記載上，如道光十六年（1836）刊周璽等《彰化縣志》卷一〈封域志・山川〉秉持詳盡的原則，在全臺郡邑太祖山大雞籠山分支環抱的脈絡下，首先總論境域內諸山的來龍去脈，分析邑治祖山、少祖山、父母山、主山以及邑治左右輔、邑治護衛、邑治後幛、邑治北障、邑治尖峰、邑治案外尖峰的走勢、位向所形成的風水格

〔註114〕陳淑均等，《噶瑪蘭廳志》，卷1，頁13～14。另參閱柯培元等，《噶瑪蘭志略》，卷2，頁15～16。

〔註115〕陳淑均等，《噶瑪蘭廳志》，卷1，頁13～14。

〔註116〕陳淑均等，《噶瑪蘭廳志》，初稿例言，頁14。

局，緊接著記載境內約七十餘座山嶺的分佈關係，其中涉及堪輿形勢的敘述，包括：作爲邑治祖山的大烏山，在沙連濁水東南畔護衛縣龍轉身處的溪洲仔山，在沙連界阿里山發祖的阿拔泉山，高峰聳拔、峻秀無雙而爲邑治少祖的集集山，中峰疊翠、層巒聳拔而爲邑治父母山的紅塗崎山，峰巒特秀而爲邑治遙拱且主人材蔚起之象的白沙坑山，尖峰秀拔而爲邑治朝山的觀音山，作爲邑治主山的望寮山，落脈斜飛至大里杙降勢而止的阿里史山，以及山後秀淨而爲貓霧捒一帶案山的大肚山。〔註117〕

陳培桂等《淡水廳志》卷二〈封域志・山川〉亦以廳治所在位置作爲中心指標，依序羅列廳治內中路、南路與北路山，對於中路三十二座山的風水刻劃，包括廳治祖山五指山與廳治左、右肩諸山，少祖山金山面山與廳治左、右翼諸山；南路三十七座山之中，包括五指山南所分支而成的廳治左砂拱衛諸山，以及廳治左砂外護、東南鎮山的形勢；北路七十二座山之中，包括五指山北所分支而成廳治右砂拱衛諸山，廳治右砂外護諸山、作爲淡水內港鎮山的觀音山與廳治右臂的小鳳山，以及位處其北端「各嶼疊見錯出，皆屬發龍之所」的雞籠嶼。〔註118〕

《淡水廳志》涉及廳治風水格局與地域開發、聚落形成的敘述，讓我們更清楚地掌握到修志者對於兩者之間相互關聯性的認知。而該志書得以綱舉目張且條理分明地記載全域各路的來龍去脈，除了竹塹進士鄭用錫（1788～1858）的《淡水廳志稿》奠基於前的因素之外，當地「舊爲人跡不到，後內地之人耕作其中，而內港之路通矣」的歷史背景，或許也是其中主要的關鍵。〔註119〕該志書關於境域風水格局的刻劃，後來曾遭到廳志稿的作者林豪（1831～1918）的嚴厲批評。林豪於〈淡水廳志訂謬〉中提到：

拙稿以全臺祖山發源於雞籠，故山川一門，自雞籠頭起由北而南，脈絡聯貫、枝幹分明，具有條理；而南北中三路，仍秩然不紊。培桂雖襲原稿，但前後易置，遂使亂峰錯出，界畫蒙混，無從尋其脈絡遠近矣。蓋拙稿由祖山遞推而下，其勢順；培桂由子孫遙溯而上，其勢逆。即苦心區畫，其支分派別終覺牽纏不清。且將山名、水名雜抄於前，既非目錄，未免贅陳；則沿鄭氏之謬也。〔註120〕

〔註117〕周璽等，《彰化縣志》，卷1，頁5～8，9～14。
〔註118〕陳培桂等，《淡水廳志》，卷2，頁29～33。
〔註119〕陳培桂等，《淡水廳志》，卷2，頁32。
〔註120〕引見陳培桂等，《淡水廳志》，頁466。

縱使如此，這類涉及廳域龍脈走向的意見之爭，恰可凸顯出修志者對於詳載境域風水格局的重視程度，期許能透過清晰且徵實的地理知識，有效地達成經世致用的資治目的。

值得注意的是，如以臺灣中北部地區（包括今嘉義到宜蘭一帶）爲範圍，比照清代前期《諸羅縣志》與後期《噶瑪蘭廳志》、《淡水廳志》、《彰化縣志》中對於地理空間和山川脈絡的描繪，從時序的先後加以觀察，顯而易見的是，前期志書中有關風水形勢或堪輿格局的敘述尚呈簡略，到了中後期志書中則漸形細膩且益加強化，顯示出「先出未密，後出轉精」的現象。每當官府重新調整行政區域之後，設治區域的風水輪廓也隨之確立。徵考前述各府志的先後脈絡以及臺南地區《臺灣縣志》、《重修臺灣縣志》、《續修臺灣縣志》和高屏地區《鳳山縣志》、《重修鳳山縣志》的情形，也大抵若是。這樣的趨勢，可說是與各區域漢人拓墾的進展、原住民勢力的消褪與官府力量的介入相互呼應，實爲反映空間「內地化」之風水論述的典型。

而在同治初年刊《臺灣府輿圖纂要》之〈山水門〉中，對於全臺各縣廳諸山脈絡的鋪陳，以及各縣廳輿圖纂要涉及境內諸山形勢的記載，大多仍是以地方行政中心爲參照座標，增刪先前志書中山川門、封域門中相關的堪輿論述，刻劃出臺灣南北各區域的山川位向及其（太）祖山、少祖山、主山、朝案山等風水格局。該書的敘山部分，堪稱是具有集大成的特點。〔註121〕從這部輿圖集要的論述中，我們也可以清楚地看出，修志官紳爲了聯繫臺灣新闢版圖中區域內地化／空間風水化的一致性，在山川（山水）、封域門中呈列地理形勢的風水格局，間或引證堪輿家、形家的說法來強化論說的權威性或可靠性，蔚成清代臺灣方志一鮮明的著述傳統。

清末臺灣割讓前夕，治臺官員所編纂的各類志書與採訪冊，亦延續了這樣的寫作風格。首先就縣志而言，同治十三年（1874），因日本藉口牡丹社事件的進擾，清廷爲了鞏固臺灣南部的防務，於光緒元年（1875）在日軍登陸之區新設恒春縣。至光緒二十年屠繼善《恒春縣志》卷十五〈山川〉所記境域內諸山二十四座，既補充了先前《鳳山縣志》、《重修鳳山縣志》對於臺境極南原住民區域在地理認知上的不足之處，也條理出新設縣治一帶的風水形勢，包括縣城主山三台山、縣城青龍龍鑾山、縣城白虎虎頭山、縣前案山西屏山、縣城四方屏障龜山、縣城北七里爲虎頭山來龍的麻子山、發脈番山而

〔註121〕參見不著撰人《臺灣府輿圖纂要》各段的記載。

蜿蜒而來的女靈山、平曠如堂且形如眠獅的獅子石山。〔註122〕同卷所附〈恆
春山川總說〉一文，修志者以現身說法的語氣，進一步點劃縣城左青龍、右
白虎、前朱雀、後玄武的堪輿格局，全文最後猶謙稱凡境域「其在番界，以
逮山之培塿、水之行潦，未能周考，請以俟之後君子焉」。〔註123〕如此說法，
恰凸顯其對於詳載縣境山川形勢一事的重視。

　　光緒十至十一年（1884～1885），因法軍侵臺的刺激，清廷更加領悟到臺
灣海防的重要地位，隨後正式建省，於光緒十三年（1886）調整全臺行政區
域，下設三府十一縣三廳一直隸州。新置的臺灣府，管轄苗栗、臺灣（今臺
中市）、彰化、雲林四縣及埔里社廳。以苗栗縣為例，清末沈茂蔭等《苗栗縣
志》卷二〈封域志・山川〉所附〈地理形勢說〉一文中，表達了其詳載山川
脈絡的用意云：

> 苗邑之山，參差不齊：非逐條訂著，難以明悉。前廳志所志山名，
> 俱以各山錯落，串紀遠近方位，似易混淆。茲分東西朔南，又別之
> 以乾坤艮巽、左右上下，似可舉目瞭然。第分而不合，則山之支幹
> 與縣治來龍結穴之處，無所稽考。〔註124〕

　　該文中緊接著以新設縣治來龍結穴的所在為中心，刻劃出環繞周境的山
脈風水形勢，包括祖山雞冠山、少祖山雙峰仔、縣治左肩烏眉坑等山、縣治
右肩八角林等山、左砂西山等山、右砂墨硯山、二江坪山等山、左砂外護溪
洲山等山、右砂外護獅潭山等山、縣治後纏新港仔等山、縣治北方鎮山造橋
山以及縣治南面朝拱山墩仔腳山、鐵砧山、彌頭山等。全文鋪陳縣境諸山脈
絡之後，最終說明：「苗邑地理，其形勢略約如此。特紀此說，庶山之支幹舉
目即得云爾」。〔註125〕《苗栗縣志》、《恒春縣志》之山川門類的風水論述，也
反映了傳統一貫的區域內地化與權力控制的意識建構。

　　其次就採訪冊而論，如道光十年陳國瑛等《臺灣采訪冊》之〈山形〉中
因襲縣志舊說另稍作增添，羅列「注結郡城（垣）」的祖山大烏山、少祖山草
山、第一重屏障崁頂山、第二重屏障天馬峰等八峰、第三重屏障內大烏山以
及臺邑左肩茅草埔山、左肩外輔狗圖圈、左臂拱衛戶橙嶺等山、臺邑右肩柳
仔林山、右臂拱衛湖仔內山、城南下砂、城北下砂、臺邑後屏南馬仙山等，

〔註122〕屠繼善，《恒春縣志》，卷15，頁251～256。
〔註123〕屠繼善，《恒春縣志》，卷15，頁261～263。
〔註124〕沈茂蔭等，《苗栗縣志》，卷2，頁27。
〔註125〕沈茂蔭等，《苗栗縣志》，卷2，頁28～29。

刻劃出群山拱峙臺南境域的整體風水格局。〔註126〕光緒二十年雲林縣訓導倪贊元等《雲林縣采訪冊》記載縣境沙連堡江西林山、大人嵊山、鳳凰山、溪洲仔山、象鼻仔山等山的分龍來脈暨堂局形勢。〔註127〕同年陳朝龍等《新竹縣采訪冊》卷一〈山川〉中記載竹塹堡諸山，其中涉及風水術語的敘述，舉凡縣治太祖山熬酒桶山、縣治龍脈太宗天馬峰、縣治少祖山五指山、縣治左肩南埔山、縣治右肩尖筆山、學宮案山十八尖山、龍脈融貫且地氣獨鍾的虎頭山、護縣龍轉身處的風吹輦崎、龍脈入城右旁護衛的枕頭山、中間開面化陽如滿月狀的壺盧肚山、形家目為「芍藥」格的十鬮山、形家目為「印斗之綬」的印斗山以及將軍仗劍形的大山、將軍坐帳形的石壁潭山等。〔註128〕

從這些山脈條目的內容加以分析，我們相信採編者陳朝龍等人對於風水術數應具有相當程度的涉獵。如該採訪冊在縣治太祖山熬酒桶山的條目下，有一段「其山從淡水縣番界中東南方來」、「為人跡不到之區」的說明，其中顯示了主編陳朝龍為能明瞭此山的名稱演變及其正確位置，曾徵考《彰化縣志》卷一〈山川〉、吳子光《一肚皮集》卷七〈雙峰草堂記〉中的相關記載，並且藉由羅盤測向與實地探訪的方式來加以確定：

> 今於新竹縣東門城上以羅經按之，正在巽方。訪詢內山客人出入番社、熟悉形勢者皆云：在新竹縣境。偶詢一、二生番，亦皆云然。似應以此山屬新竹縣為是。第此山高不可仰，常由新竹行至嘉義縣境沿途猶遠望見之。蓋不特為新竹縣之太祖山，其中擘幹分支，亦即臺灣、臺南諸府縣之祖山也。惟人跡不到，究不能確指其所以然。今姑略舉見聞，以備採擇。〔註129〕

陳朝龍關注縣境內漢人勢力尚未深入的原住民地域的山脈形勢，對於全域祖山的徵考可謂不遺餘力。考察他現身說法背後的用心，一方面似乎有意在形式上將原住民的生活領域納入漢文化傳統的風水觀念體系中，另一方面，也隱約宣示了在地漢人進一步拓展活動空間的企圖。文中涉及原漢界域的論述差異，無非反映出地理空間的知識建構，其實是紮根在政治掌控的權力基礎上。

〔註126〕陳國瑛等，《臺灣采訪冊》，頁9～10。
〔註127〕倪贊元，《雲林縣采訪冊》，頁146～149。
〔註128〕陳朝龍等，《新竹縣采訪冊》，卷1，頁16～28。
〔註129〕陳朝龍等，《新竹縣采訪冊》，卷1，頁16。

　　在這樣的學識氣氛下，光緒二十年盧德嘉彙纂《鳳山縣采訪冊》乙部地輿（二）〈諸山〉中，除了援考古籍舊聞，敘述「界內諸山皆由此發脈」的縣治少祖大烏山、「形家稱勝地」的觀音山、金面盆與打鼓峰、「堪輿家以爲獅子弄毬」的獅頭山之外，另將視野轉向漢人新闢或未闢的原住民地域，記載境內港東、港西二里「爲縣治外局左輔」的內山，因其「地處生番界」，總名傀儡山（俗呼生番爲傀儡，故名）。行文中對於位處今高屏、臺東境內傀儡各山來脈走勢的鋪陳，有些清楚，有些模糊。清楚的部分，可能是隨著清末「開山撫番」的腳步，連帶伸展漢人對於新闢地理的空間認知；模糊的部分，或許顯示漢人進墾當地的情形尚未明朗化。〔註130〕傳統志書中風水格局的延申與疆域版圖的擴張息息相關，在此又獲得一項明證，同時也讓我們見識到，這套傳統觀念如何深入臺地官紳的內在意識，成爲他們看待人地關係的主流價值觀。

　　山川門類詳載境域山川形勢脈絡和堪輿格局的寫作成例，實與清修臺灣志書的一脈傳承相始終。即使如胡傳（1841～1895）於光緒二十年三月脫稿的《臺東州采訪冊》中記載臺東直隸州境諸山，緣於當時臺東地區漢人初闢未久的現實環境，導致全書相關的敘述頗爲簡略。縱然如此，胡傳在書中也特別強調這是背景條件的限制，非不爲也，是稍不能也：「山皆番人所居，外人未嘗深入，不知其脈從何來，分爲幾支，界止何處？其高若干丈、廣若干里？亦未能測量，故皆闕而不書」。〔註131〕這段辯稱，亦流露出修志者看待山川門類境域群山脈絡的審慎態度。

　　通觀清代臺灣志書中反映區域內地化的風水論述，有如清代臺灣行政區域的劃分通常是在經歷內亂、外患的刺激方才進行調整的情形一般，清代臺灣志書中涉及各區域地理形勢與山川脈絡的風水刻劃，也大多是尾隨於漢人拓墾的腳步，成爲一種「事後諸葛」式的追認。各志書山川門類的風水論述，也往往隨著行政疆域因時地而制宜的不同規劃，改變了原先各山脈之間在堪輿學上的相對主從關係，重新形塑出新設邑治周遭來龍祖山及其分枝結穴的風水格局。若從成書的時序先後加以觀察，則清代前期各志書山川、封域門類的風水術語尚形簡略；到了清代中後期，有關風水來龍的描述大體上愈趨細膩。換句話說，志書中風水格局的清晰度，往往與區域發展的「內地化」

〔註130〕盧德嘉，《鳳山縣采訪冊》，頁19～43。
〔註131〕胡傳，《臺東州采訪冊》，頁8。

程度呈正比。特定空間的「內地化」與呈現在志書描述中的「風水化」，可說是具有亦步亦趨、此呼彼應的關聯性。

對於治臺官紳而言，行政中心的具體建置係區域發展的重要指標，為能呼應官方的統治意圖與支配理念，表現在清代臺灣各志書所描繪的境域風水格局，通常是以行政所在地點（府、縣、廳治）為中心，刻劃出全境的山川脈絡與風水形勢，〔註132〕藉由堪輿學理的「背書」，來宣告統治者已然在地理空間上取得了神聖性且合理化的權力位置，也就是特定區域中最適合設治築城的風水寶地。再者，志書中各種地理形勢的風水比附，有時也夾帶著各境域海防形勢或軍事地位的背景，這樣的書寫成規，同樣是出自於維護統治階層的行政中心所作的考量，富有強烈的泛政治化色彩，卻也適切地體現出風水知識的建構所具備的權力背景。內地化、風水化並雜揉政治意識形態的著述方式，蔚為清代臺灣志書山川、封域門類一貫的著述傳統。

另一方面，儒家傳統將仰觀天文、俯察地理、中盡人事視為讀書人理想的學識素養，受到天地人合一、陰陽五行思想的影響，士紳階層習慣將人際倫常的關係投射到自然山水的格局，予以政治秩序化與家族倫理化。對於自然知識的探索，通常還是回歸到日常人事與現實政治的關懷。〔註133〕這種附加於地理山川的倫理化比擬方式，誠如清代中期臺灣縣歲貢生章甫（1760～1816）於〈望木岡山〉一詩中的描述：「我從高處望，望中嘆觀止；眼界放大千，一切皆俯視。羅列凡幾山，山山是孫子；允矣少祖山，天生非偶爾。讀書要信書，得之於郡紀」。〔註134〕返觀清代臺灣志書山川、封域門類的風水描繪，無疑也是中國傳統學識系統的一種呈現。恍若這般風水化與漢文化／政治化／倫理化相連一體的意識建構，也將出現在下一節所述各種有關地方文教發展、人文蔚起與風水觀念的對應聯想中。

〔註132〕直到臺灣割讓之初，林百川、林學源於明治31年（1898）4月編修完成的《樹杞林志》之〈封域志・山川〉中，記載署治祖山五指山與少祖山豬湖仔山以及辦務署右弼拱衛內灣山等山、辦務署右肩外護尖筆仔山等山、辦務署左輔拱衛穀堆山等山、辦務署左肩外護西鰲山等山，猶承續這項傳統志書的著述成規。林百川、林學源，《樹杞林志》，頁18～19。

〔註133〕葉曉青，〈論科學技術在中國傳統哲學中的地位〉，頁304；呂理政，《天、人、社會：試論中國傳統的宇宙認知模型》，頁49。

〔註134〕章甫，《半崧集簡編》，頁1。

第二節　文教發展

　　清代臺灣從原住民社會逐漸轉型成以漢人爲主體的社會，在這項社會結構轉型的過程中，官治文教發展對於人才的培育、文化的傳播與社會的安定，發揮了相當重要的作用。本節論述文教發展與風水習俗的互動關係，首先說明清代士紳聯想臺地人文蔚起與風水觀念的內在因果，其次探究治臺官員與地方人士從事文教建設之際的風水考量，以呈現風水文化元素如何有助於清代臺灣漢人文治社會的成型。

一、人文蔚起與風水觀念的聯想

　　臺地人文蔚起與境域風水的關聯，主要緣起於某些官紳心態上的認定及推崇，藉以強化各項文教發展的神聖性，並滿足地方學子對於風水之學庇蔭科考功名的心理需求。康熙二十三年（1684）四月，隨著臺灣府暨諸羅、鳳山、臺灣三縣的設置，臺灣本土正式劃入大清帝國的行政範圍。對於清朝統治者而言，臺灣係從原先的「化外之地」納歸大清版圖，也是從前朝曾經荷蘭、西班牙等外國政權的佔領以及「僞鄭」的統治，轉而進入大清一統帝國的體制運作中。改朝換代、政權轉移的特殊背景，再加上清代臺灣移墾社會之重商趨利、族群衝突與文教不興的特質，〔註135〕皆促使地方官紳藉由文教事業的振興，積極從事端風正俗與安定地方的整頓，以遂行大清帝國有效統治的理念。

　　治臺官員鑒於風俗教化攸關國運的重要性，除了落實具體的文教設施，在意識形態的建構上亦多所用心。面對臺灣這個曾經失落於帝國統治之外的海外新世界，爲能達到王者無外／同風共俗的成效，他們一方面形塑出臺灣與大陸一脈相連的風水龍脈觀念，從地理空間的角度類推大一統帝國的政治文化秩序（參見本書第二章第三節的討論）；另一方面，則技巧性地運用傳統天地人感應以及陰陽五行、氣論的關聯性思維，解說臺灣社會人文蔚起的原因與地理山川景觀的關聯，從文教發展的層面呼應風俗升降／與政推移的事實，並藉以激發臺人的向學之心。由於這樣的背景因素，使得漢文化傳統標榜藏風聚氣、趨吉避凶的風水觀念，也不時地夾雜於清代官紳這類「泛政治化」的聯想中。

〔註135〕蔡淵洯，〈清代臺灣的移墾社會〉，頁 45～67。

　　康熙五十二年（1713），分巡臺廈兵備道陳璸（1656～1718）在臺灣府學明倫堂左側朱子祠後方創建文昌閣，康熙末期任職臺灣府海防捕盜同知的王禮（？～1721）詩詠「簾護朱櫺繞檻斜，層層躡級望無涯。名祠冠履遊多士，窮島絃歌響萬家。環海抱山稱勝地，羅奎躔壁散餘霞。會知道脈宗鄒魯，文物於今喜漸加」，〔註136〕即呈現出如此的意向。雍正六年（1728）二月，初抵臺署的巡臺御史夏之芳，在其〈海天玉尺編初集序〉中曾嘖歎臺郡人文蔚起的地理成因云：「夫臺灣，山海秀結之區也。萬派汪洋、一島孤峙，磅礴鬱積之氣互絕千里，靈異所萃，人士必有鍾其秀者。況數年來沐國家休養教育之澤，涵濡日深，久道化成；固已家絃戶誦，蒸蒸然共躋於聲名文物矣」。夏之芳接著提到，往昔臺灣人才多借資於福建漳、泉內郡，終非長久的辦法，如果能由臺地培育出本土人才，才是正本清源的上策。夏之芳認為，既然當時皇帝已下詔「非生長臺地者不得隸於臺學」，臺灣人民應當珍惜先天的地理靈氣，把握後天的學習良機，積極地有所作為：「都人士既得靈秀於山海鍾毓，尤當厚自鼓舞，以上副聖恩，毋自域於棫樸菁莪外也」。〔註137〕

　　從夏之芳的論述可以看出，他將臺地人才的蔚起歸諸於山川靈氣的庇護以及政府當局的文教事業，既是一種統治者的價值觀念投射在被統治客體所得出的合理化解釋，當中也透露出一種近乎「地理（風水）決定論」的思維傾向。

　　道光十八年（1838），黃開基調署彰化縣知事，親見當時已整修過後的縣學文廟巍煥一新，特此勉勵縣邑諸生奮發向上，不要辜負山靈氣運的庇護云：「邑之設治，至今適當其期，而廟、志之修適逢其會，此山川之氣運所開，以大啟斯邑之文明。多士生當明備誠，志乎賢之道，務為真品實學」。〔註138〕清代後期，曾任臺灣府學教諭的福建侯官舉人馬子翊，在〈臺陽雜興〉一詩中稱述：「山勢龍盤起木岡，我朝文教破天荒。朝霞倒影翻紅水，萬派橫流湧黑洋」，〔註139〕或是如侯官進士林鴻年（1805～1885）序鄭用錫《北郭園全集》時指出：「海山滄滄，海水茫茫，百萬人郡入版圖，又數百年矣。若有人兮卓自樹立，守紫陽之道，以培地脈，興人文乎？予雖衰朽，尚日望之」，〔註140〕

〔註136〕王必昌等，《重修臺灣縣志》，卷5，頁141。
〔註137〕劉良璧等，《重修福建臺灣府志》，卷20，頁533。
〔註138〕臺灣銀行經濟研究室編，《臺灣中部碑文集成》，頁48～50。
〔註139〕連橫，《臺灣詩乘》，卷5，頁197。
〔註140〕鄭用錫，《北郭園全集》，總序，頁4a。

亦表現出類似的期待。光緒年間，掌教臺南府海東書院的進士施士洁（1855～1922），在其〈臺澎海東書院課選序〉中論述臺地風水形勢與書院文風氣運的關聯性云：

> 吾臺版籍，自吾先靖海侯襄壯公削平鄭氏，至康熙二十三年始隸本朝；其時絕島乍闢，未遑文教。而至於今二百餘年，經列聖人休養之澤，絃誦彬雅，固已駸駸乎日進矣。況扶輿旁薄之氣，自閩之五虎門蜿蜒渡海而來，其間有關童、白呬，形勢起伏，如蛛絲馬跡，磈然可尋；至然繚繞二千餘里，水環山障，極東南之奧焉。昔子朱子登石鼓山占地脈，曰：「龍渡滄溟，五百年後，海外當有百萬人之郡」。又安知此後靈秀所積，人文不更勝於海內耶？竊惟人文之興，在於學校；而書院則視學校爲尤切。〔註141〕

施士洁徵採南宋大儒朱熹（1130～1200）登福州鼓山預言「龍渡滄海」的傳聞，另援引風水思想中的氣行觀點，推闡臺地文風蔚起的其來有自，來爲教育體系的發展現狀尋求一神聖性的支撐點，進而凸顯出書院設置的重要性。這段出自傳統文化意識層面的主觀認定，讓我們瞭解在某些清代臺灣士紳的心目中，官治作爲、風水庇蔭與臺灣人文之間存在著一種緊密的聯繫。

前述的意向在清代臺灣志書中，亦可以得到印證。我們知道，作爲統治者掌握風俗民情暨規劃施政方針的方志傳統，從發凡起例到論述取向，大抵本諸經世致用與資治教化的理念，並傳達了修志官紳秉持傳統思維對於社會現象所進行的詮釋。值得注意的是，特定區域人文蔚起的因素在志書編纂者的意識中，往往與地理空間觀念發生關係。在清修臺灣方志的〈學校〉、〈選舉〉、〈人物〉等涉及文教、人才的門類中，即有幾則涉及清代臺灣社會地靈人傑而能相得益彰之類的論述。如康熙中期，高拱乾等《臺灣府志》卷八〈人物志〉開宗明義說明：「夫人稟天地之氣以生，參乎天地者也；使天地非人，則亦塊然不靈耳。故人物者，山川之秀、國家之瑞所由鍾也；間或精而爲理學、顯而爲功名以及羈旅而寫牢騷、堅貞而著節烈，其所表見雖各不同，要之均足增光天壤、興起百世矣」。〔註142〕乾隆前期，劉良璧等《重修福建臺灣府志》卷十六〈選舉〉的開場白亦提到：

> 海東人士將蒸蒸日盛焉，非特置兔者之可爲干城、投筆者之立功異

〔註141〕施士洁，《後蘇龕合集》，頁353～354。
〔註142〕高拱乾等，《臺灣府志》，卷8，頁207。

域也！夫崇山列嶂、巨海環清，形勝擅於東南，靈異鍾爲奇秀，其
間必有文章報國、鼓吹休明者起而膺闓門之選。〔註143〕

府志的論述係以全臺爲觀照範圍，至於各縣廳志對於境內人文蔚起的解
說，也大致秉持類似的思維。臺灣縣在清代前期爲全臺文教行政的重心，王
必昌等《重修臺灣縣志》卷十〈選舉志〉中扼要地陳述：「臺陽枕山環海，
扶輿清淑之氣，磅礴而鬱積。自歸版圖，奇秀攸鍾，英材輩出；朝廷加意振
興，廣額羅致。以故通經績學之儒，拔茅胥占連茹；干城腹心之選，罝兔咸
卜圖麟。其名登於朝、慶延於世者，後先輝映也。固人傑而地靈，亦聖作而
物睹」。〔註144〕在該書卷十一〈人物志〉序言也根據「人稟五行之秀以生，
知自貴於物矣」的觀念，解說「臺灣叢山鎖翠、巨海環清，佳氣久蜿蜒於蜑
煙蜃雨中。處是邦者，鍾厥地靈、沐乎聖化，既多通籍之名流，亦有潛光之
羈旅」。〔註145〕

南部鳳山縣毗鄰臺灣縣，境內山明水秀，漢人開發早有所成，文教發展
亦是粲然可觀。乾隆中期，王瑛曾等《重修鳳山縣志》卷六〈學校志〉中開
宗明義稱頌：「鳳濱海隅，介在南徼；學宮形勝，甲於全臺，宜士之蒸蒸向化
哉」。〔註146〕該書卷九〈選舉志〉序言也強調鳳山地區的人才萃然，乃拜山川
靈氣之賜：「夫山明水秀，見於圖經；佳氣蜿蜒，半屏展翠，其科名爲北港開
先，宜矣。藉地氣之鍾靈，應昌期之明盛；吾知後之沐光華而虜喜起者，將
與珠崖瓊海爭光比烈，尤採風者所厚望焉爾」。〔註147〕

中部彰化縣自雍正元年（1723）析諸羅縣北部正式設治後，伴隨著乾隆
後期漢人的進墾，從此人文蔚起，不落其他地區之後。道光中期，周璽《彰
化縣志》卷八〈人物志〉中秉持山川靈氣庇蔭地方人文鼎盛的觀念，詮釋如
此的現象云：「自古人物之興，關乎山川之秀，所謂地靈則人傑也。彰化開闢
最後，然山水之奇，磅礴鬱積，鍾爲豪傑，代有其人」。〔註148〕

蛤仔難地區（今宜蘭）於嘉慶十七年（1812）設置噶瑪蘭廳，官治行政
的建置加上漢移民的進墾，促使其「內地化」的色彩漸深。至清代後期，當

〔註143〕劉良璧等，《重修福建臺灣府志》，卷16，頁433。
〔註144〕王必昌等，《重修臺灣縣志》，卷10，頁349。
〔註145〕王必昌等，《重修臺灣縣志》，卷11，頁373。
〔註146〕王瑛曾等，《重修鳳山縣志》，卷6，頁157。
〔註147〕王瑛曾等，《重修鳳山縣志》，卷9，頁243。
〔註148〕周璽等，《彰化縣志》，卷8，頁229。

地的文教發展亦是卓然可期，有如咸豐初期陳淑均等《噶瑪蘭廳志》卷四上〈學校〉的陳述：「蘭之廳制，一視澎湖，而初猶附試於淡水；則以人文必盛，乃建專學，非故緩也，蓋有待也。……況蘭泱泱表海，佳氣蜿蜒，將必有涵泳聖涯、蔚山川而開風氣、衍閩學而配孔庭者，近在目前」。〔註149〕

　　諸如此類的關聯式思考，不僅見於官修方志，在私人的著述中，也不乏其例。如乾隆初期，董夢龍於〈臺灣風土論〉一文中質疑當時臺地人才未興的情形，並援引地靈人傑的前提，作為推敲得失的判準云：「開闢以來，置郡縣學，設博士弟子員，當途加意培植；以至於今，而文人才士未有應地靈而起者，豈天地秘鬱之氣，一朝難以遽闢，而川原精華不鍾於人而鍾於物也？」董夢龍縱使質疑如前，但依然堅持山川靈秀必當人才輩出的觀念，期待來者的努力云：

> 要之，一代人之興，必有碩德重望，以培養人才為心，涵育數十年之久，而後克變其從前鄙陋之習。……然則今之臺，雖未有聞，而安知振興有人，而山川佳鬱之氣蓄極積久，不大洩其精奇，挺生石彥以昭國家文明之盛哉！〔註150〕

　　乾隆二十九年（1764），楊廷璋（1689～1772）在汀州永定貢生胡焯猷捐建淡水廳興直堡明志書院之後，特於記載該書院由來的碑記中稱頌：「興直堡者，遠隸臺灣，僻處淡水，風土秀美，氣象鬱蔥。髦俊萃臻，向文慕學，實繁有徒」。〔註151〕嘉慶後期，擔任彰化縣令的錢燕喜於〈觀風告示〉一文中，也透露出山川靈氣應驗人文蔚起的意念：

> 彰化疊嶂如屏，連峰插漢，固海山之僻壤，亦宇宙之奧區。聖化涵濡，百有餘載。戶知禮樂絃歌，遍雞籠、淡水而遙；人比鄒魯鼓篋，自鹿港、二林以近。流寓紀名人之蹟，傳經溯前哲之蹤。筆尖與燄岫爭奇，秋風奮翮；文瀾偕虎溪共壯，春浪飛鱗。山川既效夫地靈，鍾毓應歸乎人傑。〔註152〕

　　清代後期，由於日本藉口牡丹社事件犯臺的刺激，清廷於光緒元年（1875）在臺灣南端原住民活動領域的琅嶠地區設置恒春縣，行政區域的重新規劃助長了漢人勢力的進佔。廣東南澳人康作銘於〈琅嶠民番風俗賦〉中

〔註149〕陳淑均等，《噶瑪蘭廳志》，卷4上，頁139。
〔註150〕引自六十七，《使署閒情》，卷3，頁101～102。
〔註151〕陳培桂等，《淡水廳志》，卷15上，頁375～376。
〔註152〕周璽等，《彰化縣志》，卷12，〈藝文志〉，頁426。

本著漢文化本位的立場，鋪陳琅嶠一帶從先前以原住民為主體的「落後」狀態，逐漸轉變成漢人「禮教」社會的過程中，在山明水秀的庇護下，當地定可趨於文風鼎盛的情景云：「龍泉秋水，水可滌襟；虎岫高山，山堪顧指。案橫一字，當前已耀文星；峰現三台，他日定多文士。扶輿磅礴，既鑒在茲；淑氣絪縕，誰能遣此？」〔註153〕康作銘復於〈游恆春竹枝詞〉中表達了如此的想法：「莫說山城僅一重，天開書案映台峰；山川自有文人起，林下潭深故號龍」。〔註154〕廣東嘉應州人鍾天佑詩詠恆春八景之一的「海口文峰」時，也流露出類似的心態：「直衝島嶼形偏秀，倒影波瀾景倍妍。料想文風應丕振，名題雁塔韻同拈」。〔註155〕

閩粵人士基於漢文化中心意識所解讀的臺灣地理空間，使得新闢地域的「內地化」往往具有風水化的成分在內；而文教風氣的興起，無疑也是提昇臺灣南北各地「內地化」程度與傳佈風水觀念的助力。在風水觀念的濡染之下，人們相信福地待是福人居，也相信地靈人傑，特定區域風水的良窳乃關係著當地人才的興盛與否。道光十九年（1839）六月，泉州籍名士傅人偉自漳州東渡來臺任教，當他登臨淡北士林芝山巖文昌祠目睹風景佳麗，不禁由衷而發「鍾毓所在，必有傳人」的讚嘆。〔註156〕光緒十八年（1892），彰化名士張光岳（1859～1892）為其友人洪月樵（洪棄生，1867～1929）的《寄鶴齋集》所題寫的詩序中，起首即援引龍渡滄海、山川靈秀的風水之說，推闡臺灣地理環境的得天獨厚，前後歷經三百多年來先民的辛勤經營，成果斐然，其文化物產因而見稱於世：

> 天下之名山、大川，不可得而盡也。自崑崙、五嶽以至江、河、淮、漢而外，……其在中原，山川搜索未盡；而地脈之蜿蜒又馳而之海外，經萬千年而始顯而峙之於海上，如臺灣是已。臺灣山川之秀、奧窔之奇，孕毓之富媼、地產之繁姝、人物之炳靈，經創造日闢三百餘年而猶未之盡，任舉天下之名州鉅郡而莫之與京；故中原來遊者與外國窺覦者咸嘖嘖稱羨，而謂之「小中華」、「古蓬萊」──或謂之「東瀛洲」，其名實足以副之。

〔註153〕屠善繼，《恒春縣志》，卷14，〈藝文〉，頁245～246。
〔註154〕屠善繼，《恒春縣志》，卷14，〈藝文〉，頁246。
〔註155〕屠善繼，《恒春縣志》，卷14，〈藝文〉，頁242～243。
〔註156〕臺灣銀行經濟研究室編，《臺灣教育碑記》，頁45。

張光岳基於這種地理感應論、風水庇蔭觀的前提，緊接著更藉由地靈人傑的觀點，設想長久以來臺地人才不彰的可能原因，以輾轉襯托出《寄鶴齋集》作者洪月樵個人才氣的難能可貴：

> 而論者以此爲神仙之府，宜有靈異之才出於其中、國士聞人遭逢於
> 其際，……然而求之上下二百年間，而渺乎未之有聞；豈閒氣之未
> 鍾，人才之不出歟！抑海外荒晦，人才或湮沒不傳歟！吾於是求之
> 交遊之中、耳目之外，希冀其有所遇；而乃於吾友洪君月樵見之矣。
>
> 〔註157〕

張光岳的一番陳述，可說是爲本節所論人文蔚起與風水觀念的聯想，作出了一段極佳的註解。

在清代臺灣社會，某些官紳認定風水形勢可以庇蔭地方文風，然而，其間持保留立場者的心態也不容我們忽視，林豪就是其中之一。在光緒中期《澎湖廳志稿》卷一〈封域・山川〉的附考中，他質疑澎湖既無完好的風水形勢，如以地脈生氣的觀念來解釋道光後期蔡廷蘭（1801～1859）成爲「開澎進士」的因緣，未免流於牽強附會：

> 按澎地無高峰以爲祖山，無溪潭以資灌，故地皆斥鹵。或北風盛發，
> 則狂濤怒飛，其聲甚烈。緣極北發祖之瞭望山，未甚高聳，不能屏
> 蔽而擁護之也。大城北地勢稍高，爲澎之少祖山，居其下者，若蔡
> 氏首發科甲，以文章著名，實得山川之助，地靈人傑，豈誣也哉？
>
> 〔註158〕

最後，我們從清代臺灣各地所流傳的傳說故事，也可以找到幾則將地方文風昌盛歸因於風水龍脈庇蔭的論述。如康熙四十八年（1709）會試中式武進士的鳳山縣人柯參天，其位處今臺南市仁德區嵌腳的柯厝故居，自清代前期以來，地方人士傳聞其係座落於「絲線過脈」的地理吉穴，故能庇蔭柯氏一生功成名就。〔註159〕自清代中葉起，嘉義縣佳里興一帶（今臺南市佳里區）文風蔚起且科甲有成，如嘉慶年間舉人曾逞輝，同治年間舉人曾埔與秀才莊志誠、莊左源，咸豐年間秀才張春江，光緒年間秀才王棟梁、王棟材，以及自外地蒞鄉擔任塾師的漳州籍秀才曾長青、鹿港籍秀才莊維成等，民間傳聞

〔註157〕洪棄生，《寄鶴齋選集》，頁15～16。另參見是書，頁19～20。

〔註158〕林豪著，林文龍點校，《澎湖廳志稿》，卷1，頁28。

〔註159〕臺灣省文獻委員會編，《臺南縣鄉土史料》，頁746～747。

當地為「七星墜地」的風水吉壤，因此地靈人傑，科考名人輩出。〔註160〕淡水廳貓裡街公館（今苗栗縣公館鄉）矮山一帶山明水秀，民間相傳該處在地理上屬蛇形吉穴，故於道光中期有劉獻廷、劉翰父子雙舉人。〔註161〕淡水廳八卦潭南畔的龍峒山（今臺北市圓山仔）與劍潭山後石壁相接，因山勢形如龍頭而得名，其龍尾之處則於清代後期發展出大隆同街（大龍峒）。據稱大隆同街承受龍脈靈氣，所以鍾靈毓秀、地靈人傑，至咸同之際秀才、舉人輩出，前後計三十餘人，自此博得「五步一秀，十步一舉」的美名，其中以陳維英（1811～1869）最富盛名。〔註162〕在這些風水傳說的背後，其實也反映了傳統漢人社會普遍存在的心態與期望。

　　總而言之，傳統知識份子秉持天地人感應、陰陽五行觀與風水氣論的系統思維，往往將某地域文風的興盛、人文的蔚起與山川的靈氣聯繫在一起。在地靈人傑觀念的籠罩之下，當治臺官員或地方士紳實際從事文教建設之際，通常也會考慮到風水因素的重要性及其可行性。

二、文教建設與風水因素的考量

　　關於文教設施的風水布局及其有利於地方官運與文風的情形，題名清代姚廷鑾纂輯的《陽宅集成》（1748）卷六〈學宮〉中有一段扼要的敘述：

> 郡治學宮，偏宜水掃城腳；宅居墳壙，先須風過明堂。府州縣治學校，宜乘旺氣，有司遷陞，科名顯赫。龍奔江岸建黌宮，欲盛科名，華表要他前水見，學求形勝振文風。〔註163〕

　　這段文字，概要說明了如何營造學校周遭風水堂局的形勢要件，同時也提示了一種文教設施若能擇建於風水寶地的庇蔭保證。在傳統漢文化社會，地方官紳推展文教建設之際考量風水因素的緣由，除了廟學、書院等硬體興造的本身提供陽宅風水理論可資應用的空間之外，如進一步窮究其深層的文化成因，則大致與傳統中國科舉制度的運作及其衍生的價值系統息息相關。〔註164〕

〔註160〕郭水潭，〈北門郡の地理歷史的概觀下〉，《民俗臺灣》，2卷8號，昭和17年8月，頁33。

〔註161〕臺灣省文獻委員會編，《苗栗縣鄉土史料》，頁25，33～34。

〔註162〕黃得時，〈劍潭一帶的傳說奇聞〉，頁80～81。

〔註163〕姚廷鑾纂輯，《陽宅集成》，卷6，頁446。

〔註164〕何曉昕、羅雋，《風水史》，頁108～110。

　　隋唐之後，科舉制度逐漸取代魏晉南北朝的九品官人法，成為政府選才任官的標準。自宋代以降，由於科舉制度的推展，在傳統中國發揮出一種促進社會階層流動與鞏固國家政權的效果。莘莘學子競相於「一舉成名天下知」的角逐，藉此提升社會地位並改善經濟狀況。在競爭激烈的考試之中，欲求金榜題名、光耀門楣，除了十年寒窗、各憑實力的條件之外，亦不乏「盡人事，聽天命」的機緣在內。由於考場上充斥著種種不確定的因素，造成應試學子的患得患失，這時，風水術數的感應之說和庇蔭之論，有如溺水者所渴望的浮木一般，令惶惶然的學子獲得了心理上的依託，同時也撫慰其對於入仕為官、功成名就的求之若渴、卻又把握不定的心態。影響所及，經營陰陽宅風水以利於科考的實質成就，在明清時期成為眾多學子及其家族成員所關注的焦點；而各地學宮書院的選址興造暨建築形制講究風水宜忌的現象，也就此應運而生。〔註165〕科舉制度對於風水術數在傳統中國社會的「氾濫」，可說是起了推波助瀾的作用。

　　有清一代，臺灣各地興設的府縣廳儒學，成為國家育賢儲才的基層機構，而其本身亦是作為科舉制度的一環。治臺官員本著傳統士大夫「萬般皆下品，惟有讀書高」的價值意識，往往將文教發展的成果視為任內具體的治績，各縣廳儒學所培育出的學子在科場中第的多寡，自是其中主要的指標之一。另一方面，地方人士為了增添實質名利或鞏固家族利益，也希冀政府當局所設置的學校，能有效地輔助莘莘學子爭取到中舉入仕且名利雙收的目標。〔註166〕風水對於科考的庇蔭效應，於此滿足了上至官紳、下及百姓的心理需求。這類的心理需求取向，也直接轉化為地方官紳在文教設施的擇建過程中對於風水之學的講究。不僅學宮、書院的設置情形如此，甚至連以崇祀「不語怪力亂神」的孔夫子及歷代儒家聖賢為目的而設置的文廟，處在一片功利主義導向的學術風氣中，也免不了沾染風水習俗的成分。

　　臺灣府、縣學宮文廟皆設於臺灣初隸大清版圖之際，前者由臺廈道周昌、知府蔣毓英因襲鄭氏基業修建於寧南坊（今臺南市中西區南門路），其前身即明鄭時期座落於承天府鬼仔埔上的孔廟。後者由知縣沈朝聘倡建於東安坊（今臺南市中西區府前路），其方位坐北向南。〔註167〕兩儒學同位居全臺行政首善

〔註165〕楊布生、彭定國，《中國書院與傳統文化》，頁174～179。
〔註166〕尹章義，〈臺灣—福建—京師——「科舉社群」對於臺灣開發以及臺灣與大陸關係之影響〉，收入氏著，《臺灣開發史研究》，頁527～583。
〔註167〕高拱乾等，《臺灣府志》，卷2，〈規制志・學校〉，頁32。

之區，堪爲清代前期化育地方英才的首要學府。在官員的心目中，由於儒學文廟氣運攸關地方文教與學子前途，自草創起歷經多次的增建與整修，除了定基擇向或擴充硬體規模之外，根據相關文獻的記載，我們也可以得知臺灣府學的整體堂局，曾受到風水觀念的影響。

乾隆四十二年（1777），當知府蔣元樞（1738～1781）整修府治儒學之際，其間嘗「周覽廟學形勢，艮位奎閣既已傑然高峙，巽方亦應酌建坊表，以資鎮應」。除了考量其東北（艮）、東南（巽）兩方位的建置宜忌之外，蔣元樞並有如下的措施：

> 查南郊魁斗山，郡學之文筆峰也。舊時櫺星門，其制甚卑；門外蔽以重垣，山遂隱而不見。今所建櫺星門較舊時移進數武，加崇五尺；門外之垣，改爲花墻；山形呈拱，如在廟廷。從此，文明可期日盛。〔註168〕

蔣元樞用心調整廟學的內外形制，也可視爲一種風水格局的修整。臺灣縣歲貢生章甫於嘉慶六年（1801）撰著的〈重修臺郡文廟序〉文中，對於府學文廟有助於全境文風鼎盛的效驗以及治臺官員的作爲，讚不絕口：

> 臺郡聖廟躔牛度女，雙星倬雲漢之章；枕北面南，六子首坎離之用。斗宿聚奎，靈氣魁現山頭（廟對城南外魁斗山）；崁城學海，文瀾印浮水面。五庠毓秀，四邑鍾英；此聖廟建立之功，亦列憲興修之效也。〔註169〕

值得注意的是，引文中所提文廟南面的魁斗山（又稱鬼仔山或桂子山，今臺南市中西區五妃廟、竹溪寺一帶山丘），根據地方郡邑官紳先前認定的堪輿格局，位在城南的魁斗山係府學文廟的案山，也就是所謂的文筆峰（砂），傳統堪輿學強調其有助於文教設施能妥善地凝聚風水生氣，以庇蔭所有求教於斯的學子得在未來的科場上一帆風順。一般說來，文筆峰的相對位置，以座落於文教設施的巽方（東南方）爲佳。如乾隆後期趙九峰《地理五訣》卷四〈文筆砂〉中提到：

> 夫文筆者，貴人所用之物也，不得其人，無所用之。惟居臨官之方，則眞貴人矣。或龍上貴，或向上貴，或坐山貴，或駟馬貴，或三吉六秀貴，其最效者，惟巽上文峰，居六秀薦元之方，又木火相生之

〔註168〕蔣元樞，〈重修臺灣府學圖說〉，引見氏著，《重修臺郡各建築圖說》，頁13。
〔註169〕章甫，《半崧集簡編》，頁54～55。

－350－

地，……得之，謂之貴人秉筆，……發科甲甚速，再得丙峰秀麗，
艮荐丙，必發鼎元，其餘文筆，主出文人，皆係美砂，但不及巽艮
之神妙耳。〔註170〕

清代臺灣方志圖說或就堪輿學的觀點，標榜魁斗山為府學文廟朝案之所
繫。如乾隆中期，王必昌等《重修臺灣縣志》卷二〈山水志〉中記載：「城南
有魁斗山，狀若三台星，為府文廟拱案」。〔註171〕余文儀等《續修臺灣府志》
卷一〈封域·山川〉中，也提到臺灣縣治南方的魁斗山，「三峰陡起，狀若三
台環拱郡學；形家謂文明之兆」。〔註172〕到了同治初年刊《臺灣府輿圖纂要》
之〈山水門〉亦記載位於臺灣縣治南三里許的魁斗山，「脈由東南營盤埔等崙
而來；陡起三峰，朝拱府學，蜿蜒內抱」。〔註173〕而在《臺灣縣輿圖纂要》的
〈山川〉中，另提及魁斗山「於正南陡起三峰，狀若三台。為府學朝案山」。
〔註174〕

由此可見，在主政官員及修志人員的心目中，臺灣府學文廟的設置地點，
大抵符合群山環抱而能藏風聚氣的風水形勢。即使清末臺北板橋人林景仁在
〈東寧雜詠〉中，曾以「祖龍一炬了詩書，魁斗形家讖總虛；南渡蕭條人物
盡，厭厭泉下見曹蜍」的詩文，諷諭「魁斗山三峰陡起，狀若三台；形家謂
為文明之兆」的典故，〔註175〕然而其所質疑的對象，如果回歸到歷史的脈絡，
卻是某些清代官紳對於臺灣府學文廟風水極佳的共識與認同。

鳳山縣儒學由知縣楊芳聲於康熙二十三年（1684）倡建，座落於縣治興
隆莊（今高雄市左營區），設置之初即有明顯的風水成因在內。據高拱乾等
《臺灣府志》卷二〈規制志·學校〉中記載，鳳山縣儒學「後為啟聖祠。學
前有天然泮池，荷花芬馥，香聞數里。鳳山拱峙、屏山插耳，龜山、蛇山旋
繞擁護，形家以為人文勝地」。〔註176〕陳文達等《鳳山縣志》卷二〈規制志〉
中說明縣邑學宮：「前有蓮池潭，為天然泮池；潭水澄清，荷香數里。鳳山
對峙，案如列榜。打鼓、半屏插於左右，龜山、蛇山旋繞擁護，真人文勝地，

〔註170〕趙九峰，《地理五訣》，卷4，頁10b～11a。
〔註171〕王必昌等，《重修臺灣縣志》，卷2，頁32。
〔註172〕余文儀等，《續修臺灣府志》，卷1，頁9。
〔註173〕不著撰人，《臺灣府輿圖纂要》，頁20。
〔註174〕引見不著撰人，《臺灣府輿圖纂要》，頁130。
〔註175〕臺灣銀行經濟研究室編，《臺灣詩鈔》，卷16，頁301～302。
〔註176〕高拱乾等，《臺灣府志》，卷2，頁32。

形家以爲甲於四學」。〔註177〕該書卷一〈封域志・形勝〉中也稱譽：「邑治旗、鼓兩峰，實天生之挺翠；龜、蛇二岫，壯文廟之巨觀。十里荷香，蓮潭開天然之泮水」；另於卷一〈封域志・山川〉中記載一錯落於鳳山東北的鳳彈山（鳳卵山），「文廟視此爲案山」。〔註178〕王瑛曾等《重修鳳山縣志》卷六〈學校志〉中同樣記載縣境學宮文廟，「前有蓮潭，天然泮池。鳳山對峙，屏山左拱，龜山、鼓山右輔，形家稱爲人文勝地」；〔註179〕另於卷一〈輿地志・山川〉中所述秀削凌霄的打鼓峰後註稱：「縣與文廟皆以此峰爲文筆，形家稱勝地焉」。〔註180〕余文儀等《續修臺灣府志》卷八〈學校・學宮〉中亦陳述鳳山縣儒學，「前有天然泮池，荷花芬馥，香聞數里。鳳山拱峙、屏山插耳，龜山、蛇山繞護；形家以爲人文勝地」。〔註181〕又如清代後期《臺灣府輿圖纂要》之〈山水門〉中記載，距離縣治南三十里的鳳山，「以形得名，縣學之拱案山也」。〔註182〕而在《鳳山縣輿圖纂要》之〈山川〉中涉及縣境諸山風水格局的敘述中，也提到距離縣城南三十里的鳳山，「橫列邑治東南，宛然如飛鳳；爲文廟朝案山」。〔註183〕在光緒二十年盧德嘉等《鳳山縣采訪冊》丁部規制〈學宮〉中，猶引據前說，標榜鳳山縣學，「前有蓮花潭天然泮池。鳳山對峙，屏山左拱，龜山、鼓山右輔，形家稱爲人文勝地」。〔註184〕

　　從前舉各志書圖說相互傳承的論述可見，鳳山縣學宮文廟的所在位置，依山傍水，風水格局奇佳無比，不僅地方官紳引以自豪，並且受到堪輿形家的極力推崇。

　　鳳山縣學宮文廟的風水格局，也成爲後事者追尊的神聖表徵。如鳳山學教諭吳玉麟於嘉慶四年（1799）十一月撰刻的〈新砌泮池碑記〉中，即曾秉持地靈人傑的觀念，解說鳳山境域文風之所以鼎盛，係緣起於學宮文廟地理適當的關係：「臺地自入版圖以後，沐聖朝雅化，鳳山文運之盛，甲於諸邑。

〔註177〕陳文達等，《鳳山縣志》，卷2，頁14。

〔註178〕陳文達等，《鳳山縣志》，卷1，頁4～5。

〔註179〕王瑛曾等，《重修鳳山縣志》，卷6，頁157。

〔註180〕王瑛曾等，《重修鳳山縣志》，卷1，頁12。

〔註181〕余文儀等，《續修臺灣府志》，卷8，頁341。

〔註182〕不著撰人，《臺灣府輿圖纂要》，頁26。

〔註183〕引見不著撰人，《臺灣府輿圖纂要》，頁137。

〔註184〕盧德嘉，《鳳山縣采訪冊》，頁155。

雖士克樹立，而山川鍾靈，文廟實得地焉」。〔註185〕同治後期，縣儒學訓導葉滋東倡議新修學宮，獲得縣邑士紳的積極參與，乃順利展開學宮文廟的整建事宜。至光緒三年（1877），重修鳳山縣學落成，黌宮棟宇大爲改觀，其兩廡暨大成坊、櫺星門、明倫堂就此煥然一新。次年（1878）正月，在鳳山縣知事孫繼祖纂記、署儒學訓導許文璧撰刻的〈重建學宮碑記〉中，以「鳳邑東迤山，南濱海，與內番狂榛蝄蠣爲鄰，入版圖者二百餘年矣。然半屛、龜、蛇諸山環護奔赴，秀氣成采。論者謂：茲地沐聲教者有年，他日文獻當鱗萃於斯，不終於荒蕪樸陋也」的頌詞作爲開場，碑文中緊接著強調地方官員應該善盡教化百姓的職責，知事孫繼祖一方面表彰訓導葉滋東等人致力於文教設施的改善，一方面也讚譽他們整修完竣的學宮文廟，其整體外觀「規模修整，氣象崇煥！山川形勢，堂局向背如法」。〔註186〕風水觀念的運用，於此再度表露無遺。

　　傳統上，廟學建築的前方，多闢有半月形的泮池，按古禮周代天子之學爲四週環水的「辟雍」，諸侯之學則爲南面半水的「泮宮」。孔子因曾受封爲文宣王，故孔廟以泮池爲其規制，以至於成爲後代官設廟學所在的具體表徵。〔註187〕主政者從事各種與廟學相關的文教建設之際，有時也會重視泮池外觀形勝的保持與修整。如康熙後期，臺灣知縣陳璸於〈建文昌閣詳文〉一文中提到：「凡文廟前俱有泮池；一水迴環，映帶於頻宮，芹藻方覺生色。而府學泮池，雖經諸生呈請開鑿在先，亦尙有志未逮。相應并工相度開濬，以增形勝者也」。〔註188〕而在乾隆四十二年（1777）臺灣知府蔣元樞整修府學格局之際，亦嘗疏濬學宮泮池。〔註189〕

　　有別於泮池原始的禮教意涵，堪輿學或基於龍穴砂水向的觀點，將泮池的功能等同於風水格局中凝聚生氣的「風水池」。〔註190〕而蓮池潭作爲鳳山縣

〔註185〕臺灣銀行經濟研究室編，《臺灣教育碑記》，頁 30。

〔註186〕臺灣銀行經濟研究室編，《臺灣南部碑文集成》，頁 362～363；臺灣銀行經濟研究室編，《臺灣教育碑記》，頁 52～54；何培夫主編，《臺灣地區現存碑碣圖誌　高雄市・高雄縣篇》，頁 196。

〔註187〕楊布生、彭定國，《中國書院與傳統文化》，頁 181～184。另參見三民書局編，《大辭典》，頁 2561。

〔註188〕陳文達等，《臺灣縣志》，卷 10，〈藝文〉，頁 724～725。

〔註189〕蔣元樞，《重修臺郡各建築圖說》，頁 13。

〔註190〕有關「風水池」在堪輿學上的功能，可參見徐善繼、徐善述，《地理人子須知》，卷 6 上，〈水法・池塘水〉，頁 6a。

學宮文廟的天然泮池，在堪輿形家的認定中，也具有風水學上的象徵意涵；其地理形勢的完整與否，自然爲某些信奉風水觀念的地方官紳所關注。爲了保障學宮文廟的風水氣運，官紳對於蓮池潭遭到外力破壞的情形，往往不會坐視不顧。如巡臺御史范咸於乾隆十年（1745）冬巡視鳳山縣的文教設施之後，隨即應知縣呂鍾琇的呈請，於同年十二月擴建明倫堂，次年六月告竣，俾收興賢觀善的效果。與此同時，范咸要求地方官員濬通先前爲居民不當佔用的蓮池潭，以維護學宮泮池的格局。范咸於乾隆十二年（1747）四月撰著的〈新建明倫堂碑記〉中，曾追溯這段經歷云：

> 鳳邑在郡治之南，學宮獨據形勝之地。廟前泮池，方廣里許，多植芰荷，即志所稱蓮池潭也。余以乙丑冬巡行鳳山，謁先師廟，召諸生講學。……問所爲蓮池潭者，莠民侵牟以爲利，日張網其中；芙渠蕩然，無復存者。知邑事呂令作而言曰：鍾琇蒞此二年，念明倫堂之未稱，已度地鳩工，……余許其請，更令清釐頹池以還舊觀。越明年，……而泮池之水以濬。大小於邁，觀者交悅。余故樂得而志之。〔註191〕

鳳山縣學宮泮池經過此次的修濬，至乾隆後期，這處學宮泮池又因「龜山右案中斷爲坦途，水道通海爲田廬侵塞」，縣邑士紳再度發動地方人士進行整修工作，以儘速補救泮池格局。旋經左營莊民捐資贊助，「茲並補其缺，清其界，使復其舊」，而令蓮池潭泮池得以氣行通暢。〔註192〕

光緒元年（1875），析鳳山縣別置恒春縣；翌年，首任知縣周有基於縣城內西門猴洞山頂創建澄心亭，後亭內供奉至聖先師、文、武二席神牌，山下濬築泮池，並建欞星門，環築宮墻，權作縣邑文廟。屠繼善《恒春縣志》卷二〈建署〉中記載澄心亭的所在位置，「山高百尺，平地崛起。兩山中斷而復連，峭石玲瓏，瑤草芸生；登高四顧，豁然開朗。馬鞍、龍鑾諸山水環列於前，左有三台、虎岫諸峰，右有楝梆、西屏等一帶平林，繡壤如茵，洵一邑之勝地焉」。〔註193〕澄心亭山環水抱而前有泮池的堪輿形勢，儼然可觀。

與鳳山縣學同樣設立於清代初期的諸羅縣邑學宮文廟，後來在新修選址之際，也曾有過一段風水因緣。康熙四十三年（1703）秋，鳳山知縣宋永清

〔註191〕臺灣銀行經濟研究室編，《臺灣南部碑文集成》，頁46～48；何培夫主編，《臺灣地區現存碑碣圖誌　高雄市・高雄縣篇》，頁185。
〔註192〕臺灣銀行經濟研究室編，《臺灣教育碑記》，頁30～31。
〔註193〕屠繼善，《恒春縣志》，卷2，頁71。

署諸羅縣事，奉文移歸諸羅山縣治。宋永清鑒於康熙二十五年（1686）舊設善化里西保（目加溜灣，今臺南市善化區）的學宮文廟年久失修，遂與縣邑諸生集議度地新建。斯時宋永清曾親自「週城內外卜吉三處，聽諸生自擇其尤，定基於城之西門外」。〔註194〕諸羅縣學宮的所在位置，正面迎對玉案山，此山名稱恰與理想的風水格局中龍穴前方的「案山」同名。名稱的雷同當非屬巧合，應是漢人傳統堪輿思維下的產物。據陳夢林等《諸羅縣志》卷一〈封域志・山川〉的記載：「玉案山（舊名玉枕），位踞離明，方幅蒼翠，是學宮之對山也，橫鋪如青玉之案」。〔註195〕由此可見，從堪輿學的角度，諸羅縣學擁有相當不錯的風水格局。〔註196〕

康熙四十五年（1706），海防同知孫元衡（1661～？）集資興建諸羅縣學宮大成殿欞星門，於同年仲冬落成。斯時，躬逢其盛的諸羅縣教諭孫襄，乃題著〈諸羅學文廟記〉一文，追溯學宮文廟的建造緣由，其中提到：先前設於目加溜灣的諸羅學宮，因「厥土未良、厥制未備」，在地利欠佳、規模尚闕的情形下，「毋怪乎諸學文士之未薦於鄉也」。孫襄緊接著強調，早在康熙四十三年（1704）秋，知縣宋永清「慨然以建學為己任，設緣疏、製弁言而募捐金焉。親視營盤內外，得吉壤三處，聽諸生自選其尤」。宋永清等人妥擇佳地於前，後經孫元衡踵事而建的文廟外觀，「青烏家稱廟之形勢，曰：埒於鳳山，是宋公之志也」。〔註197〕根據孫襄形諸文字的陳述，我們更可以肯定，縣邑官紳擇建諸羅學宮文廟之際曾受堪輿觀念影響的事實。而他們的目的，無非是為了替地方學子提供一處風水奇佳的讀書場所，期盼地靈得以庇蔭人

〔註194〕陳夢林等，《諸羅縣志》，卷5，頁67～69。

〔註195〕陳夢林等，《諸羅縣志》，卷1，頁8。

〔註196〕一般說來，案山（文筆峰）的存在及其挺拔秀麗與否，係傳統堪輿學上判定學宮文廟和其他文教設施風水良窳的重要指標。除了前述臺灣府與臺灣、鳳山、諸羅三縣學的例證之外，如周璽等《彰化縣志》卷1〈封域志・山川〉記載：「觀音山蔚然秀拔，以作學宮之朝拱」（頁8）。清代後期《臺灣府輿圖纂要》之〈山水門〉記載嘉義縣境距離縣治南三十五里的玉案山，「俗名枕頭山，為縣學供案」（頁29）；另記載澎湖廳境內大山嶼東西澳案山社西的小案山，「距廳治四里，為書院朝山」（頁44）。《嘉義縣輿圖纂要》之〈山水〉中涉及縣境風水格局的記載，亦提到在縣治東南一百里的玉案山，「由筆架北折而西，為文廟對案」；另提到在縣東南八十里的筆架山，「五峰秀峭，形如筆架；為嘉邑之文峰」（頁191～192）。陳朝龍等《新竹縣采訪冊》卷1〈山川〉記載縣境東南三里竹塹堡山十八尖山，「其山自金山面東南來，雲羅碁布，翠若列屏，環繞縣城；尖峰韶秀，為學宮之案山」（頁19）。

〔註197〕周元文等，《重修臺灣府志》，卷10，〈藝文志〉，頁369～371。

傑，讓學子能在日後的科場上頭角崢嶸。

清代臺灣各地有關廟學風水庇護學子科舉中第的傳聞，最膾炙人口的例證，莫過於號稱「開臺進士」的竹塹士紳鄭用錫。嘉慶二十一年（1816），淡水同知張學溥邀集地方士紳謀建淡水廳儒學文廟，獲得眾人的踴躍贊同，總理林璽、林紹賢（1761～1829）、副總理鄭用錫、郭成金（1780～1836）以及吳振利、羅秀麗、陳建興、吳金吉等人隨即展開籌設事宜。在文廟的選址方面，主事者考慮到文廟風水「關於文運之盛衰，非扶輿磅礴之所結，山川靈秀之所鍾，無以爲卜吉地也」，既然茲事體大，就不可不愼重其事。適巧竹塹地區有郭尚安者，「邃於堪輿之術，諸紳士以設廳時，曾選學宮基址，在於城內較場地方，因就其地請而籌之，深得許可，凡大小之規模，坐向之方位，皆其指劃。郭君爲人輕財重義，諸紳謝之金不受，且曰：此廟一築，淡之科甲蟬聯，余之名亦不朽矣！金何足慕哉！」〔註198〕經由深通堪輿術的郭尚安親臨指點，文廟設置地點乃告確定。新修工程於同年十二月十五日肇工，至道光四年（1824）四月初十日竣工，位處於廳城內東南營署左畔。〔註199〕淡水廳儒學文廟的落成，爲地方紳民依循風水觀念而具體落實的產物。特別當廳學文廟倡議修建之後、竣工落成之前，其間鄭用錫接連於嘉慶二十三（1818）中舉、道光三年（1823）中進士，功成名就，享譽全臺。地方人士因而直覺地認定，這應是廟學風水直接應驗的結果。彰化縣知縣吳性誠於道光四年撰著〈捐建淡水學文廟碑記〉中，針對時人將鄭用錫揚名科場歸諸於風水庇護的心態，以及文廟風水與竹塹文風漸趨鼎盛的關係，有一段相當精要的敘述：

> 越三年戊寅科，鄭子用錫果登賢書，爲淡學倡；迨癸未科，且冠東
> 瀛，而成進士焉！自鄭子登科啓甲兩次以來，轉瞬才八、九年耳，
> 踵其後者文武聯鑣，齊名蕊榜，繼繼繩繩，煥然丕變，郭堪輿之言，
> 信乎其不謬也。〔註200〕

吳性誠的行文之中追溯鄭用錫與淡水廳學文廟的風水因緣，無疑是一種關聯性思考的發揮。而其推崇郭尚安先前論斷竹塹地區人文蔚起的可信度，一句「信乎其不謬也」的評述，再次讓我們見識到，堪輿術家對於山川形勢暨風水格局的點劃，在清代臺灣某些官紳庶民心目中所具有的權威性。〔註201〕當然，

〔註198〕臺灣銀行經濟研究室編，《臺灣教育碑記》，頁37～38。
〔註199〕陳培桂等，《淡水廳志》，卷5，〈學宮〉，頁122～123。
〔註200〕臺灣銀行經濟研究室編，《臺灣教育碑記》，頁38～39。
〔註201〕另根據昭和12年（1937）臺南文士羅秀惠（1865～1943）所撰〈重修新竹城

其權威性的增強與否，仍須建立在事後有無被認定為「應驗」的結果上。

從以上例證顯示，風水觀念介入學宮文廟擇建的過程，可說是清代臺灣社會的一種常態。官方的文教建設與風水習俗的密切互動，於此可見一斑。除此之外，清代時期治臺官員或私人設置的書院，其主要功能在於延聘宿儒教授生徒為學處世的道理，以補充學校教育的不足，並培養生童應舉所需具備的基本學識，因而成為科舉制度的輔助機構。〔註202〕書院作為地方教育的中心，一旦牽涉到科舉應考的背景，風水庇蔭的因素也就不時地浮上檯面。

乾隆三十一年（1766），粵東三水縣進士胡建偉（1718～1796）授臺澎分府，「甫下車，即留心作人，觀風設教。諭諸紳士云：人藉地靈，地因人重；澎湖島連三十六，繡相錯也，石蘊五采，文奇攸鍾也，則是巨浸中之砥柱，為全閩之樞紐，將來其聖天子文教之名區乎」。胡建偉意圖振興當地的文教事業，乃向臺灣知府極力爭取在澎湖廳「就地考校，錄取送院，免諸童府縣試兩番渡海之難」。此項建議旋獲得上級的同意，胡建偉於是「捐俸以倡，卜築於廳治右畔百武之近地。其地環山帶水，文峰錯落可觀」。從堪輿學的角度來衡量這塊書院預設地點的形勢，無疑是一處藏風聚氣的風水福地。書院新建工程於同年九月動土，次年（1767）二月竣工，定名為文石書院。根據乾隆三十四年（1769）八月澎湖士紳勒刻〈文石書院碑記〉的記載，在他們的心目中，自胡建偉設立書院之後，澎湖地區「從此而掇巍科，登顯仕，人文鵲起，甲第蟬聯，皆我公樂育之功也」。〔註203〕

由於書院的興建有助於地方文風的振興，治臺官員或地方士紳在擇地興建書院的過程中，欲求地靈人傑而能相得益彰，風水因素自是他們關注的重點之一。彰化鹿港於清代中期產業繁興，蔚為臺地商貿重鎮，文風亦漸趨鼎盛。道光四年（1824），鹿港海防同知鄧傳安有感於當地學子無肄業之所，而彰化縣城內白沙書院距離又遠，應課時頗費周章，乃於地方士紳協力集資擇

隍廟碑〉的記載：「竹地雄偉軟闊，海水天風，地相學者推為靈秀所鍾，代有破荒人物，自來地靈人傑，而神之靈爽，實式憑之。以故人文薈萃，黃甲開科，孝友鄉賢，畢臻其盛，論人傑者，當以鄭氏為冠冕，梅鶴後人實次之」。前揭論述，亦是反映堪輿家對於新竹一帶地靈人傑的權威論斷。引見何培夫主編，《臺灣地區現存碑碣圖誌　新竹縣市篇》，頁185～186。

〔註202〕黃秀政，〈清代臺灣的書院——以中華文化的傳播與地方才俊的培育為中心〉，收入氏著，《臺灣史研究》，頁105～143。

〔註203〕臺灣銀行經濟研究室編，《臺灣教育碑記》，頁28～29；何培夫主編，《臺灣地區現存碑碣圖誌　澎湖縣篇》，頁96～97，207。

地，創建文開書院。至道光七年（1827）十二月，書院新建工程落成，其羅經方位坐坤向艮兼甲寅，文昌祠、關帝廟位在其南。根據相關文獻的記載，新建工程的主事者認爲，文開書院「面對肚山，周圍環以水圳，相厥陰陽，流泉俱已協吉」，其風水格局極爲妥當，自可提供年輕學子一處理想的學習環境。〔註204〕

彰化縣東部南投地區至清代中期文教漸昌，南投縣丞朱懋爲能協助當地讀書人達成科舉中第的夙願，乃延請南北投、水沙連兩保紳民議建書院。眾人於是舉薦生員曾作雲、簡俊升等綜理書院興建事宜，另委託鄉進士閩清縣儒學教諭曾作霖勸捐經費。根據道光二十七年（1847）曾作霖題撰〈新建南投藍田書院碑記〉的記載，當時主事者擇地的考量在於：

> 卜地於街後東偏，西倚山麓，東面大屏，清流北護、蜀水南纏，大哮、碧山遙相對峙，中開一局，形勝天成，而礙峰九十九尖蔚然在目。其東南三峰，遠插雲霄，出沒隱見，變幻無常，則八同關之玉山，可望不可即。洵海外一奇觀也。〔註205〕

該地點山環水抱、龍穴砂水的風水形勢，可說是脈絡清晰。曾作霖等人認爲：「夫以山川之秀，氣運日開，其磅礡鬱積，知必有偉人杰士出乎其間，不僅爲吾邑生色，誠邦家光也。地靈人傑之說，殆信然歟！是則書院之建，實爲盛舉」。前述的這段自白，明顯帶有傳統風水氣論的思維方式。興建工程自道光十一年（1831）年冬月起，迄道光十三年（1833）十月告成，此即藍田書院的由來。〔註206〕

清代後期，鳳山縣羅漢內門萃文書院的設置過程，也同樣具有堪輿觀念的因素在內。根據道光二十五年（1845）三月〈新建萃文書院碑記〉的記載，當時地方人士倡建一崇祀文昌帝君的廟宇，並規劃其「東西兩翼室，可令延西席，教子弟讀書其中。將閭里藉以增光，而文運因而丕振者也」。經呈請官府批准之後，眾人踴躍捐款，並舉薦貢生黃玉華、監生蕭作又等三十餘名鄉里士紳督建興造事宜，擇建地點「卜吉在紫竹寺西買田地」。廟宇落成之時，其外觀形勢「左環虎頭山，右接龍潭井，異日文明煥發，士人虎榜龍門，不即此操券也哉？」〔註207〕對於地方紳民而言，書院擔當起振興文教的重責大

〔註204〕周璽等，《彰化縣志》，卷12，〈藝文志〉，頁400～402。
〔註205〕臺灣銀行經濟研究室編，《臺灣教育碑記》，頁44。
〔註206〕臺灣銀行經濟研究室編，《臺灣教育碑記》，頁44。
〔註207〕何培夫主編，《臺灣地區現存碑碣圖誌 高雄市・高雄縣篇》，頁114。

任，其所在地點若能獲得神靈的眷顧與風水的庇蔭，更能達成其推動地方文風且助長人才蔚起的實質效用。

清代臺灣書院的設置地點亦同學宮文廟一般，大多講究方位坐向的風水宜忌原則。若是後來者認定先前的位向有所不妥，往往也會根據自身所認定的堪輿學理加以調整。如乾隆十八年（1753），諸羅縣斗六堡拔貢生鄭海生等人倡建龍門書院；至嘉慶十一年（1806），相傳嘉義縣斗六縣丞聽信堪輿家以該書院坐向不吉的說法，乃改建院屋方位爲坐北向南，以使風水生氣能順利地庇蔭地方學子。〔註208〕諸羅縣境內玉峰書院，原由知縣徐德峻於乾隆十八年（1753）創建於城西隅。乾隆二十四年（1759），知縣李倓就西門內文廟舊址重建。〔註209〕道光六年（1826），嘉義士紳王朝清（1786～1831）捐獻西門外諸福寺西南方土地，「相宅者謂爲佳地」，遂遷建書院於此（今嘉義市書院里西門街震安宮所在地）。〔註210〕

除了宮廟、書院的設置之外，崇奉文昌帝君的文昌閣（祠）也在清代臺灣的文教體系中，佔有一席之地。文昌閣（祠）在清代列爲官方祀典，由於科舉制度的影響，造成文昌帝君的崇奉遍及都城與全國各府州縣境，清代臺灣漢人活動的區域也不例外。文昌閣或附設於學宮書院，或由地方士紳獨立設置。縱然設置的方式略有差別，其在信仰上的作用則大同小異。在實踐層次上，官紳賴以作爲振揚文教的祭祀場所，學子以此作爲爭取科名的信仰寄託，所謂「縣有文廟，莊有文祠，所以崇文教而勵人材也」。〔註211〕緣於功利心態的現實考量，使得文昌祠設置地點的風水形勢與方位格局，順理成章地成爲主政官員所矚目的焦點。

康熙五十二年（1713），分巡臺廈兵備道陳璸在府學朱子祠後方建立文昌閣，隨即於〈建文昌閣詳文〉中表述他呈請建閣以振興海外文治事務的初衷，並強調文昌閣的設置地點有助於臺郡的人文形勝云：「竊見府學明倫堂左方空曠，先建有朱文公祠；其後綽有餘基，堪建傑閣，崇奉文昌。俾海隅日出之鄉，奎光燦爛；兼培補地勢，使蛋塢獠洞之窟，龍脈騫騰。倘得指日告成，自可拾級而上，觀大海之浩淼，文思如風發泉湧；覽層巒之聳翠，筆意似霞

〔註208〕伊能嘉矩，《臺灣文化志》，中卷，頁39。

〔註209〕何培夫主編，《臺灣地區現存碑碣圖誌　嘉義縣市篇》，頁205～206。

〔註210〕周凱，《內自訟齋文選》，〈嘉義王君墓誌銘〉，頁45～46。

〔註211〕林百川、林學源，《樹杞林志》，頁115。

蔚雲蒸」。〔註212〕引文中「培補地勢」、「龍脈騫騰」之類的用語，透露出陳璸本人對於文昌閣及府學整體格局的堪輿思維。

雍正四年（1726），分巡臺廈道吳昌祚創設魁星堂於臺灣縣西定坊，與府學朱文公祠後方的文昌閣同爲當時府城重要的儒學祠祀。乾隆五年（1740），巡視臺灣御史楊二酉（1705～1780）以文昌閣的位置不宜，經其相度形勝之後，乃祀文昌於小南門樓，祀魁星於大南門樓。〔註213〕海防同知攝縣事郝霔曾爲文記載文昌閣、魁星堂擇建過程的風水方位考量云：

> 太原楊公以巡臺兼督學政，於海疆士子，加意振興。既請建設書院爲毓英地，復以文昌閣在郡庠東側，位置非宜，乃商之觀察劉公，相度形勝，祀文昌於小南門樓，位居乎巽；祀魁星於大南門樓，位居乎離。與郡庠相拱而相對，以應文明之兆。捐俸塑像，俾余董其事。擇日偕巡察舒公暨道府率師生釋菜焉。繼自今地脈鍾祥，神靈擁護；臺之多士，綵筆高題，朱衣暗點。〔註214〕

文昌閣、魁星堂的相對位置經過楊二酉援引堪輿觀念加以修整後，其坐向分別爲東南方（巽方）及南方（離方），以應文明徵兆。主事者並且期望地脈鍾祥加以神靈庇護，能順利地蔭佑臺郡才士蔚起。次年（1741）春，府城士紳以學宮西鄰的海東書院面迎魁閣，左山右海，平岡數疊，然其「巽位未甚秀拔，議請建浮屠爲筆峰」。巡臺御史楊二酉應允所請，於是捐俸鳩工，在海東書院的東南方（巽方）卜吉興造一座秀峰塔。〔註215〕

從堪輿學的角度，這座秀峰塔的設置其實具有「風水塔」、「文筆峰」的功能，在此主要是運用人造建物作爲案山（文筆峰）的本身，或藉以提昇案山的高度，來強化其爲風水穴局中的文教設施凝聚生氣且庇蔭學子的效果。如光緒中後期，林豪等《澎湖廳志》卷一〈封域・山川〉中記載境域大山嶼塮裏社西北的紗帽山，「巍然高聳，中起圓凸，旁舒兩肩，形若紙帽，四面環顧皆然，爲廳治鎮署及書院朝案。前任副將李文瀾以峰頭不尖，令人砌石如塔狀，高三丈餘，今遺址僅存」，〔註216〕即爲一具體例證。在傳統風水學上，作爲文筆峰之風水塔的修造形制與方位高度有一定的規則。如乾隆十三年

〔註212〕陳文達等，《臺灣縣志》，卷10，〈藝文〉，頁722～724。
〔註213〕王必昌等，《重修臺灣縣志》，卷6，〈祠宇志〉，頁188。
〔註214〕王必昌等，《重修臺灣縣志》，卷6，〈祠宇志〉，頁188～189。
〔註215〕謝金鑾等，《續修臺灣縣志》，卷7，頁489～490。
〔註216〕林豪等，《澎湖廳志》，卷1，頁18～19。

（1748）刊姚廷鑾《陽宅集成》卷四〈外六事法‧塔〉中引黃淳甫云：「塔在巽方，或離艮辛方，為文筆，主發元魁；在坤方，發女婿，申方兄弟同發秀，庚方二支好，丁方有壽，乾方遠亦好，震山局在卯方，係一白，科名奕葉」。〔註217〕道光二十四年（1844）刊高衡士《相宅經纂》卷二〈文筆高塔方位〉亦提到：「凡都省府州縣鄉村，文人不利，不發科甲者，可於甲、巽、丙、丁四字方位上，擇其吉地，立一文筆尖峰，只要高過別山，即發科甲。或於山上立文筆，或於平地建高塔，皆為文筆峰」。〔註218〕

　　由此可見，聳立於海東書院東南方（巽方）的秀峰塔，正符合了這項風水宜忌原則。臺南勝景秀峰塔的創建緣由與堪輿形勝的關聯，在光緒十七年（1891）臺澎道唐贊袞的《臺陽見聞錄》中亦有所記載：「臺南府學西鄰海東書院，左山右海，據郡勝概。面迎魁閣，平岡數疊，遠近環映。臺紳士以巽位未甚秀拔，議請建浮屠，顏曰秀峰塔」。〔註219〕鳳山縣民陳洪圭的〈秀峰塔賦〉也曾贊詠該塔的一段風水淵源云：「瞻此都之形勝，見浮屠之峻嶒。高峰特出，深秀超騰。……度地伊始，傍郭之郊；位當離向，方叶巽爻」。〔註220〕

　　臺灣縣除了儒學宮廟設有文昌閣，該縣境內南社書院亦曾修建文昌閣，其整體堂局仍是帶有風水思維的成分。嘉慶二年（1797）春，地方士紳黃汝濟、陳廷瑜邀集吳春貴、韓必昌等人鳩資整修南社書院文昌閣，完工之後較舊有的規模益加宏敞。府儒學訓導楊梅「嘗登其上，見夫背負魁山，群峰羅列；南俯大海，萬頃汪洋，洵巨觀也。所謂地靈人傑，將在斯與」。〔註221〕南社書院文昌閣倚山面水且得水藏風的風水形勢，於此呼之欲出。

　　主政官員參照堪輿家言以擇建或重修文昌帝君的祭祀處所，無非是為了庇佑地方人文蔚起及學子科考有成。嘉慶八年（1803），淡水廳同知胡應魁（？～1807）延請堪輿林時珍相擇廳城東門聖廟邊，肇建文昌宮。根據相關文獻的記載，爾後「淡水人文迭興」，地方人士認定此係文昌宮的靈驗所致。〔註222〕嘉慶十六年（1811），彰化縣邑總理陳士陶暨各董事等人鳩資初建鹿港文昌祠；至二十三年（1818）春，地方士紳、郊商以文昌祠久經風雨侵蝕，

〔註217〕姚廷鑾纂輯，《陽宅集成》，卷4，頁286。
〔註218〕高衡士，《相宅經纂》，卷2，頁27b。
〔註219〕唐贊袞，《臺陽見聞錄》，卷下，頁129。
〔註220〕王瑛曾等，《重修鳳山縣志》，卷12，頁499。
〔註221〕謝金鑾等，《續修臺灣縣志》，卷6，頁459～460。
〔註222〕鄭用錫纂輯，林文龍點校，《淡水廳志稿》，卷1，〈祠廟〉，頁53。

廟貌傾圮不堪，遂捐資鳩工以整修外觀。至次年（1819）三月工程完竣後，臺灣府儒學左堂兼署彰化縣儒學正堂鄭重撰著〈重脩文武兩祠碑記〉以誌此事，文中推崇該祠所在地點擁有極佳的風水格局，並援以解說鹿港地區文風興起的風水緣由云：

> 況彰邑踞臺郡上游，鹿港又爲彰邑巨鎮；溯發脈於大武郡山，蜿蜒磅礡百餘里之遙，而□以西□既聚，而兩祠於是乎成。蓋殿堂居鹿水之東，坐坤而向艮；彰山擁其左，瀛海環其右，□城峙其旁，道嶺□其□，□外□峰簇立于指顧間，洵乎海甸之大觀也。人傑本諸地靈，賢俊薈萃，人文蔚起，固爲寔矣。〔註223〕

到了同治八年（1864）四月，補用知府鹿港同知孫壽銘分守鹿港，鑒於當時清廷初定戴潮春起事，爲能平息地方人心起見，乃專注於文教事業的振興。孫壽銘爲此曾「諏吉謁文祠，面山氣散，遂築牆以拱於前，艮位文峰，環而照焉」。孫壽銘築牆於文昌祠前，以達成其拱衛明堂、凝聚生氣的效果，其實是一種修補風水格局的作法。光緒八年（1882）二月，孫壽銘撰述〈重修文祠碑記〉追溯這段因緣際會，在他的心目中，鹿港文祠風水一經修補，加上事後禮聘進士蔡德芳（1824～1899）擔任文開書院的主講，「如是者年餘，諸生文頗有可觀」，從此鹿港地區文風鼎盛，名聞遐邇，堪稱是冠絕全臺。〔註224〕

文教設施的風水格局是否發揮其庇蔭學子的效果，主要是來自於人們心理上的直覺認定。類似的心態，亦曾出現在清代中期有關竹北堡新埔街文昌祠設置緣由的論述中。己亥科舉人陳學光於道光二十三年（1843）倡建文昌祠，同年撰著〈新埔文昌祠碑〉記載此舉的前因後果，表達了他對於文昌祠的地理形勝攸關人文蔚起的看法云：

> 今夫天地菁莪之氣，因時而始洩其奇；聖神教澤之功，得地而益宏其化。……乃知讀書之人，貴得其地；菁莪造士，棫樸作人，有由然也。……夫地以人靈、聖以時顯，而此名勝之地，至今而始發其光。其殆有聖神之靈爽默相感召，非人力所能爲者也夫。〔註225〕

〔註223〕臺灣銀行經濟研究室編，《臺灣教育碑記》，頁 33～34；何培夫主編，《臺灣地區現存碑碣圖誌　彰化縣篇》，頁 144～145。

〔註224〕臺灣銀行經濟研究室編，《臺灣教育碑記》，頁 55～56；何培夫主編，《臺灣地區現存碑碣圖誌　彰化縣篇》，頁 146～147。

〔註225〕陳朝龍等，《新竹縣采訪冊》，卷 5，〈碑碣（下）〉，頁 244～245。此外，吳子

　　到了清代後期，新竹地區樹杞林堡另有文昌祠的設置，在擇地興修的過程中，風水因素再度受到當地紳民的重視。光緒二年（1876），樹杞林堡林學源、陳鴻賓、彭殿珍、邱學德等人以九芎林等莊自開闢以來文教方興，生童、貢監人材漸盛，乃倡議建造文祠供奉文昌帝君，爲文人學子安排一處鍾靈毓秀的崇祀場所。主事者於是邀集地方紳耆共襄盛舉，合力相擇風水佳地。根據同年冬林學源等人題撰〈建文林閣記〉的記載：

> 爰是邀同殷紳相度地勢，得一名勝之區，土名高枧頭；幸業主官九和樂施地基。其龍由石壁潭入山分支，起伏離奇，將至結處，忽頓跌爲平埔，埔岸略開扇面，左有五股林山爲輔，右有九芎林山爲弼，兩山秀麗，山外峰巒突兀爭奇。復有五指山爲筆架，酒桶山爲高冠，相與映乎目前，於乎鑠哉！此誠鍾毓之得其所哉！

　　林學源等人根據審龍察砂的堪輿原則，擇定這處群山環抱、藏風聚氣的設置地點之後，喜悅之情躍然紙上。緊接著，他們挨莊鳩資創基，建基方位坐北朝南。自動工興築日起歷時六月，同年冬竣工落成，地方士紳「取人文蔚起、多士如林之義」，題名爲文林閣。〔註226〕

　　惜字亭（又稱敬字亭、敬文亭、敬聖亭、聖蹟亭等）爲專門焚化字紙的小型建築，反映出傳統社會對於文字的崇敬，亦爲儒家文教思想在常民生活中的具體表現，兼具有凝聚鄉土文化意識的功能。〔註227〕惜字亭通常附屬於書院、文昌祠及文人園林中，亦有單獨成立者。而其建築物的本身，依舊擺脫不了傳統風水觀念的影響。如光緒十六年（1890）正月鳳山縣總理監生林祖培等同立〈重新敬聖亭碑記〉（碑存今屏東縣佳冬鄉佳冬村）中提到：「茲我庄敬聖亭者，溯厥當初，係秋樓蕭先生倡首營建者也。地勢平坦，氣象森岩，背枕青山，占一方之秀氣；面朝綠水，壯萬頃之文瀾。諸凡殘篇斷簡免鄰藝瀆，豈非盛之克彰也哉？」〔註228〕

　　光在〈重建新埔街文昌祠記〉中，也提到他「喜此地形勝佳絕，神又得所憑依，從此精靈呵護，山水鍾奇，當有經經緯史者，出以匡淺學之所不逮」。吳子光，《一肚皮集》，卷6，頁22b。

〔註226〕林百川、林學源，《樹杞林志》，頁115；何培夫主編，《臺灣地區現存碑碣圖誌　新竹縣市篇》，頁255。

〔註227〕施順生，〈臺灣地區敬字亭稱謂之探討〉，頁117～168；傅寶玉，〈文教與社會力：敬字亭與客家社會意象的建構〉，頁77～118。

〔註228〕臺灣銀行經濟研究室編，《臺灣南部碑文集成》，頁366～367；何培夫主編，《臺灣地區現存碑碣圖誌　屏東縣‧臺東縣篇》，頁194～195。

　　根據以上的論證，風水觀念對於清代臺灣各地文教設施的作用，廣受主政官員及地方紳民的重視。相形之下，治臺官員、地方紳民有時也因一味講求風水形勢及其方位坐向的需要，以致顧此失彼，忽略了廟學文祠與其他政經單位妥善的相對位置，結果反倒成了文教發展的妨礙，此舉亦不免招致某些有識之士的微辭以對，甚至嚴厲撻伐。如《續修臺灣縣志》修纂者對於乾隆初期巡臺御史楊二酉根據風水方位的原則，修建大南門樓魁星堂、小南門樓文昌閣（振南社）以及秀峰塔的作法，頗不能苟同。他們雖然肯定楊二酉振興文教的貢獻，然而卻抨擊他過度迷信風水的不妥之處云：

> 篤於風水之說，建秀峰塔於南，命祀文昌於小南門城樓之上，祀魁星於大南門城樓之上，謂可協五行而應星宿，遂使文明之象，冷落闤闠，夜聽巡鉦戍鼓之聲，與廝卒為伍。厥後寇氛時起，驅士乘城，非其氣機所感歟。

　　在他們的心目中，主政者基於風水的考量，竟是將文教神祇崇祀於擔當境域防衛功能的駐軍城樓上，可謂一大失策。有鑑於此，他們認為楊二酉的卜吉擇向之說，「殆堪輿家之陋者。故是誌於振南社之祀，置不錄。蓋欲以正祀事而破堪輿之陋也」。〔註229〕有趣的是，修志者的強烈抨擊，適與前文所述楊二酉等人篤信風水的情形，呈現出鮮明的對比。

　　道光初期，噶瑪蘭通判姚瑩於〈臺北道里記〉中提到竹塹城內，「都司署前較場不甚大，學宮即在其南，每逢操閱，鎗砲轟震，殊非妥侑先聖之所。而士人士以地理家言，貪較場地吉而置，有司惑而從之，過矣」。〔註230〕顯而易見的是，姚瑩對於嘉道之際竹塹士紳聽從郭尚安的堪輿之說而擇定境域文廟地點，卻罔顧其位處營署旁一事所可能造成的不良後果，相當不以為然。

　　前述地方官紳營建宮廟書院等文教設施之際考量風水因素的情形，如與《續修臺灣縣志》的修纂者以及臺灣道姚瑩批判風水的論述相互比照，可以讓我們理解到，當風水觀念落實到社會實踐的層面時，對於風水的象徵意涵及其產生的實質效用，往往隨著個人的認知差異或價值取向，而作出互有出入甚至截然不同的解釋或評價。這樣的狀況，多少呼應了風水觀念本身所具備的特質之一，那就是一種因人、事、時、地而異的「隨機選擇性」。

　　總結本節所論文教建設與風水習俗的互動關係，大致說來，不論學宮文

〔註229〕謝金鑾等，《續修臺灣縣志》，卷3，頁162。
〔註230〕姚瑩，《東槎紀略》，卷3，頁89～90。

廟的興修也好，書院文祠的闢設也罷，風水觀念在選址擇建的過程中所發揮
的制約作用和導引效果，在清代臺灣漢人社會可說是不乏其例。治臺官員暨
地方紳民的主要用意，無非是想藉由風水信仰來強化文教空間地靈人傑的神
聖性，並提昇這些學宮書院的知名度，以吸引更多的莘莘學子慕名來學，進
而貫徹統治階層的政治意識及其導民化俗的教化初衷。官紳採擇風水法則選
址、遷建或整修各類文教設施，期盼風水庇蔭地方學子頭角崢嶸。若是來年
科甲鼎盛或人文蔚興，在心理上獲得「應驗」的滿足及認定之後，往往增強
其對於風水術數的信仰，益加重視地方文教硬體設施的維護與形制格局的整
修。對於地方後繼學子而言，擇建於風水寶地且能庇蔭科甲有成的文教設施，
有形或無形之中，想必也會滋生出一種助長其向學動機的效果。風水習俗與
文教發展的良性互動循環，可簡要如下列圖 5-2-1 所示。

圖 5-2-1　風水習俗與清代臺灣文教發展的互動循環

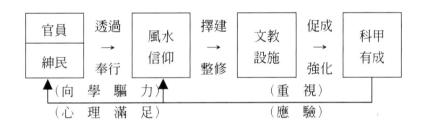

科舉制度及其相關的文教設施的建立，係帶動清代臺灣社會趨向「內地
化」、「儒漢化」之文治社會的重要機制。﹝註231﹞在這個過程中，風水觀念的
「催化」功能，自不容輕易忽視。

另一方面，縱然風水文化在清代臺灣漢人從事地域開拓與文教事業的環
節中，曾經掀起過推波助瀾的效用，然而，誠所謂禍福相倚，凡事有利必有
弊，標榜趨吉避凶、逢凶化吉的風水術數，某些時候，也為清代臺灣社會製
造出一些脫序問題，此即構成了下一章所要探討的主題。

﹝註231﹞李國祁，〈清代臺灣社會的轉型〉，頁 111～148；尹章義，〈臺灣──福建──京
　　　　師──「科舉社群」對於臺灣開發以及臺灣與大陸關係之影響〉，頁 527～583。

新北市新店區新店里開天宮，主祀盤
古帝王，廟宇下方保存清代大坪林五
莊圳引水石碕

新竹縣北埔鄉金廣福姜家天水堂

宜蘭縣礁溪鄉吳沙故居

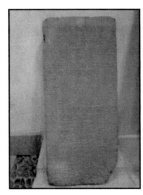

嘉慶二十年新莊武廟勝景碑記（現存
新北市新莊區武聖廟）

同治十二年重修慈祐宮碑記（現存新
北市新莊區慈祐宮）

彰化縣二水鄉林先生廟

臺中市豐原區慈濟宮修繕略記中提到清雍正年間六館業戶張達京與廖朝孔合力築圳一事

臺中市神岡區岸裡大社北門遺址碑

同治九年艋舺新建育嬰堂碑記（現存臺北市萬華區仁濟醫院）

新竹市城隍廟廟口的鯉魚穴典故解說牌

新北市淡水鄞山寺，相傳建於水蛙穴的風水吉地

淡水鄞山寺後方象徵蛙眼的水井之一

陳永華倡建的全臺首學臺南孔廟。在
清代治臺官員的認知中，鬼仔埔南面
有魁斗山朝拱，係凝聚學宮佳氣的文
筆峰，風水形勢頗佳

臺南孔廟名宦祠中的分巡臺廈兵備
道陳璸等人牌位

臺南孔廟明倫堂內右後方的乾隆四十
二年臺灣府學全圖碑。圖中下方山丘
即魁斗山

「玉骨長埋桂子山」─臺南市中西區
五妃廟所在的桂子山（魁斗山）一
帶，清代官紳認定為府學南面文筆峰

臺南孔廟前方泮池，在堪輿學上具有
風水池的功能

屏東縣恆春鎮石牌公園的猴洞山遺
跡解說牌，其中說明清代澄心亭與恒
春縣城的堪輿背景

新竹孔廟今貌，其前方為泮池。廟內鄉賢祠中供奉「開臺進士」鄭用錫等人牌位

昭和十二年羅秀惠所撰重修新竹城隍廟碑中提到：「竹地雄偉軟闊，海水天風，地相學者推為靈秀所鍾」；「論人傑者，當以鄭氏為冠冕」

乾隆二十九年興直保新建明志書院碑（現存新北市泰山區明志書院）

乾隆三十四年文石書院碑記（現存澎湖縣馬公市孔廟）

彰化縣鹿港鎮文開書院今貌

高雄市內門區萃文書院今貌

南投縣南投市藍田書院今貌

道光二十七年新建南投藍田書院碑記（現存南投市藍田書院）

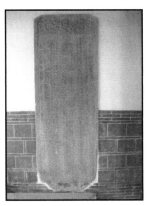

嘉慶二十四年重修文武兩祠碑記（現存彰化縣鹿港文祠）

光緒八年重修鹿港文祠碑記（現存彰化縣鹿港文祠）

彰化縣鹿港文祠今貌

臺南市中西區大南門城樓，清乾隆初期巡視臺灣御史楊二酉曾於此崇祀魁星

第六章　風水習俗的社會互動（下）

　　「風水」是一種習俗，也是一種資源，在清代臺灣社會取得條件相對有限的情況下，難免衍生出一些脫序行為與群體衝突等問題。本章首先剖析風水習俗的本土實踐所引發的各種流俗紛擾，其次將歷史場景拉到十九世紀晚期臺灣開港通商後的時代環境，考察當時民教衝突事件中的風水緣由。

第一節　流俗紛擾

　　風水習俗在清代臺灣社會的流傳，雖有助於家族的墾殖、境域的開發與文教的發展，卻也帶來了一些較具負面性的影響，引發了各式各樣的利害衝突與社會問題。以下依序從爭葬侵毀風水的糾紛、貪利不法之徒的操弄、族群紛爭的風水情結、官民之間的矛盾對立等四個層面，剖析清代臺灣社會因風水觀念的實踐所衍生的種種流俗紛擾。

一、爭葬侵毀風水的糾紛

　　在明清時期的閩粵社會，民眾普遍冀求風水寶地的擁有，一方面為先人擇吉安葬，以表孝思，一方面也希望能透過風水庇蔭的效應，來獲取現世的實質利益（參見本書第二章第一節）。人們的慾望通常不在乎已經擁有多少，而是在乎還能擁有多少；置身於複雜的人際社會中，只要是利之所在，即有相互衝突的潛在因子。由於風水葬地本身具有功利性的色彩，自不免引發人與人之間的利益糾葛，或是成為有心人士覬覦的對象。乾隆年間，曾任巡臺御史的浙江仁和進士錢琦（1704～？）於〈風水示誡〉一文中批評：「閩省逼

進江西，妄聽堪輿之說，相習成風，情僞百出」。錢琦洞察福建省境風水習俗盛行的背景因素，緊接著他枚舉十項與陰宅葬俗息息相關的圖利弊端云：

一、有覬覦他人吉壤，倚仗勢利用強侵占者。

二、有無力制人，私將祖骸盜葬他人界內者。

三、有己地希圖湊錦成局，硬將鄰界賴爲己業者。

四、有冒認別家舊墳爲祖先，無恥占葬者。

五、有豫先偷埋碑記，設立假墳以圖爭占者。

六、有以廢契舊譜爲據，影射蒙混者。

七、有以墳外官山霸爲己產，不許他人葬埋者。

八、有鄰地築墳，恐礙己地風水，硬向阻撓者。

九、有不許他人在界外築窠開溝，阻止械鬥者。

十、有見他人墳樹茂盛，強占強爭者。〔註1〕

從錢琦條分縷析的敘述中，讓我們見識到風水民俗在清代福建社會所衍生的各類紛爭。至於粵東的情形，也大致相同。如乾隆初期蒞任潮州府普寧縣令的蕭麟趾於〈立墳界及鐫字金罐以杜爭佔議〉一文中，針對當地的風水弊端有一段賅要的陳述：

查粵東俗習，多惑於風水之說，貪圖吉壤、盜發佔葬者有之，因而發掘他人墳塚者有之，妄稱遠祖墳墓夥告、夥證者有之，開棺易罐預立封堆者有之；或告毀窨平墳，或告滅碑阻葬，不一而足。〔註2〕

清代前期，曾任潮州府潮陽知縣的福建漳浦人藍鼎元（1680～1733）於〈潮州風俗考〉一文中，曾以帶有批判性的語氣，敘說當地民俗篤信風水所衍生的爭墳弊端云：「酷信青烏家之說，謂富貴出自墳墓，沉迷風水，爭訟盈庭。椎埋盜骨，凶惡無所不至」。〔註3〕清代後期，欽差辦理廣東防務兵部尚書彭玉麟（1816～1890）等人於光緒十年（1884）五月二十一日的奏摺中，條陳廣東省境吏治、軍政、民風等各項積弊，亦曾指出粵東地方人士因爭佔塚地、盜葬墳穴而致訟案纏身，甚至引發械鬥衝突的社會現象云：

粵東墳墓多係官山民葬，故有碑碣而無契券。民間惑於風水之說，相率停棺不葬，……甚至兄弟相爭一骸，分葬數處；更有奸滑之徒，

〔註1〕 陳壽祺等，《福建通志》，卷55，〈風俗〉，頁27a。

〔註2〕 蕭麟趾、梅奕紹纂修，《普寧縣志》，卷10，頁23b。

〔註3〕 藍鼎元，《鹿洲初集》，卷14，引見蔣炳釗、王鈿點校，《鹿洲全集》，頁296。

覬覦吉壤，在他人已葬墳內，或預埋空罈，或暗藏碑記，出名控爭。迨官履勘，則指空罈爲骸被掘，據碑記爲有確憑，反誣原葬之家謀佔。勾結土棍，賄屬訟師，上控、京控纏訟不休，往往釀成械鬥巨案。〔註4〕

　　隨著閩粵漢人的渡臺墾殖，至清代中期臺灣南北各地陸續從原住民社會轉型成以漢人爲主體的社會，類似的風水糾紛與社會衝突事件，也逐一在這片海天孤島重新翻版上演。

　　風水習俗的流傳伴隨著漢人聚落的開發與戶口的增長，在墓葬墳地供應有限且風水佳穴炙手可熱的情形之下，更容易導致人際之間的紛爭。舉凡私人或家族爭葬風水墳山、控爭墳塚地界的情形，或是覬覦他人祖墳穴吉而從事侵葬、佔葬、盜葬、混葬等行爲所構成的訴訟案件，以及戕傷墳墓、毀墳尋仇與據墳謀利等不法情事的產生，甚至因侵毀墳墓而爆發群體性的武力衝突。如果對照本書第四章第二節所陳述的各種風水禁忌，就可以清楚地瞭解這類的風水糾紛在清代臺灣社會此起彼落的原因，並成爲官方所困擾的社會問題。

　　漳州龍溪人李茂春（？～1675）於明鄭時期渡海來臺，生前卜居臺灣縣永康里，死後擇葬南城外新昌里。其故居夢蝶園在清代初期由治臺官員改建爲法華寺，其塋域至乾嘉之際卻遭到地方人士的侵葬。李茂春後代臺灣縣生員李夢瓊、拔貢李宗寅、耆老李圭璋於嘉慶五年（1800）向臺灣知縣周作洵呈稱：「瓊等祖之葬於臺也，百有餘年矣；時序既遠，覬覦漸生。邇來多有豪強等輩，狡圖侵佔：或乘黃昏夜而盜葬、或拾瓦棺以偷埋，禍端波起，力阻靡寧」。爲此，李夢瓊等人特稟請官府給示勒禁侵佔事項。知縣周作洵據報後，於同年十一月出示禁令，曉諭縣境軍民衿庶人等：「嗣後毋許在於該處前後左右希圖侵佔，或盜葬、偷埋，漸生覬覦；如有違犯不遵，許即指名稟究，決不寬貸」。〔註5〕李茂春的墳地爲外人所侵葬，可能與墳地本身擁有不錯的風水堂局有關，因而引起附近有心人士的覬覦。

　　嘉慶十八年（1813），臺灣縣廩生翁守訓買過黃續位於小東門外石頭坑園內小浮崙的一塊荒地，方位坐壬向丙，以安葬父骸。在雙方交易的過程中，翁守訓特於墳外多買餘地，以防葬後爲外人損傷。叵料事與願違，後來墳地

〔註4〕　《軍機處檔摺件》，編號127405。
〔註5〕　臺灣銀行經濟研究室編，《臺灣南部碑文集成》，頁436～437。

仍遭縣民陳狗盜葬，翁守訓於是呈稟臺灣縣令予以究懲，並出示嚴禁。至道光二十五年（1845）二月，翁守訓以告示經久損壞，復稟請官府重新出示禁令，以保障其祖墳風水的完好。臺灣知府仝卜年（1780～1847）、臺灣知縣胡國榮據報後，於同月十六日告諭附近居民人等：「嗣後不得縱放牛羊在墳上踐踏，並不許奸民盜葬；倘敢故違，許該廩生扭稟赴轅，定提重究，決不寬貸」。〔註6〕從前述李、翁兩家的例證可見，清朝官員對於地方人士盜葬、混葬的情事，基本上是採取嚴行遏止、息事寧人的立場，以維護社會上安份守己者的權益，並防範民間爭葬墳地與侵毀風水的糾紛，擾亂既有的社會秩序。

光緒十三年（1887），宜蘭縣總董林榮國、沈懷三、吳振聲、楊鼎元等人以縣境紅仁土大坪山場屢有地方人士掘取紅土，為了避免界內義塚遭到毀傷，乃呈稟宜蘭縣令羅金誥出示勒禁。羅金誥隨即於同年十二月曉諭附近居民人等：「該山場既葬義塚，凡鄉人無力買地者均可赴山擇穴安葬；若往掘起紅土，未免圍礙墳墓。自示之後，不准諸色人等復在該墳山四至界內掘土，及侵界栽植等事。至開造墳穴，必需與先葬各墓均無妨礙，更不得爭穴搶先、損人利己」。告示中除了強調居民擇葬之際須遵循風水墳地不得傷礙的傳統禁忌，以防釀成糾紛，最後更針對義塚山內北畔游生輝祖墳、李祖唐祖墳、何義雙祖墳與東畔簡仕蘭祖墳，批明各舊墳未經請塚之前，原墳界仍付各墳主掌管，「日後各色人等不得混葬」。〔註7〕此種由官方出面以防範私人隨意混葬的情形，亦可見於同治二年（1863）三月臺灣縣民蔡振益所立〈祖墳界址〉碑文中的記載：

> 祖墳坐乙向辛，因咸豐十一年間，張德賢向張文滔求地葬母，混築在益祖墳界內。益呈控，蒙邑主章嚴究，經賢遷還，滔立約銷案，以後四方遠近人等，不得再行混築。謹將東西南北四至界限，條列于左：一、祖墳地界，東至蔡宅，西至大溪，北至園岸墩界趾，南至公路大溪。〔註8〕

〔註6〕 臺灣銀行經濟研究室編，《臺灣南部碑文集成》，頁477；何培夫主編，《臺灣地區現存碑碣圖誌・臺南市篇》，頁134。

〔註7〕 何培夫主編，《臺灣地區現存碑碣圖誌　宜蘭縣・基隆市篇》，頁119；邱秀堂編，《臺灣北部碑文集成》，頁53。

〔註8〕 何培夫主編，《臺灣地區現存碑碣圖誌　臺南市篇》，頁72；臺灣銀行經濟研究室編，《臺灣南部碑文集成》，頁683～684。

　　這塊碑碣的存在，具體呈現出當時臺灣社會的混葬現象，以及蔡家後代子孫如何呈官過止的因應措施。大致說來，侵葬（佔葬或混葬）等行為的產生，主要是因為貪圖他人的吉壤佳穴所致，期能分享風水福地的庇蔭。這類行為的背後，多少是受到風水觀念的影響。根據相關文獻的記載，清代臺灣社會各家族祖墳地界遭到侵葬或混葬的情形，可說是屢見不鮮。

　　乾隆五十二年（1787），吳熙將淡水廳滬尾菅蓁林莊營盤埔界內中心崙一處坐北向南的風水地穴售與李臣春（1755～1808），作為葬母墳地。由於當初吳、李雙方未有明定界址，再加上時遠地阻與械鬥紛擾的緣故，造成管理維護上的困難，導致李氏祖墳地界日後接連遭到外人暗地混葬及虛窨墳穴。吳氏後人吳際青為了解決這項弊端，乃於同治十一年（1872）三月邀集李氏族親妥議，同立重給定界永遠安李家祖墳字。雙方除了丈明墳界範圍，並約定由吳際青出面，將先前墳界內所有混葬和虛窨之處，起出遷移，清理別葬，以保障李氏後人的營葬權益。〔註9〕無獨有偶的是，李氏族人不僅位在滬尾的祖墳遭到虛窨及混葬，連遠在泉州府同安縣馬厝巷分府民安里的長房祖墳，亦在光緒初期為山頭鄉張姓族人戕毀佔葬，爆發兩姓之間的糾紛。李姓遷臺四房子孫為此，專程於光緒十年（1884）正月中返回故居李厝鄉，與鄉里族親共議之後，決定呈報官府予以處置，張姓族人始將佔葬墳地歸還。〔註10〕

　　緣於吉地佳穴一地難求的吸引力，清代臺灣本土因侵葬墳塋、盜葬墓塚或混葬他人祖墳地界而引發的訟案，也不乏其例。在現存一紙乾隆四十一年（1776）五月莊添立認約字中，即呈現出淡水廳大直湖仔（今臺北市中山區大直）一帶民間人士葬傷他人親墳致訟公庭，事後經雙方私下協調，追認其混葬墓穴之地界權屬而息訟的大致情形云：

> 緣添母骸乏地安葬，就大直湖仔內徐振祖觀山界內親墳腦後，擇地一穴安葬。經振祖觀□有傷礙，致訟公庭。茲添自知理曲，求振祖觀就添原葬處所週圍橫直，給予各壹丈之地，付為墳所，添已屬厚幸，嗣後斷不敢經張改易，越界遷移，買賣滋弊。如有此弊，願聽振祖觀呈究。〔註11〕

　　另外，在現存一紙道光二十五年（1845）十月由卓漏所立求息字中的敘

〔註9〕 李兆麟編，《重修燕樓族譜》，〈祖母奇志〉，〈祖墳山批〉。
〔註10〕 李兆麟編，《重修燕樓族譜》，〈回鄉紀略〉。
〔註11〕 張炎憲、曾品滄主編，《楊雲萍藏臺灣古文書》，頁 160～161。

述，亦可作爲民間控爭風水混葬情事的一項具體例證：

> 立求息字人卓漏。先祖在日有明給山園壹所，內窆風水一穴，址在
> 林厝坑中崙。經先祖杜賣與黃鳳之父黃珪觀兄弟安葬祖墳，迄今七
> 十餘載，……道光四年三月間，漏父混葬沖傷，被遷移別葬，……
> 漏因年少不知前情，致母親病故，仍葬在于界內，園垗戕傷。茲鳳
> 兄弟向阻，併賚契字登投總董，當場查閱，公同理論，漏自知非，
> 甘愿掘起別葬，……漏遂擇吉同公親，將母尸棺挖起，遷葬在無水
> 坑山處所矣。……自今以往再不敢強佔沖傷。〔註12〕

又如道光年間，淡水廳竹南三保苑裡莊童生李秋慶先人向日北社（今臺中市大甲區）羌仔已祖母承買苑裡康納沙坤口一處山園，作爲其安葬祖墳的用地。光緒三年（1877）春，田寮莊民陳其南將該山園霸佔混收，擅行在界內築墳營葬。李秋慶得知此情之後，以陳家佔築墓地傷礙李家祖墳爲名，迅即呈請鄉保長出面交涉山界歸還事宜，然而陳其南卻依然故態，李秋慶遂前赴大甲司衙門呈控。至光緒五年（1879）二月下旬，陳其南復混侵李秋慶山業和期祖墳四處；李秋慶於同年三月三日將陳其南佔葬墳地等情，呈稟地方官府拘訊究辦。〔註13〕

咸豐二年（1852）五月，淡水廳竹北二保新埔莊民劉滿福位在鳳山崎坪頂的父墳風水，遭崁頂莊民曾不在該墳左畔后土內明堂砂水間佔葬戕傷，並掘毀其父骸罐。劉滿福姪劉明等人前往查明時，復爲曾不率眾毆傷。劉家墳地遭人葬傷侵毀之後，六房子孫同感坎坷不安。劉滿福於是將曾不葬傷毀墳、沖煞親屬等情事，呈告淡水廳衙門處置。淡水同知張啓煊飭差勘驗後，判定曾不佔葬戕傷劉家祖墳一事屬實，即傳訊被告予以究辦。〔註14〕

同治六年（1867），李貴將淡水廳大加蚋保新莊仔莊一段祖遺山業賣與吳川掌管，界內抽出祖墳一穴，此後吳川再將這處埔地轉賣給沈昆章。李貴歷年祭掃界內祖墳，互無妨礙。到了同治八年（1869）四月，鄭有福與鄭貓鼠、鄭振泰父子因「貪圖吉穴」，盜佔李貴祖墳，剪做風水骨罐，並將左手畔騎龍斬傷。同年五月初，李貴媳婦李陳氏病故，李貴以鄭氏父子盜葬祖墳而煞斃親屬性命，乃在山主沈昆章的報知後，親自出面諭遷未果，再詞投當地鄉保總理前去交涉，但鄭氏父子依然故我。李貴等人遂將鄭氏父子盜葬墳穴風水

〔註12〕洪麗完編著，《臺灣社會生活文書專輯》，頁433。
〔註13〕《淡新檔案》，編號22508。
〔註14〕《淡新檔案》，編號35201。

等情，稟陳淡水分府查明究辦。〔註15〕

　　清代臺灣民間因自家既定的窀穸、墓穴用地遭受外人佔葬、盜葬而對簿公堂，有時也因他人混葬或謀葬非屬風水墳墓的用地而引發訟爭。如同治年間，新竹縣城北門後車路民婦吳胡氏將祖遺狗溫困田園山埔一所典借與吳士堅起耕，復於光緒四年（1878）十二月向吳士堅典借銀元，前後共典價銀六百元整。到了光緒十四年（1888）十二月，吳胡氏備銀欲向吳士堅贖回田業契字，不料吳士堅宣稱「伊有風水數穴，葬在氏埔園界內，膽敢索氏印契，聽伊批載，及至嗣後伊欲再擇墳地，不能阻擋」。吳胡氏不甘舊有埔業竟化為塚地，遂於翌年（1889）二月初將吳士堅匿契抗贖、私行葬墳等情，呈請新竹知縣方祖蔭明察秋毫。〔註16〕

　　在部分治臺官員的意識中，「健訟樂鬥」是清代臺灣漢人社會普遍存在的一股風氣。〔註17〕在一片「好訟成習」的社會環境中，如果牽涉到的對象是攸關於身家性命的陰陽宅風水，無疑也將構成訟爭案件的導火線。根據清代後期〈淡水廳八房辦案章程〉所載各項治安訴訟的權責歸屬，其中，淡水廳境內民眾「控爭墳山」的案件，應歸禮房辦理；至於「發塚劫棺」、「毀墳滅骸」、「戕傷墳穴」等案件，則歸刑房辦理。〔註18〕這些與墳骸墓穴相關的訴訟事項，大致反映出傳統社會常見的風水犯罪類型，亦為民間人士過度重視陰宅風水的集體心態所牽連出的流俗紛擾。

　　傳統陰宅之說強調祖墳風水的完整與否，直接關係到後代子孫的吉凶禍福與家族發展的興衰起伏，也因此，佔葬墓穴的嚴重性不容小覷，所謂「佔陽田宅，由其小焉；強葬陰穴，正其大焉」。〔註19〕清代臺灣漢人置身於傳統風水觀念瀰漫的社會氣氛下，一旦私有的墳穴地界與他人的產權範圍有所混淆，彼此互爭墳地的使用權，或是自家的祖墳遭到外人因「貪圖穴吉」而侵毀佔葬，則呈官究處與對簿公堂的局面，自是在所難免。

　　嘉慶初期，彰化縣民戴國珍的父親生前曾向阿里史社（今臺中市潭子區）原住民史斗買過風水一穴，位於甘蔗崙莊前田之中。至嘉慶二十一年（1801）

〔註15〕《淡新檔案》，編號35204。
〔註16〕《淡新檔案》，編號23210。
〔註17〕伊能嘉矩，《臺灣文化志》，中卷，頁261～275。
〔註18〕淡新檔案校註出版編輯委員會編，《淡新檔案・第一編　行政》，第1冊，頁26。
〔註19〕《淡新檔案》，編號22507～25。

三月，此塊風水墳穴遭到蕭君起的爭佔，戴國珍據案向彰化縣衙門控訴。為了確證風水墳穴的權屬，戴國珍特與史斗遺孀霞蚋霧、女六下斗、大姨斗等人重立合約字，並力邀她們出面應訊，使他能在這場風水訟案中，博取官府對其控辭的採信。〔註20〕

光緒四年（1878）二至七月間，新竹縣竹北二保溪州莊民呂標、呂碧與同莊范輝雲等人，因苦苓腳埔業的墳塋地界問題而引發訟爭。呂標、呂碧指控范輝雲貪圖界內呂家祖墳穴吉，僱工趁夜掘毀墳骸，強行佔葬；范輝雲則宣稱自己係在距離呂家祖墳相隔五百餘步之處，新扦一塊巽山乾向（坐東南向西北）的墳穴，並無毀墳盜葬之事。署臺北知府兼攝新竹知縣林達泉根據雙方控詞，飭派差役協同當地總理、保正前去查驗契字，實地勘明墳塋界址。眾人在相隔范家祖墳兩步之側發現平毀的痕跡，初步判定為呂家祖墳的原葬地點，故推斷范輝雲侵界佔葬一事似乎屬實，隨即將此情稟告新竹知縣拘訊究處。〔註21〕

光緒十八年（1892）三月，新竹縣竹南一保頭份街童生張贊元欲重修造橋口圓山仔的祖墳，乃向山主楊新富等人加給山批丈尺，以擴展墳地風水堂局。同年八月，張贊元擇吉重修之際，林恒、林友傳等人以張家祖墳的拓地範圍，恐將傷礙其下方的林家祖墳，於是出面阻止張贊元的修墳進度，彼此因而結下怨隙，隨後於同年十二月對簿公堂，控爭墳界。新竹知縣葉意深為此，特遣派中港街莊總理陳如藩、地保葉文和前往調處，規勸張贊元將穴場稍移左側，免傷林家祖墳龍脈，以使兩造祖墳相安無事。翌年（1893）二月，雙方互立具甘結狀而息訟。〔註22〕這是子孫為保護祖墳免遭他墳沖礙而控爭墳界的案例。

在民眾控爭墳山地界或爭奪風水葬地的訟案中，通常由於年代久遠而滄桑物換，使得訴訟雙方所持契約內載界址與現實地形地物之間偶有落差，官府人員既不易辨明確切的產權地界，針對兩造之間的證詞也未能遽下論斷，以至於訟案往往陷入膠著狀態，延宕多時而難予息訟。如同治九至十年間

〔註20〕岸裡大社文書出版編輯委員會編，《岸裡大社文書（二）》，頁840。
〔註21〕《淡新檔案》，編號22505。
〔註22〕《淡新檔案》，編號35212。值得一提的是，在光緒18年（1892）3月楊新富等人立給山批加闊地墳界字中，即批明張贊元倘若在祖墳界外「加做風水，傷礙林、黎兩家風水，係元自己抵當」。這段陳述，似乎早已預料日後張、林兩家祖墳風水互有傷礙的可能性。

（1870～1871），淡水廳城民柳波以胞兄柳所葬於北埔赤柯坪山的墳骸，遭到竹北一保金廣福佃戶溫阿佛毀滅骸罐並佔地築陂，乃具告淡水廳衙門予以究辦。由於原告柳波所指稱的地界，牽涉到金廣福墾戶姜榮華與被告溫阿佛的業佃關係，增添了此案內情的複雜性，一時之間難以結案。〔註23〕

光緒四至六年間（1878～1880），新竹縣竹南二保貓裡街童生劉福受與南勢坑葉阿義、葉阿松等人，因龍頸坪唇一帶的墳界權屬問題而興訟，彼此互控對方越界毀墳佔築風水，以爭取自家名實相符的祖墳葬地。此案歷經數年，亦懸而未決。〔註24〕光緒六年（1880）五至八月間，新竹縣竹南四保頂店莊民陳希賢與同莊陳炎控爭埔地山業一案，其中因涉及界內風水窨穴的侵佔及歸屬問題，令雙方的權益糾紛備顯激烈，同時也強化了地方官員判定是非對錯的困難度。〔註25〕

光緒八至十一年間（1882～1885），淡水縣興直保新莊街民陳登科具告江謝居霸佔其祖遺紅毛港保大崙莊青埔一案，在地方官員斷案的過程中，被告江謝居曾牽扯出其族親江謝清葉具告梁清露盜葬風水墳墓等情的「案外案」，由江謝清葉出面，呈稱梁清露將其崙坪莊田園西界與陳登科青埔毗連處盜葬佔界，並串通陳登科混控興訟，係與前案事屬相因，就此要求官府併案備質，而令原侵佔盜墾案的偵辦程序一度陷入錯雜失焦的情況。〔註26〕

在前述各項案例中，主政官員遣派差役前去查核契據與地界，以作為判案的參考，但往往因書面與實際的界址辨識不清，難以精確斷定，而影響全案的處理進度。另一方面，訴訟雙方控爭墳地的目的，自然是為了追求最終的勝訴，因而在證詞之中，通常會渲染對於己方有利的條件，硬指對方的不是之處，如此一來，也使得案情易於陷入疑雲重重、撲朔迷離的局面。

光緒八年（1882）十月，新竹縣竹南二保牛欄埔莊民吳振益控告二湖莊彭阿荀、彭阿吟昆仲層墳佔築、霸業滅骸一案，吳振益在呈文中，提到他承祖遺置大埔頂山崗一處，內有土窨二穴，分別安葬其叔祖和叔祖母。同治年間，二湖莊彭阿荀昆仲先在吳家祖業地界內私立窨堆，賣予楊義賢築葬。吳振益因其私築土窨之處對於吳家祖墳並無大礙，所以未加追究。然而，彭阿荀昆仲卻得寸進尺，又在地界內另謀一穴，對外招賣圖利。吳振益見其貪得

〔註23〕 《淡新檔案》，編號22407。
〔註24〕 《淡新檔案》，編號22507。
〔註25〕 《淡新檔案》，編號33902。
〔註26〕 《淡新檔案》，編號22420。

無厭，於是出面勸阻，仍舊無濟於事。彭阿苟昆仲續於光緒八年（1882）八月掘毀吳振益叔祖母墳墓，將原墳穴假借土窖之名，再賣給楊義賢築葬。〔註27〕

　　相形之下，當被告竹南二保二湖莊彭阿苟得知吳振益的控詞之後，隨即呈告新竹縣衙門申訴冤情。彭阿苟舉證他於咸豐十一年（1861）十月自鄭養買過二湖莊營盤頂一處山埔；到了同治年間，楊義賢向他購置山界內兩穴墳地以葬親骸，嗣後更就山批界內開築窖堆一穴，以維護此二座墳墓免遭外人葬傷。光緒八年（1882）八月，牛欄埔莊吳振益竟指稱楊家墳墓為其祖墳窖堆。彭阿苟以契字為憑，宣稱吳振益在營盤頂界內既無寸土產業，又無祖墳墓穴，可見其滅骸佔築的呈控，全屬子虛烏有的誣陷。新竹知縣徐錫祉根據兩造之間的控辯證詞，遣派差役前往查勘，檢閱山埔契字，並傳訊當事者，覆案雙方控詞予以究辦。〔註28〕姑不論此案最終的判決為何，在雙方針鋒相對的控文中，其實仍有一項交集，那就是墳地風水的權益攸關且有利可圖，令兩造之間互有力爭到底、勢不罷休的態勢。

　　類似這種「各說各話」的情形，有時也出現在一些涉及毀墳佔葬的訟爭過程中。控告雙方在呈文中的義正辭嚴，通常是「陽以訐人，陰以利己」，表面上大義凜然，骨子裡還是為了一己之私。舉凡這類風水糾紛事件的根本起因，說穿了，牽扯出的還是實質的利益問題。

　　同治二年（1863）二月，淡水廳桃仔園汛把總劉得龍控告盧能飛等人毀墳煞害一案，原告劉得龍向淡水同知稟稱其座落於竹北二保大湖口北窩莊的祖伯劉應墳墓，於去年底遭到附近莊民盧能飛昆仲「強將墳後鑿圳，煞傷龍兄阿康病危」。經投訴當地鄉保、莊正、業主、莊耆人等抵勘勸阻未果，是年正月，盧氏昆仲復將其「祖伯墳毀骸滅消跡，不料煞害愈甚，此初四日龍兄阿康被煞斃命」。劉得龍再次透過總理、鄉保索還骸骨，盧氏昆仲則「刁稱任告莫何」；劉得龍於是呈報淡水分府飭差查辦，以追骸還葬。而在同年四月官府傳訊關係證人劉阿喜的供詞中，則宣稱其先前在北窩莊耕種，自做土窖一堆，於去年十二月將之賣與盧能義。嗣因族親劉斗生「藉索不遂，復串桃仔園署汛劉得龍架以毀墳滅骸、煞害伊兄等謊橫控」。劉阿喜的供詞並獲得同莊總理、保正、牌長與貢生、監生、莊耆等多人的呈文為證，盧氏族親盧金朋

〔註27〕《淡新檔案》，編號35208。
〔註28〕《淡新檔案》，編號35208。

亦出面說明劉阿喜將己有田界內窨穴賣與盧家，「事後突有伊族劉斗生指該土窨稱伊祖墳，詞投向所，經公理斥」；到了是年二月，桃園汛官劉得龍「亦詞投稱該土窨乃伊伯墳，經公理斥，但因索悖遂，擺勢強凌，反架以墳毀骸滅大題，赴轅聳控」。地方官府針對兩方人馬落差頗大的陳述，偵察行動持續至同治六年（1867），全案纏訟四年餘，猶懸而未決。〔註29〕

光緒四年（1878）八月，新竹縣竹北一保水田莊民杜桐甫具告溫阿萍等人毀墳佔葬一案，在杜桐甫的控辭中，指稱是年七月底同保望高寮溫阿萍、溫阿和、溫阿仍兄弟等人，乘夜掘毀其承管茄苳坑田界中的杜家祖墳，並在原地內另葬兩穴伊親墳塚。杜桐甫曾透過地保向溫阿萍等人交涉墳業歸還事宜，結果卻無功而返。然而，在溫阿萍等人的呈告文中，則說明其在同年七月二十八日將亡父卜葬鳳山崎頂望高寮西畔，杜桐甫竟宣稱此處係其管內地界，強欲勒索現金。溫阿萍等人因家貧無力支付，杜桐甫即以毀墳佔葬的名義，藉故興訟誣陷。署臺北知府兼攝新竹知縣林達泉據報後，初步認定杜桐甫的呈告殊不近理，似乎別有隱情，乃飭派差役前去驗契查辦，再予以定奪處置。〔註30〕

光緒十二年（1886）七月，新竹縣竹南三保苑裡坑莊鄭井控告陳岸等毀墳佔葬、煞傷斃命一案，原告鄭井宣稱其位於番社窩的亡母墳地，因有堪輿術士吳蜜向房裡街民陳岸、陳葵等人宣稱此墳「右有牛眠吉穴，一經進葬，丁財兩旺」，陳岸等人聽信吳蜜的說法，於是糾黨將鄭井母墳平空，強葬其弟陳士橋的棺木。此事發生後不久，鄭井兄長鄭珍即不幸亡故，鄭井以「母墳右係北方年煞要位」，由於陳岸等人利己損人的佔築行為，方致其兄長受煞慘死，且家中男婦復有二人染病甚危。鄭井親往阻撓，陳岸等人卻置之不理，於是呈控地方官府加以處置。而當官府傳訊陳岸和其弟婦陳葉氏之際，在陳葉氏的供辭中，則反控鄭井因嚇索不遂而捏告架陷：

> 本年七月間，氏夫士橋身亡，隨即安葬苑裡坑番社窩，旋有土惡鄭井嚇稱夫墳葬傷伊母墳，欲索氏數十員，言非如命，定難息事。時氏謂：夫墳與彼之母墳並肩，相離三丈有餘，以正理拒論，不遂其索。詎知不索不休，該惡輒敢架控葬傷，縱非虛証，而論母墳被傷，肯使人賄賂，無是理也。……且夫墳果能葬傷，該處上下俱有穴墓，

〔註29〕《淡新檔案》，編號35203。
〔註30〕《淡新檔案》，編號35206。

僅獨彼而呈控耶？〔註31〕

新竹知縣方祖蔭有鑑於雙方控辭的互有落差，在偵辦全案的過程中，曾多次飭派差役協同保長實地查勘，並覆核原告與被告雙方的山批契字，然而，仍難以決斷兩造之間的墳界糾紛。至光緒十三年（1887）六月，此案最終經當地職員陳如祥、童生邱炳陳等人出面調處，由鄭、陳兩家各立下遵依結狀，提請知縣准予銷案息訟。〔註32〕

在前舉幾項雙方各執一詞的爭訟互控案例中，既凸顯出墳山蔭穴的現世利益色彩，兼可作爲有心人士獲利的工具；與此同時，也反映出毀墳佔葬行爲在傳統社會的茲事體大，足以構成一項大動官府視聽的論述。基於這種民俗禁忌的因素，有心人士在控爭地界的訟案中，自可以傷毀墳穴一事作爲藉口，來爲己方爭取有利的形勢。

嘉慶二十二年（1817），墾戶郭陳蘇與林特魁、林泉興、林泰控爭淡水廳轄區金山面山厚力林埔地一案，林特魁等人即曾以墾戶郭陳蘇藉隘侵墾並傷損界內林家墳墓爲題，掀起一場爲期八年餘的地權訴訟。〔註33〕道光二十二年（1842），新竹縣竹南二保後壠田心仔莊童生江騰蛟祖父明買同莊張斗情等人鎮合莊一處水田，起耕養贍。到了光緒七年（1881）十月，張斗情之子張國與江騰蛟因該田地權屬不清而生隙，張國糾眾鋤毀水田界內地瓜，復虛築窨墳。江騰蛟聞訊之後，邀集該地總理、地保前去詣勘，當眾平毀窨墳。張國隨後夥同子姪張瑞、張金安等多人擁至江家騷擾，藉辭索討骨骸，且聲稱「若不拾還骸罐，雖百金不肯姑息」。江騰蛟據情赴縣呈告，而當官府傳訊被告之際，張金安一度辯稱張氏族人原於同年九月備足典價銀，欲向江騰蛟贖回該田產故業，然江騰蛟卻希圖霸佔、強橫抗贖，竟將界內張氏族墳毀成平地。此案至翌年（1882）五月，經新竹知縣徐錫祉飭差偵辦張國等虛窨糾擾一事屬實，裁定將張國當堂笞責以儆糾擾，雙方立下遵依結狀而結束了這場訟爭。〔註34〕光緒十三年（1887）八至九月間，新竹縣竹南四保水汴頭莊民劉合呈告同莊李昆等人越界混爭石頭埔產業一案，因被告李昆等人反控原告劉合「斬龍造廟、傷伊祖墳」，使得案情一度別生枝節，連帶模糊了原先控爭

〔註31〕《淡新檔案》，編號 22515～6。
〔註32〕《淡新檔案》，編號 22515。
〔註33〕《淡新檔案》，編號 17301。
〔註34〕《淡新檔案》，編號 23103。

地界的焦點，造成官府人員一時之間難以論斷孰是孰非。〔註35〕

此外，在同治十一年（1871）四月淡水廳竹南二保貓裡西山莊民林進華具告徐東桂等人盜賣田業、毀傷祖墳一案，原告林進華於呈文中指稱其先前承祖遺置莊內一處田業，旁有祖墳一穴與此業毗連。同治十年（1870）七月，其堂叔林阿五將田業私賣予徐東桂及其孫徐欽賜等人；翌年（1871）正月，徐東桂偕孫率領人丁掘毀田界旁林進華祖墳，將骸骨移置他處，並將原墳地開闢成田。淡水同知據告後，初步認定林進華的控辭疑點重重，隨即飭差驗契，查明該田業係由林阿五憑中立契賣與徐東桂等人，而田界內亦無林進華的祖墳；林進華先前的控辭中所謂盜賣田業、越界毀墳之事，純屬無中生有的捏辭誣控，冀圖從中獲利。是年七月，此案經雙方具立甘結狀後息訟。〔註36〕在這場藉毀墳之名而興訟謀利的案例中，當事者捏控對方盜賣田業而另闢田園的情節，特以毀傷祖墳爲焦點，來爭取官府對於己方的同情。毀墳一事所具有的「聳動力」，於此可見一斑。

在風水觀念濃厚與孝道思想普及的傳統漢人社會中，陰宅風水的妥適與否，既攸關於先人亡靈的安息，也影響到後代子孫的發展，「世之所謂孝者，欲覓地若眠牛馬嘶，爲先人決千年之計，即以卜子孫奕世之休」。〔註37〕子孫相擇吉壤佳穴縣以供先人入土爲安，一方面符合事死如生的孝道要求，一方面更是基於祖墳庇蔭的現實考量。由於陰宅風水本身的重要性，進而凸顯出毀墳傷塚行爲的嚴重性。明清時期，閩粵地區即常因墳山風水的佔奪毀壞，引發各鄉族姓之間激烈的衝突。〔註38〕流風所及，清代臺灣各地家族與家族之間或家族親屬之間，也往往因墳墓風水遭受侵毀而投官興訟。

同治四年（1865），淡水廳竹南一保中港街民林良賀將買過同街謝春元的大湖尾埔田，轉售予同保中港海埔莊民許明智，原契內批明界內抽出謝家祖墳一穴，不得混佔侵毀。至同治十三年（1874）三月，林良賀聯同謝春元遺孀謝李氏長子謝連勝等人，指控許明智在契界內開築埤塘而毀傷謝家祖墳，此後並數度向其索討原本地界內的風水墳穴。許明智出面澄清卻未獲對方的釋懷，兩造之間隨即爆發一場針鋒相對的爭訟。〔註39〕又如光緒十五年（1884）

〔註35〕《淡新檔案》，編號22519。
〔註36〕《淡新檔案》，編號33801。
〔註37〕陳確，《陳確集·外編》，〈張待軒先生與陳乾初書〉，頁60。
〔註38〕胡煒崟，《清代閩粵鄉族性衝突之研究》，頁422～426。
〔註39〕《淡新檔案》，編號35205。

四月，新竹縣竹北一保北埔莊民劉細苟田埔遭吳鳳、吳章昆仲等人強行侵佔，並毀傷界內三穴祖墳。劉細苟於次月八日呈告新竹縣衙門處置。〔註40〕光緒十八年（1892）六月，新竹縣南門街民王水與萬香號余盤兄弟因財務問題引爆糾紛，余盤兄弟糾眾十餘人各執刀斧，砍伐王水位於茄苳湖的親屬墳墓周遭的相思樹木，致使墳木盡毀之餘，風水格局連帶受損。王水因而呈報縣官提訊處置。〔註41〕

清代閩粵移民開發臺灣的方式，主要仰賴於農墾事業的拓展；在臺漢人從事各項農業生產，首先必需奠基在耕地的取得及其有效的利用。清代中後期，由於渡臺人口的持續增長與臺地生齒的日益繁衍，在土地的供應相對有限的情形下，逐漸醞釀出人際社會種種涉及土地使用問題的磨擦。人煙群集的聚落往往因田園埔地相互交錯，造成產權界域的混淆不清，其間各家的祖墳通常可以作為確認地界的辨識物。然而，當地方民眾闢墾農地的過程中，若是有意或無意地越界傷礙別家的祖墳風水，也難免衍生出彼此之間的權益糾紛。

同治十年（1871），淡水廳竹南二保黃芒埔莊民吳阿福將石埔莊內一處水田，賣與邱貴秀昆仲承管，田園內原有吳家祖墳一穴，雙方立契時曾踏明墳地界址，並約定邱秀貴兄弟不得越佔築傷。嗣後，吳新福因原籍粵東嘉應州祖祠為太平軍毀盡，乃返鄉修理。邱貴秀兄弟趁吳新福離去之際，與賴琳恩、林劍峰等人同謀，在距離吳家祖墳後五丈的墳界內築造一座茅屋，並將原墳堂削盡，開作田地。吳新福於光緒八年（1882）歸來後，見祖墳地界遭到損傷，於十一月向新竹縣衙門控告邱貴秀等人背築傷墳且削墳墾田，呈請官府驗訊究辦。縣令徐錫祉據報後，即遣飭差役前赴該地勘察墳界並覆核契字，以明究竟。〔註42〕

同治年間，許德壽位於南崁營盤坑山場內的祖墳，因陳萬、陳家聲叔姪在墳邊埔地耕種之際越界掘毀，乃呈控官府予以究辦。〔註43〕許德壽隨後於同治十二年（1874）十二月一日立下具遵依結狀，結束這場風水訟爭官司：

> 今當大老爺臺前依結，德壽具告陳萬等毀據煞傷祖墳等情一案，茲
> 蒙提訊察悉，陳萬耕種傷礙祖墳屬實，斷將依姪陳家聲暫交原保，

〔註40〕《淡新檔案》，編號 22425～52。
〔註41〕《淡新檔案》，編號 33904。
〔註42〕《淡新檔案》，編號 35209。
〔註43〕王世慶等編，《臺灣公私藏古文書》，編號 FSN01～11～525。

俟陳萬將壽祖墳照舊修好，嗣後不准在墳手近邊耕種，致礙風水，

方准開釋等諭，壽甘愿遵斷息訟，日後不敢翻異滋端。〔註44〕

　　類似的例證，如光緒二年（1876）新竹縣九芎林莊民盧義以胞弟盧茂秀葬在員崠仔崁下塚埔界內的墳骸，遭員崠仔莊民甘阿房、甘辛元父子闢田掘毀，移置在附近有應廟之處，乃於同年六月呈告新竹縣衙門處置。〔註45〕此外，新竹縣竹南四保營盤口莊民李溪水位在社尾營盤前莊的父墳，於光緒十年（1884）遭同莊郭九盤等人掘毀後開田播種。李溪水向阻被辱，投訴總理、保正亦莫可奈何，於是將父骸移徙別葬。翌年（1885）春，郭九盤復在李家墳地周圍闢田作坵，並陸續侵佔李家房孫闥分田業。至光緒十二年（1886）十一月，李溪水將郭九盤等人毀墳佔闢情事，呈告新竹縣衙門處置。〔註46〕

　　除了佔用墳塚地界而毀棄界內舊墳的案例之外，亦有民眾為圖佔葬他人吉穴而將原墳掘毀的情形。如光緒十二年（1886）春，新竹縣竹北二保大旱坑莊民謝添才原葬莊內自家山場內的父墳，因謝添才定居波羅汶莊的堂兄謝阿賜等人奉胞兄骸罐落葬其父墳旁，連帶將該墳墓掘毀佔用，以致骸骨散落。謝添才於是向擔任總理的族親謝鎮安投訴，不料謝鎮安聽信另一名族親謝立喜的挑撥，將謝添才毆傷拘禁，並威脅其不得再作計較。同年十二月十日，謝添才趁門房失鎖而逃離，心有不甘，隨即向新竹縣衙門呈控謝阿賜等人毀墳佔葬並仗勢欺人，請知縣方祖蔭主持公道。〔註47〕光緒十九年（1893），淡水縣石碇保水返腳峰仔峙社（今新北市汐止區）原住民潘源記位於柴橋垵口的一穴古墳，遭到過港莊民高坤元侵佔毀骸，潘源記具情投告四皂對保班頭勘驗查明，以追還墳墓骨骸。〔註48〕

　　傳統風水理論強調，先人墳穴如果遭到外人的侵毀佔葬，將不利於子孫的身家性命。〔註49〕如同治十一年（1872），淡水廳竹南二保隘寮腳莊職員許寶安位在北河雙洽水的祖墳，因北河莊民吳阿統、吳德安、吳德全等人貪圖此穴風水，趁墓地無壯丁看守之際，加以掘毀佔葬。此後數年，許寶安因家中子女媳婦接連四人斃命，乃將凶禍歸咎於墳毀煞傷所致，並於光緒五年

〔註44〕王世慶等編，《臺灣公私藏古文書》，編號 FSN01～11～520。

〔註45〕《淡新檔案》，編號 35213。

〔註46〕《淡新檔案》，編號 22516。

〔註47〕《淡新檔案》，編號 35210。

〔註48〕謝繼昌主編，《凱達格蘭古文書》，頁 136。

〔註49〕徐善繼、徐善述，《地理人子須知》，〈瑣言〉，頁 3a-b。

（1879）四月向新竹知縣劉元陞具告吳阿統等人毀墳佔葬、煞損人命的惡行，呈請官府究處。〔註50〕

由於一般民眾普遍相信祖墳風水的庇蔭對後代子孫有直接的影響，若是人際之間產生現實的利益衝突，有時也會刻意毀壞對方的祖墳地穴，以使亡者庇蔭無效、生者災禍臨頭，來作爲報復的手段。

乾隆前期，陸續拓墾淡水廳竹北一堡六張犁（今新竹縣竹北市東平里六家）一帶的林氏家族，其族人林繩褒於道光十一年（1831）中式武舉；翌年，相度頭前溪北岸一處「龍舟吐珠」的吉穴，掘土壝池，創建問禮堂，作爲家族裁判所。建堂不久後，林氏第五房林繩玷長男林其孝忽告夭折，林繩玷、林繩眶昆仲將此不幸事故，歸咎於林繩褒建堂之際敗壞地理，以致殃及族親，乃私下掘毀林繩褒祖父林先坤的墳墓以爲抗議，而將該墓塋原屬「烏鴉落洋」的吉穴格局予以敗壞。此後，林氏族眾亦相繼指責林繩褒破壞地理所衍生的不良後果，於是造成家族成員之間的對立心結。而林先坤的墓穴風水，不竟成爲這場糾紛中無辜的「替罪羔羊」。〔註51〕這是族親之間因風水問題而引發糾紛，轉而將對方直系祖墳毀傷以資報復的例證。

咸豐三年（1853）四月，淡水廳北門街生員林朝薰胞叔林炎病逝後，擇葬於塹山大崎苳蕉灣義塚內。墳墓方成，總理陳鴻猷宣稱該處有其窨穴數堆，因而藉題向林朝薰勒索。林朝薰不從，陳鴻猷遂以葬傷爲名，命其胞弟陳祥、陳番糾眾數十人掘毀林炎墳墓，棺槨幾全暴露。林朝薰投訴當地總保前去勘驗，確認陳鴻猷族親舊墳離林炎葬地數百丈，窨堆亦相距十餘丈，更何況附近「塚地鱗葬，尚且無傷」；相去甚遠的林炎墳穴，應不至於單獨傷礙陳家窨墳。經總保勘驗完畢之後，林朝薰於同月二十五日將陳鴻猷毀墳藉索情事，呈控淡水廳衙門究處。〔註52〕這是地方頭人因勒索未遂而毀棄對方祖墳的案例。

光緒十三年（1887）十一月，新竹縣竹北二保五份埔莊監生詹渠源侄親詹阿深等人，欲佔築詹渠源位於五份埔山頂的田業，因詹渠源未予允准，詹阿深等人遂於同年十二月六日率領黨徒各執器械，將詹渠源位於五份埔山頂的老母壽墳（生壙）毀廢，並將聞訊前來阻止的詹渠源次子詹阿坤強擄而去，加以禁錮。詹渠源於十二月中向新竹縣衙門呈控詹阿深等人佔築毀墳情事，

〔註50〕《淡新檔案》，編號 35207。
〔註51〕林保萱編著，《西河林氏六屋族譜》，頁 20～21。
〔註52〕《淡新檔案》，編號 35202。

知縣方祖蔭隨即飭遣差役前往該處查辦，究懲爲非作歹之徒。〔註53〕這是族親因侵佔埔地不遂而毀棄對方界內墳墓以資報復的案例。

大體而言，此種令親者所痛、仇者所快的報復手段，在傳統漢人社會多被視爲「凶殘不仁」、「有傷陰德」的作法。而傳統風水學強調，除了侵葬舊有墳塚者將難逃天理報應之外，〔註54〕凡無心或刻意毀傷他人墳穴，不僅將使墓主後代遭受劫難，亦將爲肇事者己身招致災禍。如題名雲庵氏輯《山龍語類》之〈病龍論〉條中提到：

> 病龍者，龍受損傷也。或造池塘，或掘坑井，或取土石，挖割崩頹，截斷龍脈，撼山驚神，龍氣洩漏，不可葬也；得力護砂，亦不宜破壞。凡龍病於未葬之先者，葬者不發；病於既葬之後者，發者速敗。大凡人家祖墓，脈從我地而過，我或因仇挾見，暗以損之，彼敗而我絕。我或有事開鑿，因而終止。彼得陰地，我得心地。蓋敗人墓地，與佔山葬祖，皆是自速天禍。〔註55〕

毀墳佔葬的行爲因涉及人子孝思與風水庇蔭的情結，一旦付諸實踐，難免激起彼此之間更深重的仇恨，同時也難以見容於清朝統治者。《大清律》刑律之〈賊盜‧發塚〉中規定：「凡發掘他人墳塚，見棺槨者，杖一百，流三千里；已開棺槨見屍者，絞監候；發而未至棺槨者，杖一百，徒三年」。〔註56〕在這項律文之後，另開列幾項具體的參照處分條例，其一爲：「如有糾眾發塚起棺，索財取贖者，比依強盜得財律，不分首從，皆斬」，又如：「凡貪人吉壤，將遠年之墳墓盜發者，子孫告發，審有確據，將盜發之人以開棺見屍律，擬絞監候」。針對民間人士各種爭葬、偷葬、盜葬、佔葬等不當作法，《大清律》中也明列各項參照處分條例如下：

> 民人無故空焚已葬屍棺者，仍照例治罪外，其因爭墳阻葬、開棺易罐、埋藏占葬者，亦照開棺見屍、殘毀死屍各本律治罪。若以他骨暗埋，預立封堆僞說陰基，審係恃強占葬者，照強占官民山場律治罪；審係私自偷埋者，照於有主墳地內偷葬律治罪；其侵犯他人墳塚者，照發掘他人墳塚律治罪；如果審係地師教誘，將教誘之地師，

〔註53〕《淡新檔案》，編號35211。
〔註54〕徐善繼、徐善述，《地理人子須知》，〈瑣言‧不可圖葬舊穴〉，頁3a-b。
〔註55〕引自蔣國，《地理正宗》，卷11，頁260。
〔註56〕沈之奇輯注，洪臯山增訂，《大清律輯註》，卷18，頁75a。

均照詐教誘人犯法律，分別治罪。〔註57〕

由此可見，清朝政府所頒行的相關成文律令對於民間發塚盜葬的行徑，有極爲嚴厲的懲處規定。國家通行的法律之外，地方官府針對風水葬俗問題的相關處置條例，也值得我們留意。如《福建省例》之〈刑政例上‧禁謀穴盜葬〉條中，載錄乾隆三十二年（1767）三月福建巡撫部院通飭各府州官吏照依辦理的事項，文中強烈指責：

> 閩省民間惑於風水之說，每聽堪輿之哄騙，受墓佃之串唆，睏人家祖墳稍有吉穴，生心覬覦，或影射他姓墳旁餘地，捏造假堆；或窺伺地主後嗣式微，冒認古塚。狡黠者私埋盜賣，暗逞機謀；強梁者拋塚拋骸，公然佔奪。甚至有不肖子孫，不能保護松楸，竟敢於祖墓之旁，私行扦穴。喪心蔑祖，尤堪痛恨！此等惡習，通省多有，而漳、泉兩府尤甚。在愚民百姓，尚可云不知禮法，乃有紳士之家，亦恬然爲之而不以爲怪。

地方官府爲能嚴禁民間謀穴盜塚等惡習以求端風正俗，特諭示地方紳衿士民人等：「務須痛除舊染，各發良心，切勿妄聽堪輿墓佃之言，貪圖別家祖業墳山。自示之後，倘再有冥頑不靈，仍蹈前指諸弊者，一經告發，審勘明白，定即按法嚴究，不稍寬縱」。〔註58〕而在同書〈田宅例‧嚴禁爭墳〉條中，亦載錄乾隆二十四年（1759）二月，福建巡撫部院勸導地方民眾切勿迷信地師之說而謀買強挖或混爭風水，以至於干犯刑憲，落得身敗名裂的下場。文中並曉諭地方紳民人等，凡葬埋之事不可侵界毀墳或爭墳盜挖云：

> 其埋葬之處，如係官山，則當插定界址，而不可彼此侵越；如係買業，則當查明實係空地，而不可混動有主之墳。至於前後左右有人覓葬者，如非己界，聽其自便，不可以有礙風水，或恃強攔阻，或私行盜挖，以致纖毫無益於死者，而本身先於罪戾，後悔莫及。至於久葬之金罐，更不許擅行起挖。違者地方官即行據實通詳，照例究擬。〔註59〕

清朝政府透過嚴刑峻罰的頒行，地方官紳借助禁令條款的力量，或是訴諸「陰地好不如心地好」之類的道德勸說，期能遏止各種毀墳發塚行爲的發

〔註57〕沈之奇輯注，洪臯山增訂，《大清律輯註》，卷18，頁80b～83a。
〔註58〕臺灣銀行經濟研究室編，《福建省例》，頁885。
〔註59〕臺灣銀行經濟研究室編，《福建省例》，頁435～437。

生，以維護庶民社會的善風良俗，並保障其入土為安的喪葬權益。然而，發塚毀墳、盜葬墓穴的刑罰禁令雖在，禁者自禁、違者自違的爭葬侵塚現象，依舊此起彼落。而統治階層所謂的「況發塚盜葬，例禁森嚴。事犯到官，斷無不水落石出之理。是未受風水之蔭庇，先罹三尺之科條，徒損人而究不能利己，所謂吉壤者安在？」〔註60〕但言者諄諄，聽者藐藐，民不畏死、鋌而走險的毀墳盜葬行為，仍然所在多有。

　　地方官府約束這類不法行為的成效不彰，既與移墾社會民風強悍、趨利好鬥等因素息息相關，也與吏治不良的背景脫離不了關係。在清朝統治下的臺灣社會，縣廳的主政官員與庶民百姓少有直接的接觸，縣廳以下的地方自治事務，多委由地保及總理、董事、街莊正副等地方頭人處理，其職權在於傳達官府的行政命令，並協助官府維持村莊治安、調解民刑案件與推行各項公共事業。他們擁有干預地方人際事務的權責，但也往往利用職務上的特權向村莊百姓索財嚇詐。〔註61〕從本節前面所引證的風水訟爭案例中，我們可以發現到某些原告所控告的對象，即為當地總理、董事等鄉治基層行政人員，或者是被告與總保等相互熟識、納賄巴結而受到袒護，以至於下情難以上達，迫使某些原告冒險挑戰地方基層行政人員的層層壓力，直接呈控官府衙門，致力為自身已然受損的權益討回公道。鄉治基層行政人員未能切實貫徹縣廳法令律例，甚至私心任事，玩法弊生，連帶促使民不畏官，無視官府法令的存在，結果形成了吏治腐化／社會失序的惡性循環。清代臺灣社會控爭塚界、侵毀墳穴之類的民刑事案件，體現出地方民眾對於陰宅風水影響家族運勢的重視，與此同時，也從側面反映出某些鄉治基層組織的運作問題。類似的情形，在本節下一段針對貪利不法之徒如何操弄風水墳場的討論中，仍時有所見。此外，尤其諷刺的是，相對於民間人士的「以身試法」，當統治階層應付清代臺灣各地抗官事件的時候，往往也會「知法犯法」，遣派人員掘毀民變主事者的祖墳風水，以資懲戒。這個部分，在本節第四段「官民之間的矛盾對立」中，將另有專論。

　　從前述各類爭葬墳地、侵毀風水的實際案例中，我們可以看到風水墳地在傳統社會紳民心目中的重要地位。民間人士為了保障自家不容外人侵犯的墓葬權益，若是自力救濟無功或私下調解不成，終須仰仗官方的力量來主持

〔註60〕臺灣銀行經濟研究室編，《福建省例》，頁885。
〔註61〕戴炎輝，《清代臺灣之鄉治》，頁215～287，622～627。

公道，以「還我墳地」。清代臺灣社會因毀墳佔葬所引發的衝突事件，適足以反映風水庇蔭觀念既深且廣的影響力。另一方面，從土地行銷與產業經營的角度，由於風水墳山的有利可圖，也授予某些投機份子及不肖之徒謀取己利的可乘之機。

二、貪利不法之徒的操弄

在漢文化的傳統意識中，陰宅既是人生終點不可或缺的安息地，也是後世子孫賴以發達的憑藉物。由於風水庇蔭觀念的深入人心，造成風水墳地的炙手可熱，也因而招惹了一些不法之徒的貪念，使得他們有機可乘，可以利用墳地塚穴營私舞弊，藉此大撈一筆。地方棍徒、無賴之流據墳勒索或傷礙風水所衍生的紛擾事件，屢見於清代臺灣歷史文獻的記載。

乾隆元年（1736），諸羅縣赤山保境內諸山遭陳霖日等人橫佔，進而向附近民眾「勒索抽分肥己」，地方人士於是相率呈告諸羅縣令陸鶴予以究辦。到了乾隆十五年（1750）五月，復有原住民貓沙來套與漢人黃范、涂林等人「藉軍工而影響，排優戲以示禁。樵牧者，數斧斤而抽稅；喪葬者，就墳塋以索金，養生喪死均遭勒索」。當地紳民於是再度呈報官府，經過知縣周芬斗的處理，「該山仍照舊例復古」。赤山保生員洪廷英、耆民黃政等人惟恐「法久弊生，年多事弛，或有射利之徒再萌覬覦之念」，爲了防範未然起見，特呈請知縣周芬斗出示嚴禁地棍嚇詐營葬、樵採等情事，「以杜遠患，以息爭端」。知縣據案乃曉諭該保士庶耆民人等：「嗣後許爾等人民在于新社溪山至十八重溪山等處，任其樵採營葬；倘有棍徒藉端阻嚇，許該地鄉保耆民人等，扭解赴縣喊稟，立即按法究治，決不姑寬」。該保生員、管事、耆民、吏員等四十餘人於乾隆十八年（1753）正月奉憲立石，予以示禁，期能就此讓當地居民免遭不法之徒據墳勒索的威脅。〔註62〕

乾隆中期，諸羅知縣張所受將轄區果毅後保（今臺南市柳營區一帶）東面官山規劃爲莊民樵採、墓葬與牧養之處。乾隆四十三年（1778），吳惠、吳胡等人串通麻豆社原住民藉機混佔官山，據以勒索謀利，造成附近莊民營葬親屬及維持生計的困擾。同年五月，莊民蔡明、黃岩呈告笨港縣丞李倓，依律懲處這些罔法行私之徒，另於翌年八月勒石示禁。〔註63〕

〔註62〕何培夫主編，《臺灣地區現存碑碣圖誌　臺南縣篇》，頁 64～65。
〔註63〕臺灣銀行經濟研究室編，《臺灣南部碑文集成》，頁 409～410。

　　道光二十七年（1847），嘉義縣鹽水港街總董、生員、郊戶暨舖戶人等有鑑於鹽水港地方，「近因奸棍蝟集，俗變剽悍，每藉冒差役名目，日在該街內外窺伺來往屠民，不論有無被控，並無文票簽單，或藉莊鄰有案攄跟酷索，或攄索不遜、憑空赴分司衙造局扭稟，或先攄禁、事發臨時藉案添誣。種種威橫，難以枚舉！盤據市中，擇肥而噬，三五成群，肆擾無忌」，遂呈請臺灣府知府全卜年出示嚴禁事宜，以平靖地方治安。同年十月，公立〈奉憲嚴禁告示碑〉，針對當地的社會弊端開列八項條款，其中提到：「各莊人民各宜守分安業，不得踞地抗橫，藉端私索；如敢不遵，立即拏究」；另外，「保內凡有風水墳墓被盜挖劫者，確見拏解重究」。﹝註64﹞此舉反映風水墳地遭到假冒差役名目的棍徒侵佔、破壞以及藉端勒索等情事，業已成為治臺官員與地方紳商共同關注的社會問題。

　　有心人士基於有利可圖的現實考量，往往佔據地方民眾的先祖墳塚加以威脅，強行勒索贖金；或是罷佔山林之間適宜安葬的坡地，藉以向世族富家或平民百姓兜售風水墓穴；甚至佔用官方設立的義塚，進行私墾活動或從事不法勾當。類似的陋習，既危害公眾權益，也擾亂社會秩序，以至於引起官方的注目。從本書第四章第二節有關龍脈禁忌的討論可以得知，傳統風水理論強調一地的來龍去脈關係到境域發展的興衰，由於護塚保脈觀念在民間社會的普遍流傳，不法之徒亦可加以利用，作為他們要脅地方有力人士的籌碼。

　　嘉慶二十餘年間，竹北一保九芎林來龍發脈的赤柯寮龍脈遭到地棍、奸徒的斬鑿，當時金廣福墾戶姜秀鑾（1783～1846）、錢茂祖等人曾即時遏阻。至同治六年（1867）五月，又有鄰近豪強擅行斬鑿赤柯寮龍脈，莊內紳耆人等鑑於其攸關地方興衰與社會安寧，乃同心協力予以阻止，隨即將該龍脈受鑿破處所僱工修補，並備禮祭賽，安鎮風水龍神。生員魏讚唐、墾戶金廣福（姜榮華）、職員劉嵩山、吳殿華、監生詹國和、莊耆鄭家茂、吳金準暨殷戶、舖戶人等，「誠恐日後又被穿斬，則神明之宮壇、廟宇被其害者難言，民間之家口、墳墓受其傷者莫測。自此龍脈分出，該地並金廣福等處無論大小龍脈以及沙手關闌等處，每多射利之徒在人屋場風水架斬索銀。非蒙嚴禁，貽害匪輕」，乃於同年五月二十五日呈請臺灣北路淡水總捕分府嚴金清加以處置。嚴金清據報後，於七月二十八日曉諭閤堡紳耆、總董、居民諸色人等嚴禁事項云：「汝等須知地脈有關，凡有附近居民不許私行開闢掘毀，斬鑿龍脈，致

─────────────

〔註64〕臺灣銀行經濟研究室編，《臺灣南部碑文集成》，頁 482～484。

有貽害。自示之後，倘敢故違，定即嚴拏究辦，決不姑寬」。〔註65〕

　　一般說來，具備藏風聚氣、流水環抱等生態條件的風水龍脈，大多是綠林翁鬱、物產豐饒的青翠山嶺，其中所蘊藏的天然資源，也難免成為一些貪利之徒覬覦的對象。只要是利之所在，即大肆進行林木礦產的開採，而無視於官府法令的存在與社會秩序的維繫。對於崇信風水觀念的地方人士而言，不法之徒任意砍伐林木、採挖土石導致山坡林地的破壞，也等於是損毀了向來護佑村落安寧的風水龍脈。社會領導階層對於這些但求己利卻罔顧公益的行徑，自然不會坐視不顧。

　　康熙年間，孫光、林掌等人向諸羅縣茅港尾保舉人蘇峨求留龍船窩莊界內港墘荒埔，作為塚牧之用。雍正二年（1724）後，陸續有鄭隆彤、鄭江、徐之純、楊周等人貪圖此地，或混稟給墾，或冒報陞科。由於混冒給墾之事接踵而至，雍正十三年（1735）九月，蘇峨後人該保生員蘇旺兄弟遂將實情具呈諸羅知縣陸鶴處置。縣令為了消弭爭端起見，乃批示該處從此供作義塚，並曉諭茅港尾保龍船窩莊業戶、鄉保、佃人等，該莊界內港墘草地，「留為公眾塚牧，不許影藉冒墾」。如有奸徒罔顧禁令、藉端滋事，經鄉保呈縣具稟，一律究處。〔註66〕

　　雍正元年（1723），彰化設縣以後，東面快官山、西面八卦亭山、南面赤塗崎山、北面轆沙坑山曾因楊、林兩家互相爭控，於乾隆年間經過彰化知縣蘇渭生的勘定，一概判作官山義塚，提供民眾生樵死葬之用。嘉慶元年（1796），胡應魁擔任縣令之後，於任內曾申詳示禁，以防制奸徒侵墾佔地。到了嘉慶十九年（1814）九月，縣邑職員王松及當地廩生、生員、監生等人以官山塚地遭到外人的侵佔，而不法之徒「掘取紅塗、挖賣山石，毋論縣龍過脈、人家墳塋，盡行挖壞。歷年雖有山差，亦奉行故事而已。現在八卦亭山左右，秀砂變為殺曜，龍體竟無完膚」。王松等人基於「不懇清釐勒石示禁，則奸民串番漫山墾園，營葬何地；遍處樹木，瘞朽安歸」的初衷，除了呈請縣令錢燕喜飭差查明原界後給示勒石，以保障死葬有地的權益，並且揭櫫傳統的風水龍脈禁忌，強調管府示禁條款及實際查緝行動的刻不容緩云：

　　　　至八卦亭落脈之處，尤應嚴加禁固，則縣龍無虞，闔邑有賴。仍

─────────────

〔註65〕陳朝龍等，《新竹縣采訪冊》，卷5，〈碑碣（下）〉，頁220；臺灣銀行經濟研究室編，《臺灣私法物權篇》，頁590～591。
〔註66〕何培夫主編，《臺灣地區現存碑碣圖誌　臺南縣篇》，頁85～86。

懇札飭該處坑仔內莊總董蔡雙林、蔡在、蔡灶、半線通土李璇璣、
容仔、赤塗崎業戶施永昌各將所轄地段，傳諭佔墾之家逐一歸荒。
〔註67〕

知縣錢燕喜據此覆案前情，於嘉慶二十年（1815）四月札飭各該總董等
諭禁條款，同立〈官山義塚示禁碑〉，昭告闔邑各色人等：「嗣後凡八卦山等
處勘定義塚界內，如有奸徒私築窖堆、藉圖索詐，及堀取紅塗、山石，侵佔
開墾，致礙縣治龍脈並傷人家墳墓者，許該總董指稟赴縣，以憑拏究」。值得
注意的是，此碑文後所開列的捐立者，包括吏役士紳與墾戶商號共四十餘名，
可說是聲勢浩大，不啻顯示當地社會領導階層對於這項舉動，應有相當程度
的重視。

地方民眾從事林礦開墾而危及彰化縣邑龍脈的問題，亦可見於道光十年
（1830）二月彰化縣北門外街總董王國泰、許朝選、楊光侯、李寅世等人同
立的合約字中。文中追述眾人為了遏止地方龍脈所在的山林屢遭不法之徒的
損傷，而不斷地造成附近民眾的生計困擾，旋經呈奉前知縣錢燕喜、吳性誠
二人先後出示嚴禁事項的來龍去脈云：

彰山來龍原本秀茂，因被奸民挖石掘塗，以致山坑崩壞，煞氣傷害
縣龍，是以地方不安，人民遭難。諭令該總董等自備工本栽種樹木，
遮掩坑煞，將來樹木茂盛，縣龍自能堅固闔邑，不特文武高陞，則
地方安寧，人民必然興旺矣！倘有不法奸民仍然挖取塗石及盜砍樹
木，許該總董指名稟究。茲泰等奉縣主嚴諭，爰是公議各備工本，
合夥在於大坑內等處栽種樹木，遮掩山坑，則縣龍自然秀茂。此係
各出工本栽種，以顧山龍無致崩壞，如日後樹木高大，務宜公議砍
伐，照份均分，不得私自取用，亦不得私賣及私送親朋；倘有歹人
盜砍樹木，須公同稟究，違者公罰。〔註68〕

墳山墓塚周圍若是富有山林、礦石資源，某些時候，也難逃為人濫掘、
盜採的命運。在民眾進行林木與土石的採挖過程中，難免連帶造成鄰近地區

〔註67〕臺灣銀行經濟研究室編，《臺灣中部碑文集成》，頁86～87；臺灣銀行經濟研
　　　　究室編，《臺灣私法物權篇》，頁588～589；何培夫主編，《臺灣地區現存碑碣
　　　　圖誌　彰化縣篇》，頁117～118。
〔註68〕臺灣銀行經濟研究室編，《臺灣私法物權篇》，頁1002～1003。與前舉〈官山
　　　　義塚示禁碑〉相似的情形，這份合約字上具名者包括董事、總理、舖戶以
　　　　及莊耆人等二十餘名，於此也多少體現出該地方有力人士護龍保脈的決心。

墓地風水的損毀。

　　彰化縣燕霧保內三塊厝牛埔頭、東山黃厝莊、犁頭厝埤仔頭、鑼鈸蒂、赤塗崎等處荒山，原於清代初期設立義塚，作為附近民眾埋葬的處所。嘉慶十八年（1813）二月八日，該保總理、士紳人等向彰化知縣李雲龍呈告義塚附近，「屢因不法之徒，奸貪漁利，盜挖赤塗、砂土、樹頭，以致山崩石墜，骨骸暴露，不可勝數。近有一種惡習，樵牧孩童每逢清明，伺人祭掃，群討粿物；分給不周，輒縱牛羊踐踏墳墓，或污穢墓碑、或鑿毀墳手」。知縣接獲呈文之後，乃指派三塊厝莊甲首江永昌就近巡查，並為儆奸貪以安幽魂起見，於同年三月十三日批准街莊紳耆勒碑示禁，曉諭民番各色人等知悉：「爾等當思幽魂以土為安，務須共相防護；乃有貪圖微利，挖掘赤塗、沙石、樹頭，以致山崩石墜，骨骸暴露，如此不法奸徒，聞之殊堪痛恨！自示之後，毋許棍徒在於三塊厝等處塚山掘取赤塗、沙石、樹頭」。〔註69〕

　　嘉慶七年（1802）十月，臺灣縣拔貢生李宗寅、生員陳肇昌、陳廷瑜、趙新、王瑞、陳震曜、朱登科、吳成謨、陳玉珂、陰陽生魏巽岩等人向縣令周作洵呈立的〈義塚護衛示禁碑記〉中，記載當時縣境義塚內的墳地墓穴，因附近樵夫牧子鋤割草薪、放牲踐踏而遭到損毀的情況云：

> 臺郡南、北義塚、概係沙土浮鬆、全賴蔓草滋生、根連固結，以資護衛。近有樵夫牧子，在該墳塚鋤割草薪、放牲踐毀、刨取沙土，妄肆蹂躪，漸致墳土摧殘；一經霪雨，水注沙流，恆有塚穿棺現之虞，已堪憫惻！……據此，查義塚無人看守，向惟官斯土者同爾紳衿留心稽察，共相保護，使樵夫牧子不敢蹂躪。……為此示仰闔郡人等知悉：嗣後爾等樵牧，各赴曠埔、荒山，毋許仍至有墳處所，任意殘踏、刨沙掘土。〔註70〕

　　主政官員擇定一些適宜卜葬的地點設立義塚，為了預防公塚界內遭到地棍、奸民的冒墾侵佔，而淪為不法之徒圖謀己利的工具，通常訴諸法令禁止此類問題的發生，以貫徹這項喪葬救濟事業的良法美意，確保一般民眾的喪葬權益，並藉以維護社會秩序，保障地方安寧。如康熙中期，福建分巡臺廈道高拱乾於〈勸埋枯骨示〉中聲明：「凡有未墾荒埔，果係官地，聽民營葬；若係批照在民，未經開闢者，亦准附近人民營葬，不許阻撓！如有管事、佃

〔註69〕臺灣銀行經濟研究室編，《臺灣中部碑文集成》，頁83～84。
〔註70〕臺灣銀行經濟研究室編，《臺灣南部碑文集成》，頁437～439；臺灣銀行經濟研究室編，《臺灣私法物權篇》，頁1092～1093。

丁藉端勒索，許赴該縣控告，以憑究治；亦不許將人家已闢之地，借稱營葬，希圖侵佔。敢有故違，一經告發，各治以罪」，〔註71〕致力防範有心人士阻葬官山塚界，或以營葬爲名據地圖利。嘉慶十六年（1811）十一月，彰化知縣楊桂森詣勘先前秦士望、劉辰駿、胡應魁、吳性誠等縣令所設置的各處官山塚地之後，出示嚴禁地棍、奸民佔墾縣內萬丹山塚地碑記，以遏止這些地方惡勢力侵佔私墾的行爲。〔註72〕

　　治臺官員立碑明令官立義塚不容有心人士的染指，而民間自行設置的義塚亦然。針對這類攸關於社會大眾的權益事宜，地方領導階層大多仰仗官方力量的介入，來防制不肖之徒侵佔、冒墾義塚事件的發生。如清代初期諸羅縣土庫、水漆林、中社三莊（今臺南市六甲區）境內，地方紳民原本公留蔦松埔、中埔仔二處，作爲公眾牧養葬埋的處所。乾隆三十五年（1770）五月二十八日，武生洪宗泰、耆民高雄、林藉祖等人向諸羅知縣周大本稟稱中埔、蔦松二處遭盧蘭等人搭寮佔墾。官府據報後，乃批遣鄉保莊管拘拏集訊，對簿公堂。生員何大用、盧煖等人隨即呈稟：「伊等念係瓜葛，不忍終訟，勸令盧蘭將埔園放荒，永聽眾莊爲牧場塚地」。爭訟事件於是在地方公親的調處下，稟請官府察奪銷案。乾隆三十六年（1771）十二月三日，莊民高雄等人復向知縣稟請碑示禁約，以杜奸弊復萌。知縣周大本除了批准息銷該案之外，並於翌年（1772）六月二十五日曉諭閣保遠近人等，此後蔦松埔、中埔仔兩處埔地，永留爲水漆林、土庫、中社三莊百姓的牧地葬所，「不許遠近人民奸貪、佔墾、妨死、病農；如有恃強不遵，許該鄉保莊耆人等僉呈據實具稟赴縣，以憑拿究」。〔註73〕

　　乾隆四十二年（1777），淡水廳竹塹息莊佃民及地方士紳先後稟請官府准以香山埔內外獅山一帶山麓曠地設爲義塚，任民眾隨處葬埋。道光八年（1828）五月初，淡水同知李愼彝應地方鋪戶、紳民的稟請，購置原墾戶郭陳蘇公墾南勢山土地公阬埔頂至吳寄阬崙一帶埔地充作義塚，便民營葬，並立碑示禁，以杜侵佔之弊云：「凡有孤貧窮獨，俱一體鱗葬。但不准私培蔭推，亦不許爭較，以私廢公。至所充冢地界內埔園一段，自應歸入冢地。該

〔註71〕 高拱乾等，《臺灣府志》，卷10，頁250。
〔註72〕 周璽等，《彰化縣志》，卷2，〈規制志・義塚〉，頁64；何培夫主編，《臺灣地區現存碑碣圖誌　雲林縣・南投縣篇》，頁203～204，316。
〔註73〕 臺灣銀行經濟研究室編，《臺灣南部碑文集成》，頁401～402。

附近民人等亦不得私行耕種，影射漁利」。〔註74〕至道光十五年（1835），
墾戶金廣福在竹塹南界外番山設隘築堵之際，附近義塚葬墳屢遭其藉墾混
界，接連引發墳地控爭事件，造成部分地方民眾的不滿。咸豐元年（1851）
九月，竹塹舉人許超英、貢生魏紹華、葉呈芳暨生監總理、郊行舖戶人等呈
請淡水同知張啓煊，勒石嚴禁外人在前定義塚地界內私墾田園及混佔塚界；
而金廣福墾界內如有不便耕種的山畬巔麓，應提供民眾隨處安葬，不得藉端
刁難。淡水同知據報後，隨即飭差勘明各處義塚界址與金廣福承墾山場，並
曉諭地方紳耆、墾戶與佃民人等：

> 掩骼埋胔，古有明訓，豈容藉端阻葬，任意踐踏。經各前憲先後捐
> 買義塚牧場界內，概聽民人隨處瘞葬，該處居民不得再行混佔塚界，
> 私墾耕種。即金廣福墾界內旱瘠埔窩無礙田地陂圳者，亦應聽人瘞
> 葬。……庶凡生養有地，死葬有方，以安幽魂。該民人等亦不得在
> 別人契買界內，藉端佔築虛埋，希圖售賣漁利，致干查究，各宜凜
> 遵。〔註75〕

道光二十三年（1843），彰化縣大肚保王田莊監生總董因該莊缺乏適當
的墳地葬所，乃合議集資銀元，向賴應捷妻林氏購得莊後大坪頂泉州坑山場
一所作為義塚，以便利民眾擇地營葬。為了維護義塚功能的正常運作，同年
十月，該莊吳總爺與職員、董事、監生、總理等二十八人呈報彰化知縣，同
立〈王田新置義塚碑記〉，陳述義塚的設置緣由及注意事項，其中強調：「既
准義塚不許空窖虛堆，亦不得混稱沖煞，如有強民以及棍番混圖橫阻，聽該
莊總董呈明縣主，立刻究辦，決不姑寬。惟碑內有名之人，有前葬舊墳石丁
為界，後葬者不可深界為非，遂此碑氣而行，天降福澤，悠久無疆」。〔註76〕

咸豐二年（1852），竹塹地區舖戶陳泉源、鄭恒利、張順發、吳振利、林
九牧、林慶算、吳嘉記、官志交、林美士、林瑞源、童高秀、張成珠、林其
回、詹瑞業、林清隱、林廉逸、童士添、林福孫等人向淡水同知張啓煊僉稱：
眾人所承一件上手契中，詳載乾隆四十一年（1776）四月前人向竹塹社通事
丁老吻、土目什班等購置員山仔番仔湖嵌頂埔地一所，作為各佃塋葬之地，
墾契內載明四至界址，另再立約分執，禁止股內外之人藉佔混開。至清代中

〔註74〕陳朝龍等，《新竹縣采訪冊》，卷3，頁134～135。
〔註75〕臺灣銀行經濟研究室編，《臺灣私法物權篇》，頁1487～1489；陳朝龍等，《新
　　　　竹縣采訪冊》，卷5，〈碑碣（下）〉，頁208～210。
〔註76〕何培夫主編，《臺灣地區現存碑碣圖誌　臺中縣市·花蓮縣篇》，頁109～110。

期，「無如日久弊生，每有恃強侵墾滋事」，於是公議就原始四至界址，重新丈量，立石爲界，存爲各佃牧牛與貧民埋葬處所，毋許股內外之人擅行私墾，並於咸豐二年（1852）初呈請官府出示勒石。淡水同知據報後，乃飭派地保、總理等前去探勘，將合置牧牛、安葬之所與原立墾約丈尺加以核對，經查明其無侵佔窒礙情弊之後，於同年四月二十日出示〈員山子番子湖冢牧禁示碑〉，曉諭該處附近居民及業主佃戶人等務須遵照公議，「即就四面所立界石以內，仍爲牧牛之所；其餘高阜之處，任聽貧民埋藏。無論何人，總不得在於界內擅行私墾；其界址毗連之地，亦不許侵佔寸土。自示之後，倘有藉端強佔，滋事生端，一經指控，定行拘案究懲」。〔註77〕

縱使治臺官吏與地方紳商接二連三地出示禁令，極力遏止民眾佔墾公立義塚的行爲，然而，此類貪贓枉法、損人利己的情事仍舊此起彼落，呈現出禁不勝禁的態勢。茲以清末竹塹地區的情形爲例，同治六年（1867）四月二十六日，淡水同知嚴金清鑒於廳治南門外巡司埔、中冢、外較場、枕頭山、虎頭山、十八尖、雞卵面、出粟湖、雙溪、崎頭、青草湖、頭埔、二埔、中心崙、糞箕湖、芎蕉灣、隙子山等官地原係提供附近民眾埋葬骸骨的處所，叵料「近有不法奸民私在該處開墾，甚將骸骨堀毀」。嚴金清除了派遣差役查拏這些違禁者予以重辦，並向該處居民人等出示嚴禁事項云：「爾等嗣後毋得擅在該處私行開墾。自示之後，倘敢抗違，一經查獲或被指稟，定即嚴拏從重懲辦，決不姑寬」。〔註78〕雖然禁令昭彰，但私墾官塚、混佔毀墳的情事，並未就此告一段落。

在嚴金清的示禁經過八年之後，光緒元年（1875）五月，淡水廳八房總書吳青等人向同知陳星聚（1817～1885）稟稱城南門外巡司埔、中冢、外較場、枕頭山、虎頭山、十八尖、雞卵面、蜈蚣窩、出粟湖、雙溪、崎頭、金山面、平面冢、青草湖、頭埔、二埔、中心崙、糞箕湖、芎蕉灣、隙子山等官地義塚，不斷地遭受到各種人爲破壞的情形云：

> 前有不法奸民混佔，開田築陂、栽種樹木，戕害墳墓，損壞骸骨；
> 經嚴前分府認眞辦理，冢界再清。不意奸民仍將冢地栽種相思樹木，
> 陰翳叢雜，致貧人死無葬身之地、骸無乾淨之所。揆厥情形，骨藉

〔註77〕陳朝龍等，《新竹縣采訪冊》，卷5，頁216～217；邱秀堂編，《臺灣北部碑文集成》，頁2。
〔註78〕陳朝龍等，《新竹縣采訪冊》，卷3，頁135～136。

> 旱園廢墾混佔，築田開陂，而陂在上、墳在下，陂水既滿，墳墓先
> 受灌害。而奸巧之徒，以遷冢爲心，擅將人墳插標，商貼過山灰土
> 銀元；竟有冒認子孫，將標領銀，墳移別處。其正子孫尋無祖骸，
> 害更難言。

同知陳星聚得報之後，針對前述因違禁私墾而侵毀墳地與冒領墓穴以資圖利的各種弊端，於同月二十六日出示嚴禁條例，曉諭閣屬軍民人等一體知悉，其要項有以下三點：

一、嚴禁在各處官地義塚內的墳墓旁栽種樹木，以免樹根穿結，戕損棺中骸骨。

二、義塚有墳處所一概禁止開田築陂，已開者必需立刻填平，俾令亡者得入土爲安。

三、嚴禁不法人士以種樹開陂爲詞插標招葬而覬覦得地，亦不准假冒該處墳塚的後代親族而混行遷埋。〔註79〕

這項禁令頒行不久，翌年（1876）三月三日，陳星聚再度針對前列的廳治義塚出示嚴禁事宜，其中提到過去曾有不法奸民在各塚界內築陂開田或栽種樹木，致使多處墳塚遭到戕害。前任同知嚴金清曾勘定界址，飭拘佔塚者到案究辦，同時出示嚴禁在案，「不意日久弊生，奸巧射利之徒不顧有傷陰德，仍將官山冢地擅種相思樹木，致貧人死無葬身之地、骸無乾淨之所。續經本分府出示嚴禁，仍然虛應故事，意不將所種相思樹本盡行砍伐。若不重申禁令，從嚴辦理，將來奸弊百出，混佔者愈無忌憚，勢必至棺罐屍骸被其侵損暴露」。陳星聚除了親臨詣勘、立石定界及飭差查拏，並重新曉諭閣屬軍民人等：

> 嗣後一切官山冢地，均不准築陂開田以及種栽樹木。所有前栽相思
> 一切樹木係在官山界內者，限三日內概行採毀，連拔根節。其前此
> 已開田園陂塘，亦須一律填平，以妥幽魂而免戕害。如有不遵，立
> 即嚴拏重加究治。〔註80〕

值得注意的是，陳星聚這次的示禁，距離前次不到一年的時間，當地有心人士侵用官塚的目無法紀及其私墾墳地的頻繁程度，由此可見一斑。

官方設立義塚以供應廣大民眾營葬之需，不料這項良法美意竟演成社會

〔註79〕陳朝龍等，《新竹縣采訪冊》，卷3，頁136～137。
〔註80〕陳朝龍等，《新竹縣采訪冊》，卷3，頁137～138。

的流俗弊端，終究是令地方官紳忍無可忍的情事。新竹地區除了前述的官山墳塚存在這類問題之外，另據光緒二年（1876）十二月福建巡撫丁日昌（1823～1882）批覆童生黃兆元等人稟稱境內香山、牛埔與樹杞林等處官地義塚：

> 歷准民間隨處安葬，豈容任刁民籍墾侵佔，捏契盜賣！亟應示禁清釐。仰臺灣道即飭淡水廳先行出示嚴禁；一面帶同弓手查照原案碑摹，逐一丈勘明確，釘立界石，俾垂久遠。倘有盜賣、盜買情弊，地當立起歸官，仍按律治以應得之罪；勿稍寬縱，以警效尤。〔註81〕

引文中所提到的香山（南勢山）、牛埔等處義塚牧場，先前於乾隆年間曾由淡水廳隆恩息莊黃雅等人僉控某些民眾的不當佔用，經過前淡水同知楊愚的查勘清丈，在牛埔處勒石定界，嚴禁附近土豪侵佔，並於嘉慶年間由官府正式成立義塚。道光四年（1824），官府提供錢糧在當地建設石碎崙隘，從青草湖高寮山至三埔與隆恩山毗連之處，以及土地公阬以東雙溪、大崎、金山面、十八尖山腳、蜈蜞窩等地勒石定界。至咸豐元年（1851），舉人許超英重行鈔案，僉請同知張啓煊查勘該義塚界址，勒碑於廳城北鼓樓。〔註82〕

光緒五年（1879），臺北府新竹縣、淡水縣正式分治。光緒七年（1881）二月三十日，新竹縣舉人吳士敬、生員陳朝英、梁昌年、陳朝龍暨紳耆郊舖向知縣施錫衛呈稟，縣境內香山、牛埔、內外獅山一帶與巡司埔、枕頭山、蜈蜞窩、雞蛋面、土地公坑以及樹杞林至中港、三灣等處義塚，原准予民眾隨處埋葬，「近來南門口、巡司埔突有不良之人，立心不端，不特移界毀冢，栽種營私，而且私設小車，一車可駕一牛，不論崎嶇平坦，牛可以行，車即能到，戕壞冢家山墳墓孔多，棺骸暴露」，眾紳商於是聯名僉請官府核案，重新開示禁令。知縣施錫衛有鑑於民眾私設小車而戕壞官山墳墓，亟應示禁以安窀穸，除了飭差查拘違禁之徒，究懲此種侵塚毀墳行為，於同年六月並曉諭闔邑軍民人等示禁事宜云：「所有官山冢地界內，皆係民間埋葬棺骸，無論崎嶇平坦，不准再行混佔營私以及私設一牛小車，致令戕害墳墓；倘敢故違，立即差拘究治，決不寬貸」。〔註83〕

此次示禁措施經過四年之後，到了光緒十一年（1885）年十一月十六日，舉人吳士敬暨莊耆、眾舖戶再度向新竹知縣彭達孫稟報南勢山（香山）、牛

〔註81〕陳朝龍等，《新竹縣采訪冊》，卷3，頁138。
〔註82〕陳朝龍等，《新竹縣采訪冊》，卷3，頁139。
〔註83〕陳朝龍等，《新竹縣采訪冊》，卷5，〈碑碣（下）〉，頁210～211；臺灣銀行經濟研究室編，《臺灣私法物權篇》，頁1491～1492。

埔等處義塚牧場遭到佔墾毀墳等情事，呈文中指出，「附近奸民膽將南界石碎崙官地至內、外獅山等處圖佔，籍爲己業，謀賄稅契；甚至各處土豪輒相效尤，盜佔殆盡」，而且更令人髮指的是，「附近土豪混霸不一，或開田築陂，枯骨揮鋤遍野；或車轍牛跡，荒冢踏成平蕪。名爲義冢，實爲私山；號曰牧場，變爲己業。甚且貧人安葬，勒索山坥，稍拂所欲，則三遷五阻；牧牛樵採，藉稱踏害五穀，則東奪西牽」。由於此事攸關地方百姓生計，雖經光緒七年間呈請前縣令施錫衛嚴懲究辦，迄今猶有清查示禁不力之憾。吳士敬等人乃聯名僉請現任知縣再次核案，飭派差役協同地方紳耆清理定界，合行勒石嚴禁。彭遂孫據此曉諭閤邑軍民人等：「所有官山冢地界內皆係民間埋葬棺骸，無論崎嶇平坦，不准再行混佔營私以及開田築陂，致令戕害墳墓。倘敢故違，立即差拘究治，決不寬貸」。〔註 84〕值得一提的是，在彭遂孫的批示裡，曾提到「此案疊經前廳嚴禁在案」的實情，如將這句話比照其前似堅決的查禁語氣，依稀也流露出幾許「禁不勝禁」的無奈之情。

從清代後期竹塹地區官立義塚墳地屢遭違法佔墾或不當運用的例證，可以清楚地看出，地方官紳因應有心人士利用墳地塚穴的作法，雖然一再訴諸嚴刑峻罰加以禁革，然而法禁雖嚴猶不可勝禁的現象，卻不斷地重演。禁令接二連三的頒行，凸顯出據墳行爲的頻繁度與濫墾問題的嚴重性，以及基層官吏在貫徹行政措施之際的效能低落。

侵墾義塚、盜用墓地與據墳勒索的流風所及，在清代臺灣漢人社會的各行各業中，除了士、農、工、商、吏役、肩挑、背負以及巫、醫、僧、道、山、命、卜、相、娼、優、隸卒等行業之外，〔註 85〕風水墳地的利潤連帶促使一種「特種行業」──山鬼的興起。有別於爲人卜擇葬地的看山先生或風水地師，他們專門盜取墳地設施轉賣獲利，甚至開棺遷骸轉售舊墳；或是以墓地掮客的身分，從事風水墳地的仲介買賣，經由霸佔「奇貨可居」的宜葬坡地或官立義塚，進而與某些渴望佳穴福地的富家豪族或需求往生葬地的平民百姓進行交易。若是運作得當，墳穴的本身大可成爲他們漫天要價的資本。山鬼之流（墓地掮客）憑藉風水墳地爲非作歹的手段，有如《福建省例》之〈田宅例・禁墓佃毀墳盜賣〉條文中的描述：「始則盜砍墳樹，挖石拋磚，繼則洗鑿字跡，毀牌拔界。伺無動靜，公然掘墳丟骨，或虛毀古塚，或假立窨

〔註 84〕陳朝龍等，《新竹縣采訪冊》，卷 3，頁 138～139。
〔註 85〕臺灣銀行經濟研究室編，《安平縣雜記》，頁 23～24。

堆，誆稱吉壤，高價肥私」。〔註86〕

在道光二十年（1840）五月〈楊家明購地立界碑記〉中，曾指出臺灣縣境（今臺南市區）山鬼之流惡劣行逕之一斑：

> 具白人楊家明，買過蔡宅私地一所，東西四至，具在契內，并非塚地。此等山鬼，種種惡習，借私地爲官塚，僅己利己，不知葬傷之爲何，反敢以依利是圖，致敗人家祖墳。自今以後，幸勿妄行！違者，呈官究治。〔註87〕

對於依賴墳地營生的山鬼而言，佔地廣大且乏人管理的官立義塚，更是他們大發風水橫財的一塊肥肉。如前舉嘉慶七年（1802）十月臺灣縣知縣周作洵批立的〈義塚護衛示禁碑記〉中，拔貢生李宗寅等人呈稱臺灣縣境南、北義塚除了有樵夫牧子踐毀墳土以致塚穿棺現的虞慮之外，並提到「更有一種奸徒，綽號山鬼，膽將牌石、墳磚偷挖盜賣；甚至開棺盜物，或遷骸別瘞、將穴築窨轉售：種種慘傷，殊難言喻」。在部分地方紳民的心目中，樵夫牧子踐踏墓穴、刨取墳土的行爲已然孰不可忍，至於「匪徒盜挖情事，更堪髮指！若不急加查禁，何足以妥幽魂而安枯殖」。而知縣周作洵所出示的嚴禁事項中，也特別警告這些干犯法紀、肆無忌憚的山鬼之流，不要一再的執迷不悟，若是輕率的以身試法，到頭來終究會是得不償失：

> 牌石墳磚，例禁偷盜，更不得私偷盜賣；其挖墳竊物、遷骸盜穴，益干斬遣重罪，在爾匪徒誠牟利無多，何身命不惜！至義塚應聽擇葬，亦毋許藉窨勒索。〔註88〕

嘉慶六年（1801）臺灣縣學拔貢生、十二年（1807）曾任《續修臺灣縣志》分纂的黃汝濟於〈禁止南北義塚積弊勒石示文〉中，亦陳述縣境南北義塚內，「山鬼跳梁慣逐群，奇橫何不畏蒼旻，拽牌盜石爲生計，穿穴謀金趁落曛，剗草牧牛荒古塚，移屍賣地廢孤墳，多年積弊君除禁（陳君握卿邀眾呈禁），城北城南勒示文」。〔註89〕

〔註86〕 臺灣銀行經濟研究室編，《福建省例》，頁448。
〔註87〕 臺灣銀行經濟研究室編，《臺灣南部碑文集成》，頁632～633。
〔註88〕 臺灣銀行經濟研究室編，《臺灣南部碑文集成》，頁437～439；臺灣銀行經濟研究室編，《臺灣私法物權篇》，頁1092～1093。
〔註89〕 賴子清，〈南市科舉人物詩文輯〉，頁79。直到二十世紀中後期，「山鬼」在臺南地區仍然相當活躍。如《自立晚報》於1970年10月5日第6版曾以「臺南山鬼猖獗，歸因墓地難覓。請市府儘速開闢新公墓，並限制富户使用大面

　　徵考清代臺灣歷史文獻的記載，山鬼之流不僅橫行於臺灣縣境一帶，在中部彰化縣、北部噶瑪蘭廳等處的義塚墳地，亦可發現其活動的蹤跡。前引嘉慶二十年四月彰化縣董事職員王松等人呈請知縣錢燕喜批立的〈官山義塚示禁碑〉中，即指出彰化縣境各義塚之間，「甚有一種奸民盤踞坑仔內，綽號山鬼，私築窨堆，以索銀元；從則得葬，忤則行兇。往往棺柩抬至山上，富者任其蹧索，貧者莫可如何」。〔註90〕

　　同治十一年（1872）初，噶瑪蘭自柴圍山起至四圍相仔崙山大坡深山七星堆、中心崙、匏靴崙、石壁仔等處義塚界內，有居民佔用塚地植木種茶，其間且有「山鬼」作祟的情事。進士楊士芳（1826～1903）、舉人李望洋（1829～1901）、職監林國翰、職貢蘇國棟、稟生吳時亨、督總黃玉瑤、族正張紹祁等二十餘名地方士紳與家族耆宿人等，「竊恐奸徒效尤，爭利佔地，將塚愈混而愈滅，不幾令死者無葬身之地乎」。為了維護義塚暨杜絕混佔，乃聯合當地莊長、隘首人等向官府稟告前情，同時請示立碑定界。地方官員除了飭遣差役前往查勘禁止之外，並於同年二月曉諭閣屬士庶軍民人等示禁要點云：「爾等須知四圍山等處留為塚地，從民埋葬，前經出示勒牌定界有案，豈容弊混侵佔。自示之後，凡屬義塚界內，不許山鬼虛窨墳堆，藉詞勒索；亦不許附近居民種茶植木，侵佔寸地」。〔註91〕地方官府期能透過禁令的頒行，藉以遏止山鬼之流據墳勒索與居民佔地植栽等弊端再度上演。

　　清代臺灣社會所存在的「山鬼」現象，大抵承襲自閩粵原鄉社會的流俗遺風。如道光十五年（1835）彭衍堂、陳文衡纂修《龍巖州志》卷二十〈雜記〉中，曾記載閩南龍巖州境，「有賣鬼宅民，不知何許人也。嘗遍睨境內，凡墳塋之無後者，輒籍記之，妄曰：吾祖也葬於是。視富家之有喪者，輒獻之以要其直，受直則舉其屍而棄之」。修志官紳基於勸善懲惡的教化初衷，為期杜絕境內此等奸徒圖佔墓地的行為，特在此條目後批註：

　　　按賣鬼氏，俗名墓鬼，罪固當誅，然惟巖俗好謀葬舊穴，故得售其

　　　積」為標題，報導中呈現這些墓穴掮客侵佔墳地、勒索喪家的行為樣態，與
　　　清領時期的情形並無太大的出入。另參見中華民國文化資產維護學會，《臺灣
　　　地區民俗調查研究》，頁334；臺灣省文獻委員會編，《臺灣婚喪習俗口述歷史
　　　輯錄》，頁80。
〔註90〕臺灣銀行經濟研究室編，《臺灣中部碑文集成》，頁86～88；臺灣銀行經濟研
　　　究室編，《臺灣私法物權篇》，頁588～590；何培夫主編，《臺灣地區現存碑碣
　　　圖誌　彰化縣篇》，頁117～118。
〔註91〕邱水金主編，《宜蘭古文書》，第4輯，頁138。

奸，惡報豈獨在彼哉！夫舊塚而至爲賣鬼氏所主，必其子孫式微滅絕，並非吉兆可知，奈何以有後之骸而投諸無後之穴，是自絕其後也。吁！惑亦甚矣，今之士民，能鑒乎此，相戒勿葬舊穴，則賣鬼氏不禁而自絕，亦庶可衍嗣續於無窮也。〔註92〕

在這段帶有懲戒用意的註語中，也道出了墓鬼之流的存在與當地喪葬民俗之間的「共生結構」。

在道光十九年（1839）刊福建興泉永海防兵備道周凱（1779〜1837）等《廈門志》卷十五〈風俗記・俗尚〉中，也曾記載漳、泉人士雜處的廈門境內，「近山大姓，恃衆負嵎。遇人喪葬，或藉界址不清、或藉損傷墳蔭，輒行阻止，得賂乃已；……相隔一峰，訟則稱破伊墳腦、傷伊丁口；山鬼從中唆弄，鄉鱷大肆囂陵」。〔註93〕另就粵東的情形而言，如同治四年（1865）九月廣東巡撫郭嵩燾（1818〜1891）等奏陳駱秉章祖墳一案的偵辦情形，其中提到：「至粵東風氣，有粗習地理，專向各屬官山尋覓穴地，以圖罔利，謂之山棍。凡侵佔、盜葬之案，皆由此種地師爲之厲階」。〔註94〕而在前引光緒十年彭玉麟等人的奏摺中，也曾提到一種活動於粵東官山塚地的「山狗」，文中宣稱：「若輩私將官山培築墳基，轉售得價名爲工本，銀兩署券名爲送帖，買主不能鈐稅，興訟仍屬無憑。並有已葬墳地，子孫遠客未歸，山狗始則毀其墓碑，繼則平其墳冢，另起墳基，復行售價」。〔註95〕前引文中「山棍」之徒或「山狗」之輩，他們操弄墳山墓穴以圖己利的行徑，其實與「山鬼」之流異稱而實同。

誠然，存在自有其合理性，不論是據墳勒索的地棍也好，侵葬私墾的奸徒也罷，毀塚營利的山鬼也成，這些墓地掮客或特種行業得以存在的現實條件，大致與傳統重視營葬、講究風水的社會風氣互爲因果，抑且聲息相通。厚葬美觀的墓園，林礦遍佈的墳地，偏僻廣闊的義塚，無疑提供了他們上下其手的空間。在治臺官員、地方士紳及其他有力人士的心目中，貪利不法之徒對於塚地墓穴的操弄，既擾亂了衆人安守本業的善風良俗，亦有悖亡者入土爲安的孝道觀念，更是對於傳統風水學所強調的墓穴塚地不容毀損原則的一種挑戰。若是這些行爲傷損邑治的來龍地脈，妨礙地方的氣行運勢，觸犯

〔註92〕彭衍堂、陳文衡纂修，《龍巖州志》，卷20，〈雜記〉，頁16a-b。

〔註93〕周凱等，《廈門志》，卷15，頁651〜652。

〔註94〕王先謙編，《郭侍郎（嵩燾）奏疏》，卷11，頁37b。

〔註95〕《軍機處檔摺件》，編號127405。

風水學上的龍脈禁忌，更容易引起他們的群起反彈。而其相應的防範措施，主要是出自維持義塚功能的初衷，或是基於護龍保脈的觀念，透過官府衙門的懲治法令、基層行政人員的實際查緝或村莊紳民公同協議的村規鄉約，盡可能嚇阻各種危及墳穴塚地的不當行徑，以保障庶民百姓的營葬權益與聚落安寧，並藉以端正民間貪贓枉法的不良風氣。

　　整體而言，在前述社會領導階層的護塚呈告中所形塑出的唯利是圖、無所不為的「奸徒」形象及其作為，若相較於地方行政官員所出示的禁令條款內容，概呈現出強烈的價值對立。這種價值對立的形成，追根究底，無非是官紳與其所謂的「奸徒」之間環繞於風水墳地的利益衝突所造成的結果。如以風水墳地相關的利益取得作為考量的核心，當競逐的過程中牽連到族群的背景，往往使得這類的風水紛爭益形複雜而尖銳。這個部分，正是我們緊接著所要探討的主題。

三、族群紛爭的風水情結

　　清代臺灣社會係由原住民族與閩粵移民等多元族群所組成，各個族群相處在這片海天孤島上，通常基於共同的利益而產生合作關係，有時也因利益分霑不均或生存競爭等問題而結下彼此的嫌隙。〔註96〕在原漢、閩粵、漳泉、鄉族各姓等群體之間的利害衝突中，風水的因素也是引發相互紛爭的導火線之一。

　　清代前期臺灣方為大清帝國收歸版圖不久，除了臺灣縣（今臺南地區）因明鄭拓墾於前以至於「內地化」、「儒漢化」較深之外，鳳山、諸羅兩縣轄境多為原住民活動的區域；這些區域或有閩粵移民雜處其間，然而相形之下，猶屬少數族群。在清代漢人的歷史文獻中，一般根據臺灣原住民輸餉的有無、服從的態度與漢化的程度，將其劃分為「熟番」、「化番」（歸化生番）、「生番」（野番）等三種身份，這自然是出自漢族文化中心觀所作的區別。另一方面，漢人亦根據原住民居住區域的差異，將活動於平原山麓地帶的「熟番」（及部分「化番」）稱作平埔族（或平埔番），將活動於土牛線外高山地帶的「生番」（及部分「化番」）稱作高山族（或高山番）。〔註97〕在地方基層行政單位上，

〔註96〕尹章義，〈臺灣開發史的階段論和類型論〉，收入氏著，《臺灣開發史研究》，頁 1～28。
〔註97〕潘英，〈臺灣原住民族的族稱演變〉，頁 126～146。

清朝統治者基於漢移民與原住民的分野，以漢人爲主體的聚落設置里、保、街、莊，原住民群居的生活領域則統稱爲社。

　　隨著雍乾時期閩粵移民如火如荼地開展臺灣各地的拓墾活動，聚落的形成往往也衍生出一些侵墾原住民社域的不當行爲，漢人的進佔則促使原住民面臨接踵而來的生計壓力。〔註98〕再加上治臺官員加緊對原住民施展傳統「用夏變夷」的措施，強迫各非我族類的「化外番社」輸誠歸化，接受中國傳統禮教倫理的價值規範，並將其原先部落社會的生活方式逐步納入官府的行政組織與漢人的經濟體系裡。原住民族的習俗不斷受到華夏風尚的衝擊，產生了前所未有的變化。〔註99〕在官方治臺政策與「漢化」趨勢的推波助瀾之下，漢族傳統風水文化的版圖擴張，也逐漸染指了原住民的生活領域。

　　原住民活動的地區大多爲山明水秀的層巒翠谷，從風水學的角度，這些區域通常也是得水藏風的風水寶地。某些時候，原住民悠遊其間的山林樂土，卻成了漢移民心目中理想的居葬地點。如乾隆三十六年（1771）四月，中部岸裡社（今臺中市神岡區一帶）原住民副通事、土目等多人向彰化縣衙門具告葫蘆墩一帶山林遭到漢人盜葬一案，其呈文的開場白即提到：「竊聞彰山多秀色，葫蘆一墩亦入誌。夫是墩也，乃山川精氣之所結，嶽瀆英靈之所聚，……山環水抱，貌似葫蘆，是莊人之所憑依。今列憲北巡，多履于此地玩觀焉。自古及今，禁絕埋葬」。不料是年二月，突有近處莊民何歡因聽信堪輿地師之言，趁夜佔葬在葫蘆墩界域內的一處「吉壤佳穴」上。當地原住民獲知此情後，不甘一篾秀土竟被漢人何歡殘壞，曾出面要求其儘速歸還該地。然而何歡拖延日久，不欲遷離墳墓。原住民於是訴諸官府力量的介入，以保全原本的山林秀土。〔註100〕從這項例證可見，山環水繞、景致宜人的原住民生活領域，如何對於篤信陰宅風水之說的漢籍移民產生吸引力。

　　由於漢族傳統中即具有強烈的地權私有化觀念（有土斯有財），配合上來

〔註98〕陳秋坤，〈清代前期對臺少數民族政策與臺灣土著的傳統土地權利，1690～1766〉，頁1023～1038。另據學者洪麗完的研究指出：「（雍正3年）清廷改變原來限制漢人入墾土著地的禁令，開放部份無人耕墾的土著地給漢人，造成漢人更公然的贌耕或佔耕土著部落的土地。隨著漢人勢力的膨脹，日漸加速先住民成爲臺灣少數民族的過程」。洪麗完，《臺灣中部平埔族》，頁15。

〔註99〕陳秋坤，《清代臺灣土著地權》，頁4～10；李亦園，〈從文獻資料看臺灣平埔族〉，收入氏著，《臺灣土著民族的社會與文化》，頁49～76。

〔註100〕岸裡大社文書出版編輯委員會編，《岸裡大社文書（三）》，頁1294。

自於閩粵原鄉租佃制度的實質運作，〔註101〕復因風水墳地的有利可圖，貪利
不法之徒對於原住民的土地心生覬覦，於是巧取豪奪，無所不用其極。漢人
侵佔原住民土地作爲風水墳地以謀己利，或假借風水擇葬的名義而租佔其
地，連帶製造出原漢雙方的土地權益糾紛，成爲原住民（熟番、化番）與漢
移民接觸過程中的一項弊端，也導致彼此之間的緊張關係。

清治時期閩粵移民侵佔原住民的土地作爲風水墳地的情形，多半存在於
臺灣南北各地漢人勢力初闢未久的移墾社會中。如乾隆五十年（1785）十二
月，岸裡社原住民潘兆敏位於翁仔社的一段祖遺口糧田地，漢籍監生黃五旦
因貪圖「田中有地吉穴，可以葬墳」，值其結拜友人陳士草父陳矯病故，黃、
陳二人於是串謀起來，乘夜將棺木盜葬在潘兆敏的田地中。潘兆敏覺察之
後，投告當地通土潘明慈前去勘驗確證，隨即要求陳士草、黃五旦儘速遷葬
還田，但二人抗延數月不遷。潘兆敏遂於翌年（1786）四月將陳、黃二人強
橫盜葬、騙延不遷等情，呈報臺灣北路理番分府拘訊查辦，以斷還該處田土
地權。〔註102〕

嘉慶初期，岸裡社等社所管轄的田園，原本由原住民自墾自耕或另招漢
佃耕作，官府明令漢籍佃戶不得霸耕滋事。然而，雜居其間的漢人「屢在社
番田園內盜葬墳塋」。當地原住民獲知此情後前往阻撓，反遭漢人捏告毀骸而
滋訟。岸裡社總通事潘進文、副通事茅格馬下六、潘振綱與土目潘學等人基
於「擇地安墳，各有界分」的理由，向臺灣北路理番同知郭恭呈控漢人侵地
盜葬，以及包吞番租、越界私採、誘姦番婦、侵佔社屋等各種危害原住民生
計與社會治安的弊端，特請官府出示禁令以保障原住民的權益，以妥善處理
境域內的原漢關係。從潘進文等人的這項控辭，我們大致可以看出漢人但圖
己利的盜葬及捏控行爲，如何造成岸裡社原住民的困擾，進而促成雙方關係
的惡化，並危及地方治安。而北路理番分府據報後，爲了安定地方民心並警
惕漢人奸徒，於嘉慶五年（1800）二月二十九日向岸裡等社界內各莊民番人
等出示禁令，其中要求「該管社通土等務宜隨時防範，嚴密稽查。自禁之後，
倘有頑民愚番及奸徒宵小仍前抗違，致犯前稟條款，該通土等即指名稟赴本
分府嚴行法究，決不稍爲寬貸」。〔註103〕

〔註101〕陳秋坤，《清代臺灣土著地權》，頁 217～225。
〔註102〕岸裡大社文書出版編輯委員會編，《岸裡大社文書（四）》，頁 1600～1601。
〔註103〕臺灣銀行經濟研究室編，《清代臺灣大租調查書》，頁 769～770；臺灣銀行經

　　對於漢人佔葬原住民土地的行為，地方領導階層為了避免原住民與漢移民的墳地紛爭而擾亂社會治安，往往呈請官府用心處置這類弊端。清朝政府基本上採取一貫的「護番保產」政策，明令加以禁止，藉此消除積習，杜絕風水流弊。除了前述的禁令之外，嘉慶十五年（1810）四月二十五日，閩浙總督方維甸（1759～1815）針對在臺漢人侵佔番社地界的社會問題，經過實際的探訪並斟酌當時的現實環境，最終開列條款，向臺灣隘屬胥役、匠首及屯丁、通土、社丁人等出示嚴禁事項，其中申明：

> 各處田園、民業、番業各有界址，不容欺佔。其有民贌番地，應交番租者，亦不容影射抗霸。其官給屯番埔地，應徵屯餉田園，均係奏明官地，不准私行典賣，業已另示飭禁，專員查勘外，其民番私業均須公平贌種，如有民人勾串通土，欺愚社番，重利盤剝，賤價準折，或恃強侵耕霸佔，一體照例究治。

　　在積極維護原住民田產家業的前提之下，方維甸在諭示中進一步強調：「民人盜砍番社樹木，並於番地擅築墳塋，或自行盜葬，或轉賣漁利，均有干例禁。嗣後民人如有前項情事，定即嚴拏治罪」。〔註104〕毋庸置疑的，閩浙總督方維甸嚴屬禁止漢人佔葬原住民的地界，反映這類行為在當時具有一定程度的普遍性，以至於引起地方政府高階官員的注目。

　　從清初閩粵移民的農業墾殖到清末由官方所主導的「開山撫番」，漢族移民在臺灣這片海外新天地的一頁擴張史，無疑是建立在眾多原住民血淚交織的悲愴與無可奈何的痛苦上。而漢人佔葬原本屬於原住民的活動空間，也曾對原住民的部落社會帶來相當程度的生存壓力。以噶瑪蘭（蛤仔難）大埔地區（今宜蘭縣五結鄉境）為例，這片埔地先前為原住民的儲谷場，於嘉慶時期以後，進墾當地的漢族移民曾假借築墓葬墳的作法，迫使原住民棄地他遷，以遂行其土地佔有的目的。〔註105〕

　　清代初期，中部北投社（今南投縣草屯鎮一帶）所轄北自茄荖山、南盡大哮山的火炎山前一處山場，原住民為能藉人力以盡地利，供作贍養之資，「凡有山場坑畔堪行耕種者，俱由本社通土、番眾等墾耕，或立字給與漢人開墾田園，耕種五穀、雜糧，字內皆有四至界址付管，以杜爭端。按年完納

濟研究室編，《臺灣私法物權篇》，頁314～316；臺灣省立臺中圖書館編，〈臺灣中部地方文獻資料〉，頁106～107。
〔註104〕臺灣銀行經濟研究室編，《臺灣私法物權篇》，頁437～442。
〔註105〕根岸勉治，〈噶瑪蘭熟番移動與漢族之殖民〉，頁12。

本社屯租、隘租及番眾等口糧；不堪耕種者，留爲荒山、荒埔，任庶人樵牧
死葬之所」。長期以來，該社原住民與漢籍佃戶大多安守本業、相安無事，
鮮有越界混佔的情形。到了清代中葉，不竟發生了外來漢人侵佔該處山場、
墳地以從事私墾與勒索圖利的勾當，北投社通土羅國忠、土目潘眉、隘番巫
車抵、羅遠文、葛宗保、巫總買奕、屯弁魏紀雄、隊目阿丹等人鑒於事態的
嚴重性，迅將此情稟告臺灣北路理番同知，呈文中提到：

> ……不意近有郡域流棍張媽喜，藉管大哮山腳墾戶李光國產業，謅
> 張爲幻，局謀該處鱷惡簡微等父子兄弟，將忠管下內木柵、圳斗坑、
> 飽仔寮、大哮山等處山場，給賣與漢人開墾屯隘田園山畬之業，藉
> 爲伊等業佃公山。瞻向沿山勒派貼費付伊等，控告歸爲公山，以作
> 生樵死葬之地。莊民從索者，許其上山樵牧安葬；不從者，不准在
> 山樵牧安葬。莊民以生樵、死葬、牧牛大事，敢不從，竟被鳩索千
> 餘金。

文中指控張媽喜等人據地圖利，莊民慘遭其勒索之害，日常生計深受打
擊。然而，他們爲非作歹的手段，尚不僅止於此，呈文中緊接著控訴：

> 喜等遂出生事控陷，先將忠等管下屯隘佃戶李三邊等指爲佔墾公
> 山。盜盟各莊總董名字，赴道、府憲架縱賄買承差辦理，任意擾害。
> 甚至節外生枝，牽控圳斗坑各佃戶，截伊課田坑水，仍向伊等各佃
> 戶鳩金貼用，致忠等管下山界紛紛奔投。竊公山者，自有充公底案；
> 番山者，原應歸番給墾，以收屯隘口糧，從未有漢人敢佔番山爲公
> 山，而鳩金擾害番佃者。〔註106〕

北路理番同知根據羅國忠等人的呈告，隨即飭派差役，拏究前述這些霸
佔原住民山場、墳地以謀求己利的不法之徒，並諭示北投社管下各莊佃戶、
民番人等嚴禁事宜云：「爾等如有墾耕該社番業，務須照界耕納，毋許棍鱷以
番山藉爲公山，勒派混爭，擾害番黎；倘再抗違不遵，立即嚴拿重究」。官府
期能透過禁令的頒行，以杜絕漢人奸徒霸佔番地墳山、擾害民生產業的行爲，
並保障原住民業主與漢籍佃戶的耕納及其屯隘口糧的徵收，得以正常地運
作。〔註107〕不容否認的，諸如示禁條令這類的官樣文章，還是必需置於統治
階層如何維持社會秩序以及穩定地方稅收的脈絡中來加以考量。

〔註106〕臺灣銀行經濟研究室編，《臺灣私法物權篇》，頁 1004～1005。
〔註107〕臺灣銀行經濟研究室編，《臺灣私法物權篇》，頁 1005。

　　平心而論，清代渡臺漢人的拓墾事業對於原住民所造成的「漢禍」，其慘烈的情況，遠甚於清代歷史文獻中所謂的「番害」。更何況，原住民與漢移民之間的衝突，「其實啟釁多由漢人。如業主管事輩利在開墾，不論生番、熟番，越界侵佔，不奪不饜；復勾引夥黨，入山搭寮，見番弋取鹿麋，往往竊為己有，以故多遭殺戮」。〔註108〕漢人越界侵佔原住民既有的生活領域，免不了遭受強烈的抵抗。至於在原住民與漢移民相互雜處的地域，也極易因山場地界的權益歸屬而導致紛爭。若是牽扯到產業範圍內的墳穴風水問題，往往使得彼此之間的爭執，增添一些帶有族群色彩的敏感度。

　　乾隆四十八年（1783），岸裡社監生潘士萬與員寶莊民劉元等人互控田中墳墓一案，起因於劉元先祖劉富原擇葬於員寶莊尾潘士萬的自置水田中，數年前，該處田地曾遭洪水沖流沙壓，逐漸變為荒埔，而劉元祖墳亦被沖傷。同年八月，劉元偕同劉聰、劉鳳章等人出面，堅稱其祖墳係為潘士萬的現耕佃人傅其楚所毀傷，要求實質賠償。潘士萬為了保全自己的權益，遂向北路理番分府呈告劉元等人藉墳嚇騙，其控辭中強調，「墳穴非人損壞，劉元等既係親屬，自應傷情，隨時修理，何得數年不顧？」此案經貓霧棟東保鄉長張高攀等人前赴當地勘驗之後，呈報劉元親墳實為洪水沖傷，並非潘士萬佃人有心傷墳，進而斷定此案「明係劉元聽唆，欲圖業騙」。然而，劉元隨後在稟陳北路理番分府的訴狀中，以斬築害命、反遭搶抵為題，全文開場揭櫫「人以氣為先，墳以脈為主；氣脈被傷，定喪生靈」的風水禁忌觀念，藉此指責潘士萬令佃人傅其楚將其祖墳斬腦開溝，以至於犯殺其長男劉來身斃，特請示官府主持公道。全案最終在當地公親的勸處之下，潘、劉雙方於同年九月各立下具遵依結狀，稟呈官府准予息訟銷案，才化解了這場平地生波的「風水」官司。〔註109〕

　　嘉慶十一年（1806），淡水廳竹南三保苑裡街（今苗栗縣苑裡鎮一帶）民蕭春木承祖父向房裡社原住民承給羊稠莊山場一所，內葬蕭家祖墳六穴。同治年間，蕭春木與同街鄭騫合夥在山場內栽種萬欉香木，作為林產投資。至光緒九年（1883）冬，苑裡社原住民潘查某多人在水頭厝莊漢人鄭條目的帶領下，進佔蕭春木山場，宣告「此係無嗣物業」，並持械將界內墳蔭樹木砍掘一空。此事發生後不久，蕭春木胞兄蕭清江過世，蕭春木認定係因祖墳遭毀

〔註108〕黃叔璥，《臺海使槎錄》，卷8，〈番俗雜記・番界〉，頁167。
〔註109〕岸裡大社文書出版編輯委員會編，《岸裡大社文書（四）》，頁1568～1570。

以致傷煞兄命，於是投訴當地紳董、鄉保出面處理。翌年（1884）三月十三日，更將全案呈控新竹縣衙門。新竹知縣徐錫祉遣派差役前去勘查之後，回報羊稠莊山場原屬苑裡社原住民所轄地界，而蕭春木先前誤將「房裡社」與「苑裡社」的給山批字混淆，逕自在山場界內植栽葬墳。苑裡社原住民得知實情之後，心有不甘，因此群起砍伐蕭春木的祖墳蔭木，以爭取部落既有的山場地權。雙方由於產業地界不明而產生誤會的案情，始告水落石出。〔註110〕

此外，如清代初期，淡水廳竹南二保新港社原住民將社寮北勢埔賣與漢人鍾士哲，鍾士哲隨即將之轉賣漢人林漢、林賀、李法來等人。乾隆四十七年（1782）十月，林漢等人復將這處埔地賣與連志燕、連志執昆仲。翌年二月，連志燕在園內起樑蓋屋，原住民興化加已以此屋舍之下，有一穴自家風水，乃糾眾將石檻掘毀、樑木砍壞。連志燕具稟竹塹巡司前來探勘之後，實無妨礙興化加已的族親風水之事。新港社副通事貓老尉於是邀集東西兩社土目、番民等與連志燕和解，擇吉將樑木上還，約定該處任從連志燕兄弟架造住屋，社眾不復向阻滋事，並將主犯興化加已提報官府究辦。這是原住民假借風水傷礙爲名，與漢人之間所引起的一場紛爭。〔註111〕值得注意的是，在這場訟爭之中，漢族傳統的風水禁忌觀念，竟成爲原住民「借題發揮」的工具。

清代中期，竹南二保新港社原住民劉什班、劉阿葵、劉買葛等人毗連社域附近的祖遺埔地，原作爲社人牧牛草場及樵採耕種的出入路徑，該處「自創社以來，不准社番翻犁掘挖，致傷該社龍脈，並及斷絕牛糧，約禁森嚴，歷傳數代」。至道光三年（1823），漢人林光本糾眾持械，強將此牛埔霸佔，並開墾數甲水田。劉什班等人前去理論未果，乃於同年十二月投告地方官府，依律拘訊違法人士，以還原住民一個公道。〔註112〕在前述的例證中，原住民似乎已經習染了漢文化的風水觀念，爲此與觸犯龍脈禁忌的漢人發生衝突。

原住民以漢人佔葬或侵墾其地爲由而群起阻撓或投訴官府，來維護自身的土地權益；反之，漢人基於拓展生活領域或營葬風水墳地的初衷，有時也會透過一些捏造證據、反控對方的作法，藉此謀取實質的利益。地方官員處理這類訴訟案件的方式，也大多仰賴差役的勘驗與禁令的申戒，以平息雙方的嫌隙。前引嘉慶初期岸裡社總通事潘進文等人呈請北路理番分府懲處社內

〔註110〕《淡新檔案》，編號32106。
〔註111〕胡家瑜主編，《道卡斯新港社古文書》，頁190。
〔註112〕胡家瑜主編，《道卡斯新港社古文書》，頁176。

漢佃盜葬墳塋且捏辭興訟的前因後果，即為一鮮明的例證。類似的情形，如道光初期中部原住民大舉遷徙南投埔里盆地之後，仍有部分原住民留居故土與漢人雜處。至光緒十二年（1886）十一月，大肚堡欽加道銜蔡占鰲、訓導楊清珠、生員蔡為章、林青、楊富年、楊崧嶽、陳增培、監生陳如海、蔡瑞源等人，向官府呈告與該堡八張犁莊毗鄰的遷善社（原沙轆社，今臺中市沙鹿區一帶）原住民據地勒索的行為，抨擊遷善社人長期以來「每有棍番相傳套語，藉以民間置買田園，無論何地，概屬番墾；是以勒索習以常，名曰社規」；對於先前遷善社番首潘敏星率眾控告漢人陳肚允佔葬一案，則具體引證予以反駁：

> 伏查陳肚允即陳道蘊，殯埋父棺在祖墳邊，址在鹿寮山後；係承伊祖遺業，歷今五十餘載，字據可稽，與遷善社毫無干涉。詎棍番添敏星不思故轍凌夷，反敢粧飾倒誑，希圖得計。而該處莊民被勒，原非一次；如陳道蘊等家貧莫措，籌葬維艱，奚堪遭此狼毒。倘從此而不洗除惡習，貽害胡底！叩乞示禁止等情到案。

彰化縣令接獲這項控訴之後，特向大肚堡遷善社各屯街人等出示嚴禁事項，以免再度滋生事端。〔註113〕當然，我們絕不能忽略前述的一面之詞，係出自漢人的立場所作的指控，漢籍地方領導階層自會本於自身的利益考量，致力為他們的說詞尋求一合理化的基礎。縱使如此，佔葬土地的問題曾導致原住民與漢移民關係的對立，卻是一項不爭的事實。即使風水墳地的爭奪是作為彼此圖謀己利的藉口，兩造之間的各說各話，也正凸顯出「風水」本身在原漢族群紛爭中所具有的可操作性質。

除了原住民與漢移民因為風水墳地所導致的爭端之外，在漢人集團內部的風水糾紛，往往也牽連到福佬、客家的族群背景或閩粵、漳泉的地緣成份。如光緒十一年（1885），新竹縣竹北二保新埔街潮州饒平籍劉姓業主因在鳳山崎頂牛埔塚地內栽植茶欉，不准外莊人士牧牛，並且戕毀界內墳墓，糟蹋亡者骸骨，而與竹北一保新社莊泉州永春籍的羅、林、呂、周、盧等數姓，以及包括新社原住民在內的其他人士結怨。同年八月下旬，羅姓率眾百餘人攜械掘毀劉氏地界內茶欉，另洗劫劉家財物，自此引爆一場為期三年的爭訟。由於彼此之間存有福、客祖籍的身分差異，使得這場紛爭的背後，平添了幾許地緣群體對立的色彩。〔註114〕

〔註113〕臺灣銀行經濟研究室編，《臺灣中部碑文集成》，頁 115～116。
〔註114〕《淡新檔案》，編號 22514。

在本節前面所舉證的幾項爭葬墳地、侵毀風水的案例中，除了族親之間的糾紛之外，清代後期淡水廳（新竹縣）竹南與竹北等閩粵異籍雜居的地區，不同族姓之間涉及墳界控爭或佔葬毀墳的利害環節上，某方人士如有持械鬥毆的暴力行為，特別會引起地方官員的注目。尤其在北臺各地分類械鬥頻傳的時刻，這些風水衝突事件更令官府備覺敏感。

清代後期，北臺各地閩粵異省、漳泉異府或異姓人士的分類械鬥極為慘烈。道光十六年（1836）蒞任淡水同知的婁雲，在其任內鑒於轄境內閩粵各莊造謠分類、仇殺相尋或勾結原住民肆出滋擾、焚掠不休，除了動用官府力量嚴密查緝、依法懲辦肇事者之外，特頒布莊規四則、禁約八條，期能為官民尋求一長治久安之道。其中，禁約第四條聲明：「墳墓田園，以及水圳水埤，悉照舊界管業，不得私相侵佔，以杜爭端」。〔註115〕從這段禁約的明文規定可以看出，治臺官員極欲遏止民間因侵墳佔塚等情事而滋生械鬥衝突的用意。

咸豐三年（1853）五月，竹塹進士鄭用錫作〈勸和論〉一文，曾感嘆淡水廳轄境艋舺、新莊等地「自分類興而元氣剝削殆盡」，「干戈之禍愈烈，村市半成邱墟」。〔註116〕分類械鬥所造成的社會頹象，由此可見一斑。每當分類械鬥一起，居民百姓的生命財產直接受到威脅，先人親屬的墳墓風水有時也會遭受無情的波及。咸豐四年（1854），鄭用錫亡母陳素（1765～1845）原葬寶斗仁山的墓塋，即於北臺分類械鬥期間被盜發。為此，鄭用錫題詩〈慈塋為盜所發，遺體如生，慟紀其事〉，表達其對亡母遺骸不得安息一事的深切悲痛。〔註117〕

清代臺灣移墾社會分類械鬥的成因，除了淵源自閩粵原鄉民風強悍的傳統積習、臺地官府的吏治不彰與游民無賴的乘機煽惑之外，主要還是各種與地方群眾切身相關的利益因素（如爭地搶水）使然。〔註118〕清代閩粵地區各鄉族姓之間偶因控爭墳地、侵毀墓塚的情事而糾眾械鬥，也往往在械鬥衝突的過程中刻意破壞對手的祖墳風水，藉以削弱敵方的氣勢，甚至令其災禍臨頭。〔註119〕返觀清朝統治下的臺灣社會，民間人士對於墳地窨穴的爭佔侵奪，

〔註115〕陳培桂等，《淡水廳志》，卷 15 上，頁 388～390。

〔註116〕鄭用錫，《北郭園全集‧北郭園文鈔》，頁 4a～5a。

〔註117〕鄭用錫，《北郭園全集‧北郭園詩鈔》，卷 1，頁 6b。相關的記載，可參見陳培桂等，《淡水廳志》，卷 10，〈列傳四‧列女〉，頁 277；林豪，〈淡水廳志訂謬〉，同前引書，頁 479。

〔註118〕黃秀政，〈清代臺灣的分類械鬥事件〉，收入氏著，《臺灣史研究》，頁 29～80。

〔註119〕胡煒崟，《清代閩粵鄉族性衝突之研究》，頁 107～110。

某些時候，也成了爆發地緣性或血緣性分類械鬥的導火線，或是在械鬥不休的過程中，成為對戰雙方洩憤的對象。

淡水廳竹塹望族林紹賢（1761～1829）的四子林祥雲（1814～1846）身歿後，其後人依照堪輿師的指示，在山子腳橫坑子口山麓（今新北市樹林區境內）覓得一處風水吉地落葬。咸豐年間，當北臺地區泉漳械鬥激化之際，原籍泉州同安的林祥雲，其墓塋慘遭池魚之殃，受到敵對集團惡意掘毀的災厄。〔註120〕又如清代後期，嘉義縣中埔莊（今嘉義縣中埔鄉）白芒埔汪姓與坤寮陳姓之間發生宗族械鬥，相傳其間某方為了報復起見，曾延請地理師破壞對方的祖墳風水，並挖掘糞坑敗壞對方的地理龍穴。〔註121〕

清代臺灣民間流傳的傳說故事中，也有一些涉及分類械鬥與風水習俗的聯想。如泉州金門人林豪於同治九年（1870）完成的《東瀛紀事》卷下〈災祥〉中記載：「彰化東門有八卦樓，相傳前邑令楊桂森所建。嘗讖云：八卦樓開，必有兵災。故門閉十餘年，後有某令強啓之，不匝月而漳泉分類械鬥，令仰藥死。民愈神楊令之說」。〔註122〕從這則傳聞中，彷彿可以體會民間人士將縣境漳泉械鬥的產生，歸咎於城樓風水遭受易動的心態。

清代後期，淡水廳轄境泉州人與漳州人曾展開多起激烈的分類械鬥，〔註123〕當地流傳一則艋舺人敗壞八芝蘭街芝山巖風水的傳說，其中似乎也蘊含著漳泉人士利害衝突的成份。相傳漳州人創建的芝山巖惠濟宮每逢朔、望（初一、十五）即高掛天燈，天燈一掛艋舺必然發生火災，地方民眾認為此係芝山巖地理極佳，沖剋艋舺風水所致。居住在艋舺的泉州籍人士心有不甘，於是延請地理師前去芝山巖「敗地理」。芝山巖內有一處葬埋當年漳泉械鬥中八芝蘭犧牲者的墓塚，名為「大墓公」。某日，這名地理師在大墓公旁對參拜者提議，若將墓前傾斜處切開鏟平，予以拓寬，民眾祭拜的地方就更為廣闊且方便。地方人士聽信此說，隨即依照辦理。不料，墓前傾斜處鏟平之後，原本芝山巖為蝙蝠聚集的風水福地，蝙蝠數目卻日趨減少。影響所及，芝山巖昔日繁華的盛況，也逐漸沒落。〔註124〕在此則傳說中，清末北

〔註120〕張福壽編，《樹林鄉土誌》，頁28，152～154。
〔註121〕臺灣省文獻委員會編，《嘉義縣鄉土史料》，頁454～455。
〔註122〕林豪，《東瀛紀事》，卷下，頁54～55。
〔註123〕林偉盛，〈清代淡水廳的分類械鬥〉，頁17～56。
〔註124〕曹永和，〈士林の傳說〉，《民俗臺灣》，1卷6號，昭和16年12月，頁25；吳瀛濤，《臺灣民俗》，頁361～362。

臺漳泉異籍的現實對立，被投射到想像性的風水報應上。從心態史的角度，這無疑也是一種虛構之中的「真實」。

漢籍移民各分氣類的群體衝突所牽連的風水情結，也在板橋林家敗壞大龍峒港仔墘「地理」的傳說中，透露出一絲端倪。北臺民間相傳，清代後期淡水廳大龍峒港仔墘陳家因出陳維藻（道光五年舉人）、陳維英（咸豐九年舉人）兩位名儒，家勢如日中天，幾與盛極一時的板橋林家分庭抗禮。由於林家為漳州龍溪人，陳家為泉州同安人，加上當時北臺漳泉械鬥不斷，連帶激起兩家之間的對立心結。林家為了削弱陳家的聲勢，暗中延聘一名地理師前去破壞港仔墘的風水。這名地理師某日在港仔墘佯看地理，故意對附近人士誇讚此處風水極佳，若能再開掘一口八角井，則無異「如龍得水，錦上添花，後代榮華富貴無限量」。當地居民信以為真，於是依照地理師的建議，在陳家附近開掘一口八角井。不料此舉正中該名地理師的計謀，港仔墘地理就此敗壞，民眾接連遭逢不幸，地方自此一蹶不振。〔註125〕在這則風水傳說中，漳州籍板橋林家與泉州籍大龍峒陳家的恩怨糾葛，最終以敗壞對方聚落的風水作為了結，其間不僅關係到兩家之間的權勢競爭，也牽涉到當時漳泉不和及異姓成見的社會背景。

類似的情形，如道光時期彰化縣大城莊（今彰化縣大城鄉）魏、王兩姓經常械鬥衝突，相傳某回魏姓族人偶發現一處風水地理，於是延請地理師前來加以改善，以求庇蔭魏家人丁旺盛。詎料這名地理師原是姓王，為了不讓魏氏宗親如願以償，乃趁機改壞該處地理，令魏家從此沒落。〔註126〕清代後期，淡水廳北埔姜家與南埔蕭家之間，相傳曾因風水地理的關係而引發爭端。緣於姜家在龜山建造一字紙亭，未幾蕭家兩名新生孩童相繼夭折，此後家運不順，蕭家乃歸咎姜家敗壞其地理風水所致，雙方自此結下怨隙。〔註127〕

地方人士動輒因利益問題而肇生事端，不免造成社會秩序的混亂，也構成治臺官員的難題。民間相傳清末雲林縣知縣陳世烈任職期間（1888～1889），曾有一名堪輿家宣稱四周環山、清濁二溪匯流的林圮埔一帶，風水極佳，主境內將出巨富的徵兆。當地望族林、陳二姓皆恐為對方所應，由於利益攸關，彼此之間因而呈現緊張的態勢，暴力衝突幾已一觸即發。陳世烈為

〔註125〕曹永和，〈大龍峒三題〉，《民俗臺灣》，2卷6號，昭和17年6月，頁45；一剛，〈港仔墘的地理〉，頁117。
〔註126〕臺灣省文獻委員會編，《彰化縣鄉土史料》，頁658。
〔註127〕臺灣省文獻委員會編，《新竹縣鄉土史料》，頁292～293。

了息事寧人，於是延請道士在茱園仔底（今南投縣竹山鎮茱園里）設壇作法，敗壞林圯埔的風水。〔註128〕陳世烈「敗地理」的傳說顯示出，統治階層本著穩定治權的考量，將該處地理加以敗壞，使兩姓頓失相互逐利的依託，俾能防患於未然，達成主政者安定社會的目標。這則傳說既蘊涵著清代臺灣異姓衝突的風水情結，也反映出部分官民對於地方安寧的一種期望。

總而言之，不論是原漢衝突中的風水因素也好，或是各籍異姓漢人環繞於風水習俗的利益糾葛也罷，乃至於民間風水傳說中涉及分類械鬥的聯想也成，皆呈現出風水觀念在清代臺灣社會的實踐過程中所曾衍生的群體衝突。官方針對不同群體之間爭佔墳山或敗壞風水的紛擾，大多根據控方的陳述，訴諸法令以嚇阻類似的不當行為。然而，處在風水觀念瀰漫的社會環境中，縱使是高高在上的統治階層，要想置身事外，也不是一件容易的事，他們同樣面對某些緣自於民間社會的風水習俗所造成的矛盾對立。

四、官民之間的矛盾對立

如前所述，清治當局為了平衡臺灣社會各群體之間的利害關係，對於民間各種爭葬墳地、混葬風水與毀墳發塚的糾紛，大多擔任仲裁者的角色居中協調；對於有心人士侵佔官山義塚、破壞縣邑來龍以及圖謀原住民山場的作法，則訴諸法令加以禁止。官方致力消弭這些涉及風水習俗的社會問題，設法防範類似事件的重覆上演，以免滋生嚴重的脫序行為，製造出更多的混亂與衝突。大致說來，他們遷就民間風水習俗的出發點，仍舊是回歸到穩定社會秩序才能達成有效統治的基本點。值得注意的是，若從官方立場與民眾利益的角度，來解讀前面官設義塚遭到所謂「奸民」的不法侵墾或濫葬等事故，在這些官頒禁約的論述背後，既體現了風水龍脈信仰與某些庶民生計之間的相互牴觸，隱然也透露出一絲官民之間的矛盾對立情結。

另一方面，統治者明瞭風水觀念的實踐係民間日常生活的常態，既然是作為百姓生活方式的一環，自不容輕易侵犯而激發民怨。職是之故，當官民之間因風水問題而產生嫌隙之際，主政官員通常秉持審慎的態度，來面對這類的糾紛。如乾隆五十三年（1788），澎湖副將潘韜等人向福建巡撫徐嗣曾（？～1790）稟報，澎湖駐防守軍以當地監生開設的油店妨礙兵士營房的風水，因而群起拆店，並傷害當事人。官方為了平息民怨，立即採取嚴厲的懲

〔註128〕林文龍，〈雲林縣第一任知縣陳世烈〉，頁69。

處措施。呈報中提到：

> 有新派換班兵丁康飛俸等，因監生江清洲所開油店與營房風水有
> 礙，糾約兵丁將油房拆毀。該副將督同將弁前往拏獲康飛俸等四名，
> 發千總吳得生、陳元成審訊。復有兵丁王添生、蘇火彩等進署阻鬧，
> 扯破吳得生衣服，將康飛俸拉出。現已將康飛俸拏獲並獲楊凜生等
> 十名，嚴訊究辦。旋據提督蔡攀龍親赴澎湖，督同該處員弁等查出
> 起意拆屋之王攀隴、糾眾搶犯之王添生及附和各兵共十二名，委員
> 押解到郡；當經該撫督同司道等嚴行鞫審，訊得確情，將王攀隴、
> 王添生二犯即請王命正法，傳首梟示。其康飛俸等犯分別斬絞，請
> 旨正法。〔註129〕

　　乾隆皇帝據奏之後，批交軍機大臣會同行在法司覈擬處置事宜。對於統治
者而言，由於澎湖的海防地位關繫到臺灣的情勢安危，加上這次官民的風水衝
突事件，係發生在清廷方才平定林爽文事件不久，臺灣「民情兇悍、積習未悛」
的情形，業已在乾隆皇帝的心目中留下深刻的印象。值此敏感時刻，乾隆皇帝
對於這次事件並未等閒視之。同年三月二十四日，特就此事告諭徐嗣曾云：嗣
後澎湖地區如有類似的情事發生，針對糾眾擾民及逞兇搶犯的兵士，應當機立
斷，即行正法，不必再拘泥成例請旨而致遲延辦理的時效。〔註130〕

　　道光二十七年（1847）八月十九日，淡水廳滬尾街崎仔頂文昌祠重修工
程動工，滬營兵丁陳順、陳祥自請充僱小工，但卻不共興作，混領工資。至
同年十一月初十日，文祠蓋瓦垂成，已不需僱用小工，該營兵不欲罷手，仍
希圖工資照前給付，遂與主事者結下嫌隙。同月十四日，陳順、陳祥帶領營
兵十餘人，手持兵器石塊，藉稱文昌祠傷礙兵房而加以破壞，並毆趕施工匠
人。這項舉動引起當地人士的恐慌，讓他們不解的是，位於炮臺的營弁距離
崎仔頂一里之外，「即有兵丁蹴屋而居，不過雜稅民房，烏有傷礙之理？且通
衢接聯，蓋屋有何相傷」。地方總董、紳商人等為此，特將該營兵挾私阻撓文
祠工程事由，稟請淡水廳衙門處置。淡水同知曹士桂（1800～1848）據報後，

〔註129〕洪安全等編，《清宮諭旨檔臺灣史料》，頁1259～1260。

〔註130〕洪安全等編，《清宮諭旨檔臺灣史料》，頁1260～1263；《大清高宗純皇帝實
錄》，卷1309，乾隆53年3月24日。此外，澎湖戍兵藉風水為由欺壓民眾
之事，在余光弘《媽宮的寺廟》中載有一例：「直到日據初期，殘留的各標兵
丁依舊惡行不改，故老仍有若干故事留傳，例如海壇兵曾指其館後人家之窗
礙其風水，竟聚眾要強行封人窗戶」（頁76）。

乃將此案移請艋舺營參府派員前去勘明，並申明「該文祠如無傷礙，即行嚴論該兵丁等，毋許出阻滋事」。〔註131〕

　　從前述的例證可見，主政者基於維繫治安、安定社會以鞏固政權的初衷，促使這類官民之間的風水紛爭在一時之間成為其所關注的焦點。官方儘速防止事態的擴大，以緩減彼此的緊張對立關係，無非是基於統治階層的利益所採取的因應手段。當然，如果換個角度來看，這也是一種統治階層對於民間通俗文化的妥協。相形之下，若是下層民間的變亂陡起，對於上層統治者構成直接的威脅，此時此刻，風水習俗所具有的可操作性，往往也會間接地轉變成官府平息民變的工具之一。

　　有別於清代臺灣社會不同地緣、血緣群體之間的分類械鬥，民變（抗官事件）係被統治階層對於統治階層的反動。清代臺灣社會由於吏治不良、班兵腐敗的背景，加上渡臺移民結構呈現男多女少、人口失調的現象，以及移墾社會游民流離放蕩、拜把結會盛行與民風強悍好鬥的特質，種種因素的交互影響下，造成抗官事件的頻繁，也因此博得了「三年一小反，五年一大反」的名號。〔註132〕康熙六十年（1721）朱一貴的起事、乾隆五十一年（1786）林爽文的起事與同治元年（1862）戴潮春的起事，為其中最具代表性的「三大民變」。當民間抗官事件爆發之後，官府對於主事者一時之間莫可奈何，其祖墳風水有時便成為統治者洩忿的對象。原籍漳州府平和縣的林爽文（1756～1788）於臺灣起事之際，即曾有禍延其故鄉祖墳的情事發生。

　　乾隆五十二年（1787）十月，清朝政府如火如荼地鎮壓林爽文抗官事件，當清軍將領福康安（1754～1796）率領軍隊進逼臺灣中部鹿仔港（今彰化縣鹿港鎮）、大里杙（今臺中市大里區）等地之際，閩浙總督李侍堯（？～1788）曾奉皇帝諭令，密飭漳州府平和縣官員查探林爽文祖墳之後，「先行刨挖，剉骨揚灰，以損賊勢」。〔註133〕斯時，清廷視民變領袖林爽文實「罪大惡極，是以欲將伊祖墳刨挖，以洩眾恨」，並絕禍根。〔註134〕然而，由於漳、泉一帶林姓支屬甚多，地方官員於短期間未能確認何處為林爽文的祖墳。李侍堯認為，

〔註131〕淡新檔案校註出版編輯委員會編，《淡新檔案‧第一編　行政》，第1冊，頁22～24。
〔註132〕劉妮玲，《清代臺灣民變研究》，頁36～108，343～346。
〔註133〕洪安全等編，《清宮諭旨檔臺灣史料》，頁420～421。
〔註134〕洪安全等編，《清宮諭旨檔臺灣史料》，頁495；臺灣銀行經濟研究室編，《臺案彙錄庚集》，卷4，頁587～588。

如果官方遽行毀墳，恐將導致當地林姓支族的驚疑不安。爲了安撫與林爽文無關者的畏懼，李侍堯呈奏皇帝將另行密訪，先確定林爽文祖墳的所在地點再行辦理。乾隆皇帝據報之後，於同月十六日諭示李侍堯，即便一時之間未能查出，亦無甚關係，不妨稍從緩辦，如此方是。〔註135〕

乾隆五十三年（1788）初，林爽文在淡水廳老衢崎（今苗栗縣竹南鎮）爲莊民生擒獻官，其父林勸旋經福康安審訊後供稱，林爽文祖父墳墓係在佛先埔地方，原葬於義塚界內，並未豎立碑石木牌，因此難以辨認正確位置。福康安遂咨告李侍堯傳詢該處附近人士與林姓支屬嚴密查訪，一旦確定墳穴所在即行刨挖，毋須將義塚內墳墓概行挖掘，而致該處民人驚懼不安。〔註136〕乾隆皇帝據福康安呈報後，考量其付諸實際行動時可能殃及無辜墳穴，乃於二月五日諭示李侍堯等人留意事宜云：

> 前因林爽文糾眾肆擾，勢正猖獗，是以欲將伊祖墳刨挖以洩眾忿。
> 今首犯林爽文業就生擒，其父母兄弟妻子合家俱被拏獲，……是林
> 爽文業罹族誅，覆宗絕祀，其祖墳亦不值再行查辦。且據供係葬在
> 義塚內，難以辨認。若因此概行刨挖，未免波及無辜，或致眾心惶
> 惑。著傳諭李侍堯，如林爽文祖墳已查明確實，自應即行刨挖。若
> 查無確據，此無甚關係之事，亦可無須辦理，以免眾疑。〔註137〕

由此可見，乾隆皇帝對於官員刨墳洩恨的作法所抱持的態度，一方面基於懲處叛逆份子的理由，原則上認同這樣的報復手段；另一方面，亦顧慮到過激的毀墳行徑可能引起民間更多的疑懼和反彈，因而特別叮嚀官員需堅守不得連累無辜的立場，以避免在鎮壓民變的過程中節外生枝。然而，姑不論林爽文「眞正的」祖墳風水最終是否遭到官方的刨毀，清朝官員查探之際對於漳、泉一帶地方人士所造成的生活困擾與心理壓力，終究是一項不爭的事實。反觀乾隆皇帝一番爲當地無辜民眾著想的說辭，看似仁民愛物、冠冕堂皇，其實也不過是亡羊補牢、無濟於事。

在鳳山縣響應林爽文起事的莊大田（1734～1788），其父莊二原住嘉義縣臺斗坑莊，亡故後葬於該莊附近。清廷於乾隆五十三年初派員尋覓林爽文祖

〔註135〕《欽定平定臺灣紀略》，卷40，頁634～636；北京市天龍長城文化藝術公司
　　　　編，《清代臺灣檔案史料全編》，第7冊，頁1500～1501。
〔註136〕《欽定平定臺灣紀略》，卷53，頁855～856；北京市天龍長城文化藝術公司
　　　　編，《清代臺灣檔案史料全編》，第8冊，頁1687～1689，1695，1707。
〔註137〕臺灣銀行經濟研究室編，《臺案彙錄庚集》，卷5，頁772～773。

墳的同時，並令臺灣鎮總兵柴大紀（？～1788）偕同知縣陳良翼至圳仔頭、山仔頂地方，掘毀莊二墳墓，將其骸骨剉焚。〔註138〕對於葬在漳州府平和縣境之莊大田曾祖莊鼎、祖莊量各墳墓，亦於同年四月密飭知府徐鎮刨掘後將骸骨焚毀。〔註139〕

　　民變主事者的祖墳在清朝官府平定亂事的過程中，既可作為其替罪羔羊式的洩恨對象，統治者在心態上也可藉由此種毀壞祖墳風水的手段，達成其截斷起事者氣運的目的。這類作法之所以成行，無疑是受到傳統風水庇蔭觀念的影響。嘉慶中期，橫行於中國大陸東南沿海、臺灣西部與宜蘭沿岸的海盜集團首領泉州同安人蔡牽（1761～1809），其祖墳也曾遭受過如此的牽連。據《大清仁宗睿皇帝實錄》的記載，嘉慶九年（1804）八月六日，皇帝覽閱玉德等奏〈查明溫州鎮及同船官兵被害情形〉一摺後，即諭示軍機大臣等：「蔡牽一犯在洋疊劫多年，今經官兵督捕，膽敢肆行抵拒，戕害總兵大員並弁兵多名，實屬罪大惡極；亟當嚴行捕獲，盡法懲治。現據該督等查明蔡牽祖墳刨挖，將屍骨揚灰，自應如此辦理」。〔註140〕又如同治元年（1862）三月，擔任臺灣中部地區天地會首領的彰化四張犁（今臺中市北屯區）人戴潮春（？～1864），因臺灣兵備道孔昭慈（1795～1862）查緝天地會眾而揭竿起事。翌年二月二十七日，當協助官軍平亂的義首東勢角人羅冠英率眾反攻四張犁戴潮春故居之際，亦曾掘毀戴氏祖墳以資報復。〔註141〕

　　大致說來，凡是地方民眾的行為威脅到官方有效統治的理念，統治者（與某些附從官府的「義民」）採取的因應措施，幾乎可以「上窮碧落下黃泉」，憑藉著傳統的風水觀念，將罪過牽怒到違逆官府利益者的歷代祖宗墳上。

　　大規模的抗官事件對於清代臺灣社會的影響既深且廣，連帶也助長了某些牽涉到民變與風水之間相互關聯的民間傳聞，不逕而走。如原籍漳州府龍溪縣的戴潮春起事之際，即曾有過相關的風水傳聞，與其抗官的行動相互呼應。清末蔣師轍、薛紹元編纂《臺灣通志》所載「戴萬生案」的資料裡，在

〔註138〕北京市天龍長城文化藝術公司編，《清代臺灣檔案史料全編》，第 8 冊，頁 1707。

〔註139〕北京市天龍長城文化藝術公司編，《清代臺灣檔案史料全編》，第 9 冊，頁 1803。

〔註140〕《大清仁宗睿皇帝實錄》，卷133，嘉慶 9 年 8 月 6 日壬戌條。

〔註141〕林豪，《東瀛紀事》，卷下，〈翁仔社屯軍始末〉，頁 43～44。

〈同治元年三月學道憲曲阜孔公昭慈聞彰屬會匪滋事親往勤辦始末緣由〉的附錄〈嘉城遞到探子報信一紙〉中記載，戴潮春率眾於同治元年（1862）八月二十九日前往彰化縣林圯埔（今南投縣竹山鎮），駐紮三夜之後，閏八月初二日，聞報清軍臺灣鎮掛印總兵林向榮領兵至斗六，戴潮春迅即轉進二八水駐紮，並調派股首張順治、嚴辦、啞口弄等前赴斗六紮營，圍堵林鎮軍的部隊，以斷絕其糧援。當官民兩方勢力陷入劍拔弩張的對峙情勢之際，戴潮春陣營中的軍師劉阿㧎立刻宣稱：

> 彰化城外前造此八卦臺，形應水蛙仔；西門外大橋形如蜈蚣。其蜈蚣、水蛙、蛇，本來三不服；今將此等一概毀拆平地，民心乃能一齊歸向。前湯協臺在斗六所以不破者，斗藏湯無礙於事故也。林鎮軍乃是魚神，過打貓，魚既已遇貓，入斗則難以脫漏矣！今當開埔，然後打斗、開山，然後打鹿。

戴潮春遂依從劉軍師更動彰化城外堪輿以利軍事行動，並宣揚斗六形勢有助於我軍的說法，於九月初一日返抵林圯埔。九月十三日晨，親赴斗六祭太平門。翌日夜起，對駐紮在斗六的官軍發動激烈的攻擊，於十七日夜晚攻陷清兵營地，總兵林向榮仰藥自盡。未幾，戴軍更連下西螺、大埔林、打貓等地，於二十四日進佔嘉義縣城。〔註142〕

從前述的風水傳聞隱約可以看出，戴軍陣營的劉軍師技巧性地利用堪輿理論，將彰化斗六門的風水形勢，直接影射到官軍必敗、我軍必勝的對戰結果，以增強抗官領導者戴潮春本人的信心，此後果真士氣大振、連戰皆捷。〔註143〕風水觀念在臺灣傳統社會的深入人心，使其可以在民眾起事抗官的軍事衝突中發揮出提振民心的效用，實為風水術數之可操作性質的顯著例證。

另一方面，民間故事中與戴潮春起事相關的風水傳聞，亦有一則影射其起事失敗與風水敗壞之間的關聯。據同治九年（1870）林豪《東瀛紀事》卷下〈叢談上〉的記載：

〔註142〕蔣師轍、薛紹元編纂，《臺灣通志》，頁 855～856。

〔註143〕林豪《東瀛紀事》卷下〈叢談上〉裡也有一則類似的記載：「偽軍師劉阿㧎（一作阿妹）好作不經之言，以愚群賊。謂林鎮軍前世為鯨魚精。坊坪之潰，退屯鹽水港，時賊勢方熾，劉獨曰：『魚得水必難制矣』。及官軍獲勝，進駐斗六，乃喜曰：『魚入斗中，不久當自潰矣』。民皆神其說，無肯附官者。而林鎮果以糧盡而敗，皆阿㧎煽動民心所致也」（頁61）。當中所流露的心態，與前引《臺灣通志》所錄傳聞大致雷同。

相傳斗六門地理甚佳。其來龍處土名茄冬王，有茄冬三株，百餘年物也，堪輿家謂為虎形，敵樓上夜點兩燈，以象虎目，賊之善鳥槍者不能中，賊黨許豐年掘斷龍脈，以狗血厭之，是夜敵樓之燈無故自墜。翌日，守將蔡朝陽中砲死，而林鎮全軍俱潰矣。後賊黨之踞此者，如戴逆及廖屬、張窈喙相繼死，而茄冬亦枯。〔註144〕

在這則風水傳說中，戴潮春的集團成員掘斷彰化斗六門的地理龍脈，藉以弱化清朝官兵的戰鬥力，如此的作法或許達到了一定的心理效果，但是，卻也不免自掘墳墓，一樣嘗到了風水敗壞的惡果，官軍與民軍終究同遭不測、兩敗俱傷。由此可見，在地方紳民的心目中，損毀境域龍脈的不良影響對於任何人來說，是不分彼此、一視同仁的。這則傳聞，如果參照本書第四章第二節所論龍脈不得輕易傷損、妄加穿鑿的傳統風水禁忌加以思考，其中所透露的訊息，除了提供世人作法自斃、得不償失的歷史教訓之外，或許也蘊涵著地方人士護守境域龍脈免遭外力任意破壞的期望，藉此警告來者不得輕舉妄為，以遏止這類敗壞風水的舊事再度重演。

除此之外，民間相傳八卦會出身的戴潮春在起事的過程中，也曾在前彰化縣令楊桂森所建造的縣城八卦樓旁大動手腳，假託楊桂森的讖語，來為自己的抗官行動尋求信仰上的支撐點，俾增強其「替天行道」的神聖性。不料，最終竟是一語成讖，反倒付出了咎由自取的代價。彰化鹿港士紳吳德功（1850～1924）所著《戴案紀略》卷上記載同治元年四月，佔據彰化縣城附近的戴潮春、林日成糾眾數萬人猛攻阿罩霧（今臺中市霧峰區），以報復戴潮春兄戴萬桂過往與該莊林奠國（1814～1880，林獻堂的祖父）因互爭田租所結下的仇隙。當時林氏族親林文察（1828～1864）、林文明（1833～1870）皆在中國大陸協助清朝政府征討太平天國，全莊勢單力薄，情勢危急。林奠國子林文鳳（1840～1882）與莊內壯丁同甘共苦，始力拒卻之。斯時，戴潮春為了壯大聲勢，即利用了傳統漢文化社會的風水讖言：

自造讖語，埋於八卦城樓下，使人掘開、獻之，詐稱楊大令桂森所作。文云：雷從天地起，掃除乙氏子，夏秋多湮沒，萬民靡所止。解之者謂：雷即雷以鎮也。天地，會名也。乙氏子，孔道也。夏即夏汝賢也。秋即秋日觀也。萬即潮春名也。詎知末句靡所止，後家破身亡，無所依倚，即自讖也。〔註145〕

〔註144〕林豪，《東瀛紀事》，卷下，頁57～58。

〔註145〕吳德功，《戴案紀略》，卷上，頁10～11。蔡青筠（1868～1927）於《戴案紀

戴潮春率眾起事歷時三年而以失敗告終的結果，在民間傳說故事所呈現的集體意識中，似乎和他們的活動區域所牽連的風水格局，脫離不了關係，堪稱是「成也風水，敗也風水」。〔註146〕通觀前引文中涉及戴潮春起事成敗的解讀方式，既帶有一絲對於抗官份子攻城掠地、焚殺劫搶而造成社會動盪、里井蕭條的嘲諷，彷彿也是一種風水報應的「宿命觀」。我們從林豪《東瀛紀事》卷下〈災祥〉中的另一則有關戴潮春祖墳遭到掘毀的傳聞，也可以體會到這種「善惡到頭終有報」的思維：

> 戴逆祖名神保，彰化縣志行誼傳作戴天定，稱重修文廟，凡經費出
> 入皆經手襄辦，與其子松江均有勞焉。松江即戴逆父也。逆將作亂
> 時，天定之墓夜聞鬼哭，逆未信，自往聞之，果然。後戴逆祖墳爲
> 羅冠英所發掘，鬼神豈前知之而無如何耶？〔註147〕

戴潮春曾利用風水讖語以標榜天命所在，來迎合民間崇仰天生聖人的心態，進而博得社會大眾的附從舉事，此種手段其實具有深刻的文化背景與象徵意涵。檢視清代的相關文獻，臺灣、澎湖各地都曾有過「出皇帝」的傳聞，連帶而有皇帝（清廷）派遣官員前來敗壞臺地風水龍脈的傳說。這類傳說的產生，可能與明鄭治臺的歷史經驗，以及朱一貴、林爽文、戴潮春等人先後起事稱王的社會背景息息相關。

我們知道，出皇帝／敗風水的相生相剋關係，在古代中國歷史上可說是屢見不鮮。如康熙二十二年（1683）六月明鄭降清之後，閩海的警戒狀態也宣告解除，吏部右侍郎杜臻奉詔於十一月啓程巡視閩粵地區，於次年四月行

略》中亦有近似的記載：「愚民無知被惑，轉相告語；謂眞天命矣！其旨趣：
雷即前令雷以鎮，懲辦天地會起手也。乙氏子，指孔道臺也。夏汝賢、秋丞，
皆歿也。萬民靡所止，潮春又名萬生，終至家破身亡；至妻子流離，不知所
止。蓋雖讖語，似亦有定數焉」，頁 11。林豪《東瀛紀事》卷下〈災祥〉中
亦記載此事：「至是戴逆捏造讖文，密置樓下，使人掘得之，詐稱楊令遺讖，
其語云：雷從天地起，掃除乙氏子，夏秋多湮沒，萬民靡所止。按洪範傳所
謂詩妖，殆此類也。後有解之者曰：雷謂縣令雷以鎮，言天地會從雷令而起
也，乙氏子謂孔觀察也。夏秋謂副將夏汝賢與秋司馬，皆死於賊。萬生即潮
春小名也。以一愚民而敢於造逆，厥後該逆雖欲爲民而不可得，言靡所棲止
也。然則戴逆之捏造以惑愚民，適以自讖矣，似之」。林豪在文後註稱：「此
事出自傳聞，未知眞僞，姑疑以傳疑」（頁 54～55）。

〔註146〕此外，相傳當時清軍也曾散佈一些預示戴潮春必敗的讖語，來打擊敵軍的士
氣。可參見伊能嘉矩，〈利用迷信的戴萬生之亂〉，臺灣省文獻委員會編譯，《臺
灣慣習記事》，第 3 卷下，頁 32～33。

〔註147〕林豪，《東瀛紀事》，卷下，頁 53。

經福建省連江縣，在其巡視紀略一書中曾記載與當地山嶺有關的敗風水傳聞云：「荻蘆山，亦名九龍山，七島外列，因以成港，海面約半里。七島者，泥塢塘下，定岐、蓬岐後沙下邊東岸也。相傳秦始皇遍鑿東南諸山之有王氣者，此山根連鼓山，鑿之，使殊得」。〔註148〕最高統治者以鞏固政權為第一無上要務，自不容許下層百姓存有任何推翻當朝政權的企圖。在本書第二章第二節中，曾提到康熙四十三年（1704）江日昇《臺灣外紀》卷一所載明太祖朱元璋遣將敗壞鄭成功祖居風水的傳聞，其大意是說，朱元璋為了避免帝國境內具有「王氣」的風水寶地將出皇帝的傳聞應驗，於是遣派江夏侯周德興（？～1392）逐一加以敗壞。〔註149〕史家連橫（1878～1936）曾追述這則明太祖與鄭成功的風水傳說，並點破其中的玄機：

> 明太祖既得天下，慮人之奪其子孫天下也，命江夏侯周德興往斷宇內天子氣。德興至南安，見石井鄭氏祖墳，有「五馬奔江」之形，欲毀之。夢一老人告之曰：「留此一脈，為明吐氣」！覺而異之，乃止。其後延平父子效忠明室，保存正朔者三十餘年；而明之天下竟為長白山下之覺羅氏所奪：此則洪武君臣之力之所不為也。〔註150〕

針對清代臺灣本土而言，相傳明清之際臺灣島上原有不少風水龍脈，康熙皇帝擔憂鄭氏利用龍脈氣運來恢復明室政權，於是延聘地理師盡毀臺灣各地龍脈，藉此斷絕明祀依托，令其無法死灰復燃。〔註151〕此外，民間傳聞清代初期康熙、乾隆皇帝曾諭令各臺灣知府敗壞府城地理，以使當地不致出現高人來推翻清朝政府。〔註152〕而當嘉慶皇帝得知彰化知縣楊桂森敗盡臺灣地理後，也認為如此一來，臺灣本土即不會出現任何威脅清朝政權的奇才。〔註153〕

諸羅縣（嘉義縣）麻豆水堀頭地方流傳一處「龍喉穴」，故老傳說乾隆中

〔註148〕杜臻，《粵閩巡視紀略》，卷5，頁41a。晚明學者王士性（1547～1598）於《廣志繹》卷2〈兩都〉中提到類似的傳聞：「秦始皇以望氣者之言，鑿鍾阜，斷長壟，以洩王氣，故名秦淮」。引見周振鶴編校，《王士性地理書三種》，頁265。

〔註149〕該書另載周德興至泉州同安縣之際，鑒於俗諺「白鶴山，珠嶼案，誰人葬得著，天下得一半」，遂於當地來龍白鶴山上濬挖一口深達十餘丈的水井，並將生鐵數千斤鎔化後傾入井內，以破壞其風水氣運。江日昇，《臺灣外紀》，頁2。

〔註150〕連橫，《雅言》，頁16。

〔註151〕林衡道，〈臺灣的民間傳說〉，頁675。

〔註152〕范勝雄，《蔣公子敗地理》，頁65。

〔註153〕李嘉慧，〈臺灣閩南語故事集研究〉，頁98～99。

期某位臺灣知府惟恐此地醞生反動領袖，曾以二千領棕簑、二千個白碗來敗壞這處地理靈氣，以杜絕後患。翌年起，麻豆一帶洪災、瘟疫接踵而至，附近居民慘遭地理敗壞之殃。〔註154〕諸羅縣（嘉義縣）鹿陶洋山（今臺南市楠西區鹿田里）傳聞風水形勢極佳，將出能人，清廷遂派遣地理師用朱砂筆將山一畫，毀壞其地理格局。而鄰近地區的斗六仔山，相傳亦有一蔭生能人的風水靈穴，同樣遭到清朝統治者的刻意破壞。〔註155〕位於臺灣縣境永康、長興、廣儲西三里交界處的鯽魚潭，其南側有一堪輿家所喝形點出的「絲線過脈」龍穴，相傳清廷惟恐此地降生真龍天子，乃密令某蔣姓地理師僱工挖掘溝渠，敗壞地理風水。〔註156〕淡水廳芎林庄鹿寮坑（今新竹縣芎林鄉五龍村）流傳一處臥虎穴，相傳清代中期統治者惟恐當地誕生真命天子，乃設法破壞該穴龍氣。〔註157〕清末北臺貢寮地區淡蘭古道上的虎字碑，為臺灣鎮總兵劉明燈（1838～1895）於同治六年（1867）冬題刻。民間相傳該碑所在地正好壓制住噶瑪蘭的風水氣運，此舉係出自劉氏的設計，以防止當地出現任何威脅清朝政權的梟雄。〔註158〕鳳山縣龍肚莊（今高雄市美濃區龍肚里）附近地形特殊，傳聞將出皇帝，統治者於是遣人前來敗壞風水龍穴。〔註159〕鳳山縣琉球嶼（今屏東縣琉球鄉）相傳為牡丹穴，清朝皇帝派遣地理師親臨勘驗的結果，認定此處將出「正宮」，隨即予以破壞。〔註160〕

　　類似的情形，亦可見於澎湖民間的風水傳說。如清治時期西嶼的內外垵相傳有一處白馬穴，將庇蔭澎湖地區誕生一位真命天子。清朝皇帝聽到傳聞之後，便先下手為強，派遣一名地理師前來破壞這處風水寶地，以防範帝位遭到威脅。同樣的，澎湖故老相傳七美島內頂隙的風水絕佳，會誕生一名安邦定國的賢人。皇帝得知這則傳聞之後，也曾遣派一名地理師將島上吉穴加以敗壞，以鞏固大清帝國的政權。〔註161〕

　　心態的本身，也是一種歷史現象。如從心態史的角度解析這類敗壞臺灣

〔註154〕吳新榮，《震瀛採訪記》，頁 159～165。另參見臺灣省文獻委員會編，《臺南縣鄉土史料》，頁 190～191。
〔註155〕臺灣省文獻委員會編，《臺南縣鄉土史料》，頁 630。
〔註156〕臺灣省文獻委員會編，《臺南縣鄉土史料》，頁 744～745。
〔註157〕臺灣省文獻委員會編，《新竹縣鄉土史料》，頁 329～330。
〔註158〕李明仁、江志宏，《東北角漁村的聚落和生活》，頁 95～96。
〔註159〕臺灣省文獻委員會編，《高雄縣鄉土史料》，頁 122。
〔註160〕臺灣省文獻委員會編，《屏東縣鄉土史料》，頁 777。
〔註161〕姜佩君編著，《澎湖民間傳說》，頁 187～193。

各地「風水」、「王穴」的傳聞，其背後或許隱藏著以下幾種可能性：

第一、反映民間人士對於最高當權者防備政權不保意念的一種揣測（警戒臺灣人出頭天），也可說是臺灣移墾社會的民眾無懼於天高皇帝遠的一種「島嶼心態」，進而對皇帝的形象及其與臺灣社會的關係，作出各種自由發揮的想像（「嘉慶君遊臺灣」之類的傳說，即可作如是觀）。而清代臺灣抗官主事者動輒稱王的作法，也可看成是這種心態（當帝王，人人有機會）的實質表現。

第二、「出皇帝」的傳說對於清朝政府而言，固然是一項威脅；然而，他們也可以打蛇隨棍、借題發揮，散佈出「敗風水」的傳聞甚至是實際的防制行動，訴諸傳統的堪輿信仰，警惕臺灣民眾不要輕舉妄動及圖謀不軌——「政府當局隨時都在凝視著你們」。根據林文龍的研究，在清代後期臺灣中部地區民變陸生的時刻，「楊本縣（桂森）敗地理」之類的傳說，似乎也是統治階層試圖瓦解臺灣民間叛亂意識的一種憑藉。〔註162〕

第三、對於清代臺灣的被統治者而言，「敗風水」的傳聞也可能反映部分臺灣移民反抗滿族統治的漢族中心意識，或是平民百姓針對統治階層的各種作為，表達出一種不信任感；甚至是將地方經濟蕭條、產業衰退與人才不興等現實困境，歸咎於先前官員敗壞風水所致，藉以發洩民眾集體的不滿情緒。臺灣南部遠近馳名的「蔣公子敗地理」傳說，以及中北部地區名聞遐邇的「楊本縣敗地理」傳說，概透露出如此的心態。〔註163〕

「蔣公子敗地理」傳說的主角，包括康熙中期的蔣毓英與乾隆時期的蔣允焄、蔣元樞（1738～1781）等前後三任臺灣知府。這則傳說形成的背景及其內涵，主要是當清代後期臺南府城逐漸失去昔日一枝獨秀的輝煌，地方人士對於風光不再的滄桑難以釋懷，於是附會三蔣任內所興造的各項公共設施，敗壞了府城周遭的風水地穴，如永康里法華寺（今臺南市法華街法華寺）前半月池的臥牛穴、西定坊大媽祖廟（今臺南市永福路大天后宮）前的活蟹穴、永康里開元寺（今臺南市北園街開元寺）前的石頭坑、大西門外風神廟（今臺南市民權路三段風神廟）前的烏龜穴、尖山下興濟宮與大觀音亭（今臺南市成功路興濟宮與大觀音亭）前的龍船穴、東安坊嶽帝廟（今臺南市民權路一段東嶽殿）的鳳鳥穴、臺灣府署（座落於今臺南市青年路臺灣府城隍

〔註162〕林文龍，〈楊本縣敗地理之傳說〉，頁 15～16。
〔註163〕胡萬川，〈土地・命運・認同——京官來臺灣敗地理傳說之探討〉，頁 1～21。

廟旁）東北的猛虎跳牆穴，以及壞盡府城穴位的「七寺八廟」等等，來解釋府城爲何會呈現出每況愈下的頹勢。〔註164〕

「楊本縣敗地理」傳說的主角，爲嘉慶十五年（1810）正月蒞任彰化知縣的楊桂森。民間相傳這位精通青烏術的楊桂森渡臺蒞任之際，皇帝曾囑以至臺後「覓」（或曰「排」）地理，楊桂森卻誤聽成「敗」地理，於是就任後大舉破壞臺灣各地風水吉穴。從道光中期周璽等《彰化縣志》的記載中，我們可以得知楊桂森任內，曾積極地從事縣境內的各項地方建設，亦曾援引堪輿理論擇建彰化縣城。或許是這樣的背景，至咸同時期，民間動輒將彰化縣城八卦樓的風水布局與楊桂森本人的風水讖言，附會縣境漳泉械鬥與戴潮春起事的因果關聯（詳見前引林豪《東瀛紀事》、吳德功《戴案紀略》的記載）；並且將清代後期彰化縣境的人事紛擾，歸因於楊桂森任內大興土木以至於敗壞地理，造成地方發展的不良後果。這類的思維方式，一方面表露出民間人士對於楊桂森素習堪輿的一種崇仰，另一方面，也隱含著平民百姓對於主政官員任事興作的一種懷疑──在這些公共設施修建的背後，是否別有用心？〔註165〕

大致說來，當政者敗壞地理傳說的象徵蘊涵，可說是具有一體多面性。儘管這些傳說所指涉的對象互有差異，然而在心態上，則一致表露出時人對於風水格局攸關地方發展的民俗信仰，以及官民之間因階層利益的落差所形成的矛盾心結。除此之外，縱然此類傳說的表面上不乏各種想像的成份，並帶有某些「攀緣附會」的色彩，但在其背後仍呼應一定程度的社會現實。

在風水觀念普遍流傳且影響深廣的社會環境中，當官方面臨到來自民間的反動壓力時，往往也會透過風水習俗的運作，技巧性地利用墳宅庇蔭的觀念，以因應現實問題的困擾，達到其鞏固統治權力的目的。另一方面，民間流傳的各類影射性的風水傳聞，或藉以推闡民變倡導者從創生到起事過程的背景因素，或賴以詮釋抗官事件最終失敗的緣由，甚至是用隱喻的方式，表

〔註164〕范勝雄，《蔣公子敗地理》，頁25～37，63～65；黃典權，〈三研「蔣公子」〉，頁83～154。「蔣公子敗地理」的傳說在臺南地區流傳甚廣，可參見臺灣省文獻委員會編，《臺南市鄉土史料》，頁25～26，44～45，89～90，228～229。
〔註165〕林文龍，〈楊本縣敗地理之傳說〉，頁3～16；林文龍，〈楊本縣敗地理傳說補述〉，頁 76～77。近幾年來，在故鄉臺南市從事寺廟古蹟風水的田野調查，偶亦聽聞當地耆老陳述楊桂森敗地理的傳說（蔣公子敗地理的傳說也時有所聞），其內容與林文所載大致雷同。如此的切身際遇，不免令筆者訝異這則傳說似乎已跨越了時空的侷限，深植在古往今來臺灣漢人社會的集體記憶中。

達了下層庶民百姓對於上層統治階層與滿族政權的不滿和抗議。整體而言，不論出自何種心態或何種立場，如從結構功能的角度來詮釋這些風水傳說的內涵，大多是反映統治者與被統治者之間的利害矛盾與對立關係。

有別於蔣公子敗地理、楊本縣敗地理的傳說內涵，福建水師提督王得祿（1770～1841）的墓穴敗壞村落風水的傳說，則提供我們另一種「敗地理」的思考空間。王得祿於道光二十一年十二月歿於澎湖行營，享年七十二歲。民間傳聞王得祿原本擇葬於嘉義縣馬稠後莊（今嘉義縣鹿草鄉境），然而該莊人士以其葬地將令地方不能興旺，乃教唆牧童歌謠以諷。王氏後人聽聞莊民的心聲後，遂另擇番婆莊（今嘉義縣新港鄉安和村）內一處風水吉穴。當王得祿落葬番婆莊之後，相傳莊內自此雞不啼、犬不吠，各種凶厄的徵兆屢屢出現，莊民隨即四散遷移，使得番婆莊日趨衰微。地方人士有鑑於此，便在王得祿墓前開掘一排水溝，將其地穴風水加以破壞，全莊才逐漸恢復昔日的安寧。〔註166〕在此則風水傳說中，達官貴人的墳地風水，不僅攸關其家族後代未來的吉凶成敗，甚至會牽連到所處聚落的興衰禍福。平民百姓將切身的災難，歸咎於官員墳塋為當地村莊帶來的負面影響，最終以其人之道還諸其人之身，敗壞其墳穴風水以資報復，這樣的心態，多少也隱含著一種官民之間的利害矛盾。〔註167〕

竹塹地方社會關於鄭崇和、鄭用錫父子陰宅風水問題的傳聞，也提供了我們另一種的思考面向。鄭崇和的墓園，座落於今苗栗縣後龍鎮龍坑里十班坑，創建於道光七年（1827），同治六年（1867）重修，〔註168〕俗稱「旗官墓」。相傳該墓風水極佳，由於靈氣感應所致，其墓前成對的石馬、石羊、石虎會在夜間到附近農田覓食，墓庭兩座文武石翁仲亦會趁夜化身美少年調戲農家婦女。女子後來察覺男子異常，偷用針線插在對方衣服，待其離去後循「線」查訪，始知廬山眞面目。居民不堪其擾，遂與鄭家先行溝通，並請示地理師的意見後，於該墓旁豎立兩支華表鎮住這些石獸與石人，以求相安無事。〔註169〕鄭用

〔註166〕黃哲永，〈由傳說與文獻來看王得祿〉，頁17～18。

〔註167〕類似的地方傳說，可參見王奕期，〈臺南地區風水傳說之研究〉，頁168～171。

〔註168〕何培夫主編，《臺灣地區現存碑碣圖誌　苗栗縣篇》，頁60～61，226。

〔註169〕臺灣省文獻委員會編，《苗栗縣鄉土史料》，頁144；胡萬川編，《苗栗縣閩南語故事集（三）》，〈鄭崇和墓的傳說〉，頁108～116；鄭枝田，《竹塹鄭氏家廟》，頁159～162。另參見《聯合報》，1997年6月16日，第17版，〈石人石獸幻化旗官墓傳奇〉；2005年2月4日，C4版，桃竹苗綜合新聞，〈石獸偷吃　石像變人　古墓奇譚〉。此外，筆者於2011年9月10日至苗栗縣後龍

錫的墓園，座落於今新竹市東區光鎮里客雅段，建於同治八年（1869），其墓前有成對的石翁仲、石馬、石羊、石虎及石望柱。〔註170〕民間傳聞這些石獸亦會現身到附近農田覓食，因而遭到地方人士的報復。〔註171〕

鄭氏父子墓前的石刻人獸及望柱，原為明清時期官墓規制的配置，〔註172〕但在風水觀念普遍流傳的地方社會，反倒成了民間人士發揮其想像力的對象。在這些傳說中，既凸顯鄭家祖墳佳穴的靈力不同凡響，故能蔭佑出地方望族的聲勢，但似乎也隱含著一種平民百姓憂心官紳世家的陰宅風水破壞村落安寧的心態，甚至是一種紳民之間矛盾情結的展現。〔註173〕

本節依序從爭葬侵毀風水的糾紛、貪利不法之徒的操弄、族群紛爭的風水情結以及官民之間的對立矛盾，闡述清代臺灣社會各種與風水習俗相關的流俗紛擾。統括這些社會問題的產生，大多與「風水」本身所具有的功利色彩，以及民眾汲汲於風水庇蔭的價值取向，脫離不了關係。如從歷史文化的脈絡考察這類風水糾紛事件的此起彼落，其實也反映了清代臺灣社會所具有的重商趨利、族群衝突等等的社會特質。〔註174〕凡利之所在，不免造成人際之間的利益糾紛，也擾亂了原本的社會秩序，並構成官方的治理難題。

清代臺灣民間人士或因過度迷信吉壤佳穴的庇蔭效用，連帶衍生出一些爭葬墳地、侵毀墓塚之類的社會衝突，以及據墳勒索、盜葬圖利而致對簿公堂、訟爭不斷的流俗紛擾，使得「風水」這套講究吉凶休咎的術數法則，不僅未能如期達成「趨吉避凶」的效果，反倒是讓不少人嚐到了「趨凶避吉」的苦果。而這樣的結果，呈顯出風水福報觀的「共生結構」及其內在矛盾，適與民眾追求風水庇蔭的初衷，形成了強烈的對比。在某些地方官紳的心目中，這些喪盡天良、禍害他人的毀墳盜葬者，往往是「未受風水蔭庇，先罹三尺科條」，如果還能承受風水福報，那真的是應驗了宋儒朱熹為後世所傳頌已久的至理名言：「此處不發，是無地理；此地若發，是無天理」。〔註175〕

鎮參與道卡斯新港牽田祭時，亦曾聽聞當地文史工作者王啓仁先生敘說這段鄭崇和墓園的風水故事，其內容情節大同小異。

〔註170〕羅永昌，〈新竹鄭氏家廟祭祀活動及祭祀空間之研究〉，頁40。

〔註171〕臺灣省文獻委員會編，《新竹市鄉土史料》，頁221。

〔註172〕楊仁江主持，《苗栗鄭崇和墓之調查研究》，頁35〜42。

〔註173〕張昀浚，《臺灣奇譚：民間地理風水傳說》，頁69〜74。

〔註174〕關於清代臺灣移墾社會的特質，參見蔡淵絜，〈清代臺灣的移墾社會〉，頁45〜67。

〔註175〕臺灣銀行經濟研究室編，《福建省例》，頁436。另據林學增、吳錫璜等纂修

　　對於主政者而言，安定平靜的社會係其施行有效統治的前提，官府諭禁各種風水紛爭事件的最終目的，總以維護統治者的權益爲至高標的。清代臺灣社會除了家族或族群環繞於風水墳地的權益爭逐、官民之間涉及風水問題的矛盾對立之外，十九世紀後期西方宗教在臺灣傳播的歷史過程中，也曾與傳統風水民俗產生了相當程度的價值衝突。

第二節　民教衝突

　　十九世紀後期，伴隨著臺灣的開港通商，西方勢力的進佔爲傳統社會增添了諸多的變數，外來宗教的傳入即在此不確定因素瀰漫的社會氣氛中，與某些堅守風水習俗的臺灣紳民展開數場激烈的衝突。「風水」因而成爲中外各國交涉民教關係之際所注目的對象，自此躍登上晚清西力東漸與列強競逐的國際舞臺。

一、導火線：紳民的風水情結

　　早在晚明之際，入華耶穌會士利瑪竇（Matteo Ricci, 1552～1610）在中國各地傳教期間，即曾因教堂風水問題而與地方人士引發衝突。〔註176〕此外，利瑪竇在南京時，曾遇過一位前來「踢館」的訪客，自稱能根據風水原理以預言未來，對此他頗不以爲然。〔註177〕利瑪竇等人所遭遇的歷史經驗並未及身而絕，類似的情境，再度於清末西教東傳的時代背景中浮出檯面。由此也顯示出傳統社會的風水習俗與西方教會的信仰活動之間，存在著不因時移世換而有所消褪的內在矛盾。

　　咸豐八年（1858），英法聯軍之役清廷戰敗，在與西方各國簽訂的天津條約中，始允許外國傳教士赴中國內地傳教。當時西方傳教士進入福建地區

　　　《同安縣志》卷 41〈雜錄〉中記載：「文公爲同安主簿，日，民有以力強得人善地者，索筆題曰：此地不靈，是無地理；此地若靈，是無天理。後得地之家不昌」（頁 3b）。

〔註176〕林金水，〈利瑪竇在中國的活動與影響〉，頁 26。此外，明清之際入華耶穌會士亦曾遭遇一場因堪輿術數的門戶歧見所掀起的政治鬥爭，參見黃一農，〈擇日之爭與「康熙曆獄」〉，頁 247～280。至於首當其事的耶穌會士對於中國傳統天文、地理選擇術的看法及其因應之道，可參見黃一農，〈耶穌會士對中國傳統星占術數的態度〉，頁 5～23；黃一農，〈從湯若望所編民曆試析清初中歐文化的衝突與妥協〉，頁 189～220。

〔註177〕利瑪竇、金尼閣著，何高濟等譯，《利瑪竇中國札記》，頁 359。

之後，首要購地建造教堂，作為他們宣教的根據地。對於遠道而來的傳教士而言，擇地營建只是為了尋求一棲身落腳之處，並以位置適當、方便傳教為原則，不料卻在建堂過程中遭到地方紳民的抵制，導致這段期間教案頻傳。〔註178〕閩省紳民的抵制行為，某些時候，即是出自於風水習俗的考量。如同治二年（1863）六月，福寧府福安縣穆洋鄉紳民阻止天主教士建立教堂，即因「該處紳民於外國買地之時，因其地有關風水，不宜動土，言明並非建堂，是以不敢阻買。今春突然起造，眾心均皆不服。而興工之後，疊見災異，情願將地買回，任聽外國另行擇地建堂」。〔註179〕同治四年（1865）閏五月初三日，福建巡撫徐宗幹（1796～1866）奏稱省垣衝要之區的天主教士，「有時購買地基，建造教堂，附近紳民或以風脈有礙，或以鄰舍未便，不無阻撓。隨時諭飭印委各員查明，仍將原價交還，另行遷地改作」。〔註180〕光緒二年（1876）六月，邵武府光澤縣紳民反教情緒高漲，在他們公開反教的告白中，嚴厲指責傳教士與信教者的開堂揚教，已然對縣邑風水造成不良的損傷云：「來龍山，真地脈，竟敢送，與夷人，隔河路，起教堂，如此人，活在世，若不除，害黎民」，文告最後更號召群眾「保我皇上萬載社稷無疆，兼顧我祖宗廬墓不挖殘」，可見其將國家版圖的鞏固與祖塋墳地的維護，等量齊觀。〔註181〕另外，在光緒四至六年間（1878～1880），福州地區爆發了震驚中外的烏石山教案，這次的民教衝突乃緣於「前因閩省水災、火患連年疊見，歸怨於洋樓高聳，損傷闔省風水，眾口一辭」。〔註182〕光緒十三年（1887）十二月十二日，福州將軍古尼音布等據福寧府福安縣令朱承烈稟報：「風聞穆洋村教民欲將房屋翻蓋教堂，該處民人恐礙風水，意將阻止。……查該處教堂已有必造之勢，有礙民居，勢必群起阻止。若另尋地基，或照原屋建造，不行增高，始可相安」。〔註183〕由前述例證可見，若是教堂建置的地點妨礙民舍墳廬坐向或牴觸地方風水龍脈，難免受到地方紳民的群起反對。

　　同光時期，除了福建地區的多次教案曾涉及風水的爭端之外，臺灣本土也有類似的情形發生。咸豐九年（1859），西班牙道明會士郭德剛（Fernando

---

〔註178〕相關的例證，可參見林文慧《清季福建教案之研究》一書。

〔註179〕中央研究院近代史研究所編，《教務教案檔》，第1輯，第1435號，頁1288。

〔註180〕中央研究院近代史研究所編，《教務教案檔》，第1輯，第1428號，頁1280。

〔註181〕中央研究院近代史研究所編，《教務教案檔》，第3輯，第1075號，頁1487。

〔註182〕中央研究院近代史研究所編，《教務教案檔》，第3輯，第1104號，頁1565。

〔註183〕中央研究院近代史研究所編，《教務教案檔》，第5輯，第1983號，頁1867。

Sainz, 1832～1895）自菲律賓經廈門抵達打狗港（高雄）開始佈道。〔註184〕
至同治四年（1865），英國長老教會宣教師馬雅各（James L. Maxwell, 1836～
1921）自廈門抵達打狗，隨後以臺灣府城為中心進行傳道。〔註185〕天主教與
基督新教的勢力，於是繼十七世紀中期荷蘭、西班牙兩國據臺期間的傳教活
動之後，重返臺灣本土。隨著其教務活動的推廣，在南北各地亦造成幾起與
臺灣紳民的衝突事件，風水問題也成為引爆民教對立的導火線之一。

　　經歷同治七年（1868）的臺灣教案、樟腦糾紛與安平砲擊事件的動盪之
後，英國長老教會派遣甘為霖（William Campell, 1841～1921）於同治十一年
（1872）抵臺，協助南部教會事務的拓展。〔註186〕至同治十三年（1874）
底，嘉義縣店仔口（今臺南市白河區）居民吳志高（吳墻，1826～1880）等
人，以宣教師甘為霖在白水溪一帶傳教所建教堂、屋舍有礙吳家祖墳風水為
由，曾邀約甘為霖親臨舍內協商風水問題。甘為霖自認其新擴建的教堂相距
吳家祖墳頗遠，並無妨礙風水之處，料想吳志高這場「鴻門宴」式的約談居
心叵測，於是加以婉拒。〔註187〕同年十二月二十二日，吳志高率領一批莊
眾乘夜將白水溪教堂焚毀，甘為霖等人慌忙離去，造成所謂的「白水溪教
案」。翌日，傳教士迅即向嘉義縣署報案，知縣陳祚詢問此事的來龍去脈，
在其呈稟臺灣道夏獻綸（1837～1879）的調查報告中提到：

　　……訊其起釁情由，則稱添蓋教堂房屋，有吳志高聲言礙其祖墳風
　　水，釀成事端等語。當飭役勇護送該教士赴郡，一面親赴查勘挐辦
　　等情。旋准駐台英國領事額勒格里照會，以據教師監物稟稱，向在
　　嘉義白水溪地方傳教，因欲添蓋房屋，被店仔口吳志高等藉稱有礙
　　伊祖墳風水，乘夜將小禮拜堂燒燬。該處受教番民先有被牽牛隻毆
　　傷情事，照請嚴加查辦，以符和約等由。

　　陳祚於事發後，在英國領事額勒格里（William Gregory）與甘為霖的
施壓之下，曾前往該處勘察，結果發現白水溪距離店仔口十餘里，被燒毀

〔註184〕Pablo Fernandez ed., *One Hundred Years of Dominican Apostolate in Formosa, 1859
　　～1958*, pp. 1～14, 38～40. 黃德寬譯，《天主教在臺開教記》，頁13～23，41～
　　43。
〔註185〕鄭連明，《臺灣基督長老教會百年史》，頁6～8。
〔註186〕蔡蔚群，《教案：清季臺灣的傳教與外交》，頁70～129。
〔註187〕傳教士甘為霖在這次民教衝突事件前後的親歷見聞，參見 William Campbell,
　　An Account of Missionary Success in the Island of Formosa, pp. 371～388。

的教堂與吳姓祖墳尚隔一山之遙，而且放眼四處，並無其他鄰居房舍的蹤影。
〔註 188〕換句話說，在地方官員與傳教士的心目中，吳志高所宣稱的教堂有
礙祖墳民居風水的說法，不過是掩人耳目的片面之詞。追究其縱火焚堂的主
要原因，或許是緣起自店仔口居民先前與傳教士的財務、產權等糾紛，由於
存在著先入爲主的成見，以致吳志高等人刻意鏟除外教勢力在鄰近區域的發
展基地。〔註189〕

　　吳志高爲當時店仔口的一方豪強，遍交嘉南地區的縉紳人士。同治二年
（1863）初，曾統轄附近五十餘莊居民協助官軍抵抗戴潮春部眾的進擊，解
除嘉義圍城之急，因此深得地方民眾的擁戴。彰化鹿港士紳吳德功在《戴案
紀略》卷中記載，「其人身材五短，爾雅溫文，無武夫氣。平時爲村學究，屢
試不第，曉暢事機，一呼百諾，兼五十三莊總理」。吳德功在書中並將吳志高
智勇退敵的才能，歸諸於店仔口地區的風水庇蔭所致：「按店仔口後山，即嘉
義文廟尖峰，山上出火，名火山巖，開屏列帳，直趨抵莊。北面有北隙諸小
山，西南有上下茄苳土埠，羅列環拱。其人傑之出，殆由地靈歟！」〔註190〕
在習染風水觀念的士紳眼中，吳志高的擇居地點店仔口一帶具有相當不錯的
風水格局，故能地靈人傑，培育出吳志高這類的社會秀異份子。

　　而在嘉義縣境的這場民教衝突中，以吳志高爲首的地方人士援用風水習
俗作爲反教排外的藉口，其中縱然不乏借題發揮的色彩，然而，我們也不要
忽略了，風水之說既可作爲這位深具領袖魅力的吳志高號召群眾、大動視聽
的反教理由，此舉不啻顯示吳志高本人對於風水的各項禁忌原則具有一定程
度的認知（甚至是習以爲常的奉行者），同時也反映出風水觀念深入人心的影
響力，否則也不至於引起地方民眾的群情激憤與敵愾同仇。

　　在十九世紀後期來臺的外國傳教士之中，加拿大基督教長老會派任的第
一位海外宣教師馬偕（偕叡理，George Leslie Mackay, 1844～1901），可說是
擁有家喻戶曉的知名度。馬偕於同治十一年（1872）三月九日抵達淡水，正
式展開宣教工作。〔註 191〕光緒三年（1877）八月初，馬偕透過教民陳永順
的引介，向淡水縣艋舺草店尾街（今艋舺清水巖祖師廟前方貴陽街二段之一

〔註188〕中央研究院近代史研究所編，《教務教案檔》，第 3 輯，第 1056 號，頁 1442
　　　　～1443。引文中的「教師監物」即甘爲霖。
〔註189〕蔡蔚群，《教案：清季臺灣的傳教與外交》，頁 129～140。
〔註190〕吳德功，《戴案紀略》，卷中，頁 34。另參見蔡青筠，《戴案紀略》，頁 40。
〔註191〕有關馬偕在臺的傳教事蹟，參見陳俊宏《重新發現馬偕傳》一書。

部）的鄭筆承租屋地設堂，以拓展北臺教務，其間卻引起當地紳民的杯葛。
同月初五日，艋舺三邑總理蔡達淇、貢生林紹唐與職員黃龍安（？～1886）、
白其祥（1831～1910）等地方有力人士，向淡水同知陳星聚呈稟當地紳董前
經公議，擬就此草店尾地基建造試館，以供士子住宿。鄭筆如擅自將房屋租
予教民，日後一經開考，應試士子群聚於此，難保無滋生事端且貽累街眾之
虞。再加上附近鄰居傳聞馬偕欲將該店屋加高修理，惟恐其有礙風水方向，
因而告官處置。〔註192〕陳星聚據報之後，於同月初九日照會英國副領事司
格達（B. C. George Scott），說明艋舺紳民抵制草店尾街設置教堂醫寓的基本
立場，其中強調：

> 該店屋加高屋頂，與民居方向均有所礙，且該處公議欲留民房地基
> 籌蓋考寓試館。若設一教堂其間，日後文武生童士子來艋應試者南
> 北不下累千之眾，深恐士子教民難保無滋事之慮。與其滋事而累居
> 民，不若先事而請退租，既無妨礙民居方向，又免民教日久生事。
> 此伊等之所以不願出租該處地基店屋者，實為民教久安之計，並無
> 他意。〔註193〕

對於主事的蔡達淇、林紹堂、蔡龍安等地方紳耆而言，他們訴諸風水習
俗與民教相安的理由，向官府陳述傳教士建堂宣教的不妥之處，具有呈現事
態嚴重性並提升說服力的效果；如此一來，也使得風水問題再度成為這場民
教紛爭的焦點之一。

縱然清朝官員與英國副領事迅即出面調處，艋舺教案中的風水衝突情事
並未就此落幕。在光緒三年十一月初九日淡水分府照會司格達的函文中，曾
追述先前八月十日草店尾街教民屋主「將瓦屋牆壁概行拆倒，欲造加高，左
右鄰居童叟咸稱有礙方向，均各不安」一事。陳星聚據此向司格達強調：「淡
地方向煞氣，最為傷害。刻下居民呶呶投告，竭力約束，奈人眾莫何。稟請
照會諭止等情」。後來經司格達轉詢馬偕，出示教堂並無加高於眾屋之上、不
虞方向關礙的保證，始平息當地民眾的疑慮。艋舺當地民眾與馬偕津津計較
於房舍與教堂的相對屋頂高度，其實是傳統漢文化社會普遍存在的陽宅風水
禁忌。〔註194〕

〔註192〕中央研究院近代史研究所編，《教務教案檔》，第3輯，第1097號，頁1522。
〔註193〕中央研究院近代史研究所編，《教務教案檔》，第3輯，第1097號，頁1522
　　　　～1523。
〔註194〕十九世紀後期入華的英國倫敦會士麥高溫（John MacGowan）即觀察到這類

　　民教相安的情勢維持了兩個多月，至十一月初五日，馬偕抵達草店尾街開堂講經，有感於屋宇結構不符教堂形貌，於翌日起立即興工修整外觀。斯時，當地紳民以馬偕在不商問左右鄰居的情形之下，突然又將租屋拆建加高，違背先前「並無加高礙民方向」的承諾，不甘受害的居民紛紛投訴。同月初八日，忽有紳民兩百餘人群起將馬偕所拆教堂舊木磚料毀壞。主導這次動手毀屋事件的首腦人物，包括生員林紹唐、頭人黃龍安、益興號王馬赤、合益號洪祥與蔡達淇等多名總理。〔註195〕

　　對於信仰風水觀念的紳民而言，教徒執意將禮拜堂屋頂加高的結果，勢將沖煞民居的風水位向，此舉攸關百姓身家性命，牽一髮而動全身。即使司格達事後辯稱傳教士先前和陳星聚的約定僅是教堂「不欲加高於眾屋之上」，不應與教堂「不加高」的情形混爲一談，〔註196〕然而，教徒既無事先告知且不顧居民的反對，加上外國官員未能當機立斷地先行約束教民不要輕舉妄動，在仇外情緒高漲的氣氛籠罩之下，地方紳商終究還是集結民眾，訴諸自力救濟的方式，強行拆除有礙民居風水之嫌的禮拜堂了事。

　　乍看之下，艋舺教案的發生也許是一場誤會，不過這種誤會，卻是出自事前的溝通不當，特別是民教雙方對於風水禁忌的認知差異所致。值得注意的是，在維護境域風水免遭外力破壞的前提上，地方士紳、郊戶商號甚至擔任起群眾進行風水反教運動的發起者暨領導者，與平民百姓站在同一陣線上，應付他們共同的敵對勢力——傳教士及其教徒。〔註197〕由於傳統風水習俗在信仰上的「功利性」特質，使其成爲紳商率領民眾群起抵制教堂設施的動機；而風水之學所具備的「可操作性」或「隨機詮釋性」，得以讓他們援之

　　　　的社會現象：「任何一個曾經參觀過中國城鎮的人都不能不注意到，所有的房子都是一樣的高，人們很難見到比其他房子高的房屋。你也許會奇怪，在你徜徉數十里的街道上，怎麼會有如此單調無變化的統一？爲什麼中國人的思想會滿足於自家的屋頂有著和他的鄰居們完全一樣的高度？這個謎底還是風水。一所房子如果比周圍的房子高出許多，就會給周圍的房子造成危險。……因而，所有的鄰居們將提出嚴正抗議，直到這些可怕的事情平息下去，而高房子又恢復到統一的高度」。引見朱濤、倪靜譯，《中國人生活的明與暗》，〈風水〉，頁116。

〔註195〕中央研究院近代史研究所編，《教務教案檔》，第3輯，第1097號，頁1531
　　　　～1533。另參見 *British Parliamentary Papers: Essays and Consular Commercial Reports, 1877～79*, p. 373.
〔註196〕中央研究院近代史研究所編，《教務教案檔》，第3輯，第1097號，頁1540。
〔註197〕呂實強，〈偕叡理教士在艋舺初創教堂的經過〉，頁62～69。

為理直氣壯的反教藉口，並助長排外的氣勢。由此可見，風水禁忌在地方紳商夥同民眾以拒斥西教東傳的環節中，既是手段，往往也是目的。

　　無論是作為手段也好、目的也罷，當晚清臺灣民教衝突事件中的風水癥結昇華到攸關國際權益的層面，西方各國代表開始關注傳統風水習俗所引發的現實問題，並出面要求清朝政府追究肇事責任。在這樣的沉重壓力之下，政府各級官員勢必對此有所表態，並作出適當的應對處理。

二、官方的態度及其因應措施

　　清朝官員針對臺灣民教之間的風水衝突所抱持的立場，一方面，為能平息外國人士的憤懣不平，避免於晚清多事之秋引起更多有損政府權益的國際糾紛，乃即刻查明肇事緣由、懲辦滋事人等，賠償傳教士的損失，保護教民的安全，並諭令地方紳民遵行禁約條款，不得再加阻撓生事。

　　另一方面，清治當局亦曾向西方官員表示，惟有遷就、甚至尊重風水習俗以穩定民心，才能維持民教之間和諧共處。在前述白水溪、艋舺兩教案中，官方照會外國人士的處置措施，即流露出一種妥協民教、兩方兼顧的理念。〔註198〕光緒四年（1878），艋舺教案最終經臺灣道夏獻綸、淡水同知陳星聚的協調而告一段落，其所採取的措施，不外是賠償教民損失暨協助教堂重建，並向其聲明新建教堂的屋頂高度必需考量風水的因素，以求民教之間相安無事。官方的意向，由此可見一斑：

> 飭傳兩造，諭以屋係屋主拆卸，仍責成鄭筆自行起建。料被街民搬棄，責成頭人黃龍安等公估賠還工料銀一百元，交付鄭筆收領，自行興建，仍照原租店房建復。其地則照原基深淺丈尺，其高則與民房鄰屋相平，並不高出眾屋之上。……屋界以內，聽教民講經設教，不准街民鄰居再有阻撓；屋界以外，不論空地民房，聽居民留為自用，教民不得越界租佔。〔註199〕

　　有鑑於民俗禁忌不容輕易侵犯，一經侵犯則後果難予設想，因此，清代後期政府官員針對民教衝突的對外交涉，有時也會要求傳教士開設教堂之前，必需留意教堂的位置坐向儘量不要妨礙民間風水廬舍，否則將構成其傳教事務的阻礙。官方為了防患未然起見，在與列強簽訂的通商章程或傳教條

〔註198〕蔡蔚群，《教案：清季臺灣的傳教與外交》，頁136〜140，192〜213。

〔註199〕中央研究院近代史研究所編，《教務教案檔》，第3輯，第1100號，頁1558。

款中，往往聲明外國人士在華租地興造或開堂傳教之際，皆不得妨礙民居方向與墳廬風水，先前需經過地方官員查明租約內容是否符合此項規定，始得給與建屋執照，以防其建物位置或坐向與民間社會的風水禁忌有所牴觸，而淪為紳民群起反教的口實，造成彼此之間不必要的困擾。

同治十年（1871）七月，清法兩國因去年五月天津教案一事，重新擬妥傳教章程八條，當中提到：「至教中買地建堂以及租賃公所，應同真正之原業主，報明該管地方官查覈，有無風水窒礙。如經地方官覈准，仍須本地人民不相嫌惡，均無異詞」。〔註200〕同年，中國與日本議定通商章程中的第二款規定：「兩國官民，准在議定通商各口租賃地基，各隨其地成規照辦。總須由地方官查勘，無礙民居墳墓方向，詢明業戶情願出租，方可公平議價」。〔註201〕至同治十一年（1872）三月，中日兩國共訂敦好和約，另立通商條款三十二則，第二款列舉包括淡水、臺灣在內的中日通商各埠，兩國官員均可就地建造屋舍，但必需遵守各該國規制，而在中國境內，「地方官尚要查明無有傷礙風水、毀拆墳墓，並察業主所取價值，務得其中」。〔註202〕光緒七年（1881）八月，福州將軍穆圖善（1823～1887）、閩浙總督何璟（1818～1888）、福建巡撫岑毓英（1829～1889）根據傳教條約曉諭地方軍民人等，教士或教民租賃地方百姓屋地設立教堂，其租據應由領事官照送地方官員，查明其有無違礙情事。教士建堂傳教如有違礙風水方向情事，當地紳民宜先呈報地方官員處置，不得擅行擾亂滋事，以明地主之誼。〔註203〕由此可見，清朝政府基於維護民教及紳商相安無事的前提，對於傳統風水習俗所抱持的審慎心態。

在光緒三年艋舺教案期間，淡水同知陳星聚於八月初九日照會英領事司格達的公文中，即援引事前成約，重申外國人士在臺地開設教堂應遵循如下的條件云：「如果公平定價，無礙民居，不關方向，地方官不得阻止和約，均有明言。可見外國人民與中國人民租賃房屋，尚須各出情願而又無礙民居方向者」。〔註204〕十月初九日，陳星聚因教民擅行加高教堂而引發衝突一事，再度照會司格達，譴責教民違約於先，因而導致當地紳民的群起抗爭云：「經先

〔註200〕寶鋆等纂，《同治朝籌辦夷務始末》，卷82，頁7527。
〔註201〕寶鋆等纂，《同治朝籌辦夷務始末》，卷82，頁7557。
〔註202〕臺灣銀行經濟研究室編，《清季申報臺灣紀事輯錄》，頁1。
〔註203〕淡新檔案校註出版編輯委員會，《淡新檔案·第一編　行政》，第2冊，頁27～28。
〔註204〕中央研究院近代史研究所編，《教務教案檔》，第3輯，第1097號，頁1523。

後傳訊嚴切開導，三次出示，該居民等許以厝不拆建、頂不加高、無礙民居方向，伊等聽其租屋設教。況約載租限兩年設教與民無干，均各安然。兩月餘來教士往來設教送藥，各無異言，一無阻止。今該店主何以忽欲拆建加高，致使眾居民共以方向爲害，紛紛不平」。〔註205〕又如光緒六年（1880）八月，英國傳教士施大闢（David Smith）等人計劃於臺灣府城購地蓋屋，設置女學堂，當地士紳本諸民俗禁忌與男尊女卑的觀念加以抵制，爲此稟請臺灣縣令潘慶辰引約攔阻。潘慶辰據報後呈經臺灣道張夢元，照會英國駐臺領事官霍必瀾（Pelham L. Warren）說明女學堂之設，於條約各款中實無憑據，並希望其能從烏石山教案中的風水癥結得到教訓，「若以省垣烏石山之事較量而觀，自能洞曉，不便觸犯紳士等之所忌也」。〔註206〕

　　當時不僅基督教（新教）的情形如此，天主教（舊教）在臺灣本土的傳佈也曾面臨到同等的待遇。如同治六年（1867）九月，西班牙籍道明會士郭德剛在臺灣府城東門外向陳姓婦人租屋以開設教堂，當地紳民（舉人吳尙震爲首）以該教堂有礙民居方向而禁阻勒遷。郭德剛在民情的壓力下，仍執意搬入居住。翌年（1868）三、四月間，教堂遭附近居民焚毀，呂宋駐廈門領事巴禮勞乃函請總理衙門轉飭地方官員處置，以保障傳教士的人身安全與傳教權益。同治八年（1869）正月二十三日，閩浙總督英桂（1801～1878）據臺灣道府官員查明事件緣由後，呈報總理衙門扎覆巴禮勞照議完結，特別須「轉飭郭教士另租無礙方向民居屋地」，以免別生枝節，再度遭到當地紳民的藉端阻撓。〔註207〕

　　中法戰爭之後，天主教勢力自南臺地區漸朝北部進展。光緒十三年（1887）閏四月，西班牙天主教道明會士何鐸德（或譯何安慈，Celedonio Arranz）未經該國領事先行知會臺北府淡水縣查照許可，逕自在大稻埕（今臺北市士林區、大同區一帶）、和尙洲（今新北市蘆洲區）創設天主教堂。由於先前法軍侵擾北臺之際民間受災慘重，加上法國本身以天主教的保護者自居，抑且在臺活動的法國籍天主教士佔多數比例，造成地方紳民對於該教

〔註205〕中央研究院近代史研究所編，《教務教案檔》，第 3 輯，第 1097 號，頁 1532。

〔註206〕中央研究院近代史研究所編，《教務教案檔》，第 4 輯，第 819 號，頁 1176。

〔註207〕中央研究院近代史研究所編，《教務教案檔》，第 2 輯，頁 1274～1276，1312～1315，1379～1384，1501，1506；Pablo Fernandez ed., *One Hundred Years of Dominican Apostolate in Formosa, 1859～1958*, pp. 97～100；江傳德編纂，《天主教在臺灣》，頁 81～83。

的不良印象，連帶遷怒於同屬天主教國度的西班牙籍傳教士，民教之間於是陷入劍拔弩張的對峙僵局。淡水縣令汪興禕接獲地方紳商的稟報後，飭傳兩地地保到案查訊實情。汪興禕鑒於事關中外交涉，惟恐釀生爭端，遂將何鐸德的違約行爲呈報臺灣巡撫劉銘傳（1836～1895）處置。〔註 208〕

　　劉銘傳據報後，乃通告淡水縣即行禁止民教雙方的不當行徑，諭令該教士暫停傳教且迅速出境，並於五月間轉經總理衙門照會該國呂宋當局駐廈門領事胡敦若（Ortuno），告知清朝官府處置此案的原委。函文中根據中外條約的規定，向其聲明：「教士租賃民房開設教堂，所租何處，應先將租約送由領事官移送地方官蓋印。查所租之處與民居方向無礙，方准給租。此次何鐸德並未先行呈驗租約，竟於有礙民居大街擅設教堂，是該教士不遵約章者」。對於傳教士何鐸德未能依照規約行事，並選擇在中法戰後民怨沸騰之際北上傳教的不智，多所責備。胡敦若則去函要求劉銘傳顧全兩國之間的友好關係，保障該國傳教的權益，同時保護何鐸德免遭不測。〔註 209〕同年六月十四日，清朝政府批准胡敦若申請該國傳教士在北臺從事宣教活動。斯時，淡水縣官員慎重其事，經協調當地紳商鋪戶人等意見，形諸具體的規約，要求何鐸德如「開堂設教，必需照約擇僻靜之所，不得在大街通衢有礙民居地方」。在官員的考量中，西方傳教士惟有順應輿情，才能緩和群眾的疑慮，讓民教之間能夠敦睦共處。〔註 210〕

　　此外，晚清西方宗教在臺灣的傳佈係伴隨著開港通商而來，西方人士來臺的目的，一是通商，一是傳教。在各通商港口興起的洋行，即是西方商人與臺灣人士從事國際貿易的據點。洋行與教堂之間經常相互扶持且彼此聲援，兩者皆爲西力東漸下的產物。其間，洋商爲了擴大業務的經營，在硬體建設與住屋地點的取得多有用心。然而，當他們的租建興造過程觸犯了傳統風水禁忌，仍免不了地方民眾的反彈。如同治七年（1868）八月的英商寶順洋行（Dodd & Co.）租屋案，艋舺紳商黃姓族眾以寶順洋行所租房屋鄰近書院且有礙風水爲由，惟恐就此敗壞當地文風，乃群起向租屋給寶順洋行的民

〔註 208〕中央研究院近代史研究所編，《教務教案檔》，第 5 輯，第 2122 號，頁 2074
　　　　 ～2077。
〔註 209〕中央研究院近代史研究所編，《教務教案檔》，第 5 輯，第 2123 號，頁 2077
　　　　 ～2085。
〔註 210〕中央研究院近代史研究所編，《教務教案檔》，第 5 輯，第 2124 號，頁 2085
　　　　 ～2086。

婦黃莊氏勸阻，並與該行洋商爆發激烈的肢體衝突。此案未幾在嚴懲肇事者、補償洋商損失之後暫告落幕，但英國官商的蠻橫與傲慢，卻也為艋舺地區日後的排外及反教（如光緒三年間爆發的艋舺教案），埋下了仇恨的種子。〔註211〕

　　寶順洋行租屋案的殷鑑不遠，清朝官員為了避免洋行屋舍的興工起造牴觸臺灣民間的風水習俗，造成民教之間的利益糾紛，進而影響島內社會治安，因此，在給予外國商人租地建屋的許可執照之前，地方官員依循條約規定所進行的勘驗工作，特別關注其所在位置有無妨礙民居墳墓的風水坐向。如同治十二年（1873）五月十三日，福建分巡臺澎兵備道兼提督學政在巡字第不列號給英商和記洋行（Boyd & Co.）的執照中，提到該行英商預定在鳳山縣旂後本行地基前填築海灘一地，經過地方官員的會勘，查明該地位置「南至該行門首，北至海港，東至小墻港堘，西至小船停泊所」，在橫直丈量之外，「其餘並無妨礙民居、廬舍、墳墓、水道方向，現經和記英商請租，自可准予租給，專為起蓋行棧，不作別用」。〔註212〕光緒十七年（1891）十月五日，福建分巡臺澎兵備道兼按察使銜唐贊袞發給華商榮記號的執照中，亦追述「德商瑞興洋行前請在於安平沙灘地段起蓋棧屋，當由劉前道飭據臺灣縣，會同前英國駐臺兼辦德國事務署領事官額，親詣該處勘明，……並無妨礙民居方向水道」。〔註213〕

　　如本書第三、四章所述，傳統風水術分為陰宅與陽宅兩大範疇，二者雖然在理論層次方面大同小異，但在應用上則需考量適當的龍脈堂局與現實的區位條件，〔註214〕留意宜葬未必宜居的原則，方不致演成人鬼爭地、陰陽雜居的窘態。因此，當官方租借土地給外國人士從事興造的用途，不僅關心風水位向的問題，另在陰、陽宅的選取上，亦有所規定，不得任意易動。如光緒十四年（1888）十二月，英國領事以基隆港口近到洋船甚多，經常有水手病故，於是向臺灣當局請借大沙灣法兵墳園左右空曠官地一塊，供作亡者葬

〔註211〕呂實強，〈同治年間英商寶順洋行租屋案〉，頁25～29。
〔註212〕臺灣銀行經濟研究室編，《臺灣私法物權篇》，頁1379～1380。
〔註213〕臺灣銀行經濟研究室編，《臺灣私法物權篇》，頁1395～1396。
〔註214〕徐善繼、徐善述，《地理人子須知》，卷6下，〈陽基〉，頁19b～20a。此外，清代姚廷鑾《陽宅集成》卷1〈龍法〉中指出陰陽宅之來龍堂局的概要差別云：「陽基與陰地，看法又有不同。陰地之龍，務須清純緊湊，氣脈圍結。陽基之龍，喜其闊大開陽，氣勢宏敞」（頁36）。

埋之用。臺灣巡撫劉銘傳遂札飭基隆廳官員前去查勘。官員踏勘之後，回報
該墳墓處「左右雖有隙地，均屬窄小；惟法墓圍牆外後依有空山地一片，頗
爲合式，四面無礙。會商基隆洋稅關馬幫辦同往踏勘，亦稱堪以借給營造墳
墓。卑職以此地祗可借爲造葬洋船水手墳塚，不得起建亭臺及別作他用，以
成善舉，而省周折，繪圖稟覆前來」。〔註215〕顯而易見的是，其中除了民俗禁
忌的因素，亦有減少麻煩的顧慮。

　　大致說來，在晚清國際關係敏感且中外交涉緊張的時刻，清朝官員多半
抱持息事寧人的心態，採取順水推舟的作法，處理民教之間的風水衝突事
件，以免釀成更多的國際糾紛。官方的應對措施，總以防止外人別生枝節及
維持中外和諧共處爲主要依歸。值得注意的是，當清朝官員向西方官員與傳
教士擺出妥協者的姿態，從中協調民教紛爭的問題，表面上，恍若執兩用中、
不偏不倚，一切公事公辦、無所縱容；然而，骨子裡，似乎也存在著一些別
有用心的蛛絲馬跡。可以想見的是，清朝政府在鴉片戰爭（Opium War, 1839
～1842）以降經歷一連串對外的軍事挫敗之後，積怨已久，爲能在喪權辱國
的條約中挽回一點天朝上國的尊嚴，因而仰仗民俗禁忌來壓制西方列強得寸
進尺的氣焰，抑止外國勢力在中國境內的過度擴張。在抵制異邦宣教人士的
層面上，官方與紳民的立場往往是一致的；更何況，他們本身也可能是堪輿
學說的信奉者。是以當風水反教事起，官方傾向以風水習俗作爲擋箭牌的意
圖，也就若隱若現了。〔註216〕當然，這類兼顧官府權益與傳統民俗禁忌的
作法，免不了引來西方人士的不以爲然。

三、西人對於風水習俗的反應

　　晚清中外雙方針對傳教事務的交涉過程中，由於清朝官員屢以風水位向
之說對西方人士在中國境內購地建堂一事多加限制，對於民間的風水習俗亦
表態支持或消極默許，諸如此類的理由或舉動，往往引起外國官員與來臺傳
教士的不滿。在當時，他們大致認爲所謂的風水禁忌，本身不過是一種莫名
其妙的民間迷信，然而，清朝官員卻信以爲眞，甚至援之爲推託之辭，頗令

〔註215〕臺灣銀行經濟研究室編，《臺灣私法物權篇》，頁1367。
〔註216〕毋庸置疑的，這又是風水術數具有「隨機選擇性」特質的一項顯著例證，尤
　　　　其是當十九世紀中後期西方各國欲染指北臺雞籠煤礦的時候，清朝官方引藉
　　　　龍脈禁忌以抵制外力予取予求的意向，更形明顯。可參見本書第七章的相關
　　　　分析。

其難以信服。

在前述光緒三年的艋舺教案中，英國副領事司格達於八月三日接獲馬偕的投訴，於次日起照會淡水分府進行查辦。同月九日，同知陳星聚函文告知艋舺紳民以「開設教堂，定欲加高屋頂，大加修理，與民居方向均有關礙」而反對馬偕租屋建堂的理由，司格達旋回覆陳星聚，鄭重說明：

> 本署查偕教士前日所稟，教堂並不加高於眾屋之上，則眾民人可以
> 不虞方向關礙矣。查和約第八款云：聖教原係爲善之道，待人如己，
> 自後凡有傳授習學者一體保護，其安分無過，中國官毫不得苛待禁
> 阻等語。可見凡習教之人，本署亦應一體保護，況係教民設立禮拜
> 堂，按價照租，毫無勒揹，諸與條約相符乎。〔註217〕

司格達強調西教與人爲善的本質，在無違風水坐向及和約規定的情形之下，清朝官紳不宜妄加干涉。同年十二月初九日，司格達復以草店尾街教堂遭毀一案照會陳星聚，批斥艋舺紳商黃龍安等人因先前寶順洋行租屋案與傳教士結下樑子，其所宣稱的風水位向暨屋頂加高與否的問題，不過是有心人士興眾滋事或公報私仇的藉口，實不足爲取，清朝官員應當管制地方紳民的肆意阻撓：

> 據頭人、差保等稟報滋事原由，因居民紛紛投告以有礙鄰居方向等
> 情。本署查偕教士深通本地音語，乃貴分府所知，且其爲人和靄可
> 親，數月來左右鄰居並無一人告及方向之事。又查知草店尾之人亦
> 無具稟者，可見頭人、差保等所稟盡屬虛語。……查草店厝屋獨教
> 民所租之屋，比眾矮些，故偕教士前意只欲升高與眾屋齊平，不欲
> 加高於眾屋之上，不料貴分府誤會來文之意，即傳諭居民謂不加高，
> 縱使眾民紛紛不平。〔註218〕

從上述例證可知，英國領事聽從傳教士的控訴或引據和約內容表達其護教的立場，在其照會清朝官府的行文之中，對於地方紳商和民眾藉口風水生事的舉動，以及官員假借風水爲名的推託作法，頗有微辭。此外，在馬偕的心目中，艋舺民眾三番兩次的拆毀教堂，阻擋傳教工作，主要還是受到當地紳商豪族的唆使，以防制外國勢力的進入，威脅到他們的既得利益。所謂的

〔註217〕中央研究院近代史研究所編，《教務教案檔》，第 3 輯，第 1097 號，頁 1527。
〔註218〕中央研究院近代史研究所編，《教務教案檔》，第 3 輯，第 1097 號，頁 1539
　　　　～1540。

教堂逼近科舉試場等理由，不過是他們欲加之罪的藉口罷了。〔註219〕

　　中外官員僵持在教堂位置與風水坐向有否妨礙的情事，在晚清西教東傳的過程中其實層出不窮。茲以光緒六年（1880）閩省福州府烏石山教案為例，在總理各國事務衙門與德國公使巴蘭德的公文往來之中，雙方周旋於風水習俗的反覆對答，可以讓我們理解到某些未明風水究竟的外國人士與清楚風水內涵的清朝官員在觀念上的對立，以及他們看待風水之說的價值差異。是年二月二十五日，總理衙門查照該府侯官縣紳耆呈稟「烏石一帶山地，係乎閩省風水，所關甚鉅，所請永禁私租私買及拆改創造，係為中外相安起見」，乃照會英、法、俄、美、德、丹、日等國公使分別轉飭其閩省領事官，曉諭各國商民應當一體遵照。〔註220〕德國公使巴蘭德於四月九日回函總理衙門，表示其「祈收來文風水字意謹晰示覆，以便伸明本國知悉可也」。〔註221〕總理衙門遂於四月十三日行文巴蘭德，解說「中國風水諸書其說不一，大要不外陰陽向背、趨吉避凶之意，如見諸明文所稱，如無礙民居、不關方向等語，即指風水而言」。〔註222〕不料，這番剖析風水本質的精簡說詞，竟讓巴蘭德抓到了滿大人的小辮子。他藉此批評清朝官員先前以風水為由，限制西方人士拓展教務與開發產業的自相矛盾云：

> 中國風水諸書其說不一等語，足證風水道理荒邈難憑，而欲以荒邈難憑之說，牽制於條約載明之事，貴王大臣平情以思，當亦見為不可，且恐嗣後中外交涉，凡深惡外國者，皆得持風水兩字蠱惑其中，似此險危弊端，流於胡底，尚望貴國國家通諭各該地方，毋任宵小以風水飾詞，而釀為庚階矣。茲特照復貴王大臣查照可也。〔註223〕

　　巴蘭德以帶有幾分威脅的語氣，建議總理大臣應深明大義，不要再將「不登大雅之堂」的風水謬說載入攸關中外權益的條約內容，以免貽笑外國人士，甚至釀成國際爭端。在他的心目中，清朝官員迷信民間風水的結果，只是授予地方不肖之徒可乘之機罷了。總理衙門大臣對於巴蘭德咄咄逼人的論點，相當不以為然，於同年四月三十日去函反駁，並進一步析論風水的內涵及其社會影響云：

〔註219〕馬偕著，周學普譯，《臺灣六記》，頁68～69。
〔註220〕中央研究院近代史研究所編，《教務教案檔》，第4輯，第781號，頁1107。
〔註221〕中央研究院近代史研究所編，《教務教案檔》，第4輯，第792號，頁1116。
〔註222〕中央研究院近代史研究所編，《教務教案檔》，第4輯，第794號，頁1117。
〔註223〕中央研究院近代史研究所編，《教務教案檔》，第4輯，第798號，頁1122。

中國講風水分陰陽二宅，信陽宅者，既實繁有徒；信陰宅者，尤牢
不可破。在貴大臣以為荒邈難憑，而中國信風水者則以為確鑿可據，
甚至兩造因爭論風水結訟經年。地方官雖百端開喻，亦難破其成見。
此中國數千年來相沿日久，積重難返之事，若因外國租買地基，不
准民間信風水之說，必致釀成釁端，殊非中外相安之道。此係中國
實在情形，無所容其飾詞。如無礙民居、不關方向，自不得藉端盡
惑。貴大臣來華日久，定能深悉不疑也。〔註224〕

　　清朝官員得理不饒人，諄諄告誡遠道而來的歐洲人士，千萬不要低估風
水觀念在中國傳統社會具有不容輕忽的實質影響力；外國官員若不正視民間
的風水習俗，在閩省闢地開發諸事，終將窒礙難行。巴蘭德接獲總理衙門的
嚴正聲明之後，於五月十二日再度回函，以較為緩和的語氣陳述他的基本立
場云：

查前次去文委以風水一說中國講論不一，奸民乘釁原在意料之中，
非以外國租買地基不准民信風水。緣本大臣入華數年，任重事繁，
凡所當言，目求盡責。至民言聽否，地方自有權衡，本大臣無所用
其苛求也。〔註225〕

　　巴蘭德將箭頭指向民間不法之徒利用風水之說遂其所願，並非禁絕一般
社會大眾信奉風水觀念，希望中國官員不要對他先前的說辭逕行斷章取義。
最終，中德雙方代表在態度上，達成了傳教與通商應當包容民間風水習俗的
共識。雖然對於德國公使而言，這是一種有條件的妥協。

　　相形之下，對於風水習俗抱持不妥協態度的外國官員，亦所在多有。如
光緒十二年（1886）正月，北洋大臣李鴻章與法國公使戈可當（G. Gogordan）
交涉中法越南邊界新約條款，當彼此斟酌其中攸關民居風水的條文之際，戈
可當針對李鴻章提議應在條約中載入無礙風水之說的討價還價，即清楚地顯
示其對於這項中國傳統民俗的排拒心態。

李：「……至法國商民前來邊界通商處所居住，均照咸豐八年和約第
　　十、十一、十二等款辦理之下，應添不得有礙民居風水等字。」
戈：「各國均無風水之說，寫明必被他人訕笑。」
李：「照美國約寫不礙民居方向亦可。」

〔註224〕中央研究院近代史研究所編，《教務教案檔》，第4輯，第804號，頁1125。
〔註225〕中央研究院近代史研究所編，《教務教案檔》，第4輯，第808號，頁1133。

戈：「民居必不能礙，方向亦難說，不要寫。」〔註226〕

戈可當堅持在條約中毋須註明舉世獨一無二的風水相關字語，免得落人笑柄，滑天下之大稽。為此，他有意識地排除中國民俗禁忌的牽扯與干擾，以維持國際之間權益交涉的嚴肅性質。

類似的情形，如光緒十四年（1888）八月，福寧府福安縣知縣王士駿與法國傳教士高滿珍協調縣境穆洋村民拆毀法國教堂一案的後續補償事宜，在雙方你來我往的書信裡，展現了一場針鋒相對的論爭過程，也透露出彼此看待風水習俗的價值差異。高滿珍於八月十九日發函，指責穆洋村民附會風水之說，對於其拆燬教堂卻又文過飾非的行徑極為不滿。他進一步提問，中國各行政區域均有教堂，「設使建堂之處須憑風水以為準，則處處得藉以阻止，人人得起以相難，斷非兩國訂約之初心」。王士駿針對高滿珍的問題，於八月二十七日復書駁稱：

> 查風水之說，歐洲之所無，而中國習用之，亦猶貴教士之有洗禮彌撒，亦中國之所無也。我國家政雖君主，而民心之趨向，事事皆委曲聽從，故與各國立約，則曰：無礙民居方向，……夫所謂方向者，即風水書之二十四方向，……若如貴教士所言風水事屬無憑，教民可以自主，則約中既言建造自便矣，何必又議買地章程。〔註227〕

從文化學與認識論的角度，人們習慣以既有的文化環境及歷史背景所形成的概念架構，自覺或不自覺地去看待所處的世界，選擇性地吸納從外界接觸到的訊息，在轉化的過程中提出合乎自我要求或普遍認同的詮釋，拒斥與自身價值系統相容度不高的存在、現象和觀念。也因此，觀察與判斷的本身，大部分受制於也反映出各別的世界觀（Weltanschauung）。〔註228〕返觀前舉巴蘭德的批評、戈可當的堅持與高滿珍的質疑，他們涉及風水習俗的說辭與排拒堪輿術數的心態，其實也呈現出一種西方文化中心觀對於異域文化的歧視。

另一方面，外國人士為了讓各項興造事務得以順利地進行，在他們向臺地官員的呈請書中，通常也會審慎考量風水習俗的因素，先行聲明其擇建地

〔註226〕中央研究院近代史研究所編，《中法越南交涉檔》，第 6 輯，第 1956 號，頁 3386。

〔註227〕中央研究院近代史研究所編，《教務教案檔》，第 5 輯，第 1987 號，頁 1893 ～1895。

〔註228〕此據 Thomas S. Kuhn, *The Structure of Scientific Revolutions* 與 Paul Feyerabend, *Against Method* 二書的相關論證。

點與民居廬舍不相妨礙，儘量從俗而行，以免觸犯眾怒或申請受阻。如光緒十三年（1887）九月，鳳山縣旂后英國籍醫士梅威令（William Wykeham Myers）向官方稟稱：「現欲設造地律風一條，教導門徒習學，以廣學業；並便於請醫，以期速到之用。擬先由本署旗杆之上起線，然後沿江懸達至於德人蚶阿之家，一路所過，俱在洋樓租界之內樹椿配挂，並無罣礙民居房舍」。〔註229〕此種遷就風俗民情的作法，可以說是一種有選擇性的附從。

由於傳統風水觀念在漢文化社會的根深柢固，大勢所趨，也使得在臺傳教士不得不面對入境隨俗的壓力，直須承受風水習俗的衝擊。光緒十三年（1887）初，南部基督長老教會設置醫院的地點，即曾遭到風水民俗的阻礙。光緒十六年（1890）春，英國籍傳教士巴克禮（Thomas Barclay, 1849～1935）為了醫院地點遭到地方民眾以風水為名而反對一事，呈報分巡臺灣道陳鳴志加以處理。〔註230〕身為臺南神學院、《臺灣府城教會報》創辦者的巴克禮，在他的著作中曾指出臺灣社會傳承了傳統中國泛靈崇拜（Animism）的信仰文化，以祖先崇拜最為顯著。地方民眾長期間受到傳統信仰的束縛，並且花費大筆錢財去從事風水墳穴的諮詢、婚喪喜慶的擇日等迷信行為，以至於逐漸陷入貧困的窘境，但卻執迷不悟。對此，他嚴正批評包括風水在內的傳統民俗，不僅有違基督教的根本信仰，也與近代科學知識相互對立。〔註231〕

對於傳教士而言，傳教受到風水的連累，或許是他們始料未及的意外；建立傳教據點必需遷就此項民俗禁忌，也許是他們難以釋懷的情事。在馬偕的著述中，曾記載他本人對於西方宗教與風水習俗之間衝突緣由的見解，同時也反映出十九世紀後期來臺傳教士所面臨的現實挑戰。

馬偕於北臺傳教初期，曾不斷遭到一些地方群眾的歧視、排擠與暴力攻擊，但也陸續獲得不少臺灣人士的認同，進而受洗入教。在信教徒眾與友好人士的協助下，馬偕逐漸在北部地區建立起傳教的據點。〔註232〕艋舺教案期間，馬偕初次體會到臺灣民間傳統風水信仰對於西教傳佈的阻力。在此之後，馬偕原擬於光緒四年（1878）秋在淡水的一處山丘上購地興建醫院，作為他醫療傳教的據點，但因附近居民認為該設置地點會傷礙當地廟宇風水而群起

〔註229〕唐贊袞，《臺陽見聞錄》，卷上，〈通商・地律風〉，頁30～31。

〔註230〕甘為霖著，阮宗興譯校注，《臺南教士會議事錄》，頁353～354，403。

〔註231〕Thomas Barclay, *Formosa for Christ*, 收入《巴克禮作品集》，頁91～95，102～103，108。

〔註232〕相關的例證，可參見馬偕著，陳宏文譯，《馬偕博士日記》。

反彈，以至於籌建醫院的計劃也暫告中斷。〔註233〕

　　光緒十至十一年間（1884～1885），因法軍侵臺，馬偕在北臺設置的教堂泰半受到戰火的波及，景尾（景美）、新店、艋舺（萬華）、錫口（松山）、水返腳（汐止）、大龍峒（臺北市大同區）、和尚洲（蘆洲）、三角湧（三峽）等處教堂接連被反教人士拆毀。馬偕於光緒十一年間向臺灣巡撫劉銘傳爭取事後賠償補助金，隨即在艋舺、錫口、新店重建三所教堂。〔註234〕

　　這三所新建落成的教堂，在外觀上擁有七十至八十呎的高塔與石造的尖頂，也就是秉持風水觀念的漢人所忌諱的屋頂形式（宅形沖煞）。既往在艋舺等地身遭臺灣風水民俗之害的馬偕，在他的回憶錄 *From Far Formosa* 一書中，曾剖析臺灣民間風水習俗的內涵，以及外國人士觸犯這項傳統禁忌的結果云：

> 中國人大抵相信風水，所謂風水就是 Good Luck 之意，是與許多事情有關係的。例如他們以為在泥土和空氣中有一種均衡或什麼神秘的作用，是不可以貿然觸犯的。祇要把新教堂的牆邊加高幾吋，使其高過四周的房屋，就可以使鄰人們驚惶憤怒，因為這是會觸犯風水的。外國人往往照自己的方式做事，無意中違反了中國人的心理，以致引起了無數的糾紛。〔註235〕

　　馬偕基於其對民俗風水禁忌的深切體認，進而從當事者的角度，解說他刻意新建尖頂教堂的用意，希望能藉此破除漢文化傳統的風水觀念，誘導臺灣民眾拋開堪輿迷信而崇奉基督信仰云：

> 我在建築新教堂時，正可以在艋舺、新店及錫口等教堂上造尖頂，使異教徒領悟他們的風水觀念是荒謬的迷信。我們把塔造得比屋頂的人字頭高出七呎，又逐漸加高。中國人往往站在那裏而駭異地呆看數小時；卻不來搗亂，不過自相爭論而已。他們所爭論之點，是在風中搖擺的是木架或是新造的頂尖。……我們造成了尖頂。在每個尖頂的前面，我叫人用灰泥做成燃燒著的荊棘的圖畫，且用漢字寫了歷史的格言「卻沒有燒毀」。〔註236〕

　　馬偕對於先前在艋舺地區因為風水問題而產生的民教糾紛，顯然是有感

〔註233〕 *British Parliamentary Papers: Essays and Consular Commercial Reports, 1877～79*, p. 722.

〔註234〕 中央研究院近代史研究所編，《中法越南交涉檔》，第 6 輯，第 1957 號，頁 3394～3422；馬偕著，陳宏文譯，《馬偕博士日記》，頁 130～137。

〔註235〕 馬偕著，周學普譯，《臺灣六記》，頁 84。

〔註236〕 馬偕著，周學普譯，《臺灣六記》，頁 84。

而發。出自基督信仰的虔誠，他在建築物上作出尖頂的安排，採取「當頭棒喝」般的強硬方式，直接針砭臺灣民間的風水禁忌。當馬偕觀察到當地人士的反應之後，益堅持他「不破則不立」的初衷。爲了增強傳教士宣揚基督教的信心，他引述《聖經》出埃及記第三章第二節的 Nec Tamen Consumebatur（焚而不燬）一句話，作爲教堂頂部的圖像標誌，來紀念過去在北臺地區曾經親歷過的「風水」迫害，以此凸顯出教眾爲求福音宣教而不惜殉教的情操，並賦予其在先前遭到地方人士毀壞的教堂故址上重新建立這幾處教堂的神聖性。

然而，對於秉持風水觀念的地方人士而言，此舉無疑是一項公然的挑戰。後來這幾座教堂竟得以安然無恙，根據馬偕的說法，應是由於當地民眾認爲「教堂的塔高過我們的廟宇，比我們所毀壞的那個還要大。如果我們再毀這個，他將又造一個，而且造得更大。我們不能阻止洋鬼子的佈道事業」。〔註 237〕馬偕的解釋基本上是出自於個人的認知，但從現實政治的層面來看，地方紳民不再阻撓生事、群起毀堂的原因，也可能與劉銘傳——這位在馬偕心目中對於教會相當友善的臺灣巡撫以官方力量的介入有關。〔註 238〕

從馬偕的現身說法中，不難看出其帶有幾分基督信仰的相對優越感，欲使北臺那些尚未濡染基督教義的異教人士，儘速獲得上帝子民的教化。另一方面，馬偕的論述也反映了「風水」在晚清民教糾紛事件中的角色，對於不滿西教的臺灣紳民而言，他們以傳統的風水信仰作爲反教的手段或目的，攻擊基督教士擾亂社會習俗、侵犯公眾權益的不當行徑；對於崇奉天主的傳教士而言，他們則以教理批評臺灣民間的風水習俗，將之貼上「謬說」、「迷信」的標籤，〔註 239〕並訴諸國家權力的支撐，來維護基督教的神聖性，不容「異

〔註 237〕馬偕著，周學普譯，《臺灣六記》，頁 84。

〔註 238〕馬偕的另外一項「風水奇遇」也值得一提，相傳中法戰役之後，馬偕新建高塔外觀的艋舺教堂落成之際，當地有三名學子高中秀才，附近居民認定此舉係受該高塔的風水福蔭所致，後來更譽之爲艋舺風水塔、三哲雄塔或三雄寶塔。因此，當時艋舺教會重建獻堂之際，原爲艋舺當地反教首謀的黃、林、吳三大家族，反倒致贈教會一「耶穌聖教」碑石（立於今艋舺教會前庭左側）。當光緒 19 年（1893）馬偕擬返回加拿大省親之時，艋舺紳民組成盛大的歡送隊伍爲他送行。馬偕的這番際遇，眞可謂「此一時、彼一時也」。陳壬癸，〈馬偕博士與臺灣〉，頁 113～114；馬偕著，林昌華等譯，《馬偕日記》，第 3 輯，頁 106～107。從這項例證也可以讓我們見識到，風水之學在漢人社會的實踐過程中，往往存有某些隨機詮釋的空間。

〔註 239〕可以說，這是當時來臺基督教宣教師對於風水的典型見解，除了馬偕的論述

48 端邪說」的侵犯。民教雙方各有堅持的結果，使得風水因素成爲這場傳統習俗與天主信仰相互衝突的引爆點。

歷史的後見之明告訴我們，外來宗教文化的傳入，勢必與當地的傳統習俗進行一番重新調適的過程。〔註240〕通觀十九世紀後期臺灣民教衝突事件的風水緣由，個中關鍵除了地方紳民對於西方宗教伴隨歐洲帝國主義者「砲艦政策」而來的反感之外，如將焦點著眼於意識形態的層面上，則大體反映出外來宗教文化與本土傳統習俗之間在世界觀上的背道而馳。在這段異文化接觸的歷史際遇中，外來者眼中對於傳統風水習俗的不解與迷惑，以及民教之間紛爭不斷的癥結，無非也反映出兩種不同價值體系的對立，彼此的衝突也就在所難免了。〔註241〕

圖 6-2-1　風水習俗在晚清臺灣民教衝突事件中的角色

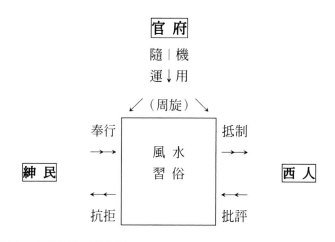

之外，另可參見 William Campbell, *Sketch from Formosa*, p. 297.

〔註240〕相關的論述，可參見 Jacques Gernet, *China and the Christian Impact: A Conflict of Culture* 以及 Paul A. Cohen, *China and Christianity: The Missionary Movement and the Growth of Chinese Anti-foreignism, 1860～1870.*

〔註241〕回溯十七世紀前期西教東傳中國的歷史際遇，亦可讓我們體會類似的情境。如入華耶穌會士艾儒略（Julius Aleni, 1582～1649）於崇禎 10 年（1637）刊刻的《西方答問》卷下〈堪輿〉中，載有一段針對傳統風水習俗的對話，即透露出天主信仰與風水觀念之間所存在的價值差異。當他答覆明季福建人士詢問西方社會是否擇地葬親時，曾引據天主教義借題發揮，批評「信堪輿者，欲奪造物主禍福人世之權，而且滅君父師長之恩。功成名就，則歸於風水，不歸於造物主之賜、父師之訓、與君上之擢用。其大謬爲何如哉！」艾儒略，《西方答問》，卷下，頁 28。關於艾儒略對於傳統風水民俗的觀察及其批評，另可參見洪健榮，〈明末耶穌會士艾儒略對中國傳統堪輿術數的批判〉，頁 237～267。

　　總結本章針對風水習俗與清代臺灣社會互動關係的論述，風水觀念經過渡臺移民的日常實踐，不斷在地域拓墾與文教發展的環節上，發揮出推波助瀾的功能與參照指導的效用。清代中期，臺灣南北各地逐漸趨向於漢人定居社會，在這個轉型的過程中，富有功利性色彩與深具可操作性質的風水習俗，無疑是主要的「催化劑」之一。另一方面，從前述有關流俗紛擾與民教衝突的探討，我們可以看到官方對待這些因風水習俗所衍生的利益糾葛，其態度大致是具有選擇性，其處理的方式也多半帶有隨機應變的色彩，特別是當這些問題一旦牽扯到國際關係的時候，不得不謹慎行事以避免其演變成中外政府的爭執。除了民教之間的風水衝突之外，清代後期治臺官員在臺灣本土進行洋務運動前後，類似的情節也再度上演。

乾隆十八年諸羅縣赤山保奉憲示禁碑
（現存臺南市六甲區赤山龍湖巖）

嘉慶七年義塚護衛示禁碑記（現存臺
南市中西區大南門碑林）

光緒七年新竹縣令施錫衛示禁碑記
（現存新竹市東區新竹公園）

原竹塹望族林祥雲墓園石馬，咸豐年
間北臺漳泉械鬥之際墓毀，此石馬一
度遭到埋沒，目前保存於新北市樹林
區樹林國小

臺北士林芝山巖惠濟宮，相傳清代此
廟每逢初一、十五高掛天燈，艋舺即
發生火災

臺南市麻豆區南勢里水堀頭橋碑
記，其後方即爲傳說中的龍喉穴遺蹟

臺南市北區開元寺，民間傳聞其寺前石頭坑穴地，為清代臺灣知府蔣公子敗壞

臺南市中西區風神廟（前方為接官亭），民間傳聞其廟前為烏龜穴，遭到清代臺灣知府蔣公子敗壞

臺南市中西區馬公廟外關於蔣公子敗壞府城七寺八廟風水的解說牌

嘉義縣新港鄉王得祿墓塋前方的石翁仲、石馬、石羊、石虎

苗栗縣後龍鎮鄭崇和墓塋前方的石翁仲、石馬、石羊、石虎

新竹市東區進士鄭用錫墓塋前方的石翁仲、石馬、石羊、石虎

臺灣基督長老教會白水溪教會今貌
（座落於臺南市白河區仙草里）

白水溪教會左側甘爲霖紀念園區內
立有甘牧師爲霖遭難紀念碑

白水溪教會內保存甘爲霖牧師當年遭
難遺蹟照片（傳道吳樂昌先生提供）

新北市淡水區眞理大學內牛津學堂
（理學堂大書院），其屋頂兩側立有
尖塔

艋舺教會正面中央圓形徽誌標有「焚
而不燬」字樣

艋舺教會舊貌（立於臺北市萬華區艋
舺教會正門左側），其建築主體爲尖
塔造型，兩側屋簷滿佈小尖塔

光緒十一年艋舺黃、林、吳三姓將耶
穌聖教碑贈與馬偕，作為禮拜堂落成
紀念。此碑座後方有一史蹟沿革碑，
記載當年「三哲雄塔」的緣由

艋舺教會建堂沿革碑文中提到「風水
塔」（三哲雄塔）的事由

新店基督長老教會正面徽誌

新店基督長老教會前耶穌聖教碑記

蘆洲基督長老教會（原和尚洲禮拜堂）
正面徽誌

和尚洲天主堂（今新北市蘆洲區聖若
瑟天主堂）解說牌

第七章　洋務運動的風水糾葛

　　十九世紀後期，為了因應外國勢力的軍事衝擊，經由清廷官員的倡導下，陸續在中國各地推行一連串效法西方列強的新式實業，包括礦產的開採、鐵路的修築、電線的架設以及槍炮、輪船的製造等。對於當時普遍奉行風水觀念的平民百姓而言，開礦脈、修鐵路與架電線的過程中，動輒傷損山水形勝，毀壞民間墳塋廬舍，因而激起群眾的抵制，引發了洋務運動前後的種種風水糾葛。〔註1〕洋務事業在臺灣本土實施期間，也曾造成類似的問題。如光緒年間，臺灣巡撫劉銘傳（1836～1896）聘任外國工程師籌建基隆至新竹間的鐵路，當工程進行之際，監工的清朝官員常因受賄而擅自改變原定路線，以避開行賄者的祖墳風水；或是任意將路線朝向鄰近富農的田地、墳墓，以藉機勒索巨款，結果破壞了外國工程師原先設計的坡度及彎度，使得沿途陡坡或急彎隨處可見，造成整體工程效益的低落。〔註2〕此係清季臺灣洋務運動與風水民俗之間相為牴觸的實際例證之一。再者，劉銘傳任內，原擬在艋舺料館口（今龍山國民小學附近）建造鐵道通往新莊的大橋，據傳該橋東端正朝當地豪族黃川流的屋宅，黃川流惟恐風水沖煞之虞，乃擅自草擬一偷蓋龍山寺公印的陳情書，偽造地方輿論，呈請劉銘傳將大橋移造別處。劉銘傳接受這項民意，後來將該橋遷建於下游的大稻埕。〔註3〕除此之外，伴隨著晚清北臺雞籠（基隆）礦務而生的風水問題，也成為當時中外人士及輿論媒體極度關

〔註1〕　李國祁，《中國早期的鐵路經營》，頁16～24；王樹槐，〈國人對興建鐵路的爭議（1859～1889）〉，頁299～318。

〔註2〕　James W. Davidson, *The Island of Formosa: past and Present*, pp. 247～249；吳鐸，〈臺灣鐵路〉，頁166。

〔註3〕　黃啟明，〈艋舺與龍山寺〉，頁48。

注的對象。

留意臺灣近代煤務史的人多半曉得：十九世紀中葉以後，西方列強數度向清廷議請在北臺雞籠山（基隆）開挖煤礦的舉動，曾使得清代臺灣移墾社會中所流傳的風水習俗與龍脈信仰，遭受到西力東漸的現實波折；雞籠龍脈不容毀損之類的說法，也多次構成地方官員推拒外國人士煤採要求的理由。另一方面，清季臺灣本土推行自強新政前後，官辦北臺雞籠山的礦採過程中，也曾經歷過一段洋務與風水之間的利害糾葛。受過當代科學教育「洗禮」的我們，時常理所當然的將之形塑成科技理性／風水迷信相互衝突且彼此對立的一般模式；而這類的刻板印象，亦若隱若現地飄浮在某些地方志書或學術論著的內文中。〔註4〕從社會心態或深層文化的角度，我們不禁要問：同樣是雞籠的風水龍脈，為何會在這些煤務資料中產生前後不一的論述取向？「風水」在各種有關雞籠礦採的論述裡，究竟隱含著什麼樣的權力關係？傳統風水理論上號稱「全臺祖山」、「臺郡來龍」的雞籠山，又怎能內化為煤務論述的客體，以致成了各方矚目的焦點？甚至在特定的歷史情境中，發揮實質的作用？〔註5〕

本章嘗試深入十九世紀後期環繞在雞籠煤務的風水論述中，分析論述的主體輾轉於「礦脈」與「龍脈」二者之間的認知意向與其價值標準，來理解作為觀念建構／權力掌控下的風水客體滲透在這段煤務史的流變過程中，是如何被官員或輿論加以選擇性的定位和技巧性的運用。在資料的運用上，主要以清代官方檔案、實錄、奏議、方志、圖說、碑文配合私家筆記文集、報刊等涉及雞籠煤務的原始資料為基礎，〔註6〕分析這些煤務資料中涉及風水的

〔註4〕 James W. Davidson, *The Island of Formosa: past and Present*, pp. 476～484；連橫，《臺灣通史》，卷 18，〈権賣志・煤〉，頁 499～503；伊能嘉矩，《臺灣文化志》，中卷，頁 716～731；井出季和太，《臺灣治績志》，頁 154～158；朱仲西主修、林鴻標編纂，《基隆市志・工礦篇》，第 3 章第 1 節，頁 14～18；林朝棨，《臺灣省通志稿・經濟志礦業篇》，頁 137～156；吳質夫，《重修臺灣省通志・經濟志礦業篇》，頁 635～658；周憲文，《清代臺灣經濟史》，頁 48～50；臺灣礦業史編纂委員會編，《臺灣礦業史（上冊）》，頁 117～135，570～580；李甘同，〈舊雞籠八斗子煤礦（俗名「清國井」）勘查報告〉，頁 24；黃嘉謨，《甲午戰前之臺灣煤務》，頁 9～54，92～158；戴寶村，《清季淡水開港之研究》，第 4 章第 3 節，頁 93～102；黃清連，《黑金與黃金：基隆河上中游地區礦業的發展與聚落的變遷》，頁 26～39，198。

〔註5〕 這個部份，可以對照本書第二章第三節所論清代文獻關於全臺祖脈——雞籠風水的形塑，作為通觀「龍脈」與「礦脈」取捨關係的背景架構。

〔註6〕 關於本章各節之原始資料與歷史背景的掌握，筆者主要得力於黃嘉謨《甲午

論述取向和其相應的國際情勢、社會現實與官方的政策考量，留意其與時俱移的歷史性、訴說對象的選擇性以及價值判斷的標準、意識形態的立場，進而探索風水觀念在這些具有支配性的論述中所處的權力位置。

第一節　龍脈禁忌與西力東漸的因應

十九世紀後期北臺雞籠煤務史上產生風水爭議的一大關鍵，其實與本書前述風水理論之護龍保脈的民俗觀念，有極為密切的關係。一般說來，煤採作業總需大動地脈、開鑿山阜，方能順利進行；然而，若是開挖的煤產礦脈先前已被界定為境域風水龍脈的話，難免構成彼此之間的利害衝突。相傳明鄭治臺前後，原有開採雞籠煤礦的構想，但惟恐其有礙風水地脈而作罷。〔註7〕清治時期，澎湖青螺山中蘊藏煤炭，然而因該山區關係全境風水地脈，膽敢冒犯禁忌、進行挖掘的人並不多，所以出產量少。〔註8〕

有清一代，歷朝皇帝陸續向各地頒布的煤窯禁令中，亦清楚地反映出這項傳統風水忌諱的深廣效應。據崑岡等撰《欽定大清會典・事例》的記載，順治十七年（1660），皇帝題准「渾河大峪山場，關繫京城風水，不許開窯採石，違者從重治罪」；乾隆元年（1736），皇帝奏准「昌瑞山附近地方，開設窯座，有礙山川脈絡，飭令填實」。〔註9〕相形之下，縱使統治者將禁令放寬，允許民間在官府的監督下從事探挖工作，有時也會特意申明煤採地點，必需與該處風水龍脈不相妨礙的附帶條件。如乾隆五年（1740），皇帝題准「各省產煤之處，無關城池龍脈、古昔陵墓、隄岸通衢者，悉弛其禁。該督撫酌量情形開採」；乾隆十年（1745），朝廷以「宿州之徐溪口，亦有山產煤，無關城池龍脈等項，俱應令民開採」；乾隆三十九年（1774），再次議准「盛京錦州、寧遠義州等屬產煤處所，查明於陵寢風水，實無關礙，准其召募旗民，給票開採，照例抽課，並令地方官隨時嚴查」；至乾隆四十五年（1780），皇帝覆准「懷柔縣北陰背山，開採煤窯，如果無礙田廬墳墓，產煤旺盛，不惟

戰前之臺灣煤務》一書，特此申明。

〔註7〕Duncan MacLeod,. *The Island Beautiful: the Story of Fifty Years in North Formosa*, pp. 17～18；黃嘉謨，《甲午戰前之臺灣煤務》，頁1。

〔註8〕林豪，《澎湖廳志》，卷10，〈雜產〉，頁348。另參見臺灣省文獻委員會編，《澎湖縣鄉土史料》，頁129。

〔註9〕崑岡等撰，《欽定大清會典・事例》，卷951，頁15。

滿兵生計有益，即懷密一帶商民，均霑其利。令地方官招商試採」。〔註10〕前舉的禁令條例顯示，清廷洞悉煤採礦脈與風水地脈之間的利害關係，在斟酌得失與選取先後的環節上，多少抱持著謹慎行事以防萬一的態度。

在這樣的政策取向與社會背景下，一旦風水觀念中的龍脈與煤務開採中的礦脈相互重合，也就是當「礦脈」不巧遇上「龍脈」之際，如何取捨輕重、抉擇去留的爭議，往往因此產生。政經現實、社會環境的條件加上民俗信仰的關係，致使龍脈與礦脈二者之間存在著尖銳的價值矛盾或利害衝突。而當「全臺祖山」的形象趨向明朗化且近於刻板化的時候，恰好碰上十九世紀後期西方勢力窺伺雞籠煤礦的時機。

早在閩粵移民大舉進入北臺之前，西方勢力的入侵，已經讓雞籠「礦脈」的事實，逐漸暴露於世。明末西班牙佔據雞籠期間（1626～1642）與1642年（崇禎十五年）荷蘭東印度公司進佔北臺之後，兩國駐臺人員先後對雞籠礦脈的發掘與利用，立下了歐洲國度經營該地域煤務的歷史先例。〔註11〕清廷領臺前期，官方或從行政建置、海防及通商的觀點，定位雞籠形勢對於中國東南海域的鞏固關係甚切。康熙五十七年（1718）五月，福建浙江總督覺羅滿保（1673～1725）曾上疏宣稱：「福建臺灣北路之淡水、雞籠地方，實為販洋要路，又為臺郡後門，向係臺協水師左營汛地，並未安兵屯駐」。〔註12〕疏言中極力主張朝廷應增強雞籠一帶的兵備，以防患未然。

由於康熙末年朱一貴起事及乾隆晚期林爽文起事的激盪，朝廷深感臺俗民風強悍的震撼，逐漸凝鑄成「臺灣遠隔重洋，民情習悍，向易聚眾滋事」之類的刻板印象，〔註13〕或是帶有「臺灣為五方雜處之地，匪徒兇棍往往滋事」之類的負面成見，〔註14〕促使清朝政府對於「民番雜萃」的雞籠、淡水一帶山川物產的開發陸續設禁，以防範不肖之徒聚眾謀利而肇生禍端，藉此維護臺地內部治安，並保障江、浙、閩、粵四省沿海區域的安寧。〔註15〕即

〔註10〕崑岡等撰，《欽定大清會典・事例》，卷951，頁9～12。
〔註11〕廖漢臣，〈荷人經略北部臺灣〉，頁15～17；黃嘉謨，《甲午戰前之臺灣煤務》，頁1，5。
〔註12〕《大清聖祖仁皇帝實錄》，卷279，康熙57年5月11日，頁3～4。
〔註13〕《大清高宗純皇帝實錄》，卷1194，乾隆48年12月3日，頁5。
〔註14〕《大清高宗純皇帝實錄》，卷1389，乾隆56年10月16日，頁6。
〔註15〕《大清高宗純皇帝實錄》，卷318，乾隆13年7月8日，頁16～17；《大清宣宗成皇帝實錄》，卷248，道光14年正月23日，頁23～25；崑岡等撰，《欽定大清會典・事例》，卷894，頁12及卷895，頁6～7。

使在康熙末期已體認到「雞籠爲全臺北門之鎖鑰」的陳夢林（1664～1739），
曾經慧眼獨具地洞察奇貨可居的雞籠煤炭，可能爲臺郡帶來的「無窮之利」。
〔註16〕然而，礙於當時北臺人文開發條件的先天侷限，加上政策環境的後天
限制，陳夢林空谷足音的構想在清治前期終究惘然。道光二十七年（1847），
嘗渡臺佐理臺灣道全卜年（1780～1847）的丁紹儀，在其所著《東瀛識略》
卷五〈物產〉中扼要地陳述清治前期雞籠煤源、全臺祖山與礦採禁令之間的
利害糾結云：

> 至雞籠山傳有石炭（北方曰煤）。其地爲全臺祖山，且柴薪已燒之無
> 盡，臺人不知所用，故與淡水之礦同禁止，不得挖採。〔註17〕

事出有因，理有固然，如《清史稿・食貨志》所云：「清初鑒於明代競言
礦利，中使四出，暴斂病民，於是聽民採取，輸稅於官，皆有常率。若有礙
禁山風水、民間廬墓，及聚眾擾民，或歲歉穀踊，輒用封禁」。〔註18〕反觀清
朝政府頒布各項有關雞籠煤採禁令的用意，往往呈現出與之相互對應的社會
現象。換句話說，特定禁令的存在，適足以反映民間私採的情形，業已引起
官府的注目。根據文獻記載，先是在乾隆年間，官方考慮到雞籠當地居民私
採煤礦、販售中國本土以應生活所需的謀利行爲，將危害到國家有效統治及
社會安定，便曾以「開挖既甚，恐傷龍脈」爲理由，進而「立碑示禁」——
這極可能是目前所知，清廷最早以維護雞籠龍脈的名義，禁止民間擅行私採
煤礦的規定。如參照同治年間陳培桂等《淡水廳志》卷四〈煤場〉的說法，
此示禁碑後來因年久日深而致淹沒失考。到了道光十五年（1835），淡水同知
復依照當地紳民的稟請，「通詳禁止」。〔註19〕

法籍軍人雷吉納樂德・康（Reginald Kann, 1876～1925）於1906年奉法
國殖民地部長之命來臺考察，曾有如下一段關於晚清北臺煤炭的報告：「十八
世紀時，基隆附近的居民曾在一座山的山坡上挖煤炭，這個時代，迷信的文

〔註16〕陳夢林等，《諸羅縣志》，卷7，〈兵防〉，頁114；卷12，〈外紀〉，頁295。
〔註17〕丁紹儀，《東瀛識略》，卷5，頁62。
〔註18〕趙爾巽等，《清史稿》，卷124，〈食貨五〉，頁3664。
〔註19〕陳培桂等，《淡水廳志》，卷4，頁111～112。先前臺北縣毗臨基隆市的汐止
　　　　鎮內保存一「奉憲禁示私挖煤炭者立斃」碑，邱秀堂指稱該鎮「昔產煤甚豐，
　　　　經當地民眾發現後，前往採據用以代薪者日多」，「恐有傷『龍脈』，於清乾隆
　　　　年間立碑禁止」。邱秀堂編，《臺灣北部碑文集成》，頁60。另參見陳燈貴，〈私
　　　　挖煤炭禁令碑的幾個問題〉，頁1～8。姑不論此碑是否爲《淡水廳志》所提到
　　　　的煤採示禁碑，它的存在，即具體呈顯清治時期雞籠一帶煤禁的歷史事實。

人害怕挖掘工作會把龍神吵醒，就向政府申訴，並獲准在礦區張貼告示，禁止工程繼續進行，但是這項禁令並未獲得到遵守」。〔註20〕

　　由以上的陳述大致可見，自清治中期迄中英鴉片戰爭前夕，擁有「龍脈」及「礦脈」雙重性的雞籠山，一度夾雜於國家公權／民間私利的矛盾之間。從地方官紳的論述立場，為了防制「奸民」肆行不法地濫採煤源，雞籠的「龍脈」形象乃成為其伸張政府公權力首可借重的利器之一。

　　內憂與外患一旦交互更迭，更提昇了雞籠礦採的不安因素，也轉變了朝廷內部看待臺煤事務的著眼點。眾所周知的，從清廷對外關係的角度，道光時期（1821〜1850）不啻一劃時代的轉折。清代中葉，隨著西方列強政經勢力的擴張，構成傳統中國一連串紛至沓來的國際壓力，「外洋各國，自道光庚子通商，來中華者，爭先恐後」；〔註21〕「自中外通商以來，天下之事，繁變極矣」。〔註22〕十九世紀前期，歷經工業革命洗禮後的大英帝國，為拓展其重商主義和殖民主義的政策，極力推動東方鴉片貿易並配合精屬的砲艦手段，強行叩關自居「天朝上國」的大清帝國，以爭取外交平等、治外法權暨更高的商業利潤。〔註23〕中英雙方的商貿糾紛所引發的鴉片戰爭（Opium War, 1839〜1842），既開啟了近代中國變局的序幕，也促使臺灣登上十九世紀中後期列強競逐的國際舞臺。

　　道光二十至二十二年戰爭期間，英軍曾先後五次進犯臺灣本島，遭遇了包括雞籠在內的軍民們強烈的抵抗。〔註24〕其間於二十一年八月、二十二年正月，英船 Nerbudda 號與 Ann 號分別在雞籠、大安港擱淺，船上被俘人員經臺灣鎮總兵達洪阿（？〜1854）及兵備道姚瑩（1785〜1853）的審訊後，多數予以處決，造成震驚中外的「殺俘事件」和其接連而來的「臺灣之獄」。〔註25〕由於這次的經驗，導致清廷對「外夷」入侵臺地的潛在威脅深懷戒心，

〔註20〕引見鄭順德譯，《福爾摩莎考察報告》，頁102。

〔註21〕斌椿，《乘查筆記》，頁433。

〔註22〕王韜，《弢園文錄外編》，自序，頁1a。

〔註23〕Hsin-Pao Chang, *Commissioner Lin and the Opium War*, pp. 16〜119, 161〜217；蕭致治、楊衛東編撰，《鴉片戰爭前中西關係紀事（1517〜1840）》，頁244〜573。

〔註24〕福建師範大學歷史系與福建地方史研究室編，《鴉片戰爭在閩臺史料選編》，頁200〜221，247〜282。

〔註25〕廖漢臣，〈鴉片戰爭與臺灣之獄〉，頁24〜52；王爾敏，〈姚瑩之經世思想及其對於域外地志之探究〉，頁201〜229；陳進忠，〈略論「臺灣之獄」〉，頁50〜

連帶也影響及往後治臺官員處理外國勢力染指雞籠煤礦事務時所抱持的基本態度和應對手段。學者黃嘉謨綜論鴉片戰爭前後清廷的臺煤政策與臺灣煤務的性質，有一段頗為精闢的分析：

> 中國在閉關自守時代，對於臺灣的煤窯事務，……大體上是對內的庶政性質，比及鴉片戰爭以後，海禁大開，中外關係紛繁，關於臺灣煤炭事務，也一變而成為涉及多方面的複雜問題。〔註26〕

　　文中所謂「涉及多方面的複雜問題」，自然是西力東漸直接產生的後果。道光二十二年（1842）七月，中英兩國簽訂江寧條約結束鴉片戰爭之後，臺灣在東亞海域交通上的樞紐功能與軍事戰略上的特殊地位，益受到歐美工業化國家的重視。根據歷來學者的研究，西方列強垂涎臺灣的原因，主要在於臺灣島位置適當且物產豐饒，而雞籠一帶蘊藏質優量多的煤礦，足可作為遠洋航道上的補給處所及其對華貿易的商務據點。特別是英國為了提昇通商利權，擴張他們在太平洋海域的整體勢力範圍，該國船隻絡繹東來，積極爭取東方轉運港和煤鐵供應地，江、浙、閩、粵沿海地區於是成了他們覬覦的對象。〔註27〕至於臺灣早在鴉片戰前即是英國的「歆羨之地」，〔註28〕海防地位愈形緊要。清廷有鑑於臺海防務的情勢，不時諭令當地官員警防雞籠山、打狗山及鹿耳門等扼要口岸，嚴緝閩浙海盜及奸徒勾引「夷船」進行走私活動。〔註29〕道光後期，一當需煤孔急的英國人發覺「全臺祖脈」的雞籠山蘊藏煤礦的事實，「礦脈」遇上「龍脈」的利害衝突，也就亦步亦趨地接踵而來。

　　道光二十六年（1846），英國船隻經常駛往淡水廳轄境雞籠山附近海面。閩浙總督劉韻珂（1792～1864）等人查知雞籠各山有煤產的地點，而英國輪船需依靠煤炭補給動力，就此斷定「其頻年駛往，未必不有所垂涎。因恐內地奸民貪利勾串或竟私自探挖」，〔註30〕乃密行該鎮道轉飭淡水同知曹士桂

56：葉振輝，〈鴉片戰爭與臺灣〉，頁129～135。

〔註26〕黃嘉謨，《甲午戰前之臺灣煤務》，頁4～5。

〔註27〕張世賢，《晚清治臺政策》，頁7～33；黃嘉謨，《美國與臺灣》，頁32～41，58～79，427～429。

〔註28〕文慶等纂，《道光朝籌辦夷務始末》，卷11，頁797。

〔註29〕文慶等纂，《道光朝籌辦夷務始末》，卷66，頁5426～5482；徐繼畬，《松龕先生全集・奏疏》，卷上，〈奉諭密防英夷疏〉，頁46～51及卷下，〈揣度夷情密陳管見疏〉，頁83～89。

〔註30〕洪安全等編，《清宮月摺檔臺灣史料》，道光30年9月26日劉韻珂等奏為遵旨密為防備英夷覬覦臺灣緣由片，頁201～202。

（1800～1848）。時值道光二十七年（1847）正月三日曹士桂東渡鹿港赴任前，劉韻珂親自面授機宜云：「聞夷人言，臺之雞籠山前後一帶產煤，如開採可獲重利云云。夷人火輪船，全用煤火」；然而「其所用煤，皆自夷國攜來，粵地產者乃不可用，今乃垂涎於臺」。〔註31〕劉韻珂根據自己處置中英交涉事務的歷練背景，向曹士桂分析個中的利害環節，提出適時的應急措施。曹士桂於《日記》中記載劉韻珂爲求防微杜漸起見的告誡：

> 誠恐以重利餂漢奸、誘愚民，一中其計，妄聚開採，則此日之巨禍
> 立至，後來之憂患未艾也。現在擬飭鎮、道禁止開採，到彼即傳集
> 紳耆，諭以利害禍福，公同封禁，移知各廳縣一體查辦，有不率從，
> 擅敢開挖，死無赦可也。〔註32〕

曹士桂經過劉韻珂的耳提面命，到任後立刻集結轄境各鄉紳民，向他們公佈官府查禁事項，並刊立示禁碑，力阻民間聚眾擅挖雞籠煤炭的行爲，同時嚴密防範英國方面進一步的行動。〔註33〕我們從曹士桂《日記》中載錄「臺灣，南海中大島也。閩、粵、江、浙屏蔽。山脈發自福州，渡海三百餘里，至淡屬雞籠山起祖，蜿蜒南行，至鳳山之沙馬磯而盡。南北綿互約千二百里，東西半之。西面與福、興、泉、漳遙相直」的一段文字，〔註34〕可以得知他延續了清初以來對於臺灣海防地位與雞籠祖脈說的體認。如此這般的體認，似乎也轉化爲其因應英國窺伺雞籠煤礦的措施。

到了道光三十年（1850）三月，英國再接再厲，經由其駐華公使兼香港總督喬治文翰（Samuel George Bonham）照會閩浙總督劉韻珂，要求採購雞籠山煤炭，以備該國遠洋輪船的燃料補給，結果遭到劉韻珂的斷然拒絕。是年七月二十五日，劉韻珂協同福建巡撫徐繼畬（1795～1873）奏陳該事緣由及其應對英方代表請求的處理方式。在奏文中，他們首先說明臺灣並無江寧條約中的開港通商口岸，英國船隻不應當違反成約擅到此處；文中更指出，雞籠山一帶「向不產煤，所有居民亦從無燒煤之事」，既然如此，英方的煤採請求可謂空穴來風、無中生有之舉。劉韻珂等人爲了強化論述的合理性，進而訴諸民情根深柢固的風水龍脈觀，堅決予以回拒：

> 雞籠山爲全臺總脈，該處居民係閩粵兩籍，性情強悍，保護甚嚴，

〔註31〕曹士桂撰，雲南省文物普查辦公室編，《宦海日記校注》，頁132。
〔註32〕曹士桂撰，雲南省文物普查辦公室編，《宦海日記校注》，頁132。
〔註33〕洪安全等編，《清宮月摺檔臺灣史料》，頁202。
〔註34〕曹士桂撰，雲南省文物普查辦公室編，《宦海日記校注》，頁240。

久禁開挖，以培風水，斷非官員所能強勉，此事斷不能行等詞，照
覆並咨兩廣總督臣徐廣縉，就近向該酋諭阻；一面飛飭臺灣鎮道府
會督淡水廳，固結民心，堅為防拒，使之無可覬覦。〔註35〕

除了雞籠祖山「久禁開挖，以培風水」的顧忌之外，劉韻珂復重申道光
二十七年曹士桂的禁令，照本宣科，以杜絕英人採挖雞籠煤礦的妄念。該鎮
道隨即會同淡水同知史密邀集紳民公議，「嚴禁挖煤，立有禁約，復刊碑碣，
重申勵禁等情」。〔註36〕同年三月二十六日，復有英屬輪船一艘駛進雞籠山口
停泊，福州英領事金執爾（W. R. Gingell）再次要求淡水廳轄境文武各員代為
購買煤炭，當地官員仍然本著堅拒的立場，答覆「以此處本不產煤，且該紳
民呈請嚴禁私開，山坡久已封禁，無從代買」，逼迫英方知難而退。〔註37〕道
光皇帝嗣後獲報此事緣由，對於劉韻珂、徐繼畬等人拒絕英國採購雞籠山煤
炭一事的處置得當，頗為贊許，更諭令他們提高警覺、加意防備，不要讓有
心人士乘機而入。〔註38〕

綜觀前舉論述，表面上是藉由訴諸群眾、體順民意的取向，向英國人士
強調雞籠祖脈及其礦採禁令的不容侵犯。然而，如果我們留意前引奏疏中的
最後一段論旨：「復飭淡水文武，時時密查，如有私挖煤炭者，立即杖斃，以
杜勾串夷人之漸」，〔註39〕多少可以看出，清朝官員刻意向英方隱瞞雞籠煤藏
與當地居民一再私採的實情，嘗試聯結臺地文武官員與地方紳民一體，同心
合力抵拒外力干預，並處心積慮地防制「奸民」私採與通夷、款夷的可能後
患。清廷的立場，不外是考慮到「臺灣為懸海要區，民番雜處，平時尚易生
事，豈容奸夷到彼，借貿易為窺伺」，〔註40〕於是採取正詞拒絕、堅執成約且
力行斥駁的一貫手段，打消英方採購雞籠山煤炭並意圖將「虧折甚多」的福
建港口易換臺灣地方作為通商港口的念頭，免得此端一開，自此別生枝節，
構成帝國內部有效統治的潛在威脅。〔註41〕這類舉動，也可視為清朝政府承

〔註35〕洪安全等編，《清宮月摺檔臺灣史料》，頁180。
〔註36〕洪安全等編，《清宮月摺檔臺灣史料》，頁202。
〔註37〕洪安全等編，《清宮月摺檔臺灣史料》，頁180～181。
〔註38〕洪安全等編，《清宮廷寄檔臺灣史料》，頁1343；《大清文宗顯皇帝實錄》，卷
　　　14，道光30年7月25日，頁11。
〔註39〕洪安全等編，《清宮月摺檔臺灣史料》，頁181。
〔註40〕洪安全等編，《清宮廷寄檔臺灣史料》，頁1344；賈楨等纂，《咸豐朝籌辦夷務
　　　始末》，卷2，頁145。
〔註41〕賈楨等纂，《咸豐朝籌辦夷務始末》，卷3，頁217～281；洪安全等編，《清宮

受鴉片戰敗暨五口通商的屈辱之餘，思患豫防以求安內攘外的因應措施。欽差大臣兩廣總督徐廣縉（1797～1869）等人的奏文中說得相當明白：

> 臣等竊查英吉利一國，全賴眾商之貿易為生計，上下交爭，無不唯利是視。……其欲多立口岸，在初意不過為市易益廣之計。及至沿海得以五口通商，悉仰天朝柔遠之德意，斷不能任其復有要求，漫無限制。……然燎原莫嚮者，先在外夷；恐揭竿群起者，仍在內地。蓋知夷務所先防，尤在民心不可失。〔註42〕

擬似這種周旋於西方人士與地方民眾之間的論述模式，幾乎是道咸同時期官員因應「犬羊之性」、「反覆靡常」且「唯利是視」的外國人士窺伺雞籠煤礦的典型。攸關全臺風水的雞籠龍脈說，每在這種「危機」情勢的推波助瀾之下，出現在抗禦民夷相互勾結、致成禍患的論述中，成為一種近乎「神聖化」的理論依據。劉韻珂、徐繼畬等人於道光後期首開先例，〔註43〕至咸豐元年（1851）正月，因去年雞籠山煤礦請採一事餘波盪漾，咸豐皇帝諭令軍機大臣寄諭閩浙總督裕泰（？～1851）重申煤禁，試以杜絕「奸民」與「外夷」的不軌行徑。根據《咸豐朝東華續錄》的記載，皇帝考慮到「淡水廳屬產有硫磺，有無奸民偷採，往販外夷？去年該夷有請赴雞籠山採煤之謠，未必非借此影射，亟宜實力查禁。著一併嚴飭該鎮、道查明覈辦，並嚴派委員前往訪查曾否封禁，以杜奸萌，是為至要」。〔註44〕然而，天高皇帝遠，賠錢的生意沒人做，殺頭的生意總有人幹，官方禁令雖在，民間私採依舊此起彼落、防不勝防。據學者黃嘉謨的研究，這段時期的雞籠煤務，於是呈現出「禁者自禁」、「挖者自挖」的現象。〔註45〕

另一方面，外力東漸的壓力持續緊張，縱使自道光二十八年（1848）以後清廷對於夷務多半「事事推託，置之不理」，〔註46〕然則西方人士日漸窺破中國內部的政務虛實，其處心積慮地染指雞籠煤藏的企圖，亦未嘗稍懈。咸

廷寄檔臺灣史料》，頁 1348。

〔註42〕 賈楨等纂，《咸豐朝籌辦夷務始末》，卷3，頁251～253。

〔註43〕 相關的論述，另可參見中央研究院近代史研究所編，《四國新檔・英國檔》，第70～71、102～106、131號文，頁56～59，92～96，115。

〔註44〕 潘頤福纂修，《十二朝東華錄（咸豐朝）》，卷7，咸豐元年春正月壬子條，頁36。另參見上海師範大學歷史系中國近代史研究室、中國第一歷史檔案館編輯部編，《福建・上海小刀會檔案史料匯編》，頁115。

〔註45〕 黃嘉謨，《甲午戰前之臺灣煤務》，頁18～20，23～26。

〔註46〕 中央研究院近代史研究所編，《四國新檔・英國檔》，730號文，頁630。

豐八年（1858）五月，清廷分別與英、美、法、俄四國正式簽訂天津條約，准開臺灣府爲通商口岸。咸豐十一年（1861）三月，普魯士（德國）特請在臺灣雞籠、浙江溫州互市通商，〔註47〕迄同治元年（1862）六月，淡水（滬尾）正式開港；翌年八月，復經福州關稅務司美理登（Baron de Meritens）的咨請，添開雞籠作爲淡水（滬尾）的外口附屬港。〔註48〕雞籠正式開港通商的結果，配合上當地礦脈煤質、煤價與運銷便捷的相對優異條件，利潤所在，民間更是不畏官府法紀，鋌而走險，擅行從事採挖工作。〔註49〕原先存在於中國官民之間的利害衝突，連帶加深了外國勢力介入雞籠煤務的複雜程度。由於雞籠山同時在風水信仰與海防地位具備「牽一髮動全身」的關鍵性，因此構成了清朝政府對於外國人士呈請礦採之事的敏感度。

同治三年（1864），時任福建巡撫兼署福州將軍的徐宗幹（1796～1866），爲了因應福州稅務司美理登、滬尾稅務司侯威爾（John William Howell）呈請英商開挖雞籠礦脈的意願，〔註50〕乃聯合臺地社會領導階層發起「全臺紳民公議」的活動，義正詞嚴地引申雞籠龍脈說以資對抗。事件的概略過程，據陳培桂等《淡水廳志》卷四〈煤場〉中的簡要陳述：

> 同治三年，福州稅務司議請洋商租賃開挖，滬尾稅務司亦赴省呈請
> 入山開煤。時值全臺紳民公議，雞籠一帶爲合境來龍，地脈攸關，
> 近聞訛言山根生煤，慮或偷挖傷損，請官立禁；臺灣道府據情稟詳
> 巡撫徐宗幹經咨總理衙門察照在案。〔註51〕

這段文字大致顯示了同治初期中英兩國夾雜於礦脈／龍脈的利害情勢，也交代了徐宗幹拒絕外國人士圖謀雞籠煤礦的時代背景。緊接而來的具體實施辦法，在徐宗幹親撰的〈全臺紳民公約〉中有詳細的記載。文告裡他首先聲明臺北淡水、雞籠山一帶係「合境來龍，靈秀所鍾，風脈攸繫」，近來聽聞沿海「奸匪」竟然訛稱山區蘊藏豐富的煤炭，利源所在，難保沒有民眾罔顧官府的法紀，逕行盜挖礦藏，販售外人以獲取利潤。由於雞籠龍脈「一經傷損，於全臺人民不利」，茲事體大，勢將揭舉全臺紳民公議加以維護，因此公

〔註47〕賈楨等纂，《咸豐朝籌辦夷務始末》，卷77，頁6168～6173；中央研究院近代史研究所編，《道光咸豐兩朝籌辦夷務始末補遺》，頁593～596。

〔註48〕寶鋆等纂，《同治朝籌辦夷務始末》，卷20，頁2025～2029及卷23，頁2326～2329，2343～2344。

〔註49〕李讓禮，《臺灣番事物產與商務》，頁28～34。

〔註50〕黃嘉謨，《甲午戰前之臺灣煤務》，頁28～29。

〔註51〕陳培桂等，《淡水廳志》，頁111～112。

立禁令，訴諸嚴刑峻罰，齊心協力保護臺灣山脈形勢的完整性，以免臺境紳民遭受風水破敗之殃。禁約最後強調：「如遇前項挖煤奸徒，即行圍捕送官。倘敢抗拒，格殺勿論。或內地及各處商販前來購運，大眾協力阻止。若強行開採，富者出資、貧者出力，萬人一心，為全臺保護山脈。有不遵者，公議懲罰。此約」。〔註52〕由此可見，雞籠龍脈說在特定時空背景與國際情勢中，經過論述主體的隨機運用所能發揮的作用。

徐宗幹的論述中所預設的雙重目標，一方面抵禦外力對於雞籠煤礦的覬覦，一方面也防制民間「奸徒」探挖煤源以私相販售，期能一併達成穩定社會秩序與維持國家安全的效應。通觀此論述取向，幾乎秉持了鴉片戰爭時期欽差大臣林則徐「民心可用」的觀念與後來兩廣總督徐廣縉、葉名琛仰仗民力以抗拒西方勢力的方式，並傳承了道光末期劉韻珂、徐繼畬的歷史經驗。我們知道，徐宗幹在「全臺紳民公議」的事件前夕，早已洞悉英國方面人盡皆知的司馬昭之心，他認為「夷人欲於臺地貿易，如果成事，貽禍無窮」，〔註53〕在其所著〈防夷書〉中曾追究姚瑩、達洪阿等殺俘事件以後英方一連串的對臺舉動，指出他們「覦及煤炭，其牟利之心，無微不入，不令處處空虛而不已。且所欲亦不在此，名為改易口岸，實則聲東擊西，借此發難。昔年曾於此地大受創痛，難保其不懷叵測之心，即無異志，終不相安」。有鑑於此，他進一步提出正本清源的作法：「現在防守要隘，以淡境雞籠洋一帶為先著」，「而尤要在使本地奸宄消息不通，乃可令其進退維谷，永絕覬覦

〔註52〕徐宗幹，〈全臺紳民公約（三）〉，引自《斯未信齋文編》，頁32。值得注意的是，江蘇通州人徐宗幹先前於道光26年（1846）曾撰文〈堊廬雜記〉，其中追憶往昔堪輿師為其先人卜地相墓的一段因緣，同時也表達他個人對於陰宅風水的保留態度：「地師沈某，相東郊先塋云：塋前地加高則財旺；塋東南溝水挑通、自東南而至西南、繞過墳前、至西北、又東北繞至塋後正中為止，水有歸宿，則丁旺。塋後走路礙丁，宜去之。十九年後，交上元，子孫便接氣大發。余謂：風脈之說，天事居其半。先大夫易簣時，何嘗計及卜地。及得地，亦求其無妨害耳。彼時塋前皆異姓地，西皆廬舍，嵯峨對峙，不數年皆售變矣。因以重價購塋前地歟。堪輿家言：前有案矣。又數年，前地房屋折毀一空，皆遷徙去。乙巳歸里省墓，因并購其空基地。旁有小墓，有願得錢而移者，從之。自是一望開闊矣；風水無憑，大局固人所共見也。成事在天，謀事在人，聽天而已」。徐宗幹，《斯未信齋雜錄》，頁24。這段質疑風水的見解，如比照其在〈全臺紳民公約〉一文中所揭櫫的雞籠祖脈不得損傷的論調，顯而易見的，徐宗幹針對不同的時空情境與利害關係，為風水龍脈之說作出大異其趣的定位。從徐宗幹的身上，我們可以再度領會到傳統士紳實踐風水觀念之際所具有的「隨機選擇性」。

〔註53〕徐宗幹，〈全臺紳民公約（一）〉，引自《斯未信齋文編》，頁29。

之心」。〔註54〕徐宗幹訴諸全臺紳民公議以抵制英國人士染指雞籠煤礦的手段，足可視爲此防夷理念的具體發揮。

　　美理登等人議請進入雞籠山區挖煤一事雖經紳民稟報嚴禁，暫且拒絕其租採雞籠煤炭的請求，然而「利在必爭，根株依然未斷」，〔註55〕仍舊遏止不了他們的野心。至同治六年（1867）中外原議十年修訂通商條約事宜近期，總理各國事務衙門懲於咸豐十年（1860）因換約決裂導致英法聯軍進佔北京的慘痛教訓，爲求愼重起見，乃自九月十五日起請飭濱海沿江通商口岸地方熟悉洋務的將軍督撫大臣，分別就遣使、銅線、鐵路、內地設行棧、內河駛輪船以及運鹽、窰煤、傳教等細節，「各抒所見，以期共濟時艱」，並收集思廣益、群策群力之效。〔註56〕各督臣曾陸續針對西力開採中國境內煤礦的問題，悉心酌覈進退得宜的辦法，風水的考量則爲其中議論的要點之一。例如，兩廣總督瑞麟（1809～1874）於同年十一月中奏稱：若是准許洋人隨處山場開挖煤礦，對於中國課餉與地方安危均有妨礙，民間田園廬墓勢必遭受損害，此舉切不可行，「應請嚴申禁令爲禱」。〔註57〕署湖廣總督江蘇巡撫李瀚章（1821～1899）認爲凡是產煤山區，多爲人民的物產地域，「未開者，購買難以相強；已開者，窮黎恃爲生計。且野性不馴之輩，動以千百」。外國人士如果未明究竟，冒昧前往採挖，勢必激生各式各樣的事端，因此，官府應就實情諭止他們的行爲。〔註58〕十二月，閩浙總督吳棠（1812～1876）奏陳中特就風水禁忌及課餉利權的問題，否決西方人士在中國境內設廠採煤的提議：

　　開窰煤廠，或關風水、或礙田廬，在中國亦未肯輕舉妄動。此二事於課餉地方大有關繫。現在定約通商，祇應照約遵循辦理；且原通商之字義，不過交易相通，勢不能操我之利權。〔註59〕

　　福建巡撫李福泰（1806～1871）也認爲：「窰煤一事，中國定例，勘明無礙田園墳墓，准商人開採，官徵其餉。所窰之煤，仍飭平價出賣，不准任意居奇。至有礙民居風水，則嚴行封禁，不准開採，所以便民也」。〔註60〕大體

〔註54〕徐宗幹，《斯未信齋文編》，頁26～27。
〔註55〕寶鋆等纂，《同治朝籌辦夷務始末》，卷50，總理衙門條說，頁4826。
〔註56〕寶鋆等纂，《同治朝籌辦夷務始末》，卷52，頁4957。
〔註57〕寶鋆等纂，《同治朝籌辦夷務始末》，卷52，頁4950。
〔註58〕寶鋆等纂，《同治朝籌辦夷務始末》，卷52，頁4980。
〔註59〕寶鋆等纂，《同治朝籌辦夷務始末》，卷55，頁5140。
〔註60〕寶鋆等纂，《同治朝籌辦夷務始末》，卷55，頁5203。

上，民間風水禁忌的不容忽視，成為這些論述中攸關西人煤採請議可否准行的重點之一。就中國本土礦務的通盤性考量而言，不論極度反對也好，選擇性的調整也罷，官員們顧慮到風水民俗與煤礦開採相為牴觸的問題之餘，亦不忘置國家整體利權為根本性的權衡要項。〔註61〕

　　在各種有關臺灣各處煤採開禁所牽涉的外力干預與風水地脈等情事上，福州將軍英桂（1801～1878）的奏陳裡剖析其中窒礙甚多的弊端緣由云：「即臺灣一處，出產煤斤，洋人蓄心已久。然非近接生番，即屬地關氣脈。若堪採奕，華民亦早開山。倘准洋人擇地開採，勢必肇釁爭端」。為能避開中外各國的無謂爭端，他建議上級若能將洋人開採臺煤的事務，統置在官方的監控之下，或可准許其設廠採礦。但是，仍需設限防範，以免妨礙傳統風水習俗或導致利權外流、管理失序等流弊糾紛：「彼如堅請，亦惟定以中國向所採煤之內，會同地方官審度，始准設廠雇工開奕，以杜流弊而免爭端」。〔註62〕英桂的想法中，礦採的開禁條件如此，電線、鐵路的開設問題亦然。他指責「各國但以速傳遞、便貿遷為詞，自圖捷徑，而於中國疆域之險阻、民間之廬墓田地，概置不顧。不知中國情形，與各國迥異。各國地曠人稀，可以開設；中國人稠地密，勢有難行。且民間之田地、廬舍，尚可價買，而獨至墳墓，則雖重價亦難相強。然彼蓄意已久，似難理喻勢禁」。如果政府未能事先加以拒絕，「則惟有約以限制」，冀求能藉此保境安民。〔註63〕

　　英桂的見解，亦傳達了當時某些洋務官員的心聲，他們本身或即風水觀念的支持者，乃至以風水作為抵制西力東漸的精神武裝。例如，陝甘總督左宗棠（1812～1885）指稱電線的安設，「或妨民間出入，或近田疇，或近墳墓，必非民情所願」。〔註64〕總理船政前江蘇巡撫沈葆楨（1820～1879）奏陳電線、鐵路的開設如果有成，對於中國的未來助益良多，然而他也考慮到「民間之田廬，貪利者猶可易地。至壞其祖父之墳墓，雖至愚極不肖者，亦必痛心疾首，聚族而爭」；基於「民心必不可失，應諭以中外一體，彼此宜各順民情」的衡量，沈葆楨提議智巧絕倫的西方人士若「果能別創一法，於民間田廬墳墓，毫無侵損；繪圖貼說，咸使聞知。百姓退無後言，朝廷便當曲許。否則

〔註61〕黃嘉謨，《甲午戰前之臺灣煤務》，頁35～38。
〔註62〕寶鋆等纂，《同治朝籌辦夷務始末》，卷54，頁5084。
〔註63〕寶鋆等纂，《同治朝籌辦夷務始末》，卷54，頁5080～5081。
〔註64〕寶鋆等纂，《同治朝籌辦夷務始末》，卷51，頁4888。

斷難准行」。〔註65〕盛京將軍都興阿（1810～1875）認為外國人士在中國境內安設銅線、鐵路的作業過程，「勢必各處挑空濠塹，安設機器。彼則專為裨於貿易，往來迅疾，不顧民間生計田廬，妨礙風水重地。我則險阻有失，元氣愈弱。當此賊氛未靖，民心未安之時，關繫甚重，似難允行」。〔註66〕廣東補用道葉文瀾特從國家安危的觀點，聲言銅線、鐵路的設置不僅是破壞風水、損毀地脈的不當行為，更是開門揖盜、養虎貽患的無窮禍源：

> 姑無論鏟削地脈，廢山川之險阻；擾害墳墓，啟百姓之鬨爭，即一旦曲從之，在彼國轉輸便捷，萬里可接於戶庭。當四境昇平，固可安然圖利。儻遇有警動，向之限以天塹者，今則朝發夕至矣！耗數百萬之金錢，為後來弄兵者豕突狼奔之捷徑。彼時雖善為防守，其能為力乎？〔註67〕

舉人王葆辰（1835～1890）則提出與都興阿、葉文瀾頗為一致的看法，他認為洋人包藏禍心，不顧風水地脈敗壞之虞，一心一意要在中國本土興修鐵路、電線來加強他們的運輸效率，進而提昇其對中國的通商利權：「嘗謂中國狃風水之說，棄大利而弗收，徒以擾累民廬田墓，堅拒其請，時以為憾。殊不知中國因民之所利而利之，今將萃人力、鑿地脈，洩扶輿鬱積之氣，以快往來」。王葆辰強調，朝廷若是迷惑於西方人士的請設說詞，而不能覺察其中攸關國防軍事動員的利害關鍵，結果將引狼入室、得不償失：「姑無論勢必不行，而關數千里為坦途，失億萬年之天險。當無事之日，利甚少而害己多；及有事之秋，我能往寇亦能往」。王葆辰究明情理、斟酌得失之後，聲明此事萬萬不可准許。〔註68〕廣東訓導吳仲翔本著尊重傳統風水民俗的初衷，呈請朝廷「諭以爾國以利為利，中國則以人民為利。若以圖利之故，鑿地脈、傷廬墓，民心不服，必致爭端。是欲修和已先啟釁」。〔註69〕生員林全初指陳電線、鐵路的設置，勢皆礙及民間的田廬與墳墓，「此事能卻則卻之」。〔註70〕福建巡撫李福泰亦認為，「夫線路之法，岡則平之，山則穴之，驚民擾眾，變亂風俗。體察各省民情，實屬窒礙難行」。〔註71〕前直隸總督劉長佑（1818～

〔註65〕 寶鋆等纂，《同治朝籌辦夷務始末》，卷53，頁4995～4996。
〔註66〕 寶鋆等纂，《同治朝籌辦夷務始末》，卷52，頁4953。
〔註67〕 寶鋆等纂，《同治朝籌辦夷務始末》，卷53，頁5011～5012。
〔註68〕 寶鋆等纂，《同治朝籌辦夷務始末》，卷53，頁5026～5027。
〔註69〕 寶鋆等纂，《同治朝籌辦夷務始末》，卷53，頁5021～5022。
〔註70〕 寶鋆等纂，《同治朝籌辦夷務始末》，卷53，頁5033～5034。
〔註71〕 寶鋆等纂，《同治朝籌辦夷務始末》，卷55，頁5200。

1887）則指出，「因銅線鐵路之故，壞人室廬、毀人墳墓、侵占人田畝，使民痛心疾首。欲得而甘心，彼又奚利焉」。〔註72〕綜括以上的論證，清朝官員權衡政經局勢且體順民情風俗，為能防制西方勢力在中國境內橫行無忌的擴張，舉凡電線、鐵路准設與否的議論中牽涉到的風水問題，其論述取向所蘊涵著權力角逐及價值取捨的色彩，包括其提防西方人士大動地脈的理由，與礦務情境如出一轍。

回到礦採開禁與否的課題上，前舉英桂、吳棠、李福泰、瑞麟等人的煤務論述中隱約透露出，在外國代表不斷的強力脅迫下，清朝官員嘗試提出的折衷性對策，期望能隨機應變，以緩和中外雙方長期環繞於礦採事務的緊張態勢。論述中存在著妥協彼此的彈性空間，應可視為清廷煤務政策轉向的先聲。實際上，在官方對外交涉時而閃爍曖昧的煤務論述中，追根究底，終須以固守清廷主權並保障國家利權為至高無上的要務。一旦觸犯了這項最高原則，則諸事窒礙難行；反之，若能與此價值標準並行不悖，自有轉圜餘地。〔註73〕大學士兩江總督曾國藩（1811～1872）於同治六年（1867）十一月奏陳「挖煤一事，借外國開挖之器，興中國永遠之利，似尚可以試辦」的說辭，透露了當中的可行性。〔註74〕而在同治七年（1868）十月總理衙門陸續照會英國公使暨答覆所請的文案中，更道破了如斯的真相：

> 查各礦為中國極大之業，誠如貴大臣所云，所以不輕開挖者，非為恐傷地脈，亦非慮及滋事也。緣此係國家大利，其權操之朝廷，或開或否，必需慎重籌畫，以期有利無弊，並非故意棄置也。蓋朝廷利權，不可下移，故雖民間自置產業，遇有礦苗，其上祇准耕種，其下仍禁開挖。可見利權所在，不容干預，洋商與華民其理一也。
>
> 〔註75〕

由此可見，不論是洋商也好，華民也罷，二者一視同仁，皆不得侵犯大清帝國整體的內政權益。「朝廷利權，不可下移」、「利權所在，不容干預」等言語，一針見血地闡明了緣自官府利益的角度，一再禁止民人私挖礦脈而外售圖利的根本原因。更何況，在官方的意識中，「礦產並非通商買賣之事，尤應聽中國自主。譬之室有藏鏹，其開發與否，當憑室主，外人不必與聞也。

〔註72〕寶鋆等纂，《同治朝籌辦夷務始末》，卷56，頁5240。
〔註73〕黃嘉謨，《甲午戰前之臺灣煤務》，頁37～47。
〔註74〕寶鋆等纂，《同治朝籌辦夷務始末》，卷54，頁5067。
〔註75〕寶鋆等纂，《同治朝籌辦夷務始末》，卷63，頁5876。

即前議試辦煤窰，借用外國機器開挖，亦係爲中國自謀，兼欲使輪船得買煤之益」。〔註76〕窮則變，變則通，政務必需變通，始能契合時勢；爲達目的起見，可以不擇手段，由此返觀晚清政府官員的涉外論述中針對民俗風水龍脈的種種說法，許多時候，不過是他們據以推諉的合理化藉口，或是他們對外談判的技術性籌碼。在此，我們隱約可以感受到一股法國思想家傅柯（Michel Foucault, 1926～1984）之權力論述中的策略性運作的氣息。〔註77〕對於清廷而言，只要主權在我、利益歸公，於此基礎上與外人說清楚、講明白，開挖解禁與否，到頭來也許僅是時間上的早晚問題罷了。當然，爲求愼重行事，預防與民間風水信仰過度的牴觸，造成不必要的反彈與衝突，總理衙門大臣照覆外國公使之際，有時也不忘宣稱，即使中國通商大臣覈定礦脈開發的地點之前，也需會同政府特派官吏審度勘察，必先以無傷風水龍脈爲起碼的限度：

> 開挖煤窰一事，……飭於南省附近口岸地方，悉心查勘，無礙風水
> 地脈、墳墓民居，可以開挖處所，據實報明，由通商大臣覈定數處，
> 派委妥員督工試挖，一切均由中國自主，將來得煤，無論華洋商人，
> 均准賣用，以資接濟。〔註78〕

前車之鑑，後事之師，憑藉廣泛的民情風俗作後盾，也可爲清廷的涉外協商預留審勢權時的基本尺度，甚至在無可奈何的屈從之中，取得最低限度的有利位置。〔註79〕舉凡同治中後期清朝官員與外國代表交涉之際，「無礙風水地脈、墳墓民居」的說法，往往成爲他們的自衛策略或附帶條件。例如，在同治六年九月清廷預籌與各國修約前夕，總理各國事務衙門回應俄、英、法、美諸國接連議請在中國通商區域內設置電線、鐵路一事，曾「先以失我險阻、害我田廬、妨礙我風水爲詞辯駁，彼悍然不顧；本衙門又以占我民間生計，勢必群起攘臂相抗，眾憤難當。設或勉強造成，被民間拆毀，官不能治其罪，亦不能責令賠償」。〔註80〕而總理衙門大臣數度的「太極拳」，亦曾經觸發英國公使的洋牢騷。英國方面雖然對中國傳統風水禁忌感到莫名其

〔註76〕 寶鋆等纂，《同治朝籌辦夷務始末》，卷63，頁5876～5877。
〔註77〕 Hubert L. Dreyfus and Paul Rabinow, *Michel Foucault: Beyond Structuralism and Hermeneutics*, pp. 184～204, 208～226.
〔註78〕 寶鋆等纂，《同治朝籌辦夷務始末》，卷63，頁5898。
〔註79〕 寶鋆等纂，《同治朝籌辦夷務始末》，卷63，頁5739～5844。
〔註80〕 寶鋆等纂，《同治朝籌辦夷務始末》，卷50，總理衙門條說，頁4822～4823。

妙，但為了實現其長年的夙願，最後還是鄭重向中國官員提呈讓步宣言和保證書面云：

> 從前屢次與貴衙門奉商在中國製造鐵路，均經貴衙門總以有礙風水以及民間田產、房屋、墳墓等事，不便開辦，照覆在案。本大臣現擬於中國製造鐵路，不惟於風水及民間田產、房屋、墳墓毫無妨礙，且能免地方不測之惑。〔註81〕

這個例證從側面顯示，在晚清西力衝擊的氛圍之下，「風水」所曾扮演過的「後衛」角色。〔註82〕由此可見，清朝官員援引傳統上「寧可信其有，不可信其無」的風水信仰，向他們的心目中「貪得無厭」的外國人士討價還價，以限制其過份的得寸進尺。通常是在「共赴國難」、「同心禦侮」的時候，政府高階才肯表態與下層庶民的生活習俗及其日常權益，站在同一陣線。

通觀以上的煤務論述，道咸同之際朝廷方面戰戰兢兢於應對外力東漸的局勢時，其間曾藉由普遍流傳的雞籠龍脈觀念，作為抵制洋人覬覦雞籠礦脈的後盾或禁止民間私自採售煤炭的手段。而類似的情境，於同治六年五月英國公使阿禮國（Rutherford Alcock）請開澎湖虎頭山煤礦之際再度上演，〔註83〕也曾發生在同治七年（1868）九月英國人荷恩（Horn）承領德籍商人美利士（James Milisch）所給執照後，陸續自雞籠等處雇請工匠前往噶瑪蘭廳大南澳一帶「番界」勘查山場、建堡伐木的過程中。當時，總理各國事務恭親王奕訢（1833～1898）等人以「中國土產，不便任令外國人自行採取；且交結生番，恐生後患」為由，照會英、德使臣將該洋人等撤回查辦。在給予英、德兩國的照會裡，清朝官員鄭重申明該地非通商口岸，不准洋人私自向原住民租地墾荒，同時強調：「大南澳山場樹木為全臺地脈所關，臺人固必不允從；況該處均係生番居住，萬一洋人輕入肇釁生端，辦理殊多窒礙」，故嚴屬阻止其妄自開山伐木的違禁行為。〔註84〕

隨著同治中期外國勢力特別是英國方面的持續增壓，「至艻煤一事，先經

〔註81〕寶鋆等纂，《同治朝籌辦夷務始末》，卷63，同治7年英國公使照會並黏單，頁5907。

〔註82〕寶鋆等纂，《同治朝籌辦夷務始末》，卷63，給英國公使照覆並黏單，頁5911。

〔註83〕黃嘉謨，《甲午戰前之臺灣煤務》，頁30～31。

〔註84〕洪安全等編，《清宮月摺檔臺灣史料》，同治8年7月初1日奕訢等奏聞洋人在大南澳伐木墾荒私販軍火照會英布兩國使臣由中國自行挐辦摺，頁1177～1226；寶鋆等纂，《同治朝籌辦夷務始末》，卷66，頁6122～6166。

曾國藩、李鴻章、沈葆楨議覆摺內，均以該國屢次堅請，有不允不休之勢」，
〔註85〕再加上民間私採禁不勝禁的刺激，清朝政府斟酌輕重且權衡至當，在
煤務開採的環節上，不得不採取妥協折衷的措施，在仍未允許華洋人士自行
租窰開挖的條件下，允准其購用中國本土礦產，稍為緩解彼此間箭拔弩張的
緊張狀態，以求能消弭長期以來層出不窮的禍源釁端。〔註86〕

　　同治八年（1869）九月，中英兩國新修條約善後章程中第八款酌定包括
雞籠與句容、樂平等三處產煤地點，「由南省通商大臣查看該處情形，自行
派員試辦。其應否雇用洋人幫工及租買機器，一切悉憑通商大臣主政。矻出
之煤，華洋商人均可買用」。〔註87〕政府原先所堅稱的煤採禁令，於是宣告
鬆弛，連帶促使一向帶有神聖化色彩的「全臺祖脈」形象，逐漸褪色。尤其
當同光時期在官方立場的主導下，推行以模仿西法為主的洋務運動，影響及
雞籠煤務漸次邁入嶄新的階段。洋務官員自強圖新的意向，直接導致風水在
這些相關煤務論述中的權力位置與價值取向，就此轉變。雞籠龍脈說原先具
有的某些優先地位，也隨著富國強兵的洋務浪潮而動搖。

第二節　洋務事業進行時的風水爭議

　　洋務運動是清廷對於西力激盪的具體反應，也是「師夷長技以制夷」之
觀念的實質產物。〔註88〕道咸時期，講究經世致用且留意西方情勢的有識之
士馮桂芬（1809～1874），主張中國應該要環視五洲並放眼世界，儘速採行
西學才能革新應變。他的言論，掀起了洋務運動的先聲。在咸豐十一年（1861）
刊行的《校邠廬抗議》卷上〈籌國用議〉一文中，馮桂芬曾質疑過去清朝官
府禁止各地礦採的措施，論述中針對風水民俗在內的一些顧忌問題提出商
榷：

> 開礦一事，或疑礦稅病民，礦徒擾民，且礙風水，不知風水渺茫之
> 說，非經國者所宜言。開礦非利其稅，即經費之外全以與民，不失
> 為藏富之道。礦徒非賊比，在駕馭得人而已。諸夷以開礦為常政，
> 不聞滋事，且夷書有云中國地多遺利，設我不開而彼開之，坐視其

〔註85〕寶鋆等纂，《同治朝籌辦夷務始末》，卷68，同治8年9月19日總理各國事務
　　　　恭親王等奏，頁6292。
〔註86〕寶鋆等纂，《同治朝籌辦夷務始末》，卷63，頁5921～5922。
〔註87〕寶鋆等纂，《同治朝籌辦夷務始末》，卷68，頁6337。
〔註88〕呂實強，〈論洋務運動的本質〉，頁71～89。

捆載而去，將若之何？〔註89〕

馮桂芬地盡其利、廣開礦源以免利權落入外國人士手裡的想法，特別是撇清風水龍脈與煤採礦脈之間的牽扯關係，以及強調當政者應該「顧風水流俗而薄之」的觀念，逐漸形成同光之際鼓吹中國必需向西方學習的洋務官員與知識份子的共識。

咸豐十年（1860）十二月，恭親王奕訢奏准設立總理各國事務衙門，標幟著自強新政的嚆矢。同治三年（1864）四月，總理各國事務恭親王奕訢等人奏稱這項國家政策的施行緣由，宣告一個革新時代的來臨：

> 治國之道，在乎自強；而審時度勢，則自強以練兵為要，練兵又以制器為先。自洋人搆釁以來，至今數十年矣。迨咸豐年間內患外侮，一時並至，豈盡武臣之不善治兵哉！抑有制勝之兵，而無制勝之器，故不能所向無敵爾耳。外洋如英、法諸國，說者皆知其惟恃此船堅砲利，以橫行海外。〔註90〕

洋務大臣認定咸豐以來中國對外的軍事挫敗，關鍵在於船砲器械不如西方強國的精銳，於是呼籲朝野官紳學習西法以練兵圖強。在這項大政方針的推動下，同治五年（1866）五月，閩浙總督左宗棠奏請在福建海口地區購買機器與募雇洋匠，開始設局試造輪船。至六月三日，奉准設置福州船政局，致力仿製西洋輪船槍砲，以重國防而利民生為當務之急。〔註91〕由於煤、鐵為船政業務所不可或缺的燃料和原料，福州船政局設立之後，自當酌擇適當的礦產地點加強採挖，以便能有效地供應槍砲輪船的製造。而當時北臺雞籠山既蘊藏豐富的煤源，且鄰近福州，具有地利之便，自然引起洋務官員的重視。福建船政大臣沈葆楨乃於同治七年（1868）遣派該船廠法籍監工都逢（M. Dupont）勘察雞籠附近礦區，籌措開採事宜。此舉顯示政府逐步伸展權力操控閩省雞籠煤務的實際運作，俾求物盡其用，強化軍事工業的發展，達成船堅砲利以爭取海權的遠大目標。〔註92〕

〔註89〕馮桂芬著，陳正青點校，《校邠廬抗議》，頁32。

〔註90〕寶鋆等纂，《同治朝籌辦夷務始末》，卷25，頁2475。

〔註91〕中央研究院近代史研究所編，《海防檔》，乙、福州船廠，頁5～10。有關該船廠的成立與發展過程，參見張玉法，〈福州船廠之開創及其初期發展（1866～1875）〉，頁177～225。

〔註92〕寶鋆等纂，《同治朝籌辦夷務始末》，卷97，頁8910～8914；李國祁，《中國現代化的區域研究：閩浙臺地區，1860～1916》，頁273～275，311～313。

　　然而矛盾的是，當福州船政局設立之後，因其仰賴大量煤源的供應，市場的需求刺激大量的生產，在有利可圖的情況下，反倒助長了民間「牟利之徒」私採雞籠煤礦的活動，造成了「幾不可復禁」的局面。官府禁約雖頒，徒為一紙具文。〔註 93〕再加上同治八年（1869）九月中英新修訂的條約中，明文將雞籠煤務列入善後章程的條款裡，迫使清廷正視長久以來包括中外各國、官民雙方涉入雞籠礦區中的勢力消長和權益糾葛，勢必採取主動出擊的方式，化消極的禁止手段為積極的統籌措施。清朝政府方面有關雞籠礦採的「弛禁」政策，即是權衡礦務環節的利害關係，以求能順利過渡到自強新政、利權在我的彈性辦法。〔註 94〕基於煤礦開採事務的現實考量，如何擺脫風水龍脈對於雞籠礦脈的牽絆，以及讓過去的非法私採轉變成未來的合法經營，即成為洋務礦採事業在臺灣本土推行時首當其衝的問題。陳培桂等《淡水廳志》卷四〈煤場〉記載同治九年（1870）正月閩浙總督英桂札飭臺道云：「雞籠煤窟，應就地方民情，悉心體察，派員講求辦法。署臺灣道黎兆棠，檄令淡水廳會同海關委員劉青藜並專委江蘇候補知府胡斌往雞籠查勘」。〔註 95〕這樣的作法，體現出官方臺煤政策轉向的前兆。

　　從《淡水廳志》的相關論述中顯示，當時治臺官員鑒於雞籠地方出產煤炭，復有「合境來龍，地脈攸關」的顧忌，民間私採老早是半公開的事實，而外力垂涎雞籠一帶「地廣而饒，物品繁富」的各項舉措，正迫不及待地蠢蠢欲動。〔註 96〕這個時候，原先已對雞籠煤務的利害環節有深刻認知的閩浙總督英桂，遂命令分巡臺灣兵備道黎兆棠派遣前江蘇候補知府胡斌等人前往勘定，以尋求「亡羊補牢」式的因應對策。官員們實地探勘海港東邊民間私採的深澳坑、深澳堵、八斗仔、土地公坑、竹篙厝、偏坑、田寮港、后山、石硬港、暖暖、四腳亭、大水窟等處煤場計九十二洞，其回呈上級的報告中特別強調，這些私採煤場的所在地點，「皆屬旁山，無礙正脈，去民居遠，於田園蘆墓亦無妨礙」。〔註 97〕換句話說，在他們的看法中，雞籠「礦脈」和煤場的相對位置適當，恰好避開本山正支「龍脈」，既與民間陰、陽宅不相衝突，自然而然的，也就不至於直接觸犯龍脈不可妄加開鑿的傳統風水禁忌。論述

〔註 93〕陳培桂等，《淡水廳志》，卷 4，頁 112。
〔註 94〕蔣師轍、薛紹元編纂，《臺灣通志》，頁 219。
〔註 95〕陳培桂等，《淡水廳志》，頁 112。
〔註 96〕陳培桂等，《淡水廳志》，黎兆棠序，頁 3～4。
〔註 97〕陳培桂等，《淡水廳志》，頁 112。

中陳述官府尊重傳統社會的龍脈觀念，考慮普遍大眾根深柢固的風水信仰，也婉轉地流露出官方涉入雞籠煤採的意願，透過技巧性的修辭策略，以迴避當「礦脈」遇上「龍脈」之際所可能產生的左右為難、進退失據的尷尬問題。

經過地方官員察勘的結果，確定「雞籠口海港東邊深澳坑等處，皆係偏僻旁山，無礙正支龍脈，亦無妨礙民居、田園、廬墓，堪以開採」的原則已經成立，〔註98〕於是進一步傳集當地山主、紳戶等共同酌定礦務章程，籌議在深澳等地點樹立界碑，劃設法定的開採範圍，明令界限以外的區域依舊禁止開採，界內規範的區域則不得租予外人，私自典賣煤炭。對於煤戶、雇工的身分、籍別以及煤礦販運的方式，也多加限定：「煤戶應本籍人，身家廬墓在此；聯結保充，填給執照。其曾在洋行管事服役者，斥之。雇工亦只准淡轄，距洞五十八里內人。每洞不得過二十名。煤戶具結保之。煤戶、工役人等仍遞相結保，買賣俱令投行，官為查察調度。如有不就行郊，自向煤礦買運，以違約論」。〔註99〕由此可見，官方擬將開禁試辦之初附帶的種種限制措施，不外是要將雞籠礦採的整體利益歸公家所有，政府集中調度以利妥善管理。除了福建船政的採運享有釐稅上的優惠待遇之外，〔註100〕尤須杜絕「奸民」私採以及外力干預的弊端。類似的舉措，似乎也呼應了那句「只許州官放火，不許百姓點燈」的典故。

當閩臺官員將詳情咨明總理衙門，旋准設局試辦之際，上級單位認定開挖雞籠港東深澳坑等多處的煤窯，「實於風水、民居無礙，並於該處地方百姓有益，可試行舉辦」。〔註101〕官方局部開放雞籠礦採的同時，猶不忘表明立場，諄諄告誡地方官吏開採礦苗時所應奉行的法令規定云：

> 惟須飭知地方官，認準此事係為中國百姓興利，不與條約相干，亦
> 不與洋人相干。一切招商、給票、設廠、開行、抽稅，均照中國地
> 方開窯為例辦理。如此劃清界限，方免洋商牽混、影射諸弊，……
> 聽民開採，不准土民勾串洋人將產煤處所私行租占。〔註102〕

以上徵引的幾段論述，如果參照前一節所提到的同治前期外國人士覬覦雞籠煤礦的背景，大致反映了英桂先前於福州將軍任內所揭舉的雞籠煤務主

〔註98〕唐贊袞，《臺陽見聞錄》，卷上，〈通商・煤洞〉，頁26。
〔註99〕陳培桂等，《淡水廳志》，頁112～113。
〔註100〕陳培桂等，《淡水廳志》，頁112～113。
〔註101〕唐贊袞，《臺陽見聞錄》，頁26。
〔註102〕唐贊袞，《臺陽見聞錄》，頁26～27。

張，漸次獲得實踐。相對於往昔藉由「全臺祖山」的龍脈禁忌以強化礦脈禁令的作法，斯時官員採取「無礙正支龍脈」的說詞，來合理化其主導雞籠煤務的行為，也可免於前後論述自相矛盾的嫌疑，落入自打嘴巴的窘境。而這次事件的前後，也顯示了雞籠礦採事業的開發，政府多少仍需遷就包括風水習俗在內的地方民情。官方的權宜措施，其中也蘊涵著他們對於現實民生狀況的妥協。曾任臺澎道、臺南知府的唐贊袞分析當時私採雞籠煤礦的利潤，「貧民藉口資生者，亦不下數千人；是利之所在，萬難禁止」，〔註103〕洵為確論。淡水同知陳培桂亦指出當時淡水廳治內「茶、腦、煤三者愈出愈廣。利之所在，人爭趨之」的情形，進而語重心長地呼籲有關當局，應該適時處理其間的利弊得失，以免增長官民之間的尖銳衝突：「是在褒多益寡，隨時調劑之，便得其平耳。語云：『因民之所利而利之』。開闢未久，地浮於人，逋逃藪萃，倘不加整頓，漠然海外置之，比杞憂所以方切也」。〔註104〕陳培桂深明臺灣移墾社會風土民情的特殊性格以及晚清開港通商後的產經情勢，其論述內涵也表明了洋務運動推行時治臺政務的迫切須要。

同治九年（1870）初的官方礦採論述，標幟著雞籠煤務的轉捩點，也象徵著雞籠祖脈的地位開始動搖的臨界點。一旦政府的決策總歸於富強求新以因應時局世變，在風起雲湧、方興未艾的自強新政氣氛中，為了提昇國家的整體所得與軍事實力，首先就必需廣開煤鐵利源，採挖地脈礦藏勢在必行，縱使與民爭利而激犯民怨，也在所不計。凡是面臨到抉擇去取的關鍵時刻，「礦脈」的具體利益，往往凌駕在「龍脈」的民俗禁忌之上。因此，清朝官員涉及雞籠煤務的論述焦點，便傾向於設法將「龍脈」的虛擬形象予以轉換，甚至摒除「全臺祖山」的意識糾葛，致使「礦脈」的實質對象取得優先選擇的地位。最終透過移花接木、瞞天過海的手法，達成明修棧道、暗渡陳倉的效果。整體而言，洋務運動進行官辦雞籠煤務之際的論述取向，逐漸呈顯出「礦脈」排擠「龍脈」的過程，以及「風水」轉變成「禍水」的結果。

清朝官員為了站穩官辦雞籠礦採的立場，刻意擺脫全臺祖脈的民俗羈絆；而這些「只准自己放火的州官」為了維護官營雞籠煤務的利益，針對民間的違禁私採行為亦嚴加稽查阻遏。如同治九年十二月，大奎隆總理何拱辰、董事王家齊稟告淡水同知陳培桂，有后山煤主許仰僱用工人擅自開挖煤

〔註103〕唐贊袞，《臺陽見聞錄》，頁 27。
〔註104〕陳培桂等，《淡水廳志》，頁 115。

洞，並無事先呈報勘准。陳培桂爲此批示：「查雞籠煤壙，前經本分府會同委員候補府胡查勘造冊，詳報在案。該后山山主許仰輒敢於呈報勘准之外，違禁私開煤洞，膽玩已極，候飭差嚴拘訊辦，以儆其餘。該總董等仍隨時妥爲查禁，毋稍疏懈」。〔註105〕總理何拱辰、董事王家齊果眞盡守本份，於同月下旬復以石梗港煤礦主林養兒、劉三等人私挖煤洞，既近街市民居，並且「有礙地脈」，爲此夥同地方生貢、街正人等稟請淡水廳衙門加以封禁，「以衛地脈」。同知陳培桂爲了順應輿情，乃於翌年正月飭令差役前去該處標示封禁。〔註106〕在這項案例中，民間的龍脈信仰再度浮上檯面，成爲地方官紳禁止民人私採雞籠煤洞的理由之一，也讓我們再次見識到「風水」的現實功利性，以及官府面對這類傳統習俗的隨機選擇性。

內政之外，緊接而來的外力侵凌，更迫使清朝政府反求諸己，亦直接或間接地助長前敘的論述取向。同治十三年（1874）四月，日本藉口牡丹社事件進犯臺灣，並圖謀「物產殷阜」的雞籠、噶瑪蘭一帶，導致朝野人士義憤填膺、憤懑不已。〔註107〕輿論或痛責「蕞爾」日本竟然輕視中國柔弱，是可忍孰不可忍，進而呼籲政府積極仿傚西方國家從事雞籠等處的煤採事務，俾收富國強兵的效用。同年五月三十日，《申報》刊載一篇〈論日本侵犯臺灣事〉，文中就如何處理日軍侵臺的善後事宜，宣稱「自今以往，如開礦、采煤、冶鐵、制造、鼓鑄與夫一切格致有用之學，無不迫之以效法者，非好騖新奇也。海禁一開，不如此不足以禦敵國外患也。蓋天運循環，其勢有不得不然也」。〔註108〕同年十月四日，《申報》復載錄一篇〈與友人論臺灣善後事宜〉，論述中主要站在國家權力伸張與漢人中心主義的立場，建議清廷施展「開山撫番」的善後措施，實踐王者無外／用夏變夷的正統意念，貫徹移風易俗的手段，以馴化曠野「生番」接受中華禮教的價值系統，「倘仍不遵德化，便可示以兵威」。〔註109〕該文作者甚至認爲，不惜動用武力開啓戰事，勢必要讓「化外番地」盡歸大清版圖，才能化解虎視眈眈的外國勢力染指臺灣領土的企圖。這樣的構想，無非是意圖透過一種侵略行爲去阻止另一種侵略行爲的發生。文

〔註105〕吳密察主編，《淡新檔案‧第一編行政》，第 9 冊，〈礦產、工程〉，頁 33～35。
〔註106〕吳密察主編，《淡新檔案‧第一編行政》，第 9 冊，〈礦產、工程〉，頁 36～39。
〔註107〕屠繼善，《恒春縣志》，卷 18，〈邊防〉，頁 277～286；寶鋆等纂，《同治朝籌辦夷務始末》，卷 94，頁 8622～8656。
〔註108〕臺灣銀行經濟研究室編，《清季申報臺灣紀事輯錄》，頁 191。
〔註109〕臺灣銀行經濟研究室編，《清季申報臺灣紀事輯錄》，頁 441～442。

中更針對國家的利權問題，指陳政府廣開各原住民社域內山諸礦的急切性：

> 各社山中，聞諸礦亦屬不少；縱無金、銀之產，定有煤、鐵之生。
> 若能開挖，亦有大利；生番不知「風水」之說，必無從中阻撓者。
> 並聞其地人跡罕到之區尚有多處，其中材木，亦必大有可觀者。
> 〔註110〕

　　為了圖謀王化未及的「生番」所在山區的礦產利源，該文作者基於漢族文化本位的價值觀念，設想臺灣原住民原無風水信仰——也就是說，既然他們未嘗習染中國傳統的堪輿風俗，就不致於引起「礦脈」與「龍脈」的價值矛盾和意識衝突，自然不會因為護龍保脈的關係阻撓政府挖掘山嶺礦脈的作為。我們可以看到，論述中的「風水」搖擺於政府權益／外力壓迫／民俗利害之間的複雜牽扯，是如何被某些有心人士加以隨機操作。

　　除了輿論的推波助瀾之外，開礦與否的最終權責仍舊掌握在上層決策者的意向。總理衙門於同治十三年九月奏陳日軍侵臺變生倉猝，海防亟待切實籌備，遂請飭下南北洋大臣、濱海沿江各督撫將軍詳加籌議，限一月內覆奏，再由在廷王大臣詳議緊要應辦事宜，致力解除軍政外交的後顧之憂。〔註111〕兩江總督李宗羲（1818～1884）於十一月上奏剖析中西國防軍事強弱的緣故，力陳煤鐵礦採對於自強新政的必要性。他認為煤鐵礦山為中國先天俱有的自然利源，「若一一開採，不獨造船造砲，取之裕如，且可以致富、可以自強」；只要主管當局管理妥當，倒無庸過慮開辦過程所可能產生的流弊：「或謂一經開礦，則必招集無賴，深恐易聚難散，釀成巨案。臣愚以為釀患之說，蓋由經理不善之咎，不必鰓鰓過慮，因噎廢食」。〔註112〕湖廣總督李瀚章（1821～1899）也秉持類似的初衷，奏稱各省煤鐵等礦若能試行開挖，妥籌辦理以廣闢國家利源，既可供應各船廠鑄造槍砲、輪船的原料及燃料用途，亦能將剩餘的礦產作為商品，出售所得來資助軍餉。〔註113〕

　　斯時大勢之所趨，也就是官辦雞籠煤務的擬議傾向明朗化的同時，〔註114〕風水龍脈說有時被視為妨礙煤務進行的一項阻力，以至於受到刻意的迴避，甚至遭遇嚴厲的斥駁。例如，深感於中國官紳普遍「昧於數千年來一大變局」、

〔註110〕臺灣銀行經濟研究室編，《清季申報臺灣紀事輯錄》，頁442。
〔註111〕寶鋆等纂，《同治朝籌辦夷務始末》，卷98，頁9032～9034。
〔註112〕寶鋆等纂，《同治朝籌辦夷務始末》，卷100，頁9227。
〔註113〕寶鋆等纂，《同治朝籌辦夷務始末》，卷100，頁9246～9247。
〔註114〕黃嘉謨，《甲午戰前之臺灣煤務》，頁105。

「狃於目前苟安」的北洋大臣李鴻章（1823～1901），曾經反省「英國所以雄強於西土者」，主要因該國依恃大量的煤鐵以製造船砲機器。因此，他一度建議清廷師法洋人的礦採技術，廣開中國大陸與臺灣等處的豐富礦源。〔註115〕而在同年十一月，李鴻章更以大學士直隸總督的身分，奏議一切仿造西法次第開挖中國本土諸山的礦藏，南方各省濱江近海的區域亦可試行開辦。他認為，中國船械製造所需煤鐵若可自給自足，即毋庸向外國購置，免受仰人鼻息的悶氣，並可以就此練兵造船，自立自強，迎頭趕上西方列強的軍事力量。在廣興礦務有利於軍國大業的前提下，李鴻章譴責一些包括風水術數在內的因素阻擾新式礦採的弊端云：

> 近世學者，鑒於明季之失，以開礦為弊政，不知弊在用人，非礦之不可開也。其無識紳民，惑於鑿壞風水；無用官吏，恐其聚眾生事，尤屬不經之談。刻下東西洋無不開礦之國，何以獨無此病？且皆以此致富強耶？〔註116〕

「項莊舞劍，意在沛公」，李鴻章的論述中針對風水習俗的強烈抨擊，目的在定位其愚惑人心、不足為取的刻板形象，來求得官辦煤務及各地礦採的名正言順。然而，我們不要忘記，同樣是李鴻章，先前在同治六年（1867）十二月六日湖廣總督任內，曾奏稱一項如何敷衍洋人議設鐵路電線的策略，特別是清朝官員可以倚靠民間的風水習俗作為回拒的理由云：

> 洋人貪利無厭，志在必行，數年以來，總未得逞，固由內外通商衙門合力堅拒，彼亦明知民情不願，勢難強偏也。換約時若再議及，只有仍執前說，鑿我山川，害我田廬，礙我風水，占我商民生計，百姓必群起爭抗拆毀，官不能治其罪，亦不能責令賠償，致激民變。
>
> 〔註117〕

前後的說辭對比之下，顯示出李鴻章針對不同的訴說對象、內政方針與外交情勢，隨意調整「風水」在論述中的所在地位，以符合特定時期的朝政需要，進而保障至大無外的國家利權。對於風水的隨機選擇，反映出李鴻章的務實性格；而李鴻章個人的論述轉向——從借重風水到抹黑風水的作法，也與風水從西力東漸到洋務運動時期的形象轉變相互呼應，深具時代意義。

〔註115〕寶鋆等纂，《同治朝籌辦夷務始末》，卷86，頁7927～7940。
〔註116〕寶鋆等纂，《同治朝籌辦夷務始末》，卷99，頁9142。
〔註117〕寶鋆等纂，《同治朝籌辦夷務始末》，卷55，頁5157～5158。

　　江西巡撫劉坤一（1830～1902）考察「時議以中國煤源甚廣，爲外洋各國所需，若大加開採，不惟足濟中國輪船之用，並可販運出洋，必有補於國計」之餘，並進一步衡量煤礦採挖與國計民生以及龍脈禁忌的關係。他建議政府當局，應該深慮各環節間的利害輕重與得失去取云：

　　　然不用西洋機器，則所出必不能旺；若以機器施之，又恐震駭耳目，

　　　山野愚民，動以有傷地脈、有妨生計爲詞，群起阻撓，不可不豫爲

　　　慮及，能否以漸推行，是在司其事者之悉心經理耳。〔註118〕

　　在劉坤一的想法裡，惟有愼重行事以緩和風水民俗的先天阻力，才可保障機器採煤的成效，以免事倍功半的缺憾。同年十一月十日，劉坤一復浙江巡撫楊昌濬（石泉，1825～1897）論時事的信函中，除了反省日軍侵臺所凸顯的東南海防問題之外，也提到「時議以各省煤礦頗多，將用西法開採，誠不無小補。而或者謂發洩太甚，有傷地脈，有礙生計，似亦不爲無見也」。〔註119〕劉坤一秉持同情的態度對待風水與煤務之間的矛盾問題，雖然到頭來，礦採的優先性還是他的出發點。〔註120〕

　　在一片洋務自強的聲浪中，清朝官員鑒於東南海防的考量，益加重視雞籠煤務的實際推展與連鎖效應。〔註121〕「礦脈」與「龍脈」之間的利害糾結，也零星地浮現在這些攸關雞籠礦務運作的論述之中。光緒元年（1875）四月二十六日，皇帝諭示開採煤鐵事宜，允照李鴻章、沈葆楨等人的奏請，「先在磁州、臺灣試辦，派員妥爲經理」，官辦北臺雞籠煤務正式合法開張。值得我們留意的是，光緒皇帝的諭旨中特別強調，即使有需要藉用外國人士的部分，「亦當權自我操，毋任彼方攙越」，顯示朝廷堅持利權不輕易外流的根本原則。〔註122〕另一方面，由於臺灣海防地位及風俗民情的特殊性，官辦臺煤開採業務幾乎與「開山撫番」事宜，一體同步進行。〔註123〕有關雞籠礦區的治理上，兩江總督兼辦南洋海防通商事務大臣沈葆楨於光緒元年六月十八日上

〔註118〕寶鋆等纂，《同治朝籌辦夷務始末》，卷100，頁9263～9264。

〔註119〕劉坤一，《劉坤一遺集》，書牘卷5，頁28。

〔註120〕直到光緒20年（1894），南洋大臣劉坤一電奏其查勘南洋各地煤斤情形，文末亦秉持相同的論調宣稱：「蓋開礦雖興地利，必當無關地脈、民間廬墓，方可有利無害；苟有產煤較旺而無關礙者，自當留意開採，以供取用」。臺灣銀行經濟研究室編，《清光緒朝中日交涉史料選輯》，頁120～121。

〔註121〕黃嘉謨，《甲午戰前之臺灣煤務》，頁104～113；潘君祥，〈論官辦基隆煤礦的創辦和經營〉，頁86～92。

〔註122〕《大清德宗景皇帝實錄》，卷8，光緒元年4月26日，頁10。

〔註123〕沈葆楨，《福建臺灣奏摺》，頁52～53。

臺北擬建府治統轄一府三縣摺中，提到雞籠「通商以後竟成都會，且煤務方興，末技之民四集，海防既重，訟事尤繁。該處而未設官，亦非佐雜微員所能鎮壓。若事事受成於艋舺，則又官與民交困。應請改噶瑪蘭通判爲臺北府分防通判，移駐雞籠以治之」。〔註124〕沈葆楨洞察雞籠礦務進展與海防情勢聲息相應，惟有設官治理，加緊內外守備，防患於未然，才能保障煤採事業的一帆風順。〔註125〕

　　光緒二年（1877）底，福建巡撫丁日昌（1823～1882）巡閱雞籠煤礦並繞視沿海東岸的兵防形勢之後，〔註126〕於次年正月二十二日奏陳當局如何統籌臺灣全局的施政措施，條分縷析其中的利害關係。丁日昌指出：「臺北一帶，滿山皆礦，煤鐵出於是，硫磺、樟腦、煤油、茶葉出於是。往往洋人既知而我尙未知，洋人既採而我尙未採」。〔註127〕若要平息外國勢力垂涎臺灣礦利的奸狡計謀，唯有豐裕軍實且固守邊防，才能一勞永逸且長治久安。他酌量正本清源的辦法，擬請政府開辦輪船與礦務事業，其國是建言中更附帶澄清風水民俗的無庸顧慮云：

> 輪路開、礦務興則兵事自強，而彼族之狡謀亦旬息，……夫臺灣不辦輪路、礦務之害，如彼辦輪路、礦務之利也。如此其得失取舍，固可不待懸揣而知。而或者慮輪路、礦務一辦，必致傷人廬墓，百姓怨嗟。不知臺中曠土甚多，輪路不致礙及田廬；開礦之處，並無人居，且風水之說，亦未深入膏肓，此可無慮者一。〔註128〕

　　同年四月十四日，丁日昌復奏陳臺灣雞籠煤務的辦理頭緒，文中指出臺灣礦務以煤採的利潤最大，用途也最爲廣泛，若能雇用洋匠，並配合機器開採雞籠煤層的經營方式，必定有利於國計民生。有鑑於此，他主張在雞籠各礦區內設立碑界，如此一來，「利源可盡歸公」而且「他族可免覬覦」。〔註129〕在這樣的見解之下，前引文中「風水之說亦未深入膏肓」的說法，其實帶有

〔註124〕洪安全等編，《清宮月摺檔臺灣史料》，頁2025；沈葆楨，《福建臺灣奏摺》，頁58。

〔註125〕《大清德宗景皇帝實錄》，卷13，光緒元年7月14日，頁19～20及卷24，光緒元年12月20日，頁4～5；洪安全等編，《清宮月摺檔臺灣史料》，頁2421～2424。

〔註126〕洪安全等編，《清宮月摺檔臺灣史料》，頁2446～2447；臺灣銀行經濟研究室編，《清季申報臺灣紀事輯錄》，頁654。

〔註127〕洪安全等編，《清宮月摺檔臺灣史料》，頁2466～2467。

〔註128〕洪安全等編，《清宮月摺檔臺灣史料》，頁2472～2473。

〔註129〕洪安全等編，《清宮月摺檔臺灣史料》，頁2663～2664。

一種避重就輕的色彩。一方面，這適足以顯示風水觀念的深入人心，致使治臺官員進行洋務事業之際，必需加以考慮、面對並妥作因應；另一方面，清廷的政策轉向以國家富強、安內禦外爲第一優先考慮，直接影響到煤務論述中所牽涉的風水龍脈說，逐漸淪落到近乎無足輕重的邊陲位置，形成了一種中央／邊陲←→礦脈／龍脈的對應關係。在「礦脈」的大軍壓境下，「龍脈」終至節節敗退、潰不成軍。風水的昔日風光，幾成過往雲煙。

　　光緒四年（1878）四月十日，《申報》刊載〈煤說〉一文，爲我們提供了相關的例證。該文作者根據「中國諸省皆有煤礦可開，前者西人所估數浮於外洋幾倍，雖不盡信而揆之中土素產之煤，則所差亦不甚懸殊」的論點，分析全球四大洲中惟獨中國不能倚靠煤礦獲取鉅利的關鍵，乃肇因於風水民俗從中作祟所造成的不良後果：

　　　　……大抵中人習俗惑於風水之說。現所開採者本從闢地施功；而山
　　　　中煤苗最佳之地，爲民情所格耳。……人情偏惑，故不能強耳。中
　　　　國腹內諸省欲盡行開礦，大獲其利；吾恐事勢、人情兩相扞格，尚
　　　　難收效也。所可望者，臺灣之煤礦而已。……夫然後利權可奪，君
　　　　民皆富；風水之惑，不煩言而解矣。然其事尚非旦晝之功，徒令抱
　　　　杞憂者搔跐躑耳。〔註130〕

　　該文作者明白基隆煤務佔有國家整體礦務的重要地位，因此寄望臺地煤礦的利潤，「可比於外洋一國」，最後猶不免擔憂移風易俗、袪除風水迷惑在實行上的困難性。同年（1878）十一月，上海《萬國公報》登載英國倫敦會傳教士艾約瑟（Joseph Edkins, 1823～1905）的〈風水闢謬〉一文，指陳中國人深信風水所衍生的弊端之一，「譬山有寶藏如五金之礦，開之則可富國利民，徒以惑於堪輿家言，因其有關於風水，遂不敢開動，致國與民皆不得擅其利權」。〔註131〕同會傳教士慕維廉（William Muirhead, 1822～1900）發表〈論中華後日之事〉一文，也將矛頭對準傳統堪輿習俗與新式礦採事業之間的相關問題，其中強調開礦爲補救時艱、裕國利民的有效辦法，而當時臺灣基隆與湖北、開平等處礦區，業已開風氣之先：

　　　　……雇募西匠，試用機器，乃爲中土以洋法開采者始。惟聞各省有
　　　　礦之區，尚多封禁，未許開挖。揣其所由，皆因從前滋事所致，或

〔註130〕臺灣銀行經濟研究室編，《清季申報臺灣紀事輯錄》，頁777～778。
〔註131〕林樂知主編，《萬國公報》，第9冊，頁5713。

－483－

因惑於風水之說，以至於此。今者揆時度勢，若得內外大臣據情入告，請旨通飭各督撫，凡有五金礦產之所，無論官山私山、已禁未禁，曉諭民間悉准采取，毋許地方紳士藉詞風水，恃端阻撓。不數年礦務振興，庫錢充餘，生民獲益，正未可限量焉。〔註132〕

署名河西子蘊珊氏所著〈風水害理說〉一文中，亦痛斥風水習俗導致倫常禮義和社會風氣的敗壞，並且抨擊龍脈信仰遏止地方建設與洋務運動的推行，「如造橋以通往來者，理也；信風水者，則曰阻來水、礙風水，是害通往來之理也。開道路以便行人者，理也；信風水者，則曰傷斷龍脈、防礙風水，是害便行人之理也。開礦取煤、掘地取金以資利用者，理也；信風水者，則曰破弊龍脈、以害風水者，是害取煤取金以資利用之理也」。〔註133〕諸如此類的批評，在在襯出傳統風水習俗至深且廣的影響力。冰凍三尺，非一日之寒；欲融三尺之冰，亦非朝夕所能。如何擺脫世界上只此一家、別無分號的中國風水龍脈說，讓礦脈煤產能夠物盡其用、貨暢其流以提昇國家的軍政實力，不時令晚清洋務派人士傷透腦筋。

光緒初期出使英國而令自我視野大開的郭嵩燾（1818～1891），曾用心考察英國何以富強的社會經濟因素。親身的經歷，使他擁有實際比較中英兩國政教民情的機會。當郭嵩燾體認相對先進的科技助長英國的國力之餘，對於中國傳統風水文化阻礙洋務事業的情形，亦不免有感而發。郭嵩燾於光緒三年（1877）二月初八日自倫敦寄予李鴻章的信函中提到：「論者徒謂洋人機器所至，有害地方風水，其說大謬。修造鐵路、電報必於驛道，皆平地面為之，無所鑿毀。至於機器開煤，吸水以求深也，煤質愈深愈佳。中國開煤務旁通，洋人開煤務深入。同一開採，淺深一也，有何妨礙？」書信裡且嚴詞批評某些士紳昧於世界局勢而惑於風水習俗，屈就民情壓力而不知變通務實；眾多百姓但求一己私利而群起阻撓洋務，圖謀風水庇蔭而不顧國家建設。在可見的未來，中西方國力勢將彼長我消，所有積極從事鐵路修築、電線架設與礦源開採的西方國家，必定遠勝於故步自封的大清帝國。他指出：「洋人所至逐漸興修，其勢足以相制，其利又足以啖奸豪滋事者，役使之以為用，則使權利一歸於洋人，而中國無以自立」。郭嵩燾為此強調，如果中國想要和西方列強爭雄於國際舞臺，朝廷大臣必需擔負起先知先覺、震聾發瞶的重責大任，

〔註132〕林樂知主編，《萬國公報》，第9冊，頁5727。
〔註133〕林樂知主編，《萬國公報》，第14冊，頁8796。

勇於落實洋務科技的推廣大計，「是以政教明則士大夫之議論自息，亦在朝廷斷行之而已」。〔註134〕

　　王韜（1828～1897）與郭嵩燾一般，極力主張中國應採行西法，廣開各地富饒的煤鐵五金礦源，以供應輪船製造、軍事工業和民生經濟的需求，促使中國躋身世界工商業強國的行列。同樣的，光緒前期曾赴歐洲遊覽講學的他，也感觸到長久以來「中國自塞其利源，非惑於風水之謬談，即惕於輿情之中阻，朝廷亦鑒於前弊，言利之臣，多不敢議及乎此」。王韜聲明，如果朝廷一味屈就於風水習俗之類的顧慮而停止一切礦採事務，則無異因噎廢食，錯失富國強兵的時代機運。〔註135〕除此之外，王先謙（1842～1917）於光緒五年（1879）所著〈條陳洋務事宜疏〉中強調，「泰西各國皆用開礦致富強」，堪爲中國借鏡。王先謙鑒察敵我情勢，惟有自開礦源，以免受制於外國的供輸而使利權外流，才是自立自強的根本辦法。爲了消解人們對於晚明煤務流弊的心有餘悸，以及排除風水禁忌的從中作梗，他徵考乾隆五十二年（1787）十月給事中孟生蕙奏請朝廷停止直隸總督劉峨（1723～1795）所奏開採昌平州磺礦一事，當時乾隆皇帝曾諭示「京城外西山、北山一帶，開採煤窯及鑿取石塊，自元明以來迄今數百餘年，取之無盡，用之不竭，從未聞以關繫風水，設有例禁。豈開採硫磺，遂至於地脈有礙？」〔註136〕由此可見，王先謙嘗試訴諸乾隆皇帝的權威論述，來增強各省興辦礦業的集體動力。

　　《國朝柔遠記》作者王之春（1842-？）也曾呼籲時人取法西方強國大興礦務的歷史教訓，儘速投入洋務礦採與船政軍務，以求富裕國計，強實海防，在西力激盪的世變浮沈裡維繫大清皇朝的立國命脈。其所著〈興礦利〉一文中引古證今，同樣抬出乾隆皇帝的神主牌位，援引實錄中有關京城外西山、北山一帶數百年來鑿煤取石而未設下風水例禁之事，來替當時礦採事宜的正當性多加辯護：

　　　今之宜開者，煤、鐵礦也，意在便民，且當務爲急……或謂：開礦

〔註134〕郭嵩燾著，楊堅點校，《郭嵩燾詩文集》，文集卷11，〈倫敦致李伯相〉，頁191～192。

〔註135〕王韜，《弢園文錄外編》，卷10，〈代上廣州府馮太守書〉，頁20b～21a。王韜於同書卷3〈建鐵路〉持有相似的看法，其中分析鐵路興設的阻礙云：「或謂愚民惑于風水之說，強欲開闢，必致紛然不靖，是以利民者，擾民也，此不宜者一也。……嗚呼，是殆中國未之行耳，中國之民未之見耳」（頁22b～23a）。

〔註136〕葛士濬輯，《皇朝經世文續編》，卷102，頁9～11。

於地脈有礙；聚集多人，恐生事端，此又一孔之儒之目論也。伏讀
乾隆五十二年十月諭曰：京城外西山、北山一帶，開採煤窯及鑿取
石塊，自元明以來迄今數百餘年，取之無盡，用之不竭，從未聞以
關係風水，設有禁例。豈開採硫磺，遂至於地脈有礙？……聖諭詳
明，最足破世俗疑惑之見。〔註137〕

　　歷史的後見之明告訴我們，開不開挖，便不便民，妨不妨礙龍脈，過程合
不合法，要看皇帝老子、方面官員在不在意——他們的意願才是最後決定的關
鍵。在天子明聖、至尊無上的思考模式中，上有所好，下必甚焉，風行草偃，
各路響應，官營西式煤務如火如荼地開展之際，諸如此類排除風水龍脈阻礙以
利煤鐵礦脈採挖的論述傾向，也就不足為奇了。風水龍脈的地位在基隆煤務論
述中的每況愈下，其實與當時的政策取向息息相關。一旦礦脈開採的訴求兵臨
城下，龍脈禁忌的地位便響起了四面楚歌。舉凡朝廷效行西法自辦礦務開採或
者鐵路、電線設立等事業，某些官員體會到「閩省民情惑於風水，動以有礙田
園、廬墓為詞」，不斷地阻撓工程的進度而加以批評。〔註138〕當洋務自強、勢
在必行的時候，「無知百姓」的風水觀念與兇悍行為，便取代了原先清廷仰仗風
水民俗抗拒外力東漸的論述客體中，所撻伐的包藏禍心且惟利是圖的「狡詐西
夷」。風水龍脈的傳統禁忌，轉而淪為官方洋務論述的眾矢之的；民間廬墓田園
的窒礙，於是成了洋務事業的迴避。〔註139〕沈默的大眾——官方論述中的「奸
民」、「愚民」，則往往無言以對。反正，權力掌握在誰手上，誰就可以選擇愛怎
麼說、決定要如何做。

　　光緒前期，官方督辦臺北煤局從事雞籠煤礦的開採，主要為供應船政製造
各局進行南洋海防建設的迫切需要，奪還昔已落入外國人士掌控的礦產利權，
並排擠該地民營煤業的羈絆，經由官府統制且獨佔生產運銷的經營措施，最終
取得與西方國家在軍事、國防、外交、商務等方面相互競爭的資本。〔註140〕基
隆煤務的舉足輕重，分巡臺灣道劉璈（？～1889）理解的相當透徹。他於光緒

〔註137〕王之春，《國朝柔遠記》，附編卷1，頁898～899。
〔註138〕王彥威輯，王亮、王敬立編校，《清季外交史料》，卷6，光緒2年5月7日
　　　　閩督文煜等咨陳軍機處閩省電線買歸自辦文，頁111～112。
〔註139〕中央研究院近代史研究所編，《近代中國對西方及列強認識資料彙編》第3
　　　　輯，頁88～93，487～488，496～499；中央研究院近代史研究所編，《海防
　　　　檔》，戊、鐵路，頁78～83，138～139，313～314。
〔註140〕臺灣銀行經濟研究室編，《清季申報臺灣紀事輯錄》，頁736～737，746～747；
　　　　臺灣銀行經濟研究室編，《臺灣私法商事篇》，頁62～63。

八年（1882）所著〈詳論煤務屯銷利害由〉中指稱：「臺北開煤，以中國海隅舊無大礦，駛船造器，動向外洋購煤。外人屯貨居奇，獨持利柄；且又覬覦基隆之煤，欲以中國所產還取中國之利。其時若不禁阻而聽其開採，利權彼操，我無有也。故議以爲中國之煤，中國自行開採，供中國輪船之用。其拒絕外人之意，至明且決。誠以利之所在，不得不爭」。〔註141〕爲能因時制宜以興利除弊，徹底實現利權自操的宏願，他經年著意於雞籠煤礦的整頓規劃，也數度留心該處礦區的防務籌設。〔註142〕劉璈的煤務論述顯示了，從安內攘外的效用層面，雞籠煤礦實際與國家的整體海防互爲照應。「臺灣孤懸海外，久爲外人所垂涎」；〔註143〕「內爲南北洋各省之聲援，外扼東西洋各國之要害」，〔註144〕大有牽一髮而動全身的態勢，庶幾爲這段時期上至皇帝下至洋務大臣暨治臺要員的共識。然而，世事到頭禍福相倚，「基隆地方出產煤炭，原地方自有之利」的情況，〔註145〕「臺灣雞籠山煤礦，爲中國礦務之大宗」的情形，〔註146〕以及「臺北基隆山產煤礦，尤利火輪之用」的事實，〔註147〕也註定它難以擺脫「懷璧其罪」的噩運。

由於基隆煤礦在臺海防務上的關鍵性，當光緒十年（1884）四至六月法軍屢番肆擾東南沿海且窺覬基隆煤礦的危機時刻，巡撫銜督辦臺灣軍務大臣劉銘傳立即先發制人，飭令封禁該處煤窯，不准法艦購煤得逞，以斷絕法軍的燃料供給。〔註148〕同年六月初六日，慶親王奕劻（1836～1916）等人奏陳洋情叵測，摺文中除了肯定劉銘傳的辦理中肯果斷，也針對法軍的圖謀不詭，衡量刻不容緩的因應措施。大體上，他們認爲「臺灣久爲泰西各國豔羨之地，物產富饒，五金俱備，苟以西法經理之，足敵泰西中大之國」，尤其基隆煤礦「產煤頗旺，煤質尚佳，足供機局輪船之用，開採業有成效」，而西方「各國輪船遠則購之倫敦、近則購諸日本，從未有能於中國境內自營煤礦者」。基隆

〔註141〕劉璈，《巡臺退思錄》，頁 35。

〔註142〕劉璈，《巡臺退思錄》，頁 16～19，36～38，126～135。

〔註143〕《大清德宗景皇帝實錄》，卷 183，光緒 10 年 5 月 1 日，頁 3。

〔註144〕蔣師轍，《臺游日記》，蔣國榜跋，頁 141。

〔註145〕唐贊袞，《臺陽見聞錄》，卷上，〈通商・煤場〉，頁 25。

〔註146〕臺灣銀行經濟研究室編，《清季申報臺灣紀事輯錄》，光緒 7 年 11 月 29 日，〈煤礦興旺〉，頁 1025。

〔註147〕夏獻綸，《臺灣輿圖》，周懋琦跋，頁 81～82。

〔註148〕朱壽朋纂修，《十二朝東華錄（光緒朝）》，卷 62，光緒 10 年 6 月 2 日，頁 1728，1745；臺灣銀行經濟研究室編，《法軍侵臺檔》，頁 23～48，69～82。

若是被法軍佔據，等於是將煤藏利源平白資送給敵國外患。法艦的燃料補充如果不虞匱乏，更可有恃無恐地橫行於東南沿海地區，進而侵犯中國領土，威脅國家安全。爲求保全大局起見，他們主張應儘速統籌全臺關繫形勢，加緊備禦防戰的軍事要務。〔註149〕同月十五日，劉銘傳聞訊法軍進犯基隆且謀取當地煤礦之後，趕緊派員將八斗等處官煤廠房一併拆毀，堅壁清野，「以絕敵人窺伺之心」，貫徹「肥水不落外人田」的戰略決策。〔註150〕

　　光緒十一年（1885）二月，中法兩國停戰議和，法軍於五月初撤出基隆，百廢待興的煤務成爲朝廷善後整建的工作重點。〔註151〕七月初一日，幫辦軍務福州將軍穆圖善（1823～1887）在〈奏爲遵旨籌議海防善後摺〉中，秉持變通積習以達洋務自強的見解，將中國比對富由機器通商且以工商爲國本的歐、美二洲列國，最終得出的結論是：雖然諸國「地富礦藏尤不如我，惟富我不如彼。相觀而善，急起擇善，以變貧弱，必自開煤鐵、創鐵路、興機器、舉商政始」。〔註152〕穆圖善肯定西方技藝的價值，奏摺中極力推陳中國模仿西法的必要性，督促官辦各省煤鐵開採事務的迫切性。他除了批評舉世獨一無二的中國風水禁忌對於礦務的阻礙，更嘗試以回歸自然生化的觀點，揭露其「術數化」的神秘面紗：

> 日本得煤礦機器利，人所共知。惟華人惑風水之說，多撓開礦；西國不言風水，都邑、市鎮無不得地，英京倫敦地下通鐵路，富強如故。蓋風水者，山水形氣，以聚散爲吉凶，在地面不在黃泉，天氣降，地氣升，呼吸祇地下數尺至數丈，若深數丈下，無關風水。……宜大張告示，以解民惑。〔註153〕

　　照他的說法，礦藏地脈與風水龍脈既是不相妨害，又何須顧忌礦採作業對於風水的破壞？穆圖善的用意不難想見。類似的見解，亦出現在光緒十三年（1887）五月初八日刑部郎中勞啓捷的敬陳時務管見摺中，全文於「仰見宸謀周密，利無不興，朝野臣民，共相慶幸」之際，隨即筆鋒一轉，將中國境內礦務滯礙難行的原因，歸咎於傳統風水民俗的迷惑云：「惟中國數千年來

〔註149〕洪安全等編，《清宮月摺檔臺灣史料》，頁3598～3608。

〔註150〕劉銘傳，《劉壯肅公奏議》，卷3，〈請將曹志忠移紮山後並拆移煤礦機器片〉，頁172。

〔註151〕臺灣銀行經濟研究室編，《法軍侵臺檔》，大事年表，頁32～35，

〔註152〕洪安全等編，《清宮月摺檔臺灣史料》，頁4326～4327。

〔註153〕洪安全等編，《清宮月摺檔臺灣史料》，頁4328。

所以未嘗大開礦務者，蓋以百姓惑於鑿壞風水之說，而官吏又恐生事端，畏葸推諉也。方今鼓鑄制錢及製造各種器械，在在所需，均可取資於中國，不必投利於洋商」。勞啟捷建議朝廷「飭下南北洋大臣與各省督撫體察情形，廣採礦苗」。若能按部就班、次第辦理，則「眾擎易舉、取多用宏，可廣中國自然之利，而遏外洋壟斷之謀」。〔註154〕前舉這些煤務論述概略說明了，風水信仰、龍脈觀念在晚清後期主持洋務新政者的心目中，已近乎「蓋棺論定」了。

　　清季變法學說的前導鄭觀應（1842～1924）於光緒十八年（1892）初刊、二十六年增訂問世的《盛世危言》卷十四〈開礦下〉中，有一段批評風水習俗妨礙礦業發展的附言，頗能體現自強運動時期及其後鼓盪西學強國者的一般心態。全文開宗明義指出「中國礦務不興，利源未闢」的罪魁禍首之一，「由謬談風水者妄言休咎，指為不便於民，以聳眾聽，於是因循推諉，動多掣肘，而有志於開礦者不禁廢然返矣。夫開礦為中國一大利源，奈何任其蘊而不宣，坐致窮困！」顯而易見的是，「今各省理財之人明知中國煤、鐵、五金諸礦為至旺至美，而竟不能立時開掘者，皆為風水所格」。鄭觀應感慨世人對於風水的「謬悠之說信之甚堅，積習相沿牢不可破」，為能端風正俗，解除信仰桎梏，他舉證歷史上素被奉為風水學大宗師——晉朝郭璞（276～324，傳聞為風水學經典《葬書》的作者）的自身難保與其他堪輿術家後代的平凡下場，來質疑風水本身即存有理論與現實之間的內在牴觸，自然不足為人們所採信：「使其說而誠，何以郭景純為千古葬師之祖，而不能保其身？後世之擅青烏術者，何以其子孫未聞有富貴者？其虛誕偽妄不待明者而知之矣」。〔註155〕鄭觀應關風水以興礦利的用意，也正是晚清洋務派人士努力的重點。而標榜中國不能自外於世界的他，更試著以風水學的有無並配合礦採、築路的成果作為指標，從文化比較的角度衡量東西方各國富強的前因後果。鄭觀應終究期望所有經綸世務者應該擔當起革新俗尚以挽救頹勢的啟蒙職責，擺脫堪輿信仰的傳統束縛，破除來龍去脈的術數迷咒，投身於興礦築路的世界潮流，才能一雪積弱不振的前恥大辱，共同為國家的未來營造富強安定的嶄新氣象，在國際社會上重新為中國開創出輝煌耀眼的政經成就：

> 試觀法人在越南開煤礦、築鐵路以裕富國之謀，而其國益強；日人
> 近擬赴臺灣開五金各礦，將來其國必益富，皆不聞為風水所阻。故

〔註154〕洪安全等編，《清宮月摺檔臺灣史料》，頁 5008。
〔註155〕夏東元編，《鄭觀應集》上冊，頁 712～713。

欲圖富強必先開礦，奈何徇俗流之見，而甘于自域也哉！中國既不
能自開，徒增外人之垂涎。……至於西人……從未聞開礦闢路而專
講風水，以致多所窒礙者也。日本不講風水，國祚永久，……歐洲
不講風水，富強甲於五洲，……由是言之，風水安足憑哉！是宜有
以革之。秉國鈞者，盍加以剴切諭導，用闢其謬，藉以轉移風氣哉！
〔註156〕

十九世紀後期，活動於廣東、上海及山東等地的德國傳教士花之安（Ernest
Faber, 1839～1899），曾於 1884 年在香港出版的《自西徂東》卷三〈禮集·辨
論風水〉中宣稱：「泰西信耶穌之國者，不言風水，亦不信風水，即如開礦以
取五金之利，在中國以為有壞風水，而泰西則盡開礦之利，故國日益富強」。
〔註157〕這段期間，活動於上海、廈門一帶的英國倫敦會傳教士麥高溫（J.
MacGowan, ？～1922），亦曾於 1909 年初版於上海的《中國人生活的明與暗》
（*Lights and Shadows of Chinese Life*）中剖析風水習俗對於中國傳統社會的影
響。在他的認知中，「這個國家最大的禍根之一就是風水，因為它完全阻礙了
對她地下所蘊藏的豐富的煤礦資源的開發。直到最近人們還由於害怕擾亂地
下的龍脈而不敢開礦掘煤。在這個國家的許多地方，都有大片的土地富藏煤
和鐵，而當人們正遭受著極度的貧困時，它們卻在地下安靜地躺了幾千年」。
〔註158〕透過歐洲入華傳教士「貨棄於地」的觀察心得，讓我們恍然體會到：
自強新政時期洋務官員對待煤產「礦脈」與風水「龍脈」的態度，終究轉向
與西方工業化社會的功利價值觀達成一致。從本節開場所引馮桂芬的說辭到
結尾所錄鄭觀應與西方傳教士的論述，我們似乎可以察覺到，後世習慣於將
風水術數視為中國與臺灣近現代化阻礙的印象，溯其源頭，實濫觴於這段歷

〔註156〕夏東元編，《鄭觀應集》上冊，頁 713。
〔註157〕花之安著，陸文雪點校，《自西徂東》，卷 3，頁 127。
〔註158〕麥高溫著，朱濤、倪靜譯，《中國人生活的明與暗》，〈風水〉，頁 113～114，
　　　　另參見同章，頁 115～117。基本上，麥高溫將當時中國民間的貧苦落後歸咎
　　　　於風水迷信的糾纏，在同書〈乞丐〉中亦指出：「但是這個國家並不是僅僅因
　　　　為其自然風景而非同尋常的。她的礦藏極為豐富，山中蘊藏著大量的煤，富
　　　　含鐵礦砂的礦山就擺在人們的眼前，這些都意味著無窮無盡的財富。如果人
　　　　們知道如何將這些深藏在地下、遍布於全國的財寶轉化為金錢的話，中國已
　　　　經應該是一個富裕的國家了。然而，迷信卻以其冷酷的手，禁止人們對礦產
　　　　進行開採，致使這些自然財富白白地躺在地下。其結果是，絕大多數的普通
　　　　百姓都一貧如洗，以至於他們每天都要為怎樣維持生計而苦惱」（頁 321～
　　　　322）。

史經驗。

　　而當日本治臺之初從事本島舊慣調查的過程中，也曾深切地感受到風水龍脈信仰與臺灣礦業發展的利害矛盾。明治三十七年（1904）十二月二十三日，《臺灣慣習記事》第四卷十二號登載舊慣調查會補助委員安藤靜的〈關於臺灣北部業主權限之舊慣〉一文，其中第二章闡述舊慣的公益限制時指出，「臺灣人中不論閩族或粵族，一般均甚迷信風水地理之說，亦即臺灣人一般均迷信所謂的龍脈」，其結果遂產生了不得斬斷龍脈的一種習俗：

　　　　若斬斷龍脈，不僅不能招致幸福，而且基於一家的安全亦不能保的
　　　　觀念，因而某甲位於龍脈上有墳墓或厝屋時，某乙在其上部（謂龍
　　　　脈的來勢方向）即使是自己土地，亦不得為穿地工事，因此不得採
　　　　掘礦物等，蓋以如此係斬斷甲之龍脈。而龍脈被斬斷者，亦即被害
　　　　者，無論是何人均得以向官府訴請救濟。前引淡水廳誌中，即由於
　　　　被害者基隆紳民之申請，因而禁止挖掘煤礦。〔註159〕

　　本土社會習以為常的通俗文化，往往成為外來政權心目中的特殊習慣；日籍人士以異文化統治者的身分且具備近代化背景的視角，將龍脈禁忌與「迷信」劃上等號，表達其對於臺灣社會之風水習俗的價值判斷。明眼人自能心領神會，風水之所以被視為漢文化社會的「迷信」，並非自古迄今，一成不變，而是有過一段隱約可循的歷史脈絡。西力東侵、西學東漸與近代化的衝擊，就是其中最強而有力的催化劑。

　　總結本節針對風水論述在雞籠洋務礦採期間如何轉向的探討，當礦脈開採的前提取得最高的價值地位，風水龍脈的習俗，便陸續於自強新政的環境氣氛中遭受洋務大臣及治臺官員的冷落或唾棄，往往因其有悖於「礦脈」的價值尺度而予以置之不顧，或是被看作洋務運動推行時的絆腳石，甚至成為礦務進展頓挫之際所歸咎的替罪羔羊。日軍侵臺至中法戰役前後，官方和輿論的目光注視著雞籠（基隆）煤礦的優劣盈虧及其對閩省船政業務的貢獻，從中考量官辦、官督商辦與官商合辦的行政效率以及機器採挖的得失成效，或者關心臺灣土煤與進口洋煤在質量、價格、稅收和產銷等方面的商業競爭。〔註160〕當政府上層汲汲於煤炭礦源替國家帶來的現實利潤，致使與之背道而

〔註159〕臺灣慣習研究會原著，鄭瑞明等編譯，《臺灣慣習記事》第 4 卷下，頁 245～
　　　　　246。
〔註160〕相關的論證，可參見沈葆楨，《福建臺灣奏摺》，頁 13～15，59～60；劉璈，
　　　　　《巡臺退思錄》，頁 16～49；劉銘傳，《劉壯肅公奏議》，卷 8，頁 327～331，

馳的論述客體——下層庶民社會之堪輿習俗的負面形象，節節攀升。風水術數有時恍若「過街老鼠」，人人喊打。最後，洋務官員所認定的未關痛癢的雞籠龍脈說，也就悄悄地消失在光緒中期迄甲午戰前涉及基隆煤務的各種論述中。

第三節　傳統習俗與現實利益的取捨

本章以十九世紀後期北臺雞籠煤務史上的風水論述為對象，依序從龍脈禁忌與西力東漸的因應、洋務事業進行時的風水爭議這兩個層面，探討風水觀念、龍脈禁忌在官方煤務論述中所具備的權力關係及其價值取向的轉換過程，總結於雞籠山搖擺於礦脈／龍脈的雙重形象，如何依違在清朝官員之傳統信仰／現實利害的隨機選擇所導致的轉折與結果，藉以呈現洋務運動在臺灣本土推行之際的風水糾葛。

回顧本書第二章第三節的論證，我們不難理解，風水信仰在作為觀念建構／權力掌控的論述脈絡中，「龍渡滄海」與「雞籠龍脈」說在康熙中期臺灣初隸大清版圖之後的迅速成立，直接反映出治臺官員的大一統天下觀念投射在理想化之風水格局的結果。他們透過風水龍脈的詮釋系統，從意識形態上聯繫臺灣本島與中國大陸之間「一脈相承」的地理關係，延伸為帝國統治權力的具體象徵，期以達成政治文化之王者無外／一體同風的積極效用。大致說來，清領時期朝野官紳涉及全臺祖山、雞籠發祖的論述取向，不外乎正統性的觀念建構配合實質性的權力掌控所共同蘊生的產物，隱約也透露其形塑臺灣本土趨向「內地化」與「儒漢化」的社會樣態，以有效地推行官方社會教化的理念。〔註161〕隨著晚清西力東漸的步伐，雞籠礦脈暴露在歐美各工業強國的面前，這套意識形態的運作機制，即刻遭遇到價值系統上的重新調整及其在權力關係上的定位問題。

351～352，356～368；馮用編，《劉銘傳撫臺前後檔案》，頁 27～29，186～188，207～210；臺灣銀行經濟研究室編，《臺灣私法商事篇》，頁 59～68；臺灣銀行經濟研究室編，《清季臺灣洋務史料》，頁 4～29，38～40，62～64，70～94；孫海泉、王少久，〈劉銘傳與臺灣煤礦〉，頁 64～69。

〔註161〕「內地化」的說法，參見李國祁，〈清代臺灣社會的轉型〉，頁 131～159；「儒漢化」的概念，參見尹章義，〈臺灣—福建—京師——「科舉社群」對於臺灣開發以及臺灣與大陸關係之影響〉，收入氏著，《臺灣開發史研究》，頁 527～583。

由於風水龍脈與煤採礦脈二者之間，先天存在著傳統信仰／現實利益的價值矛盾，風水習俗的趨避禁忌促成彼此扞格不入且難以相容的緊張關係，加上官方政策的變易與國際環境的波動，導致雞籠煤務論述裡的「風水」地位也在與時推移的歷史過程中，成為各方勢力矚目的焦點之一，連帶流露出濃厚的政治化色彩。對於煤採礦脈／風水龍脈的形象界定，或者輾轉於棄「龍」保「礦」與棄「礦」護「龍」之間的選擇先後，當係由論述的主體——掌控主導權與詮釋權的清廷官員，來決定熟輕熟重和緩急去取。

清代前期，朝廷最初基於國家權益及社會安定的考量，隨機運用風水在詮釋上的彈性空間，曾以「傷礙龍脈」、「保境安民」為由，長時期禁止「奸民」私採北臺雞籠礦脈，防範其聚眾圖利而衍生事端，造成社會失序的不良後果。然而，直到中英鴉片戰爭前後，官方的煤採禁令多半流於空言，民間的私採行為依舊不絕於縷。唐贊袞《臺陽見聞錄》卷上〈通商・煤洞〉中所謂「利之所在，萬難禁止」，〔註162〕一語道破了官民之間僵持於雞籠煤礦的利害衝突。鴉片戰爭之後，海禁大開之時，朝野一時洋溢起拒夷、排外的氣氛。在「各邦皆豔基隆煤廠之利」並一再覬覦該地礦脈的情勢下，〔註163〕治臺官員嘗藉由「合境來龍」、「攸關全臺」之類冠冕堂皇的說詞，從容斡旋，以抵禦西方勢力介入雞籠礦務的實際運作，避免民夷勾結且利源外流的弊端，俾維護帝國主權的完整性。前舉的論述模式，可簡示如下列圖7-3-1：

圖7-3-1　禁止民間私採暨抵制西力東漸之際的論述模式

而當洋務事業在臺灣本土雷厲風行地推行時，清廷鑒於船砲製造與廣開利源以應富國強兵的需要，遂積極地將雞籠煤務統籌於政府的控管之下。攸關於雞籠礦採的論述角度，從「利之所在，萬難禁止」到「利之所在，不得不爭」的轉折，〔註164〕適足以反映這段時期官方政策專注以國家利權、權自

〔註162〕唐贊袞，《臺陽見聞錄》，頁27。
〔註163〕洪安全等編，《清宮月摺檔臺灣史料》，光緒10年9月13日太常寺卿徐樹銘奏陳法夷豔我基隆煤礦公請各國調處摺，頁3759～3760。
〔註164〕劉璈，《巡臺退思錄》，頁35。

我操爲無上要務。雞籠礦採在自強新政的潮流中既已成爲當務之急，自然而然，洋務大臣也好，治臺官員也罷，報刊輿論也成，對於這類有礙於官辦西式煤務的雞籠龍脈說，每抱持批判或迴避的態度，加以唾棄和冷落，致力突破傳統信仰中的風水禁忌，將政府「與民爭利」的煤採行爲合理化。

臺灣於光緒十四年（1888）正式建省以後，薛紹元等人於光緒十八年九月擬纂《臺灣通志》所頒〈修志事宜〉，其中第十二條提到：「產礦山場，宜察其地脈也。淡水附近地方，近出煤炭、金沙，乃大地精華，蓄久洩露；其他府、縣如有五金礦、煤炭礦並樟腦出產之處，亦宜標其山名，紀錄於冊」。〔註165〕在洋務運動時期重視西法與取法西學的時代氛圍裡，這項說法呼應晚清國家政策意向的同時，直接衝擊了過往不得任意採挖傷損的風水龍脈觀念，此舉無非在臺灣本土宣告了一種新的價值意識的產生。

就北臺雞籠礦務而言，一旦煤務礦採的現實利益明顯凌駕於「全臺祖山」的風水信仰之際，堪輿習俗於是轉變成了危言惑眾；龍脈不可妄加鑿挖的顧慮，也就不再是不容觸犯的傳統禁忌。此種傳達官方價值意識之「棄保效應」的概要論述模式，可簡示如下列圖 7-3-2 所示：

圖 7-3-2　洋務運動推行之際的論述模式

承認風水觀念對於傳統社會深具影響的前提上，同樣是雞籠風水，一經擺盪於權力位置的轉移，在官員政策意向的主導中，在他們所謂有利於國計民生的考慮下，經過其選擇性認知的結果，可以從抵制西力掠奪、禁止民間私採的助力，搖身一變，成了推動洋務礦採、倡行自強新政的阻力。「趙孟之所貴，趙孟亦能賤之」，權衡輕重，大勢所趨，縱使是「全臺祖山」也在國家權力的操縱下被打入冷宮，出局了事。經由晚清官員的論述詮釋下，我們看到的是擁有礦脈與龍脈雙重性格的雞籠山，如何形成官紳／庶民／西人之各方權力競逐的場域。這樣的論述結構，可簡示如下列圖 7-3-3：

〔註165〕引自盧德嘉，《鳳山縣采訪冊》，〈采訪案由〉，頁 14。

圖 7-3-3　清朝官員論述詮釋中雞籠礦脈／龍脈的「力場」

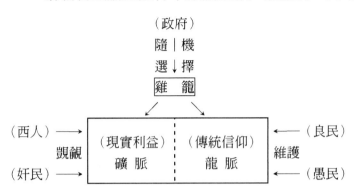

　　總而言之，從「龍脈」打壓「礦脈」到「礦脈」排擠「龍脈」的歷史過程中，晚清官員技巧性地運用模稜兩可的風水論述，以獲取左右逢源的現實利益；為了雞籠礦採這個一朝得意的「新歡」，風水龍脈也就淪為春夢了無痕的「棄婦」。由此可見，穿梭於雞籠煤務論述中的風水所在位置，密切聯繫著國家權力的運作和其傾向；論述焦點的持續或轉移，直接或間接地反映國家的實際須要；作為觀念建構／權力掌控下的風水論述，可以是權益鬥爭的手段，甚至是目的本身。「風水輪流轉」──任憑物換星移、人事滄桑，無言的雞籠山，它的命運，不斷地搖擺於人們傳統信仰與現實利害之間的抉擇。

澎湖縣湖西鄉蘊藏煤礦的青螺虎頭山

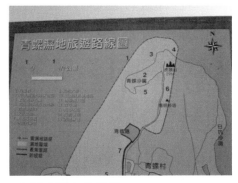

青螺虎頭山位置圖

宜蘭大南澳山場

昔日全臺龍脈發祖——雞籠山今貌

從基隆市潮境公園遠眺雞籠山

從新北市貢寮區鼻頭角燈塔遠眺雞籠山

第八章　結　論

　　風水觀念及其實踐，雖是中國宋元時期以來閩粵地區普遍的社會現象，然而，這項漢文化傳統的風水習俗，並非自古以來即是臺灣本土的風俗民情。風水行爲在臺灣社會的落地生根，無疑是經過一段遷臺漢人「篳路藍縷，以啓山林」的歷史過程。

　　清治時期，閩粵地區的風水習俗，伴隨著渡臺移民的居葬擇地、聚落形成與地域開拓，進而成爲在臺漢人日常生活的行爲常態，並重新在這塊海外新天地上擴展傳統風水習俗的文化版圖。影響所及，臺灣西部長期與漢人接觸的原住民，也逐漸習染了這項漢文化的風俗習慣。在清朝官紳形塑「龍渡滄海」的地理龍脈說以聯繫臺灣本島與中國大陸的從屬關係之餘，閩粵移民的居葬行爲則實際爲海峽兩岸搭起一座「風生水起」的溝通橋樑。

　　「龍渡滄海，五百年後，海外當有百萬人之郡」，這段傳聞中南宋名儒朱熹登福州鼓山所發出的預言，在客觀形勢上，似乎也應驗在清代中後期臺灣已然「熙熙攘攘，竟成樂郊矣」的社會現實。〔註1〕

　　從歷史的角度回顧清代臺灣民俗史上的風水現象，我們首先要探討這套漢文化傳統的居葬習俗，在清代臺灣漢人開發史上扮演著何種角色，以及曾經發揮過哪些作用。

一、風水在清代臺灣史上的角色

　　在清代臺灣漢人社會，「風水」不僅是一項趨吉避凶的術數法則，也是一

─────────────

〔註1〕　以上原文引自黃叔璥，《臺海使槎錄》，頁78。

套世人判斷吉凶禍福的價值觀念，更是一種民間習以爲常的生活方式。通觀風水文化在清代臺灣本土的日常實踐及其社會影響，主要包括下列幾個層面：

（一）日常居葬的行爲常規：表現在地方紳民仰賴堪輿地師擇建宅居庭園，並爲先人相度風水吉地進行營葬事宜，以追求佳穴靈氣的庇蔭，作爲其安身立命及未來發展的根基。

（二）聚落形成的參照座標：表現在村落空間的選址關建與形式佈局的區位規劃，概有依循背山面水、山環水繞之風水觀念的傾向。

（三）公共建設的指導原則：表現在地方官紳援引風水原則從事官署城垣、祠寺廟宇、學宮書院與水利設施等各項公共建設，以利於地方行政、產業經濟與文教事業的發展。

（四）地域開拓的考慮要點：表現在閩粵移民憑藉著風水觀念新闢適當的活動領域，使原本陌生的自然環境轉化爲似曾相識的地理空間，來獲取心理上對於未知領域的安全感，並藉以號召群眾從事實際的拓墾工作。

（五）社會衝突的利害成因：表現在民間人士控爭墳地與侵毀風水的利益糾紛，不肖之徒侵佔墳地與據墳勒索的圖利行爲，社會上各族群、語群與官民之間的對立衝突中所牽連到的風水成分，以及十九世紀後期民教雙方因宅居形制與墳墓風水的沖煞問題，所引發的多起激烈紛爭。

（六）主政官員的操弄工具：表現在清朝統治者透過「龍渡滄海」說的意識建構以安定臺灣移墾社會的民心，藉由風水祖墳的毀壞以銷弱民變起事者的氣燄，或是在晚清西力東漸的時刻，作爲其遏止外國勢力予取予求的籌碼。

由於原鄉習俗的經驗傳承與堪輿形家的推波助瀾，風水之說不僅在遷臺漢人卜居擇建與相地營葬的過程中發揮出實質的作用，對於地域拓墾、聚落發展或地方建設的推動，也扮演著相當重要的角色。風水習俗隨著清代漢人移墾臺灣的步伐而流傳，山林區域的開發，大多聯繫著風水觀念的具體實踐；村莊聚落的形成，往往也是依據理想的風水格局而分佈；家族成員的移墾，有時也帶有風水因素的考量；文教事業的蔚起，通常也離不開風水觀念的落實。清代中後期，臺灣南北各地逐漸趨於「內地化」的漢人定居社會，在這個社會文化型態的轉型過程中，富有功利性色彩的風水習俗，無疑是其中主要的「催化劑」之一。而當臺灣本土朝向以傳統中國文教社會作爲理想型樣板的發展環節上，透過科舉制度的運作，使得風水之說成爲地方官紳與平民

百姓之間共同的對話主題。如此一來，既深化了風水觀念的影響力，也增添了風水文化的「能見度」。

　　另一方面，傳統風水習俗的實踐，乃是建立在人與土地的互動關係上；遷臺漢人居於斯且葬於斯，風水墳地的存在，因此成了移民落實「在地化」、「土著化」的具體方式之一。閩粵移民透過日常的卜居擇建與相地營葬行為，以尋求生樂死安、養生送死而無憾的居葬空間，與此同時，也逐漸凝聚出一股認同臺灣這塊海外「新故土」的集體意識。自清治時期以來，臺灣各地所流傳的多處適宜長居久葬的風水寶地或吉壤佳穴，即是這類集體意識的實質表徵之一。清代臺灣移墾社會「內地化」與「在地化」並駕齊驅的態勢，在風水習俗的流傳過程中，也可以獲得具體的明證。〔註2〕就此層面而言，風水習俗既是漢人墾殖臺灣本土的助力之一，也可以作為我們考察臺灣漢人社會形成的一項指標。如以「風水」作為臺灣南北各地漢族勢力擴展的指標，則特定區域的「內地化」，其實也夾雜著「風水化」的成分在內。

　　除了遷臺漢人實質性的居葬行為之外，我們從清代各時期官修志書之山川門類的書寫方式上，也隱約可以掌握到這種現實趨勢與發展脈絡。一般而言，特定地域的「風水格局化」，可說是該地區「內地化」的具體表徵；反之，某區域逐漸「內地化」的結果，也反映在方志山川門類中的「風水格局化」。至清代中期以後，臺灣南北內地化愈深的區域，呈現在志書山川門類中涉及風水形勢的描述，通常愈加細膩且脈絡清晰，而在諸山條目之下，有時也會附帶介紹鄰近的村莊聚落分佈，適與漢人拓墾的成果相互呼應。相對而言，在特定時期漢人尚難進入的原住民活動區域，來龍去脈的確認便較形簡略，甚或付之闕如。當然，我們不能排除修志官紳個人見解與偏好的因素，但大體上，隨著漢人開發的腳步而拓展特定區域的風水認知，這樣的趨勢是有相當的合理化基礎。

　　遷臺漢人在日常生活實踐傳統風水葬俗的過程中，其間也因移墾社會所具有的特性，導致清代時期臺灣南北各地「柩鮮久停」的喪葬習俗，有別於

〔註2〕　有關「內地化」、「在地化」或「土著化」的內涵，參見李國祁，〈清代臺灣社會的轉型〉，頁131～159；陳其南，《臺灣的傳統中國社會》，頁151～180。如從前述觀點考察清治時期「龍渡滄海」的形塑，則直接表露出治臺官員將臺灣本土加以「內地化」的初衷。相對而言，「雞籠發祖」（全臺祖山）在清代中後期臺灣志書圖冊、筆記文集等記載中的逐漸強化，也許反映出另外一種「在地化」的傾向。參見本書第二章第三節。

閩粵原鄉「停柩經年」的普遍現象，構成風水葬俗在漢人移出區與移入區之間一項鮮明的差異。再者，如以臺灣本土同一時期的不同區域作為考察的對象，則停柩與否的現象似乎與特定時空的內地化程度，具有一定的關係。在清代初期內地化已深的臺灣縣境部分地區，即存在著一些久停棺柩的情況；相形之下，內地化較淺的諸羅縣、鳳山縣等地區，停柩多年而不葬的現象並不顯著，以致博得某些治臺官員與修志人員的稱譽有加。到了清治後期，漢人在臺灣南北各地多已開發有成，隨著社會型態的轉變與家族勢力的發展，逐漸造成貧富分化的結果，連帶也使得停柩擇地的行為夾雜著貧富階層的差異。類似的情形，可說是漢人定居社會成型之後，表現在喪葬習俗環節上的一種常態。

利益爭執向為人際社會中常有的現象，風水觀念在清代臺灣社會的實踐，也曾帶來了一些群體衝突與失序問題，舉凡爭葬侵毀風水的糾紛、貪利不法之徒的操弄、族群紛爭的風水情結以及官民之間的對立矛盾，統括這些社會問題的產生，大多與「風水」本身所具有的功利色彩，以及民眾汲汲於風水庇蔭的價值取向，脫離不了關係。凡利之所在，不免製造出人際之間的利益糾紛，也擾亂了原本的社會秩序，並構成官方的治理難題。十九世紀後期西方宗教在臺灣社會的傳播過程，以及晚清治臺官員在臺灣本土進行洋務運動前後，亦曾與傳統風水民俗產生相當程度的價值衝突。原屬於民間私領域範疇的風水習俗，因此躍登上這段時期西力東漸與列強競逐的國際舞臺，成為中外各國交涉權益問題之際所關注的公共議題。

清代官員對待這些因風水習俗所衍生的利益糾葛，其態度大致是具有選擇性的意向，其處理的方式也多半帶有隨機應變的傾向；特別是當這些問題牽扯到國際關係的時候，不得不謹慎行事以避免其演變成中外政府的爭執，或是加深彼此之間的緊張氣氛。在這些涉外論述中也隱約透露出，清朝官員技巧性地運用民間風水習俗，以防禦外力侵擾或進行權力競爭的意味。當權者為了特定目的來決定論述客體的正當性和適切性，最終取得權力運作的有效性與權力位置的合法性；風水之說於是在他們借題發揮的論爭過程中，被塗抹上「政治化」的色彩。清季北臺雞籠煤務史上的風水論述取向，即清楚地表露出如此「好惡由之」的心態。就現實利益的表象層次而言，當從事礦務開採以求富國強兵的前提取得優先的價值地位，雞籠祖脈說因此從原先抵制西力掠奪的助力，轉變成政府官員倡行自強新政的阻力。這類論述的內涵，

反映出統治當局的大政方針與庶民社會的傳統習俗之間，存在著某種程度的落差；然而，在意向結構上，官方隨機詮釋風水角色的初衷與民間篤信風水庇蔭之說的心態，並無二致。

在實踐層面上，「風水」為清代遷臺漢人的生活方式之一；在意識層面上，則展現為上至官紳、下及百姓判斷人事現象所持有的一套價值觀念。從移民墾殖的落實、官治行政的輔助到洋務運動的轉折，風水文化在清代臺灣社會整體的發展過程中，不斷地游移於私領域的範疇以及公領域的空間，散發出風水觀念的目的性及其在實踐層面上的特質。從私領域的個人範疇擴散到公領域的社會範疇，造就了風水知識無所不在的權力空間。

就社會影響的價值層面而言，風水習俗在清代臺灣開發史上的角色，可說是具有一種「風可助火，也可滅火；水能載舟，亦能覆舟」的作用。而在風水文化發揮其制約效能的歷史過程中，地方官紳與平民百姓可以因應各別的需要或不同的情境，針對風水現象本身或其「應驗」與否的結果，作出因時地而制宜的自由心證或隨機詮釋。此類作法適與風水理論及其實踐層面的趨避特質互為表裡，並凸顯出一種價值選擇性。在傳統社會士紳階層對待通俗文化的態度上，我們也可以看出這種價值選擇性的端倪。

二、菁英文化／通俗文化的省察

從喪葬禮俗或風水習俗的層面考察傳統中國菁英文化／通俗文化的互動關係，為近十餘年來文化史學界所關注的課題之一。〔註3〕根據學者張壽安、何淑宜的研究，明清時期堅守儒學傳統的士紳階層，通常抱持著批判的態度，指責民間風水葬俗有悖於傳統的禮教規範，並抨擊堪輿地師介入喪葬過程的巧言計謀。另一方面，地方士紳基於移風易俗的初衷，通常也會提出一些如何改良風水葬俗以回歸儒家孝道倫常的議論，甚至訴諸於實際的行動。然而，置身於風水葬俗普遍盛行的社會環境中，即使是以「端風正俗」而自許的士紳階層，一旦面臨到理想與現實之間的落差，也難免陷入「從俗而行」的無奈。〔註4〕

<hr>

〔註3〕 李孝悌，〈十七世紀以來的士大夫與民眾──研究回顧〉，頁 97～139；李孝悌，〈從中國傳統士庶文化的關係看二十世紀的新動向〉，頁 299～339。另參見 James L. Watson and Evelyn S. Rawski (eds.), *Death Ritual in Late Imperial and Modern China* 一書。

〔註4〕 張壽安，〈十七世紀中國儒學思想與大眾文化間的衝突：以喪葬禮俗為例〉，

　　前舉研究所探討的焦點，主要是針對士紳階層看待民間風水擇葬（陰宅）現象的方式；相形之下，傳統士紳對於風水之說應用於卜居擇建（陽宅）的態度，則別有一套價值標準（參見本書第二章第一節）。而此種閃爍其間的價值標準，也表現在官紳階層對於民俗惑於風水擇葬現象的不假辭色，但卻對於歷朝皇帝動輒千方百計爲其身後陵寢尋找一處龍穴寶地，抑且在確認地點之後不惜勞師動眾加以整修、維護風水格局的事實，似乎視而不見、聽而不聞。類似的情形，反映出傳統士紳針對不同對象所抱持的雙重標準，可說是帶有一種隨機選擇性。

　　返觀清代臺灣漢人社會，地方官紳大多與庶民百姓一般，講究一些涉及自家利益與鄉里福祉的陽宅擇居，並參照風水法則或仰賴堪輿家言，擇建城垣官署、寺院廟宇以及各項文教設施，[註5] 與此同時，也奉行各種攸關地方安危的龍脈禁忌，重視聚落風水形勢的維護工作。在陽宅地理的層面上，風水習俗同爲菁英文化（上層文化，大傳統）與通俗文化（民間文化，小傳統）所共享，[註6] 彼此各取所須，兩者之間的界分頗爲模糊。

　　另就陰宅風水的課題而言，部分在臺官紳接受入土爲安、慎終追遠的相地營葬行爲，並保障民間人士擇葬於風水寶地的權益，但批評一些背離儒家禮教觀念或有違社會秩序的風水葬俗，以及各種但求己身與後代子孫的風水庇蔭，卻罔顧他人喪葬權益的不當作法。士紳秉持「端風正俗」的用意暨保障自家及民眾喪葬權益的目的，通常聯合地方有力人士群起抵制，或是呈請官府力量的介入，出示禁約條例或懲處違禁之徒，以扼止不肖份子操弄風水墳地或有心人士盜墾官民義塚的行爲。在陰宅擇葬的層面上，菁英階層與民

　　　　頁69～80；何淑宜，《明代士紳與通俗文化——以喪葬禮俗爲例的考察》，頁111～130。

〔註5〕　相較於當前某些政府官員、機關主管或知識份子「可以作但不能說」的曖昧心態，清代臺灣官紳引藉風水術數從事各項地方公共建設的作法，可說是「堂而皇之」。對於這類的民俗現象，如果我們單純以「迷信」視之，而忽略掉「風水」存在於傳統漢人社會的生態環境及文化背景，則不免流於「以今非古」之類的偏見。

〔註6〕　根據西方人類學者雷德菲爾德（Robert Redfield, 1897～1958）的界說，大傳統（Great tradition）係由國家與城鎮的知識階層所傳習的文化傳統，小傳統（Little tradition）則爲鄉間村落的庶民階層所傳習的文化傳統。關於大、小傳統的概念差異及其相互依存的情形，參見其所著 The Little Community and Peasant Society and Culture、The Little Community and Peasant Society and Culture 二書。關於傳統社會上層文化與民間文化之間交流與互動的研究，可參見李孝悌，〈上層文化與民間文化——兼論中國史在這方面的研究〉，頁95～104。

間風水葬俗之間的離合關係，較爲錯綜複雜。

　　大致說來，清代臺灣官紳看待風水習俗的方式，往往具有因對象而異的隨機選擇性；對於堪輿地師的態度，也大多呈顯出一種「現實主義」的取向——有求於人則予以倚賴，藉其專業素養以擇地造宅；不合己意即痛加抨擊，似欲除之而後快。另一方面，地方官紳雖然不乏批評堪輿地師或反對風水擇葬者，但他們之中習究堪輿術數以從事卜居擇葬的情形，亦是所在多有。由此可見，不論是士紳階層也好，平民百姓也罷，兩者皆有因應自我需要而奉行風水觀念的現象。某些時候，士紳階層卜居擇建與相地營葬的行爲，不在於妥協民情或從俗而行，而是這類風水趨避法則，早已內化成爲其既有的價值觀念，也可視爲他們另一種形式的「大傳統」。

　　值得注意的是，傳統士紳對於民間風水習俗縱有微辭，但他們所批評的，有時未必是風水本身，而是在接受風水觀念的前提之下，針對風水之說所衍生出的種種流俗弊端而加以斥責，甚至於反省、思考如何因應改進的辦法。對他們而言，回歸儒學的孝道觀念以改良風水習俗的具體實踐方式，即可以因勢而利導，達成移風易俗的效果。在這套價值系統之中，風水術數的存在，也許不至於產生「迷信」與「理性」之間截然對立的矛盾命題。到了清代後期西風東漸的歷史時刻，傳統漢文化社會看待風水之說的價值系統，始遭受到外來因素的強烈撼動。

三、科學理性／風水迷信的反思

　　風水習俗係自古以來漢文化圈一種影響深廣的社會現象，也是海內外各地許多華人奉行不已的生活方式。風水術數所以流傳迄今依然生生不息，當歸因其能在不同的時代吸收一些主流的、流行的與時尚的文化因子，來強化其適用的層面、趨避的功能與發揮的空間，舉凡兩漢時代雜揉天人感應、陰陽五行觀念的儒學內涵，魏晉南北朝至隋唐時代的道家思想與佛家學說，宋元明時期的理學（新儒學）思維與倫常意識，清代時期的考據學風尚，以及近代以來的西學（科學）思潮，皆使這項術數系統獲得更新的養份與重生的土壤。〔註7〕

　　隨著二十世紀初期西方學術思潮的衝擊，科學主義（Scientism）的意識

〔註7〕　俞灝敏，《風水探究》，頁195～224；劉沛林，《風水——中國人的環境觀》，頁382～421。

形態逐漸在中國知識界昂首闊步；過去作為華人集體生活方式一環的風水習俗，有時也在科學主義的價值系統下，被劃上了「迷信」、「愚昧」的等號。〔註8〕從文化互動的角度，環繞於清季洋務運動時期的風水爭議，其實是代表近代西方工業化的價值觀與中國傳統風水觀念的衝突。最終，經由官方訴諸國家利益的主導之下，洋務事業凌駕龍脈信仰而取得優勢地位，西方科技學術自此成為本土菁英階層的主流價值。在某些中國知識份子的心目中，風水本身的「迷信」色彩，也益為濃厚。在 1947 年刊徐炳文、鄭豐稔纂修《雲霄縣志》卷四〈地理下・風土〉中，即有一段針對風水術數的強烈批評云：

> 風水之害，甚於洪水猛獸。其愚無知者無論矣；甚至士大夫，亦惑其說，而不知返。不知富貴貧賤，皆人事為之，枯骨何與焉！今環球大通，歐美人家居與葬地，必擇高曠之處，並無所消矽〔砂〕、納水、藏風、聚氣之說，而安富尊榮過於我國，抑又何說？總之，現時科學昌明，原子、電子、人方推闡不遺餘力，我猶惝恍迷離作五世紀之幻夢。即如指南針一項，相傳為我國發明，乃五千年來，僅衍為羅盤，供相地之用；人則因指南之理，而地磁吸引，精研靡已，效用大著。何其愚不肖至於此極也，噫！〔註9〕

論述之中，明顯以近代西方世界「科學理性」的價值觀念，來檢視傳統中國「風水迷信」的不合時宜。我們知道，某些學者往往自覺或不自覺地受到既有學養、時代意識和社會文化等條件的影響，內化成為自我看待外在事物的前設立場，並形塑出一套合理化的判斷標準，來解釋各種社會現象的存在意涵。風水迷信／科學理性的價值對立，基本是這類「迷信科學」的思維所導致的結果。

然而，事實證明，時至今日，陰陽五行、青龍白虎、巒頭理氣、三元三合、五星八卦乃至九星八宅的種種風水術語，依舊是華人文化裡習見的生活用語。「一命二運三風水，四積陰德五讀書」，龍穴砂水向，換湯不換藥，仍然為臺灣社會中普遍存在的觀念，並且不分貴庶且無關教育程度，猶大行其

〔註8〕 十九世紀後期以來中國知識界關於喪葬禮制的改革與堪輿習俗的批判，可參見郭雙林，〈論晚清思想界對風水的批判〉，頁 43～51；嚴昌洪，〈民國時期喪葬禮俗的改革與演變〉，頁 169～194；梁景和，《近代中國陋俗文化嬗變研究》，頁 178～191。有關科學主義在中國的醞生過程及其影響，可參見 Daniel W. T. Kwok, *Scientism in Chinese Thought, 1900～1950* 一書，以及鄧元忠，〈科學主義在中國（民國 20 年～26 年）〉，頁 341～367。

〔註9〕 徐炳文、鄭豐稔纂修，《雲霄縣志》，卷 4，頁 3a。

道，信奉不已。〔註 10〕每當人們面臨生死福禍的趨避或陰陽宅居的選擇，堪輿術數便有了發揮的空間。縱使是經過現代科學知識洗禮的知識份子，一旦處於生死關頭，也大多難逃風水術數所交織而成的文化網絡，甚至落入「說是一套，作是一套」的自我矛盾。風水習俗既是長期以來漢人社會的一種生活方式與價值觀念，外來文化與各種批判可能對其造成衝擊，但要想完全取而代之或加以根絕，則有其困難度。更何況，用科學的價值觀解構了一套所謂的迷信，通常也建構出另一套科學的迷信。〔註 11〕

　　本書無意對「風水」本身作任何冠冕堂皇的現代詮釋，也無心涉入風水迷信與否的價值評斷、或者風水與科學的去取關係等一類見仁見智的爭議。筆者認為，相信或抨擊風水的內涵是一回事，呈現風水與社會的實質互動現象，則是另外一回事。畢竟，存在自有其合理性，風水術數對於古往今來的華人社會造成若干的影響，是難以抹煞的事實。「迷信」與「科學」的對立，基本上是科學主義思維籠罩之下的一種判斷。即使前科學、準科學的評析也好，偽科學、反科學的論定也罷，其實都是以近乎神聖化的「科學」作為唯一的尺度，來衡量風水本身的性質與價值。〔註 12〕若是從當前的西方學術立場出發，以今日的學科觀點來定位過去的歷史現象，往往不免流於張冠李戴、移花接木之嫌，而陷入「一切歷史都是當代史」的窘境。如果現象是歷史演變的結果，而歷史又是「過去經驗的重演」，〔註 13〕那麼，窮本溯源、審時度勢以掌握研究客體與時推移的歷史性和其訴說對象的選擇性，就將是史學研

〔註 10〕 學者呂理政於〈變遷社會中的傳統信仰〉中指出：「晚近的風水術，不僅未因社會之進步而衰微，反而因應社會工商發達的趨向，而有更專業的發展。……聰明的現代人不想放棄風水的福蔭，乃因應時勢改談室內風水，……墓葬風水古人所重，現代社會仍然持續盛行，而且愈有錢有勢（有學問？）的人愈講求祖先墳墓風水，絕不讓古人專美於前，為升官發財而『三邊祖墳』者大有人在」。引見氏著，《傳統信仰與現代社會》，頁 209。

〔註 11〕 可以說，迷信科學的普適性與迷信風水的實用性，或假知識的包裝、學術的姿態以破除風水先生隨機應變、牽強附會且唯利是圖的「騙術」，積極地爭奪風水理論可行與否的詮釋權並設法取代堪輿地師在居葬過程中的權威地位，這類近乎「酸葡萄」的心態與作法，凸顯在發言的主體與被批判的客體之間，充其量不過五十步笑百步，相去無幾。另一方面，用既有的知識去強烈否定外在世界的其他可能性，此種思維也可視為一種「迷信」。

〔註 12〕 中國景觀學者俞孔堅認為：「風水是一種文化現象，它超越任何科學的或是其他文化的價值標準，斥之為迷信或高抬其為科學都不足以揭示風水之本質。它有其深層的人類生態和文化生態含義」。俞孔堅，《理想景觀探源——風水的文化意義》，頁 17～18。

〔註 13〕 語出 R. G. Collingwood, *The Idea of History*.

究者責無旁貸的職份。史學研究者的後見之明，除了可以運用在檢視「風水」之所以被視爲「迷信」的歷史過程，亦可儘量地回歸特定的時空脈絡，去理解風水的歷史作用、時代影響與現實意義，而避免去援引當今的科學理念，或是用目前的各種學術價值標準，去判斷其是非對錯。有鑑於此，本書秉持「術數社會史」的研究觀點，考察風水在清代臺灣漢人開發史上的角色，透視民俗活動中的風水實踐及其與傳統社會的交互作用，以明瞭風水文化在臺灣歷史流變中的來龍去脈，並重新認知風水存在的歷史意義。在撫今追昔、察古識今的多元反思之中，最終猶望本書的研究成果，能對於風水之說流傳迄今生生不息的歷史因果，提供一種穿透當今風水習尚表象的深刻認識，同時拓展出一處跨越學科分際的對話空間。

本書追溯清代臺灣社會風水習俗的歷史淵源，並逐一分析閩粵移民實踐風水觀念之集體性的行爲樣態，嘗試超越現實聚落空間與建築形制的風水現象表述，轉而落實於歷史時空的縱深脈絡，以深化我們對於風水習俗與臺灣社會如何產生互動的理解。〔註 14〕從歷史的視野出發，風水觀念、堪輿原則作爲傳統漢文化社會對於地理空間及人文秩序的一種解讀與建構，往往隨著思想意識與時代環境的變遷而進行調整，其與現實社會的互動關係也與時俱變。或許，唯一不變的是，風水作爲一種「話題」，將不斷地持續下去；而海內外學界環繞於風水課題的知識追逐，也將成爲永不停息的歷史軌跡。

〔註 14〕如針對本研究的背景時段與論述取徑，筆者認爲，現階段有待加強及發展的課題，可試舉如下：一、探究傳統風水習俗在臺灣不同族群或語群之間的傳佈所具有的一般性與特殊性，可以針對福佬（閩南）與客家聚落之間在實踐風水觀念的異同問題，進行比較研究。二、清代臺灣官紳對於風水術數的態度，或是菁英階層與風水文化之間的關係，可再進行深入的專題研究。三、關於十九世紀後期民教衝突與雞籠煤務的風水論述，除了中文文獻之外，可再運用英國國會文書（*British Parliamentary Papers*）、外交部檔案（*F.O. Archives*）或英國長老教會《使信月刊》（*The Messengers*）等資料，來呈現更多西方人士的立場及看法，以增添論述的完整性與多面性。

徵引書目

一、官書檔案

1. 唐・房玄齡等,《晉書》,北京:中華書局,1974 年點校本。
2. 清・文慶等纂,《道光朝籌辦夷務始末》,收入《近代中國史料叢刊》第 56 輯,臺北:文海出版社,1970 年。
3. 清・沈之奇輯注,洪皋山增訂,《大清律輯註》,北京:北京大學出版社,1993 年據清乾隆十一年刊本景印。
4. 清・崑岡等撰,《欽定大清會典・事例》,臺北:新文豐出版公司,1976 年據清光緒二十五年刻本景印。
5. 清・張廷玉等,《明史》,北京:中華書局,1974 年點校本。
6. 清・乾隆敕撰,《欽定平定臺灣紀略》,臺北:臺灣銀行,1961 年。
7. 清・賈楨等纂,《咸豐朝籌辦夷務始末》,收入《近代中國史料叢刊》第 59 輯,臺北:文海出版社,1970 年。
8. 清・潘頤福纂修,《十二朝東華錄(咸豐朝)》,臺北:文海出版社,1963 年。
9. 清・寶鋆等纂,《同治朝籌辦夷務始末》,收入《近代中國史料叢刊》第 62 輯,臺北:文海出版社,1971 年。
10. 清・《外紀檔》,臺北:國立故宮博物院藏。
11. 清・《淡新檔案》,臺北:國立臺灣大學圖書館藏。
12. 清・《軍機處・月摺包》,臺北:國立故宮博物院藏。
13. 清・《清實錄》,北京:中華書局,1986～1987 年。
14. 上海師範大學歷史系中國近代史研究室、中國第一歷史檔案館編輯部

編，《福建・上海小刀會檔案史料匯編》，福州：福建人民出版社，1993年。

15. 王彥威輯，王亮、王敬立編校，《清季外交史料》，臺北：文海出版社，1963 年。

16. 中央研究院近代史研究所編，《海防檔》，臺北：中央研究院近代史研究所，1957 年。

17. 中央研究院近代史研究所編，《中法越南交涉檔》，臺北：中央研究院近代史研究所，1962 年。

18. 中央研究院近代史研究所編，《四國新檔・英國檔》，臺北：中央研究院近代史研究所，1966 年。

19. 中央研究院近代史研究所編，《道光咸豐兩朝籌辦夷務始末補遺》，臺北：中央研究院近代史研究所，1966 年。

20. 中央研究院近代史研究所編，《教務教案檔》，第 1 至 5 輯，臺北：中央研究院近代史研究所，1974～1977 年。

21. 中央研究院歷史語言研究所編，《明清史料戊編》，臺北：中央研究院歷史語言研究所，1972 年再版。

22. 中國第一歷史檔案館編，《雍正朝漢文硃批奏摺彙編》，南京：江蘇古籍出版社，1989 年。

23. 北京市天龍長城文化藝術公司編，《清代臺灣檔案史料全編》，北京：學苑出版社，1999 年。

24. 朱壽朋纂修，《十二朝東華錄（光緒朝）》，臺北：文海出版社，1963 年景印。

25. 李光濤編，《明清檔案存真選輯》，第 3 集，臺北：中央研究院歷史語言研究所，1975 年。

26. 洪安全等編，《清宮月摺檔臺灣史料》，臺北：國立故宮博物院，1994 年。

27. 洪安全等編，《清宮諭旨檔臺灣史料》，臺北：國立故宮博物院，1996 年。

28. 洪安全等編，《清宮廷寄檔臺灣史料》，臺北：國立故宮博物院，1998 年。

29. 洪安全等編，《清宮洋務始末臺灣史料》，臺北：國立故宮博物院，1999 年。

30. 洪安全等編，《清宮宮中檔奏摺臺灣史料》，臺北：國立故宮博物院，2001 年。

31. 淡新檔案校註出版編輯委員會編，《淡新檔案・第一編 行政》，臺北：國立臺灣大學圖書館，1995～2005 年。

32. 馮用編，《劉銘傳撫臺前後檔案》，臺北：臺灣銀行，1969 年。

33. 趙爾巽等，《清史稿》，北京：中華書局，1977 年點校本。

34. 臺灣銀行經濟研究室編，《淡水廳築城案卷》，臺北：臺灣銀行，1963 年。

35. 臺灣銀行經濟研究室編，《臺案彙錄庚集》，臺北：臺灣銀行，1964 年。

36. 臺灣銀行經濟研究室編，《福建省例》，臺北：臺灣銀行，1964 年。

37. *British Parliamentary Papers: Essays and Consular Commercial Reports, 1877～79.* Shannon: Irish University Press, 1971.

二、志書圖說

1. 明·王世懋，《閩部疏》，臺北：成文出版社，1975 年據明寶顏堂訂正刊本景印。

2. 明·王應山纂輯，《閩都記》，臺北：成文出版社，1967 年據明萬曆間修、清道光十年重刊本景印。

3. 明·莫尚簡、張岳纂修，《惠安縣志》，臺北：新文豐出版公司，1985 年據寧波天一閣藏明嘉靖刻本景印。

4. 明·陽思謙總纂，黃鳳翔等編，《泉州府志》，臺北：國家圖書館漢學研究資料暨服務中心藏明萬曆四十年景刊本。

5. 明·劉庭蕙等纂修，《漳州府志》，臺北：國家圖書館漢學研究資料暨服務中心藏明萬曆年間景刊本。

6. 清·王之正、沈展才等纂修，《陸豐縣志》，臺北：成文出版社，1966 年據清乾隆十年刊本景印。

7. 清·王必昌等，《重修臺灣縣志》，臺北：臺灣銀行，1961 年。

8. 清·王崧、李星輝纂修，《揭陽縣續志》，臺北：成文出版社，1974 年據清光緒十六年修、民國二十六年重印本景印。

9. 清·王瑛曾等，《重修鳳山縣志》，臺北：臺灣銀行，1962 年。

10. 清·方鼎、朱升元等纂修，《晉江縣志》，臺北：成文出版社，1967 年據清乾隆三十年刊本景印。

11. 清·不著撰人，《臺灣府輿圖纂要》，臺北：臺灣銀行，1963 年。

12. 清·仲振履原著，張鶴齡續纂，《興寧縣志》，臺北：成文出版社，1966 年據清咸豐六年修、民國十八年鉛印本景印。

13. 清·余文儀等，《續修臺灣府志》，臺北：臺灣銀行，1962 年。

14. 清·李元春，《臺灣志略》，臺北：臺灣銀行，1958 年。

15. 清·李世熊，《寧化縣志》，臺北：成文出版社，1967 年據清同治八年重刊本景印。

16. 清·李書吉、蔡繼紳等纂修，《澄海縣志》，臺北：成文出版社，1967 年據清嘉慶二十年刊本景印。

17. 清·李鉉、昌天錦等纂修，《平和縣志》，臺北：成文出版社，1967 年據

清康熙五十八年修、光緒十五年重刊本景印。

18. 清・沈茂蔭等，《苗栗縣志》，臺北：臺灣銀行，1963 年。

19. 清・吳宜燮、黃惠等纂修，《龍溪縣志》，臺北：成文出版社，1967 年據清乾隆二十七年修、光緒五年補刊本景印。

20. 清・吳宗焯、溫仲和纂修，《嘉應州志》，臺北：成文出版社，1968 年據清光緒二十四年刊本景印。

21. 清・周元文等，《重修臺灣府志》，臺北：臺灣銀行，1960 年。

22. 清・周恒重等纂修，《潮陽縣志》，臺北：成文出版社，1966 年據清光緒十年刊本景印。

23. 清・周凱等，《廈門志》，臺北：臺灣銀行，1961 年。

24. 清・周碩勛纂修，《潮州府志》，臺北：成文出版社，1967 年據清光緒十九年重刊本景印。

25. 清・周璽等，《彰化縣志》，臺北：臺灣銀行，1962 年。

26. 清・金鋐、鄭開極等纂修，《（康熙）福建通志》，收入北京圖書館古籍出版社編，《北京圖書館古籍珍本叢刊》第 34～35 冊，北京：書目文獻出版社，1988 年。

27. 清・金鋐、鄭開極等纂修，《康熙福建通志臺灣府》，臺北：成文出版社，1983 年景印昭和五年影鈔康熙年間刊本。

28. 清・林焜熿等，《金門志》，臺北：臺灣銀行，1960 年。

29. 清・林豪等，《澎湖廳志》，臺北：臺灣銀行，1963 年。

30. 清・林豪著，林文龍點校，《澎湖廳志稿》，南投：臺灣省文獻委員會，1998 年。

31. 清・范咸等，《重修臺灣府志》，臺北：臺灣銀行，1961 年。

32. 清・柯培元等，《噶瑪蘭志略》，臺北：臺灣銀行，1961 年。

33. 清・胡建偉等，《澎湖紀略》，臺北：臺灣銀行，1961 年。

34. 清・胡傳等，《臺東州采訪冊》，臺北：臺灣銀行，1960 年。

35. 清・高拱乾等，《臺灣府志》，臺北：臺灣銀行，1960 年。

36. 清・倪贊元等，《雲林縣采訪冊》，臺北：臺灣銀行，1959 年。

37. 清・郝玉麟等，《福建通志》，臺北：中央圖書館臺灣分館藏清乾隆二年刊本。

38. 清・夏獻綸，《臺灣輿圖》，臺北：臺灣銀行，1959 年。

39. 清・徐景熹、魯曾煜等纂修，《福州府志》，臺北：成文出版社，1967 年據清乾隆十九年刊本景印。

40. 清・陳文達等，《臺灣縣志》，臺中：臺灣省文獻委員會，1958 年。

41. 清・陳文達等，《鳳山縣志》，臺北：臺灣銀行，1961 年。

42. 清・陳汝咸、林登虎纂修，《漳浦縣志》，臺北：成文出版社，1968 年據清康熙三十九年修、民國十七年翻印本景印。

43. 清・陳昌齋等，《廣東通志》，臺北：華文書局，1968 年據清同治三年刊本景印。

44. 清・陳朝龍等，《新竹縣采訪冊》，臺北：臺灣銀行，1962 年。

45. 清・陳朝龍等纂，林文龍點校，《新竹縣採訪冊》，南投：臺灣省文獻委員會，1999 年。

46. 清・陳國瑛等，《臺灣采訪冊》，臺北：臺灣銀行，1959 年。

47. 清・陳培桂等，《淡水廳志》，臺北：臺灣銀行，1963 年。

48. 清・陳淑均等，《噶瑪蘭廳志》，臺北：臺灣銀行，1963 年。

49. 清・陳夢林等，《諸羅縣志》，臺北：臺灣銀行，1962 年。

50. 清・陳壽祺等，《福建通志》，臺北：華文書局，1968 年據清同治十年重刊本景印。

51. 清・張昭美纂修，《惠來縣志》，臺北：成文出版社，1968 年據清雍正九年刊本、民國十九年重印本景印。

52. 清・張懋建、賴翰顒纂修，《長泰縣志》，臺北：成文出版社，1975 年據清乾隆十三年修、民國二十年重刊本景印。

53. 清・章壽彭、陸飛等纂修，《歸善縣志》，臺北：成文出版社，1967 年據清乾隆四十八年刊本景印。

54. 清・屠繼善等，《恒春縣志》，臺北：臺灣銀行，1960 年。

55. 清・黃任等纂修，《泉州府志》，泉州：泉州志編纂委員會，1984 年據泉山書社民國十六年乾隆版補刻本景印。

56. 清・曾曰瑛、李紱等纂修，《汀州府志》，臺北：成文出版社，1967 年據清同治六年刊本景印。

57. 清・彭衍堂、陳文衡纂修，《龍巖州志》，臺北：成文出版社，1967 年據清道光十五年修、光緒十六年重刊本景印。

58. 清・葉廷芳等纂修，《永安縣三志》，臺北：成文出版社，1974 年據清道光二年刊本景印。

59. 清・董驥、陳天樞等纂修，《寧洋縣志》，臺北：成文出版社，1967 年據清光緒元年刊本景印。

60. 清・劉良璧等，《重修福建臺灣府志》，臺北：臺灣銀行，1961 年。

61. 清・劉國光、謝昌霖等纂修，《長汀縣志》，臺北：成文出版社，1967 年據清光緒五年刊本景印。

62. 清・劉葉勤纂修，《揭陽縣正續志》，臺北：成文出版社，1974 年據清乾

隆四十四年修、民國二十六年重刊本景印。

63. 清‧劉溎平、鄧掄斌等纂修，《惠州府志》，臺北：成文出版社，1966 年據清光緒七年刊本景印。

64. 清‧蔡世鈸、林得震纂修，《漳平縣志》，臺北：成文出版社，1967 年據清道光十年修、民國二十四年重印本景印。

65. 清‧鄧廷祚等纂修，《海澄縣志》，臺北：成文出版社，1968 年據清乾隆二十七年刊本景印。

66. 清‧鄭一崧等纂修，《永春州志》，臺北：成文出版社，1974 年據清乾隆五十二年刊本景印。

67. 清‧鄭用錫纂輯，林文龍點校，《淡水廳志稿》，南投：臺灣省文獻委員會，1998 年。

68. 清‧蔣師轍、薛紹元編纂，《臺灣通志》，臺北：臺灣銀行，1962 年。

69. 清‧蔣毓英等，《臺灣府志》，收入《臺灣府志三種》，北京：中華書局，1985 年。

70. 清‧蔣鏞等，《澎湖續編》，臺北：臺灣銀行，1961 年。

71. 清‧蕭麟趾、梅奕紹纂修，《普寧縣志》，臺北：成文出版社，1974 年據清乾隆十年修、民國二十三年鉛字重印本景印。

72. 清‧盧兆鰲、歐陽蓮等纂修，《平遠縣志》，臺北：成文出版社，1974 年據清嘉慶二十五年修、民國二十三年重刊本景印。

73. 清‧盧德嘉等，《鳳山縣采訪冊》，臺北：臺灣銀行，1960 年。

74. 清‧盧蔚猷、吳道鎔纂修，《海陽縣志》，臺北：成文出版社，1967 年據清光緒二十六年刊本景印。

75. 清‧穆彰阿等，《大清一統志》，臺北：臺灣商務印書館，1966 年據上海涵芬樓景印清史館藏進呈寫本景印。

76. 清‧謝金鑾等，《續修臺灣縣志》，臺北：臺灣銀行，1963 年。

77. 清‧薛凝度、吳文林纂修，《雲霄廳志》，臺北：成文出版社，1967 年據清嘉慶二十一年修、民國二十四年鉛字重印本景印。

78. 清‧《大清一統志》，臺北：中央圖書館臺灣分館藏清乾隆四十九年刊本。

79. 尹章義等，《新店市誌》，臺北：新店市誌編纂委員會，1994 年。

80. 尹章義、洪健榮、李逸峰等，《五股志》，臺北：五股鄉公所，1997 年。

81. 尹章義、洪健榮等，《新屋鄉志》，桃園：新屋鄉公所，2008 年。

82. 尹章義、葉志杰等，《林口鄉志》，臺北：林口鄉公所，2001 年。

83. 朱仲西主修、林鴻標編纂，《基隆市志‧工礦篇》，基隆：基隆市文獻委員會，1957 年。

84. 吳新榮，《南臺灣采風錄》，臺北：遠景出版公司，1981 年。

85. 吳新榮,《震瀛採訪記》,臺北:遠景出版公司,1981 年。

86. 吳質夫,《重修臺灣省通志‧經濟志礦業篇》,南投:臺灣省文獻委員會,1997 年。

87. 余光弘、黃有興,《續修澎湖縣志‧宗教志》,馬公:澎湖縣政府,2005 年。

88. 林百川、林學源,《樹杞林志》,臺北:臺灣銀行,1960 年。

89. 林朝棨,《臺灣省通志稿‧經濟志礦業篇》,臺北:臺灣省文獻委員會,1960 年。

90. 林學增、吳錫璜等纂修,《同安縣志》,臺北:成文出版社,1967 年據民國十八年鉛印本景印。

91. 洪秀桂,《南投縣婚喪禮俗》,南投:南投縣文獻委員會,1972 年。

92. 洪敏麟總編輯,《草屯鎮志》,南投:草屯鎮志編纂委員會,1986 年。

93. 馬龢鳴、杜翰生等纂修,《龍巖縣志》,臺北:成文出版社,1967 年據民國九年鉛印本景印。

94. 徐炳文、鄭豐稔纂修,《雲霄縣志》,臺北:成文出版社,1975 年據民國三十六年鉛印本景印。

95. 連橫,《臺灣通史》,臺北:臺灣銀行,1962 年。

96. 郭薰風主修,《桃園縣志‧人物志》,桃園:桃園縣文獻委員會,1968 年。

97. 張福壽編,《樹林鄉土誌》,臺北:成文出版社,1985 年據昭和十三年油印本景印。

98. 盛清沂總纂,《臺北縣志‧開闢志》,臺北:臺北縣文獻委員會,1960 年。

99. 盛清沂等修,《臺灣省通志‧人物志》,臺北:臺灣省文獻委員會,1970 年。

100. 趙模、王寶仁纂修,《建陽縣志》,臺北:成文出版社,1975 年據民國十八年鉛印本景印。

101. 劉枝萬,《南投縣風俗志宗教篇稿》,南投:南投縣文獻委員會,1961 年。

102. 蔡振豐,《苑裏志》,臺北:臺灣銀行,1959 年。

103. 鄭翹松纂,《永春縣志》,臺北:成文出版社,1975 年據民國十九年鉛印本景印。

104. 鄭鵬雲、曾逢辰,《新竹縣志初稿》,臺北:臺灣銀行,1959 年。

105. 臺灣銀行經濟研究室編,《嘉義縣管內采訪冊》,臺北:臺灣銀行,1959 年。

106. 臺灣銀行經濟研究室編,《安平縣雜記》,臺北:臺灣銀行,1959 年。

三、古文書契

1. 三田裕次藏，張炎憲主編，《臺灣古文書集》，臺北：南天書局，1988 年。

2. 王世慶等編，《臺灣公私藏古文書》，臺北：中央研究院歷史語言研究所傅斯年圖書館藏影本。

3. 王正雄、施金柱主編，《臺灣古文書專輯》，臺中：臺中縣立文化中心，1996 年。

4. 余慧賢、張家榮編，《國立中央圖書館臺灣分館館藏臺中地區古文書選輯》，臺北：國立中央圖書館臺灣分館，2009 年。

5. 邱水金主編，《宜蘭古文書》，第 1 至 4 輯，宜蘭：宜蘭縣立文化中心，1994 至 1996 年。

6. 岸裡大社文書出版編輯委員會編，《岸裡大社文書》，臺北：國立臺灣大學，1998 年。

7. 東洋文庫明代史研究室，《中國土地契約文書集（金—清）》，東京：財團法人東洋文庫，1975 年。

8. 洪麗完編著，《臺灣社會生活文書專輯》，臺北：中央研究院臺灣史研究所籌備處，2002 年。

9. 施淑宜編，《臺灣古書契》，臺北：立虹出版社，1997 年。

10. 胡家瑜主編，《道卡斯新港社古文書》，臺北：臺灣大學人類學系，1999 年。

11. 唐羽編，〈溪尾庄古契彙編（上）〉，《臺北文獻》，直字第 79 期，1987 年 3 月，頁 207～257。

12. 唐羽編，〈溪尾庄古契彙編（下）〉，《臺北文獻》，直字第 81 期，1987 年 9 月，頁 119～227。

13. 國立中央圖書館臺灣分館藏，《臺灣古文書》。

14. 國家圖書館特藏組編，《認識臺灣古文書契》，臺北：國家圖書館，2007 年。

15. 張炎憲、曾品滄主編，《楊雲萍藏臺灣古文書》，臺北：國史館，2003 年。

16. 陳秋坤、蔡承維編著，《大崗山地區古契約文書匯編》，高雄：高雄縣政府文化局／臺北：中央研究院臺灣史研究所，2004 年。

17. 曾振名、童元昭主編，《噶瑪蘭西拉雅古文書》，臺北：國立臺灣大學人類學系，1999 年。

18. 黃美英主編，《凱達格蘭族古文書彙編》，臺北：臺北縣立文化中心，1996 年。

19. 臺北帝國大學理農學部編，《新港文書》，臺北：臺北帝國大學理農學部，1933 年。

20. 臺灣銀行經濟研究室編，《臺灣私法債權編》，臺北：臺灣銀行，1960 年。

21. 臺灣銀行經濟研究室編，《臺灣私法人事篇》，臺北：臺灣銀行，1961 年。

22. 臺灣銀行經濟研究室編，《臺灣私法商事篇》，臺北：臺灣銀行，1961 年。

23. 臺灣銀行經濟研究室編，《臺灣私法物權篇》，臺北：臺灣銀行，1963 年。

24. 臺灣銀行經濟研究室編，《清代臺灣大租調查書》，臺北：臺灣銀行，1963 年。

25. 潘英海編著，《中央研究院民族學研究所藏道卡斯古契文書・圖文冊》，臺北：中央研究院民族學研究所，2005 年。

26. 劉澤民等編，《臺灣總督府檔案平埔族關係文獻選輯》，南投：國史館臺灣文獻館，2001 年。

27. 劉澤民編，《臺灣總督府檔案平埔族關係文獻選輯續編》，南投：國史館臺灣文獻館，2004 年。

28. 劉澤民編著，《關西坪林范家古文書集》，南投：國史館臺灣文獻館，2003 年。

29. 鄭華生口述、鄭炯輝整理，《新竹鄭利源號典藏古文書》，南投：國史館臺灣文獻館，2005 年。

30. 謝繼昌主編，《凱達格蘭古文書》，臺北：國立臺灣大學人類學系，1999 年。

31. 蕭富隆、林坤山，《苑裡地區古文書集》，南投：國史館臺灣文獻館，2004 年。

32. 簡史朗、曾品滄主編，《水沙連埔社古文書選輯》，臺北：國史館，2002 年。

四、碑碣圖錄

1. 何培夫主編，《臺灣地區現存碑碣圖誌 臺南市篇》，臺北：國立中央圖書館臺灣分館，1992 年。

2. 何培夫主編，《臺灣地區現存碑碣圖誌 澎湖縣篇》，臺北：國立中央圖書館臺灣分館，1993 年。

3. 何培夫主編，《臺灣地區現存碑碣圖誌 嘉義縣市篇》，臺北：國立中央圖書館臺灣分館，1994 年。

4. 何培夫主編，《臺灣地區現存碑碣圖誌 臺南縣篇》，臺北：國立中央圖書館臺灣分館，1994 年。

5. 何培夫主編，《臺灣地區現存碑碣圖誌 高雄市・高雄縣篇》，臺北：國立中央圖書館臺灣分館，1995 年。

6. 何培夫主編，《臺灣地區現存碑碣圖誌 屏東縣・臺東縣篇》，臺北：國立

中央圖書館臺灣分館，1995 年。

7. 何培夫主編，《臺灣地區現存碑碣圖誌 雲林縣‧南投縣篇》，臺北：國立中央圖書館臺灣分館，1996 年。

8. 何培夫主編，《臺灣地區現存碑碣圖誌 臺中縣市‧花蓮縣篇》，臺北：國立中央圖書館臺灣分館，1997 年。

9. 何培夫主編，《臺灣地區現存碑碣圖誌 彰化縣篇》，臺北：國立中央圖書館臺灣分館，1997 年。

10. 何培夫主編，《臺灣地區現存碑碣圖誌 新竹縣市篇》，臺北：國立中央圖書館臺灣分館，1998 年。

11. 何培夫主編，《臺灣地區現存碑碣圖誌 苗栗縣篇》，臺北：國立中央圖書館臺灣分館，1998 年。

12. 何培夫主編，《臺灣地區現存碑碣圖誌 臺北市‧桃園縣篇》，臺北：國立中央圖書館臺灣分館，1999 年。

13. 何培夫主編，《臺灣地區現存碑碣圖誌 臺北縣篇》，臺北：國立中央圖書館臺灣分館，1999 年。

14. 何培夫主編，《臺灣地區現存碑碣圖誌 宜蘭縣‧基隆市篇》，臺北：國立中央圖書館臺灣分館，1999 年。

15. 何培夫主編，《臺灣地區現存碑碣圖誌 補遺篇》，臺北：國立中央圖書館臺灣分館，1999 年。

16. 邱秀堂編，《臺灣北部碑文集成》，臺北：臺北市文獻委員會，1986 年。

17. 臺灣銀行經濟研究室編，《臺灣教育碑記》，臺北：臺灣銀行，1959 年。

18. 臺灣銀行經濟研究室編，《臺灣中部碑文集成》，臺北：臺灣銀行，1962 年。

19. 臺灣銀行經濟研究室編，《臺灣南部碑文集成》，臺北：臺灣銀行，1966 年。

20. 鄭振滿、丁荷生編，《福建宗教碑銘彙編（興化府分冊)》，福州：福建人民出版社，1995 年。

21. 蔣元樞，《重修臺郡各建築圖說》，臺北：臺灣銀行，1970 年。

五、譜系資料

1. 清‧林光銓校，《西河林氏族譜》，新加坡古友軒 1877 年石印本，收入《北京圖書館藏家譜叢刊‧閩粵僑鄉卷》第 1 冊，北京：北京圖書館出版社，2000 年。

2. 清‧邱萃英等編，《邱氏族譜》，臺北：國立中央圖書館臺灣分館藏手稿景印本。

3. 清・施德馨等編，《潯海施氏大宗族譜》，臺北：龍文出版社，1993 年據清康熙年間遞補刊本景印。

4. 清・陳維英編，《陳氏族譜》，臺北：國立故宮博物院藏重抄本微縮資料。

5. 清・許瀚裳等編，《西庚許氏家譜》，臺北：國立中央圖書館臺灣分館藏清光緒三年重抄本景印本。

6. 清・梁焜兆等重纂，《詩山鳳坡梁氏宗譜》，臺北：龍文出版社，1993 年據清光緒十年重修溫陵張球世刻本景印。

7. 清・陶思綬編，《林氏宗譜》，1878 年抄本，收入《北京圖書館藏家譜叢刊・閩粵僑鄉卷》第 1 冊，北京：北京圖書館出版社，2000 年。

8. 清・鄭鵬程抄，《石井本宗族譜》（一名《延平郡王鄭氏系譜》），收入臺灣銀行經濟研究室編，《鄭氏關係文書》，臺北：臺灣銀行，1960 年。

9. 清・盧元璞編，《盧氏族譜》，臺北：國立故宮博物院藏清道光十一年手稿本微縮資料。

10. 清・顏亮洲等編，《顏氏族譜》，手抄本，收入《北京圖書館藏家譜叢刊・閩粵僑鄉卷》第 17 冊，北京：北京圖書館出版社，2000 年。

11. 清・藍日照等編，《藍氏續修族譜》，汝南堂 1881 年木活字本，收入《北京圖書館藏家譜叢刊・閩粵僑鄉卷》第 25～26 冊，北京：北京圖書館出版社，2000 年。

12. 尹章義編纂，《臺灣鑑湖張氏族譜》，臺北：張士箱家族拓展史研纂委員會，1985 年。

13. 王清良等編，《日江王崇益公號七大房共有族譜》，臺北：國立故宮博物院藏 1937 年手稿本微縮資料。

14. 王觀梓編，《龍塘王氏族譜》，臺北：國立故宮博物院藏 1915 年手稿本微縮資料。

15. 白灼真編，《同安白氏族譜》，南投：臺灣省文獻委員會藏手稿本景印本。

16. 白貞抄錄，《彰化白氏宗譜》，南投：臺灣省文獻委員會藏 1956 年手稿本。

17. 丘秀強等編，《廣東省饒平縣丘氏來臺祖作立公脈下家譜》，臺北：作立公脈下宗親會，1990 年。

18. 丘家集等編，《丘氏來臺祖作立公脈下家譜》，臺北：作立公脈下宗親會，1990 年。

19. 李兆麟編，《重修燕樓族譜》，臺北：國立故宮博物院藏 1971 年手稿本微縮資料。

20. 李榮珍編，《臺灣臺南縣小新營李氏族譜》，編者自刊，1996 年。

21. 李輝彥編，《隴西李氏大宗譜》，臺中：臺光文化出版社，1979 年。

22. 宋國英主編，《宋氏族譜（苗栗昌壽公傳下）》，苗栗：宋氏族譜編修委員

會，1989 年。

23. 呂學諺編，《呂尚・萬春・大正・十二郎公派族譜》，世界呂氏宗親會，1991 年。

24. 林保萱編，《西河林氏六屋族譜》，臺中：臺灣省文獻委員會，1982 年。

25. 林添福總編，《林姓元成公徙臺派下族譜》，臺北：開臺始祖林姓元成公族親聯誼會，1988 年。

26. 林欽重收藏，張炎憲主編，《漳和敦本堂林家文書》，臺北：林欽重，1995 年。

27. 林蘭生等編，《西河堂忠孝堂林氏族譜》，1970 年。

28. 周祖昭編，《汝南周氏家譜》，1987 年。

29. 周錫九等編，《武功周氏族譜》，南投：臺灣省文獻委員會藏重抄本景印本。

30. 邱顯志編，《邱氏族譜》，臺北：國立故宮博物院藏 1969 年手稿本微縮資料。

31. 東海堂編，《徐氏雲漢公傳下裔孫宗族譜》，編者自刊，2003 年。

32. 洪己任等編，《洪氏宗譜》，汕頭名利軒印務局 1922 年鉛印本，收入《北京圖書館藏家譜叢刊・閩粵僑鄉卷》第 41 冊，北京：北京圖書館出版社，2000 年。

33. 洪瑞仁等編，《澎湖鼎灣洪氏族譜》，南投：臺灣省文獻委員會藏重抄本景印本。

34. 柯禮宗總纂，《龍嶼張氏族譜》，臺北：龍文出版社，1993 年據 1929 年重修鹿港成龍堂藏稿本景印。

35. 徐勝一、徐元強編，《新庄子東海堂徐氏族譜》，臺北：國立中央圖書館臺灣分館，2001 年。

36. 唐羽總纂，《彭格陳氏大湖支譜》，臺北：陳明良，1994 年。

37. 陳昌達編，《陳氏族譜》，梅州陳昌遠 1924 年鉛印本，收入《北京圖書館藏家譜叢刊・閩粵僑鄉卷》第 10 冊，北京：北京圖書館出版社，2000 年。

38. 陳茂榮編，《祭祀公業陳五美宗親族譜》，祭祀公業陳五美第一屆管理委員會，1996 年。

39. 陳柳金編，《陳氏族譜並渡臺史記》，臺北：國立故宮博物院藏 1961 年刊印本微縮資料。

40. 陳拱照編，《西亭派陳氏家譜》，臺北：陳皆吉，1967 年。

41. 陳清富編，《南院陳氏西亭分族德發分派家譜》，編者自刊，1994 年。

42. 陳標乾編，《塘福嶺陳氏族譜》，臺北：國立故宮博物院藏重抄本微縮資

料。

43. 張方鏗編,《張氏族譜》,華日公祭祀公業管理委員會,1980 年。

44. 張聰憲編,《張姓世譜》,南投:臺灣省文獻委員會藏 1928 年刊本景印本。

45. 許嘉謨謄纂,《清溪虞都許氏家譜》,臺北:龍文出版社,1993 年據 1928 年刻本景印。

46. 祭祀公業羅允玉管理委員會編,《祭祀公業羅允玉派下族譜》,桃園:編者自刊,2004 年。

47. 黃允哲編,《黃端本堂家譜與詩文選集》,臺北:國立中央圖書館臺灣分館藏 1981 年刊本景印本。

48. 黃天財編,《江夏堂黃氏家族譜(魁周派下)》,編者自刊,1985 年。

49. 黃文新編,《苗栗黃氏總族譜》,苗栗:黃氏宗親會,1973 年。

50. 黃玉翔編,《黃氏族譜(奧香派)》,南投:臺灣省文獻委員會藏 1937 年手稿本景印本。

51. 黃守謙編,《黃氏族譜(貴立公派)》,臺北:國立中央圖書館臺灣分館藏 1924 年手稿本景印本。

52. 黃承忠編,《黃氏族譜(鎮平明覺公派下)》,臺北:國立中央圖書館臺灣分館藏 1988 年景印本。

53. 黃康鳳編,《黃氏族譜》,臺北:國立故宮博物院藏 1952 年手稿本微縮資料。

54. 黃振國編,《黃氏家譜(黃徐公派下)》,臺北:國立中央圖書館臺灣分館藏 1988 年景印本。

55. 黃進勇、黃進銀編,《黃氏源流》,臺北:黃金米,1973 年。

56. 黃盛和等編,《黃氏族譜(朝略公派)》,南投:臺灣省文獻委員會藏 1985 年景印本。

57. 黃毓蘭主編,《黃氏族譜(其滯公派系)》,編者自刊,1986 年。

58. 黃錦煥編,《江夏堂黃氏族譜(廣東五華尖山開基分派)》,苗栗:祭祀公業黃人玉公嘗,1980 年。

59. 程大學編,《西螺埔心程氏族譜》,臺北:國立中央圖書館臺灣分館,1998 年。

60. 湯金德主編,《苗栗湯氏宗祠中山堂》,祭祀公業湯家祀湯姓嘗,1990 年。

61. 彭達穎編,《來臺廿三世開耀公事記》,編者自刊,1982 年。

62. 詹評仁總纂,《臺南縣佳里鎮營頂錦繡堂莊氏族譜》,臺南:營頂錦繡堂管理委員會,1992 年。

63. 葉倫書總編,《葉氏春日公派下族譜》,桃園:五美公族譜編修委員會,2003 年。

64. 葉素園總編，《葉氏家譜》，基隆：成光出版社，1965 年。

65. 義方居編，《義方李氏家譜》，編者自刊，1974 年。

66. 廈門鄭成功研究會、廈門鄭成功紀念館編，《鄭成功族譜三種》，福州：福建人民出版社，1986 年。

67. 臺灣銀行經濟研究室編，《臺灣霧峰林氏族譜》，臺北：臺灣銀行，1971 年。

68. 廖文炳等編，《廖氏族譜》，1924 年石印本，收入《北京圖書館藏家譜叢刊‧閩粵僑鄉卷》第 45～46 冊，北京：北京圖書館出版社，2000 年。

69. 鄭鵬雲編，《浯江鄭氏家乘》，臺北：國立故宮博物院藏 1913 年刊印本微縮資料。

70. 編者不詳，《艋舺白氏家譜》，臺北：國立中央圖書館臺灣分館藏手稿本景印本。

71. 編者不詳，《林氏族譜》，臺北：國立故宮博物院藏手稿本微縮資料。

72. 編者不詳，《鎮平徐氏長房十六世來臺祖揚鎮公派下世系表》，臺北：國立中央圖書館臺灣分館藏景印本。

73. 編者不詳，《稻江張氏族譜》，臺北：國立故宮博物院藏 1926 年重抄本微縮資料。

74. 編者不詳，《黃氏族譜（梅允公派）》，臺北：國立中央圖書館臺灣分館藏景印本。

75. 編者不詳，《黃氏族譜（頭份鎮）》，臺北：國立中央圖書館臺灣分館藏手稿本景印本。

76. 編者不詳，《黃氏家譜》，臺北：國立中央圖書館臺灣分館藏刊印本景印本。

77. 頭份林洪公嘗創睦堂編，《林氏族譜》，臺北：國立中央圖書館臺灣分館藏手稿本景印本。

78. 簡清章編，《溯源堂簡氏家譜》，南投：臺灣省文獻委員會藏 1948 年重抄本景印本。

六、詩文別集

1. 宋‧黎靖德編，王星賢點校，《朱子語類》，臺北：華世出版社，1977 年重印。

2. 明‧王士性著，周振鶴編校，《王士性地理書三種》，上海：上海古籍出版社，1993 年。

3. 明‧王夫之，《思問錄》，臺北：廣文書局，1970 年。

4. 明‧王圻，《三才圖會》，臺北：成文出版社，1974 年據明萬曆三十五年

刊本景印。

5. 明·王禕,《青巖叢錄》,臺北:藝文印書館,1966 年據金華叢書本景印。

6. 明·丘濬,《大學衍義補》,收入丘文莊公叢書輯印委員會輯,《丘文莊公叢書》,臺北:丘文莊公叢書輯印委員會,1972 年。

7. 明·艾儒略,《西方答問》,全文見 John L. Mish, "Creating an Image of Europe for China: Aleni's Hsi-fang ta-wen," *Monumenta Serica*, vol. 23, 1964, pp. 1～87. 所附梵諦崗圖書館藏 1637 年版景印本。

8. 明·沈有容編,《閩海贈言》,臺北:臺灣銀行,1959 年。

9. 明·利瑪竇、金尼閣著,何高濟等譯,《利瑪竇中國札記》,北京:中華書局,1983 年。

10. 明·利瑪竇著,劉俊餘、王玉川譯,《利瑪竇中國傳教史》,臺北:光啓出版社,1986 年。

11. 明·林時對,《荷牐叢談》,臺北:臺灣銀行,1962 年。

12. 明·徐光啓撰,王重民輯校,《徐光啓集》,上海:上海古籍出版社,1984 年。

13. 明·徐宏祖,《徐霞客遊記》,臺北:文光圖書公司,1975 年。

14. 明·董應舉,《崇相集選錄》,臺北:臺灣銀行,1967 年。

15. 明·熊明遇著,熊人霖編,《文直行書》,臺北:國家圖書館藏清順治十七年刊本。

16. 明·鄭成功、鄭經著,福建文史研究社編,《延平二王遺集》,臺北:臺北市閩南同鄉會,1975 年。

17. 明·鄭舜功,《日本一鑑》,臺北:中央研究院歷史語言研究所藏 1939 年據舊抄本景印本。

18. 明·謝肇淛,《五雜俎》,臺北:偉文圖書公司,1977 年。

19. 清·丁曰健,《治臺必告錄》,臺北:臺灣銀行,1959 年。

20. 清·丁紹儀,《東瀛識略》,臺北:臺灣銀行,1957 年。

21. 清·三餘氏,《南明野史》,臺北:臺灣銀行,1960 年。

22. 清·王之春,《國朝柔遠記》,臺北:臺灣學生書局,1975 年據清光緒二十二年重刊本景印。

23. 清·王士禎著,勒斯仁點校,《池北偶談》,北京:中華書局,1982 年。

24. 清·王先謙編,《郭侍郎(嵩燾)奏疏》,臺北:文海出版社,1968 年。

25. 清·王松,《臺陽詩話》,臺北:臺灣銀行,1959 年。

26. 清·王韜,《弢園文錄外編》,臺北:私立輔仁大學人文科學圖書館藏清光緒二十三年著者自刊本景本。

27. 清‧六十七，《使署閒情》，臺北：臺灣銀行，1961 年。

28. 清‧六十七，《番社采風圖考》，臺北：臺灣銀行，1961 年。

29. 清‧丘逢甲，《嶺雲海日樓詩鈔》，臺北：臺灣銀行，1960 年。

30. 清‧史久龍原著，方豪校訂，《憶臺雜記》，《臺灣文獻》，26 卷 4 期、27 卷 1 期，1976 年 3 月，頁 1～23。

31. 清‧江日昇，《臺灣外紀》，臺北：世界書局，1985 年。

32. 清‧朱仕玠，《小琉球漫誌》，臺北：臺灣銀行，1957 年。

33. 清‧朱景英，《海東札記》，臺北：臺灣銀行，1958 年。

34. 清‧池志徵等，《臺灣遊記》，臺北：臺灣銀行，1960 年。

35. 清‧杜臻，《粵閩巡視紀略》，收入《近代中國史料叢刊續編》第 98 輯，臺北：文海出版社，1977 年。

36. 清‧李光地著，陳祖武點校，《榕村續語錄》，北京：中華書局，1995 年。

37. 清‧李瑤，《繹史摭遺》，臺北：文海出版社，1969 年。

38. 清‧吳子光，《臺灣紀事》，臺北：臺灣銀行，1959 年。

39. 清‧吳子光，《一肚皮集》，臺北：龍文出版社，2001 年據清光緒元年吳氏雙峰草堂自刊本景印。

40. 清‧吳德功，《彰化節孝冊》，臺北：臺灣銀行，1961 年。

41. 清‧吳德功，《戴案紀略》，臺北：臺灣銀行，1959 年。

42. 清‧吳雲，《得一錄》，臺北：華文書局，1969 年據清同治八年刊本景印。

43. 清‧沈葆楨，《福建臺灣奏摺》，臺北：臺灣銀行，1959 年。

44. 清‧宋征興等，《東村紀事外四種》，南投：臺灣省文獻委員會，1993 年。

45. 清‧林朝崧，《無悶草堂詩存》，臺北：臺灣銀行，1960 年。

46. 清‧林繩武，《海濱大事記》，臺北：臺灣銀行，1965 年。

47. 清‧林豪，《東瀛紀事》，臺北：臺灣銀行，1957 年。

48. 清‧林豪，《誦清堂詩集》，臺北：龍文出版社，2006 年據 1957 年菲律濱宿務市大眾印書館刊本景印。

49. 清‧周凱，《內自訟齋文選》，臺北：臺灣銀行，1960 年。

50. 清‧屈大均，《廣東新語》，北京：中華書局，1985 年點校本。

51. 清‧易順頂，《魂南記》，臺北：臺灣銀行，1965 年。

52. 清‧計六奇，《明季南略》，臺北：臺灣銀行，1963 年。

53. 清‧姚瑩，《東槎紀略》，臺北：臺灣銀行，1957 年。

54. 清‧昭槤著，何英芳點校，《嘯亭雜錄》，北京：中華書局，1980 年。

55. 清‧查繼佐，《魯春秋》，臺北：臺灣銀行，1961 年。

56. 清・俞正燮，《癸巳類稿》，臺北：世界書局，1965 年重印新校本。

57. 清・郁永河，《裨海紀遊》，臺北：臺灣銀行，1959 年。

58. 清・洪棄生撰，胥端甫編，《洪棄生先生遺書》，臺北：成文出版社，1970 年。

59. 清・洪棄生，《寄鶴齋選集》，臺北：臺灣銀行，1972 年。

60. 清・施士洁，《後蘇龕合集》，臺北：臺灣銀行，1965 年。

61. 清・凌雪，《南天痕》，臺北：臺灣銀行，1960 年。

62. 清・徐宗幹，《斯未信齋文編》，臺北：臺灣銀行，1960 年。

63. 清・徐宗幹，《斯未信齋雜錄》，臺北：臺灣銀行，1960 年。

64. 清・徐繼畬，《松龕先生全集・奏疏》，臺北：文海出版社，1977 年。

65. 清・徐鼐，《小腆紀年》，臺北：臺灣銀行，1962 年。

66. 清・徐鼐，《小腆紀傳》，臺北：臺灣銀行，1963 年。

67. 清・孫元衡，《赤嵌集》，臺北：臺灣銀行，1958 年。

68. 清・唐贊袞，《臺陽見聞錄》，臺北：臺灣銀行，1958 年。

69. 清・曹士桂撰、雲南省文物普查辦公室編，《宦海日記校注》，昆明：雲南人民出版社，1988 年。

70. 清・許旭，《閩中紀略》，臺北：臺灣銀行，1968 年。

71. 清・陳盛韶，《問俗錄》，南投：臺灣省文獻委員會，1997 年。

72. 清・陳維英撰，田大熊、陳鐵厚校編，《太古巢聯集》，臺北：龍文出版社，2006 年據 1937 年無聊齋排印本景印。

73. 清・陳肇興，《陶村詩稿》，臺北：臺灣銀行，1962 年。

74. 清・陳確，《陳確集》，北京：中華書局，1979 年點校本。

75. 清・郭嵩燾著，楊堅點校，《郭嵩燾詩文集》，長沙：岳麓書社，1984 年。

76. 清・章甫，《半崧集簡編》，臺北：臺灣銀行，1964 年。

77. 清・黃叔璥，《臺海使槎錄》，臺北：臺灣銀行，1957 年。

78. 清・黃釗，《石窟一徵》，臺北：臺灣學生書局，1970 年。

79. 清・黃逢昶，《臺灣生熟番紀事》，臺北：臺灣銀行，1960 年。

80. 清・黃道周，《黃漳浦文選》，臺北：臺灣銀行，1962 年。

81. 清・馮桂芬著，陳正青點校，《校邠廬抗議》，上海：上海書店出版社，2002 年。

82. 清・湯若望，《民曆鋪註解惑》，收入鐘鳴旦、杜鼎克主編，《耶穌會羅馬檔案館明清天主教文獻》第 6 冊，臺北：利氏學社，2002 年。

83. 清・斌椿，《乘查筆記》，臺北：華文書局，1969 年據清同治五年刊本景

印。

84. 清‧葛士濬輯，《皇朝經世文續編》，臺北：國風出版社，1964 年據清光緒二十四年刊本景印。

85. 清‧楊捷，《平閩紀》，臺北：臺灣銀行，1961 年。

86. 清‧董天工，《臺海見聞錄》，臺北：臺灣銀行，1961 年。

87. 清‧蔣師轍，《臺游日記》，臺北：臺灣銀行，1957 年。

88. 清‧蔣超伯，《南漘楛語》，臺北：廣文書局，1970 年。

89. 清‧劉坤一，《劉坤一遺集》，北京：中華書局，1959 年。

90. 清‧劉銘傳，《劉壯肅公奏議》，臺北：臺灣銀行，1958 年。

91. 清‧劉璈，《巡臺退思錄》，臺北：臺灣銀行，1958 年。

92. 清‧劉獻廷，《廣陽雜記》，臺北：臺灣商務印書館，1976 年。

93. 清‧蔡青筠，《戴案紀略》，臺北：臺灣銀行，1964 年。

94. 清‧鄭用錫，《北郭園全集》，臺北：龍文出版社，1992 年據清同治九年竹塹鄭如梁校刊本景印。

95. 清‧鄭兼才，《六亭文選》，臺北：臺灣銀行，1962 年。

96. 清‧鄭觀應著，夏東元編，《鄭觀應集》上冊，上海：上海人民出版社，1982 年。

97. 清‧藍鼎元，《東征集》，臺北：臺灣銀行，1958 年。

98. 清‧藍鼎元，《平臺紀略》，臺北：臺灣銀行，1958 年。

99. 清‧藍鼎元著，蔣炳釗、王鈿點校，《鹿洲全集》，廈門：廈門大學出版社，1995 年。

100. 清‧魏源，《聖武記》，臺北：世界書局，1962 年重印。

101. 清‧魏源，《魏源集》，北京：中華書局，1976 年點校本。

102. 不著撰人，《天妃顯聖錄》，臺北：臺灣銀行，1960 年。

103. 李望洋，《西行吟草》，臺北：龍文出版社，1992 年據明治三十四年原印本景印。

104. 佐倉孫三，《臺風雜記》，臺北：臺灣銀行，1961 年。

105. 吳豐山，《吳三連回憶錄》，臺北：自立晚報社文化出版部，1991 年。

106. 花之安著，陸文雪點校，《自西徂東》，上海：上海書店出版社，2002 年。

107. 金雲銘，《陳第年譜》，臺北：臺灣銀行，1972 年。

108. 侯中一編，《沈光文斯庵先生專集》，臺北：寧波同鄉月刊社，1977 年。

109. 恁我氏著，林美容點校，《百年見聞肚皮集》，新竹：新竹市立文化中心，1996 年。

110. 許南英,《窺園留草》,臺北:臺灣銀行,1962 年。

111. 連橫,《臺灣詩乘》,臺北:臺灣銀行,1960 年。

112. 連橫,《雅言》,臺北:臺灣銀行,1963 年。

113. 連橫,《雅堂文集》,臺北:臺灣銀行,1964 年。

114. 連橫,《臺灣詩薈雜文鈔》,臺北:臺灣銀行,1966 年。

115. 馬偕著,周學普譯,《臺灣六記》,臺北:臺灣銀行,1960 年。此書原題 *From Far Formosa*,1896 年出版。

116. 馬偕著,陳宏文譯,《馬偕博士日記》,臺南:人光出版社,1996 年。

117. 馬偕著,林昌華等譯,《馬偕日記》,臺北:玉山社,2012 年。

118. 陳逸松口述,林忠勝撰述,《陳逸松回憶錄》,臺北:前衛出版社,1994 年。

119. 麥高溫（J. MacGowan）著,朱濤、倪靜譯,《中國人生活的明與暗》,北京:時事出版社,1998 年。

120. 傅錫祺,《櫟社沿革志略》,臺北:臺灣銀行,1963 年。

121. 雷吉納樂德·康（Reginald Kann）著,鄭順德譯,《福爾摩莎考察報告》,臺北:中央研究院臺灣史研究所籌備處,2001 年。

122. 鄭家珍,《雪蕉山館詩集》,臺北:龍文出版社,1992 年據 1983 年臺北中華民國傳統詩學會排印本景印。

七、術數類書

1. 晉·郭璞,《葬書》,收入《景印文淵閣四庫全書》第 808 冊,臺北:臺灣商務印書館,1986 年。

2. 唐·卜應天著,孟浩注,《雪心賦正解》,臺北:武陵出版社,1982 年。

3. 南唐·何溥,《靈城精義》,收入《景印文淵閣四庫全書》第 808 冊,臺北:臺灣商務印書館,1986 年。

4. 明·不著撰人,《儒門崇理折衷堪輿完孝錄》,收入劉永明主編,《增補四庫未收術數類古籍大全·堪輿集成》第 26 冊,南京:江蘇廣陵古籍刻印社,1997 年。

5. 明·午榮彙編,《魯班經匠家鏡》,新竹:竹林書局,2000 年重印。

6. 明·甘時望,《羅經秘竅》,收入劉永明主編,《增補四庫未收術數類古籍大全·堪輿集成》第 10～11 冊,南京:江蘇廣陵古籍刻印社,1997 年。

7. 明·徐試可編,《地理天機會元》,臺中:瑞成書局,1970 年景印。

8. 明·徐善繼、徐善述,《地理人子須知》,臺北:武陵出版社,1986 年據明萬曆十一年重刻隆慶三年本景印。

9. 明‧馬森編，《地理正宗集要》，臺北：武陵出版社，1988 年據國立故宮博物院藏刊本景印。

10. 明‧陳時晹，《陽宅眞訣》，臺北：甲富健美出版社，1977 年據明刊本景印。

11. 明‧黃愼編，《地理人天共寶》，臺北：士林出版社，1988 年據明刊本景印。

12. 明‧劉春沂，《陰陽宅秘旨》，臺北：武陵出版社，1982 年據清康熙年間刊本景印。

13. 明‧劉基，《堪輿漫興》，收入顧頡主編，《堪輿集成》第 2 冊，重慶：重慶出版社，1994 年。

14. 明‧劉謙著，謝昌註，《地理囊金集註》，臺北：武陵出版公司，1995 年據明刊本景印。

15. 明‧繆希雍，《葬經翼》，收入顧頡主編，《堪輿集成》第 2 冊，重慶：重慶出版社，1994 年。

16. 清‧丁芮樸，《風水祛惑》，臺北：藝文印書館，1973 年據月河精舍叢抄本景印。

17. 清‧尹一勺，《地理四秘全書》，臺北：武陵出版公司，1994 年據清刊本景印。

18. 清‧允祿等編，《欽定協紀辨方書》，收入《景印文淵閣四庫全書》第 811 冊，臺北：臺灣商務印書館，1986 年。

19. 清‧汪志伊，《地學簡明》，臺北：文海出版社，1974 年據清嘉慶七年桐城汪氏手稿本景印。

20. 清‧沈竹礽，《地理辨正抉要》，臺北：武陵出版公司，1993 年據 1937 年刊本景印。

21. 清‧青江子，《宅譜指要》，收入劉永明主編，《增補四庫未收術數類古籍大全‧堪輿集成》第 27 冊，南京：江蘇廣陵古籍刻印社，1997 年。

22. 清‧林郎著，《林郎仙剋擇大全》，臺北：武陵出版社，1985 年。

23. 清‧林鎭著，郭忠民編，《林半仙祕授地理法》，臺中：如意堂書店，1998 年。

24. 清‧姚廷鑒，《陽宅集成》，臺北：武陵出版公司，1999 年。

25. 清‧高衡士，《相宅經纂》，收入劉永明主編，《增補四庫未收術數類古籍大全‧堪輿集成》第 31 冊，南京：江蘇廣陵古籍刻印社，1997 年。

26. 清‧袁守定，《地理啖蔗錄》，臺北：武陵出版公司，1996 年。

27. 清‧傅禹輯，《地理捷訣》，臺北：甲富健美出版社，1978 年據清刊本景印。

28. 清·程前川,《地理三字經》,臺北:武陵出版公司,1992 年據清乾隆年間刊本景印。

29. 清·榮錫勳,《地理辨正翼》,臺北:武陵出版社,1976 年據清光緒二十年刊本景印。

30. 清·榮錫勳,《撼龍經疑龍經批注校補》,臺北:武陵出版公司,1995 年據清光緒十八年刊本景印。

31. 清·趙九峰,《地理五訣》,臺北:武陵出版公司,1998 年據清光緒二年刊本景印。

32. 清·蔣大鴻,《地理辨正疏》,臺北:武陵出版公司,1992 年據清刊本景印。

33. 清·蔣大鴻,《相地指迷》,臺北:武陵出版公司,1996 年據清刊本景印。

34. 清·蔣平階,《水龍經》,收入顧頡主編,《堪輿集成》第 2 冊,重慶:重慶出版社,1994 年。

35. 清·蔣國,《地理正宗》,臺北:大臺北出版社,1986 年。

36. 清·箬冠道人,《八宅明鏡》,臺北:武陵出版公司,1999 年據清乾隆年間刊本景印。

37. 清·釋徹瑩,《地理原真》,臺北:武陵出版公司,1988 年。

38. 不著撰人,《黃帝宅經》,收入顧頡主編,《堪輿集成》第 1 冊,重慶:重慶出版社,1994 年。

39. 不著撰人,《青囊海角經》,收入顧頡主編,《堪輿集成》第 1 冊,重慶:重慶出版社,1994 年。

40. 不著撰人,《記師口訣節文》,臺北:武陵出版公司,1995 年據明刊本景印。

41. 朱勝麒編,《洪潮和長二三房嫁娶撮要》,桃園:九龍堂,2000 年。

42. 李德鴻,《珠神真經》,收入上海書店出版社編,《叢書集成續編》第 84 冊,上海:上海書店,1994 年。

43. 洪堂燕、洪鑾聲選編,陳健鷹整理,《專售臺灣洪潮和通書》,收入陳支平主編,《臺灣文獻匯刊》第 5 輯第 10 冊,北京:九州出版社／廈門:廈門大學出版社,2004 年。

44. 陳啟銓,《風水采風錄》,臺北:武陵出版公司,1993 年。

45. 陳運棟編著,《頭份陳家福安堂堪輿學向陽書院詩存手稿》,苗栗:財團法人陳運棟文教基金會,2003 年。

46. 鐘義明,《增訂臺灣地理圖記》,臺北:武陵出版社,1993 年。

八、報刊資料

1. 三六九小報社，《三六九小報》，臺南：三六九小報社。

2. 自立晚報社，《自立晚報》，臺北：自立晚報社。

3. 林川夫主編，《民俗臺灣》，第 1 至 7 輯，臺北：武陵出版公司，1991 年。

4. 林樂知主編，《萬國公報》，臺北：華文書局，1968 年據清光緒元年至三十二年版景印。

5. 金關丈夫主編，《民俗臺灣》，1941 年 7 月至 1945 年 1 月。

6. 連橫主編，《臺灣詩薈》，第 1 至 22 號，1924 年 2 月至 1925 年 10 月。

7. 臺灣慣習研究會原著，臺灣省文獻委員會編譯，《臺灣慣習記事》（明治三十四年至明治四十年），第 1 至 7 卷，臺中：臺灣省文獻委員會，1984 至 1993 年。

8. 臺灣銀行經濟研究室編，《清季申報臺灣紀事輯錄》，臺北：臺灣銀行，1968 年。

9. 聯合報社，《聯合報》，臺北：聯合報社。

10. 不著撰人，〈清明祭掃墓祝文〉，《臺南文化》，4 卷 3 期，1955 年 4 月，頁 21。

11. 不著撰人，〈風水奇訟〉，《臺南文化》，8 卷 3 期，1968 年 9 月，頁 31～32。

12. 不著撰人，〈狀元墓〉，《嘉義文獻》，第 9 期，1978 年 5 月，頁 166～167。

13. 邱子槐，〈蘆洲李家古厝〉，《史聯雜誌》，第 14 期，1989 年 6 月，頁 1。

九、史料叢編

1. 中央研究院近代史研究所編，《近代中國對西方及列強認識資料彙編》第 3 輯，臺北：中央研究院近代史研究所，1986 年。

2. 王見川、李世偉等編，《民間私藏臺灣宗教資料彙編（第一輯）》，臺北：博揚文化事業公司，2009 年。

3. 金榮華編，《金門民間故事集》，金門：金門縣立社會教育館，1997 年。

4. 金榮華整理，《澎湖縣民間故事》，臺北：中國口傳文學學會，2000 年。

5. 林美容編，《草屯鎮鄉土社會史資料》，臺北：臺灣風物雜誌社，1990 年。

6. 林萬傳，〈松山區耆老座談會紀錄〉，《臺北文獻》，直字第 86 期，1988 年 12 月，頁 1～18。

7. 胡萬川編，《苗栗縣閩南語故事集（三）》，苗栗：苗栗縣文化局，2002 年。

8. 莊秋情編著，《臺灣鄉土俗語》，臺南：臺南縣政府，1998 年。

9. 張永堂主編，《新竹市耆老訪談專輯》，南投：臺灣省政府民政廳、教育廳，1993 年。

10. 福建師範大學歷史系與福建地方史研究室編，《鴉片戰爭在閩臺史料選編》，福州：福建人民出版社，1982 年。

11. 臺灣省文獻委員會編，《臺灣婚喪習俗口述歷史輯錄》，南投：臺灣省文獻委員會，1993 年。

12. 臺灣省文獻委員會編，《澎湖縣鄉土史料》，南投：臺灣省文獻委員會，1994 年。

13. 臺灣省文獻委員會編，《高雄縣鄉土史料》，南投：臺灣省文獻委員會，1994 年。

14. 臺灣省文獻委員會編，《臺中縣鄉土史料》，南投：臺灣省文獻委員會，1994 年。

15. 臺灣省文獻委員會編，《臺南市鄉土史料》，南投：臺灣省文獻委員會，1994 年。

16. 臺灣省文獻委員會編，《新竹縣鄉土史料》，南投：臺灣省文獻委員會，1995 年。

17. 臺灣省文獻委員會編，《屏東縣鄉土史料》，南投：臺灣省文獻委員會，1996 年。

18. 臺灣省文獻委員會編，《新竹市鄉土史料》，南投：臺灣省文獻委員會，1997 年。

19. 臺灣省文獻委員會編，《彰化縣鄉土史料》，南投：臺灣省文獻委員會，1999 年。

20. 臺灣省文獻委員會編，《苗栗縣鄉土史料》，南投：臺灣省文獻委員會，1999 年。

21. 臺灣省文獻委員會編，《嘉義縣鄉土史料》，南投：臺灣省文獻委員會，2000 年。

22. 臺灣省文獻委員會編，《臺南縣鄉土史料》，南投：臺灣省文獻委員會，2000 年。

23. 臺灣省立臺中圖書館編，〈臺灣中部地方文獻資料（五）〉，《臺灣文獻》，35 卷 1 期，1984 年 3 月，頁 87～152。

24. 臺灣銀行經濟研究室編，《臺灣雜詠合刻》，臺北：臺灣銀行，1958 年。

25. 臺灣銀行經濟研究室編，《流求與雞籠山》，臺北：臺灣銀行，1964 年。

26. 臺灣銀行經濟研究室編，《法軍侵臺檔》，臺北：臺灣銀行，1964 年。

27. 臺灣銀行經濟研究室編，《福建通志列傳選》，臺北：臺灣銀行，1964 年。

28. 臺灣銀行經濟研究室編，《臺灣輿地彙鈔》，臺北：臺灣銀行，1965 年。

29. 臺灣銀行經濟研究室編，《清光緒朝中日交涉史料選輯》，臺北：臺灣銀行，1965 年。

30. 臺灣銀行經濟研究室編，《碑傳選集》，臺北：臺灣銀行，1966 年。

31. 臺灣銀行經濟研究室編，《清季臺灣洋務史料》，臺北：臺灣銀行，1969年。

32. 臺灣銀行經濟研究室編，《臺灣詩鈔》，臺北：臺灣銀行，1970 年。

33. 臺灣銀行經濟研究室編，《臺灣關係文獻集零》，臺北：臺灣銀行，1972年。

34. 龐緯，《中國靈籤研究（資料篇）》，臺北：龍記圖書公司，1976 年。

35. 羅香林，《客家史料匯編》，臺北：南天書局，1992 年重印。

十、近人研究

（一）中文專著

1. 中華民國文化資產維護學會，《臺灣地區民俗調查研究》，臺北：內政部，1990 年。

2. 王玉德，《神秘的風水》，南寧：廣西人民出版社，1991 年。

3. 王玉德編著，《古代風水術注評》，北京：北京師範大學出版社／南寧：廣西師範大學出版社，1993 年。

4. 王玉德，《中華堪輿術》，臺北：文津出版社，1995 年。

5. 王世慶，《清代臺灣社會經濟》，臺北：聯經出版公司，1994 年。

6. 王世慶，《淡水河流域河港水運史》，臺北：中央研究院中山人文社會科學研究所，1996 年。

7. 王志宇，《寺廟與村落：臺灣漢人社會的歷史文化觀察》，臺北：文津出版社，2008 年。

8. 王其亨主編，《風水理論研究》，天津：天津大學出版社，1992 年。

9. 王銘銘、潘忠黨編，《象徵與社會——中國民間文化的探討》，天津：天津人民出版社，1997 年。

10. 王爾敏，《明清社會文化生態》，臺北：臺灣商務印書館，1997 年。

11. 王爾敏，《明清時代庶民文化生活》，臺北：中央研究院近代史研究所，2000 年再版。

12. 王爾敏，《近代文化生態及其變遷》，南昌：百花洲文藝出版社，2002 年。

13. 王鐵，《中國東南的宗族與宗譜》，上海：漢語大詞典出版社，2002 年。

14. 尹章義，《張士箱家族移民發展史——清初閩南士族移民臺灣之一個案研究》，臺北：張士箱家族拓展史研纂委員會，1983 年。

15. 尹章義,《臺灣開發史研究》,臺北:聯經出版公司,1989 年。

16. 尹章義,《臺灣客家史研究》,臺北:臺北市政府客家事務委員會,2003 年。

17. 方豪,《方豪六十自定稿》,臺北:臺灣學生書局,1969 年。

18. 方豪,《臺灣早期史綱》,臺北:臺灣學生書局,1994 年。

19. 天津大學建築系編著,《景觀・建築・風水》,臺北:地景企業股份有限公司出版部,1990 年。

20. 亢亮、亢羽,《風水與城市》,天津:百花文藝出版社,1999 年。

21. 江慶林譯,《臺灣鐵路史(上卷)》,臺中:臺灣省文獻委員會,1990 年。

22. 江傳德編纂,《天主教在臺灣》,臺南:聞道出版社,2008 年。

23. 艾定增,《風水鈎沉——中國建築人類學發源》,臺北:田園城市文化事業公司,1998 年。

24. 妙摩、慧度,《中國風水術》,北京:中國文聯出版公司,1996 年。

25. 杜而未,《崑崙文化與不死思想》,臺北:臺灣學生書局,1977 年。

26. 李亦園,《臺灣土著民族的社會與文化》,臺北:聯經出版公司,1982 年。

27. 李亦園,《文化的圖像》,臺北:允晨文化公司,1992 年。

28. 李明仁、江志宏,《東北角漁村的聚落和生活》,臺北:臺北縣立文化中心,1995 年。

29. 李明賢,《咸菜甕鄉街的空間演變》,新竹:新竹縣立文化中心,1999 年。

30. 李昭容,《鹿港丁家大宅》,臺中:晨星出版公司,2010 年。

31. 李城志、賈慧如,《中國古代堪輿》,北京:九州出版社,2008 年。

32. 李約瑟(Joseph Needham)著,陳維綸等譯,《中國之科學與文明》第 2 冊,臺北:臺灣商務印書館,1985 年修訂 4 版。

33. 李約瑟(Joseph Needham)著,杜維運等譯,《中國之科學與文明》第 3 冊,臺北:臺灣商務印書館,1980 年。

34. 李國祁,《中國早期的鐵路經營》,臺北:中央研究院近代史研究所,1976 年再版。

35. 李國祁,《中國現代化的區域研究:閩浙臺地區,1860〜1916》,臺北:中央研究院近代史研究所,1982 年。

36. 李乾朗,《臺灣十大傳統民居》,臺北:晨星出版公司,2004 年。

37. 李讓禮,《臺灣番事物產與商務》,臺北:臺灣銀行,1960 年。

38. 呂理政,《天、人、社會:試論中國傳統的宇宙認知模型》,臺北:中央研究院民族學研究所,1990 年。

39. 呂理政,《傳統信仰與現代社會》,臺北:稻鄉出版社,1992 年。

40. 何丙郁、何冠彪，《中國科技史概論》，臺北：木鐸出版社，1983 年。

41. 何培夫，《臺灣的民俗辟邪物》，臺南：臺南市政府，2001 年。

42. 何淑宜，《明代士紳與通俗文化——以喪葬禮俗為例的考察》，臺北：國立臺灣師範大學歷史研究所，2000 年。

43. 何曉昕，《風水探源》，南京：東南大學出版社，1990 年。

44. 何曉昕、羅雋，《風水史》，上海：上海文藝出版社，1995 年。

45. 吳學明，《頭前溪中上游開墾史暨史料彙編》，新竹：新竹縣立文化中心，1998 年。

46. 吳學明，《金廣福墾隘研究》，新竹：新竹縣立文化中心，2000 年。

47. 吳蕙芳，《萬寶全書：明清時期的民間生活實錄》，臺北：國立政治大學歷史學系，2001 年。

48. 吳瀛濤，《臺灣民俗》，臺北：臺灣時代書局，1975 年。

49. 余光弘，《媽宮的寺廟》，臺北：中央研究院民族學研究所，1988 年。

50. 來新夏，《中國地方志》，臺北：臺灣商務印書館，1995 年。

51. 林文龍，《臺灣掌故與傳說》，臺北：臺原出版社，1992 年。

52. 林文慧，《清季福建教案之研究》，臺北：臺灣商務印書館，1989 年。

53. 林正弘，《伽利略‧波柏‧科學說明》，臺北：東大圖書公司，1988 年。

54. 林美容編，《臺灣民間信仰研究書目（增訂版）》，臺北：中央研究院民族學研究所，1997 年。

55. 林美容，《鄉土史與村庄史——人類學者看地方》，臺北：臺原出版社，2000 年。

56. 林晉德，《神、祖靈、鬼之性質及地位對澎湖祠廟空間之影響》，馬公：澎湖縣立文化中心，1998 年。

57. 林會承，《臺灣傳統建築手冊（形式與作法篇）》，臺北：藝術家出版社，1990 年再版。

58. 林會承，《清末鹿港街鎮結構》，臺北：境與象出版社，1991 年 3 版。

59. 林嘉書，《生命的風水：臺灣人的漳州祖祠》，臺北：海峽學術出版社，2002 年。

60. 林耀華著，宋和譯，《金翅》，臺北：桂冠圖書公司，1986 年修訂新版。

61. 柯勒（Wolfgang Köhler）著，李姍姍譯，《完形心理學》，臺北：桂冠圖書公司，1998 年。

62. 邱瑞杰，《清末關西地區散村的安全與防禦》，新竹：新竹縣立文化中心，1999 年。

63. 周憲文，《清代臺灣經濟史》，臺北：臺灣銀行，1957 年。

64. 洪麗完，《臺灣中部平埔族》，臺北：稻鄉出版社，1997 年。

65. 胡漢生，《明朝帝王陵》，北京：北京燕山出版社，2001 年。

66. 胡煒崟，《清代閩粵鄉族性衝突之研究》，臺北：國立臺灣師範大學歷史研究所，1997 年。

67. 范勝雄，《蔣公子敗地理》，臺南：臺南市政府，2001 年。

68. 俞孔堅，《理想景觀探源──風水的文化意義》，北京：商務印書館，1998 年。

69. 俞孔堅，《景觀：文化、生態與感知》，北京：科學出版社，1998 年。

70. 俞灝敏，《風水探究》，香港：中華書局，1991 年。

71. 姜佩君編著，《澎湖民間傳說》，臺北：聖環圖書公司，1998 年。

72. 姜佩君，《澎湖民間故事研究》，臺北：里仁書局，2007 年。

73. 施添福，《清代在臺漢人祖籍分布和原鄉生活方式》，臺北：國立臺灣師範大學地理學系，1987 年。

74. 祝瑞開主編，《宋明思想和中華文明》，上海：學林出版社，1995 年。

75. 姚蒙、李幽蘭編譯，《法國當代新史學》，臺北：遠流出版公司，1993 年。

76. 高令印、陳其芳，《福建朱子學》，福州：福建人民出版社，1986 年。

77. 徐明福，《臺灣傳統民宅及其地方性史料之研究》，臺北：胡氏圖書公司，1990 年。

78. 翁佳音，《異論臺灣史》，臺北：稻鄉出版社，2002 年。

79. 梁宇元，《清末北埔客家聚落之構成》，新竹：新竹縣立文化中心，2000 年。

80. 梁景和，《近代中國陋俗文化嬗變研究》，北京：首都師範大學出版社，1998 年。

81. 許雪姬，《龍井林家的歷史》，臺北：中央研究院近代史研究所，1990 年。

82. 許雪姬，《滿大人最後的二十年──洋務運動與建省》，臺北：自立晚報社文化出版部，1993 年。

83. 許雪姬主持，賴志彰主編，《臺中縣建築發展（民宅篇）》，臺中：臺中縣立文化中心，1993 年。

84. 許雪姬、賴志彰編撰，《彰化民居》，彰化：彰化縣立文化中心，1994 年。

85. 張世賢，《晚清治臺政策》，臺北：私立東吳大學中國學術著作獎助委員會，1978 年。

86. 張宇彤，《澎湖地方傳統民宅之構成與營造技術》，馬公：澎湖縣立文化中心，1998 年。

87. 張昀浚，《臺灣奇譚：民間地理風水傳說》，臺北：臺灣書房，2008 年。

88. 張祖基等，《客家舊禮俗》，臺北：眾文圖書公司，1986 年。

89. 張琬如等，《關西上南片羅姓村的形成與發展》，新竹：新竹縣立文化中心，1999 年。

90. 張維華，《明史佛郎機呂宋和蘭意大里亞四傳注釋》，臺北：臺灣學生書局，1985 年景印再版。

91. 莊孔韶，《銀翅》，臺北：桂冠圖書公司，1996 年。

92. 陳支平，《福建族譜》，福州：福建人民出版社，1996 年。

93. 陳亦榮，《清代漢人在臺灣地區遷徙之研究》，臺北：私立東吳大學中國學術著作獎助委員會，1991 年。

94. 陳其南，《臺灣的傳統中國社會》，臺北：允晨文化實業公司，1989 年訂正版。

95. 陳其南，《家族與社會：臺灣和中國社會研究的基礎理念》，臺北：聯經出版公司，1990 年。

96. 陳金田譯，《臨時臺灣舊慣調查會第一部調查第三回報告書‧臺灣私法》，臺中：臺灣省文獻委員會，1990 年。

97. 陳宗仁，《雞籠山與淡水洋：東亞海域與臺灣早期史研究，1400～1700》，臺北：聯經出版公司，2005 年。

98. 陳秋坤，《清代臺灣土著地權》，臺北：中央研究院近代史研究所，1997 年再版。

99. 陳俊宏，《重新發現馬偕傳》，臺北：前衛出版社，2000 年。

100. 陳桂蘭，《臺灣民宅的辟邪物——以臺南縣家宅的門楣為例》，臺北：蘭臺出版社，2006 年。

101. 陳捷先，《清代臺灣方志研究》，臺北：臺灣學生書局，1996 年。

102. 陳進國，《信仰、儀式與鄉土社會：風水的歷史人類學探索》，北京：中國社會科學出版社，2005 年。

103. 曹永和，《臺灣早期歷史研究》，臺北：聯經出版公司，1979 年。

104. 渡邊欣雄著，周星譯，《漢族的民俗宗教——社會人類學的研究》，天津：天津人民出版社，1998 年。

105. 黃有興，《澎湖的民間信仰》，臺北：臺原出版社，1992 年。

106. 黃有興、甘村吉，《澎湖的辟邪祈福塔》，馬公：澎湖縣立文化中心，1999 年。

107. 黃卓權，《跨時代的臺灣貨殖家：黃南球先生年譜（1840～1919）》，臺北：國立中央圖書館臺灣分館，2004 年。

108. 黃典權，《鄭成功史事研究》，臺北：臺灣商務印書館，1996 年 2 版。

109. 黃秀政，《臺灣史研究》，臺北：臺灣學生書局，1995 年增訂再版。

110. 黃秀政、張勝彥、吳文星,《臺灣史》,臺北:五南圖書公司,2002 年。

111. 黃清連,《黑金與黃金:基隆河上中游地區礦業的發展與聚落的變遷》,臺北:臺北縣立文化中心,1995 年。

112. 黃嘉謨,《甲午戰前之臺灣煤務》,臺北:中央研究院近代史研究所,1961 年。

113. 黃嘉謨,《美國與臺灣》,臺北:中央研究院近代史研究所,1966 年。

114. 黃德寬譯,《天主教在臺開教記》,臺北:光啟出版社,1991 年。

115. 程建軍,《風水與建築》,南昌:江西科學技術出版社,1992 年。

116. 曾光棟,《澎湖的五營——以空間角度來看》,馬公:澎湖縣立文化中心,1999 年。

117. 游子安,《勸化金箴:清代善書研究》,天津:天津人民出版社,1999 年。

118. 楊仁江,《澎湖的石敢當》,馬公:澎湖縣政府,1993 年。

119. 楊仁江主持,《苗栗鄭崇和墓之調查研究》,苗栗:苗栗縣政府,1994 年。

120. 楊仁江主持,《臺北市民宅(傳統民居)調查》,臺北:臺北市文獻委員會,2000 年。

121. 楊文衡,《中國風水十講》,北京:華夏出版社,2007 年。

122. 楊布生、彭定國,《中國書院與傳統文化》,長沙:湖南教育出版社,1992 年。

123. 溫振華,《大茅埔開發史》,臺中:臺中縣立文化中心,1999 年。

124. 溫振華,《清代新店地區社會經濟之變遷》,臺北:臺北縣政府文化局,2000 年。

125. 董芳苑,《臺灣民宅門楣八卦牌守護功用的研究》,臺北:稻鄉出版社,1988 年。

126. 廖風德,《清代之噶瑪蘭》,臺北:正中書局,1990 年。

127. 鄭枝田,《竹塹鄭氏家廟》,新竹:新竹市文化局,2008 年。

128. 鄭連明,《臺灣基督長老教會百年史》,臺南:臺灣教會公報社,1984 年二版。

129. 臺灣礦業史編纂委員會編,《臺灣礦業史(上冊)》,臺北:臺灣省礦業研究會／臺灣區礦業同業公會,1966 年。

130. 蔡達峰,《歷史上的風水術》,上海:上海科技教育出版社,1994 年。

131. 蔡蔚群,《教案:清季臺灣的傳教與外交》,臺北:博揚文化事業公司,2000 年。

132. 蔡蕙如,《與鄭成功有關的傳說之研究》,臺南:臺南市立文化中心,1998 年。

133. 劉妮玲，《清代臺灣民變研究》，臺北：國立臺灣師範大學歷史研究所，1983 年。

134. 劉沛林，《風水——中國人的環境觀》，上海：三聯書店／學林出版社，1995 年。

135. 劉佳鑫，《陽宅形法中的幾個觀念》，臺中：國彰出版社，1998 年。

136. 劉敏耀，《澎湖的風水》，馬公：澎湖縣立文化中心，1998 年。

137. 劉曉明，《風水與中國社會》，南昌：江西高校出版社，1995 年。

138. 劉還月，《臺灣客家族群史‧民俗篇》，南投：臺灣省文獻委員會，2001 年。

139. 蕭致治、楊衛東編撰，《鴉片戰爭前中西關係紀事（1517～1840）》，武漢：湖北人民出版社，1986 年。

140. 賴志彰主持，《桃園民居調查報告書》，桃園：桃園縣立文化中心，1996 年。

141. 賴志彰，《大甲溪流域聚落與民居》，臺中：臺中縣立文化中心，1998 年。

142. 賴志彰主持，《臺北縣傳統民居調查（第一階段）》，臺北：臺北縣政府文化局，2000 年。

143. 閻亞寧等，《傳統建築的民俗觀念》，臺北：中華民國文化資產維護學會，1995 年。

144. 戴炎輝，《清代臺灣之鄉治》，臺北：聯經出版公司，1979 年。

145. 戴寶村，《清季淡水開港之研究》，臺北：國立臺灣師範大學歷史研究所，1984 年。

146. 顏愛靜等，《五股鄉獅子頭殯葬專用區之研究》，臺北：五股鄉公所，1999 年。

147. 瀨川昌久著，錢杭譯，《族譜：華南漢族的宗族‧風水‧移居》，上海：上海書店出版社，1999 年。

148. 羅香林，《客家研究導論》，臺北：集文書局，1975 年臺初版。

149. 羅烈師，《大湖口的歷史人類學探討》，新竹：新竹縣文化局，2001 年。

（二）中文論文

1. 一剛，〈港仔墘的地理〉，《臺北文物》，2 卷 2 期，1953 年 8 月，頁 117。

2. 丁煌，〈臺南舊廟運籤的初步研究〉，收入李豐楙、朱榮貴主編，《儀式、廟會與社區：道教、民間信仰與民間文化》，臺北：中央研究院文哲研究所，1996 年，頁 375～426。

3. 卞利，〈明清時期徽州地區堪輿風行及其對社會經濟的影響〉，《安徽大學學報（哲學社會科學版）》，1991 年第 3 期，頁 64～69。

4. 毛麗華，〈臺南古城空間發展的詮釋〉，高雄：國立高雄師範大學地理學系碩士論文，2002 年。

5. 方豪，〈金門出土宋墓買地券考釋〉，《中國歷史學會史學集刊》，第 3 期，1971 年 5 月，頁 1～16。

6. 支平、崢嶸，〈從契約文書看清代以來福建與臺灣的民間關係〉，《臺灣研究集刊》，2000 年第 1 期，頁 65～72。

7. 尹章義，〈臺北設府築城一百二十年祭〉，《歷史月刊》，第 195 期，2004 年 4 月，頁 31～42。

8. 尹章義，〈大清帝國的落日餘暉——臺北設府築城史新證〉，《臺北文獻》，直字第 188 期，2014 年 6 月，頁 37～187。

9. 王士峰，〈中國風水學說之研究：文化基因觀點〉，《致理學報》，第 16 期，2002 年 11 月，頁 1～23。

10. 王玉德，〈堪輿氣說十題〉，《華中師範大學學報（哲社版）》，1995 年第 1 期，頁 53～59。

11. 王世慶，〈臺灣地區族譜編纂史及其在史料上的地位〉，《臺北文獻》，直字第 51、52 期合刊，1980 年 6 月，頁 207～247。

12. 王見川，〈臺灣鸞堂研究的回顧與前瞻〉，《臺灣史料研究》，第 6 號，1995 年 8 月，頁 3～25。

13. 王炳慶，〈黃妙應與《博山篇》〉，《泉州師範學院學報（社會科學）》，2007 年第 3 期，頁 7～11。

14. 王奕期，〈臺南地區風水傳說之研究〉，臺南：國立成功大學中國文學研究所碩士在職專班論文，2007 年 6 月。

15. 王崧興，〈八堡圳與臺灣中部的開發〉，《臺灣文獻》，26 卷 4 期、27 卷 1 期合期，1976 年 3 月，頁 42～49。

16. 王爾敏，〈姚瑩之經世思想及其對於域外地志之探究〉，收入《近代中國經世思想研討會論文集》，臺北：中央研究院近代史研究所，1984 年，頁 201～229。

17. 王樹槐，〈國人對興建鐵路的爭議（1859～1889）〉，《中央研究院近代史研究所集刊》，第 15 期（上），1986 年 6 月，頁 299～318。

18. 石暘睢，〈臺灣明墓考〉，《臺南文化》，3 卷 1 期，1953 年 6 月，頁 25～28。

19. 石萬壽，〈記新出土的明墓碑〉，《臺灣文獻》，26 卷 1 期，1975 年 3 月，頁 37～47。

20. 石萬壽，〈論臺灣的明碑〉，《臺北文獻》，直字第 33 期，1975 年 9 月，頁 39～61。

21. 石萬壽，〈記牛稠子新出土的明墓碑〉，《臺灣風物》，28 卷 1 期，1977 年

3 月，頁 6～9。

22. 石萬壽，〈洲仔尾鄭墓遺址勘考報告〉，《臺灣文獻》，29 卷 4 期，1978 年 12 月，頁 15～37。

23. 石萬壽，〈二層行溪上游流域的開發與系譜〉，收入《第三屆亞洲族譜學術研討會會議紀錄》，臺北：聯合報文化基金會國學文獻館，1987 年，頁 509～543。

24. 石萬壽，〈明鄭以前二層行溪中下游流域的漢移民與系譜〉，收入《第五屆亞洲族譜學術研討會會議記錄》，臺北：聯合報文化基金會國學文獻館，1991 年，頁 125～156。

25. 石萬壽，〈沈光文事蹟新探〉，《臺灣風物》，43 卷 2 期，1993 年 6 月，頁 15～36。

26. 石萬壽，〈臺灣棄留議新探〉，《臺灣文獻》，53 卷 4 期，2002 年 12 月，頁 151～181。

27. 申小紅，〈宋代宗族風水觀念與現代環境保護芻議〉，《綏化師專學報》，2004 年第 4 期，頁 115～117。

28. 池永歆，〈空間、地方與鄉土：大茅埔地方的構成及其聚落的空間性〉，臺北：國立臺灣師範大學地理研究所博士論文，2000 年 6 月。

29. 池永歆，〈大茅埔地方的構成：空間與地方〉，《中縣文獻》，第 8 期，2001 年 4 月，頁 5～99。

30. 池永歆，〈大茅埔地方所呈顯的空間性：以聚落空間的構成與內涵為例的詮釋〉，《中縣文獻》，第 8 期，2001 年 4 月，頁 101～175。

31. 朱惠美，〈臺灣民間故事之民俗研究〉，臺東：國立臺東大學兒童文學研究所碩士論文，2007 年 6 月。

32. 伊志宗，〈臺灣傳統民居空間原型的動態意義〉，臺北：國立臺灣大學土木工程學研究所碩士論文，1987 年 6 月。

33. 朱鋒，〈臺灣的明墓雜考〉，《臺南文化》，3 卷 2 期，1953 年 9 月，頁 44～55。

34. 李甘同，〈舊雞籠八斗子煤礦（俗名「清國井」）勘查報告〉，《臺煤》，第 554 期，1988 年 7 月，頁 24～30。

35. 李世偉，〈清末日據時期臺灣的士紳與鸞堂〉，《臺灣風物》，46 卷 4 期，1996 年 12 月，頁 111～143。

36. 李孝悌，〈上層文化與民間文化——兼論中國史在這方面的研究〉，《近代中國史研究通訊》，第 8 期，1989 年 9 月，頁 95～104。

37. 李孝悌，〈從中國傳統士庶文化的關係看二十世紀的新動向〉，《中央研究院近代史研究所集刊》，第 19 期，1990 年 6 月，頁 299～339。

38. 李孝悌，〈十七世紀以來的士大夫與民眾——研究回顧〉，《新史學》，4

卷 4 期，1993 年 12 月，頁 97～139。

39. 李秀娥，〈臺北霞海城隍廟與八大軒社〉，《臺北文獻》，直字第 157 期，2006 年 9 月，頁 47～93。

40. 李根源，〈艋舺寺廟記〉，《臺北文物》，2 卷 1 期，1953 年 4 月，頁 40～46。

41. 李國祁，〈清代臺灣社會的轉型〉，收入《認識臺灣歷史論文集》，臺北：國立臺灣師範大學歷史學系，1997 年，頁 111～148。

42. 李盛沐，〈臺灣閩南傳統建築營建設計程序之研究〉，臺北：國立臺灣工業技術學院工程技術研究所碩士論文，1995 年 6 月。

43. 李盛沐，〈堪輿學影響傳統建築門的空間規制之研究〉，《蘭陽學報》，第 2 期，2003 年 6 月，頁 21～30。

44. 李筱峰，〈近三十年來臺灣地區大學研究所中有關臺灣史研究成果之分析〉，《臺灣風物》，34 卷 2 期，1984 年 6 月，頁 84～97。

45. 李嘉慧，〈臺灣閩南語故事集研究〉，臺北：臺北市立師範學院應用語言文學研究所碩士論文，2002 年 6 月。

46. 呂理政，〈聚落、廟宇與民宅厭勝物〉，《臺灣風物》，40 卷 3 期，1990 年 9 月，頁 81～112。

47. 呂實強，〈偕叡理教士在艋舺初創教堂的經過〉，《臺灣文獻》，19 卷 1 期，1968 年 3 月，頁 62～69。

48. 呂實強，〈同治年間英商寶順洋行租屋案〉，《臺灣文獻》，19 卷 3 期，1968 年 9 月，頁 25～29。

49. 呂實強，〈論洋務運動的本質〉，《中央研究院近代史研究所集刊》，第 20 期，1991 年 6 月，頁 71～89。

50. 宋光宇，〈解讀清末在臺灣撰作的善書《覺悟選新》〉，《中央研究院歷史語言研究所集刊》，65 本 3 分，1994 年 9 月，頁 673～723。

51. 宋光宇，〈眾善奉行·諸惡莫作——有關臺灣善書的研究及其展望〉，《臺北文獻》，直字第 111 期，1995 年 3 月，頁 25～58。

52. 宋光宇，〈清末和日據初期臺灣的鸞堂與善書〉，《臺灣文獻》，49 卷 1 期，1998 年 3 月，頁 1～20。

53. 村上直次郎著，石萬壽譯，〈熱蘭遮城築城始末〉，《臺灣文獻》，26 卷 3 期，1975 年 9 月，頁 112～125。

54. 吳永猛，〈澎湖村落五營信仰的探討〉，收入《澎湖研究第一屆學術研討會論文輯》，馬公：澎湖縣文化局，2002 年，頁 68～79。

55. 吳培暉、洪曉聰、徐明福，〈17 至 19 世紀間烈嶼村落擇址模式的試建〉，《國家科學委員會研究彙刊：人文及社會科學》，4 卷 2 期，1994 年 7 月，頁 133～150。

56. 吳聲淼，〈隘墾區伯公研究：以新竹縣北埔地區爲例〉，桃園：國立中央大學客家社會文化研究所，2009 年 2 月。

57. 吳鐸，〈臺灣鐵路〉，《中國社會經濟史集刊》，6 卷 1 期，1939 年 6 月，頁 146～193。

58. 周志川，〈朱子與地理風水思想〉，《元培學報》，第 7 期，2000 年 12 月，頁 183～191。

59. 周郁森，〈清代臺灣城牆興築之研究〉，臺南：國立成功大學建築學系碩士論文，2003 年元月。

60. 周榮杰，〈臺灣民間信仰中的厭勝物〉，《高雄文獻》，第 28、29 合期，1987 年 4 月，頁 51～91。

61. 林文龍，〈雲林縣第一任知縣陳世烈〉，《臺灣風物》，25 卷 4 期，1975 年 12 月，頁 61～73。

62. 林文龍，〈楊本縣敗地理之傳說〉，《臺灣風物》，26 卷 1 期，1976 年 3 月，頁 3～16。

63. 林文龍，〈楊本縣敗地理傳說補述〉，《臺灣風物》，29 卷 2 期，1979 年 6 月，頁 76～77。

64. 林玉茹，〈1945 年以來臺灣學者臺灣史研究的回顧——課題與研究趨勢的討論（1945～2000）〉，《臺灣史料研究》，第 21 號，2003 年 9 月，頁 2～33。

65. 林金水，〈利瑪竇在中國的活動與影響〉，《歷史研究》，1983 年第 1 期，頁 25～36。

66. 林美容，〈由地理與年籤來看臺灣漢人村庄的命運共同體〉，《臺灣風物》，38 卷 4 期，1988 年 12 月，頁 123～143。

67. 林泓祥，〈清末新埔客家聚落傳統民宅空間構成之研究〉，臺南：國立成功大學建築研究所碩士論文，1989 年 7 月。

68. 林俊男，〈臺灣的傳統「陽宅風水」類型及其區位原則之研究〉，臺北：私立中國文化大學地學研究所碩士論文，1991 年 6 月。

69. 林振禮，〈小山叢竹・溫陵・堪輿——朱熹泉州事迹考評〉，《黎明職業大學學報》，1999 年第 3 期，頁 19～23。

70. 林振禮，〈新發現朱熹佚文眞僞考辨——兼談《泉州同安鶴浦祖祠堂記》的研究價值〉，《泉州師範學院學報（社會科學）》，2003 年第 5 期，頁 45～54。

71. 林開世，〈風水作爲一種空間的實踐：一個人類學的反思〉，《臺灣人類學刊》，5 卷 2 期，2007 年 12 月，頁 63～122。

72. 林偉盛，〈清代淡水廳的分類械鬥〉，《臺灣風物》，52 卷 2 期，2002 年 6 月，頁 17～56。

73. 林會承，〈澎湖的聚落單元：兼論清代澎湖的地方自治〉，《中央研究院民族學研究所集刊》，第 81 期，1996 年春季，頁 53～132。

74. 林萬傳，〈中山區寺廟誌略〉，《臺北文獻》，直字第 81 期，1987 年 9 月，頁 47～50。

75. 林萬傳，〈松山區地名沿革〉，《臺北文獻》，直字第 86 期，1988 年 12 月，頁 63～78。

76. 林漢章，〈清代臺灣的善書事業〉，收入儲一貫主編，《臺灣史研究暨史料發掘研討會論文集》，高雄：中華民國臺灣史蹟研究中心，1987 年，頁 141～150。

77. 林瑋嬪，〈「風水寶地」的出現——移民與地方再造〉，收入黃應貴主編，《空間與文化場域：空間之意象、實踐與社會的生產》，臺北：漢學研究中心，2009 年，頁 299～334。

78. 林衡道、高而恭，〈臺灣的古墓〉，《臺灣文獻》，19 卷 1 期，1968 年 3 月，頁 45～50。

79. 林衡道，〈臺灣的民間傳說〉，《漢學研究》，8 卷 1 期，1990 年 6 月，頁 665～681。

80. 邱永章，〈五溝水——一個六堆客家聚落實質環境之研究〉，臺中：私立東海大學建築研究所碩士論文，1989 年 6 月。

81. 邱弈松，〈鄭芝龍與諸羅山〉，《臺北文獻》，第 59、60 合期，1982 年 6 月，頁 389～402。

82. 周婉窈，〈山在瑤波碧浪中——總論明人的臺灣認識〉，《臺大歷史學報》，第 40 期，2007 年 12 月，頁 93～148。

83. 侯杰、劉宇聰，〈歷史人類學視角下的福建風水文化——評陳進國著《信仰、儀式與鄉土社會：風水的歷史人類學探索》〉，《世界宗教研究》，2006 年第 3 期，頁 152～154。

84. 洪玉蓉，〈小琉球傳統合院住宅空間構成之研究〉，雲林：國立雲林科技大學空間設計研究所碩士論文，2002 年 6 月。

85. 洪健榮，〈當「礦脈」遇上「龍脈」：清季北臺雞籠煤務史上的風水論述〉，《臺灣風物》，50 卷 3～4 期，2000 年 9 月、2001 年 1 月，頁 15～68，155～188。

86. 洪健榮，〈清修臺灣方志「風俗」門類的理論基礎及論述取向〉，《中國歷史學會史學集刊》，第 32 期，2000 年 7 月，頁 119～154。

87. 洪健榮，〈清代臺灣文教發展與風水習俗的關聯〉，《臺灣風物》，55 卷 2～3 期，2005 年 6、9 月，頁 115～144，81～104。

88. 洪健榮，〈塑造境域「佳城」：清代臺灣設治築城的風水考量〉，《臺北文獻》，直字第 155 期，2006 年 3 月，頁 45～113。

89. 洪健榮，〈風水習俗與清代臺灣區域開發的互動〉，《臺灣文獻》，57 卷 1 期，2006 年 3 月，頁 225～254。

90. 洪健榮，〈明鄭治臺前後風水習俗在臺灣社會的傳佈〉，《臺南文化》，新 60 期，2006 年 6 月，頁 16～52。

91. 洪健榮，〈風水葬俗在清代臺灣社會的版圖擴張及區域特性〉，《臺北文獻》，直字第 157 期，2006 年 9 月，頁 95～149。

92. 洪健榮，〈當「風水」成為「禍水」──清代臺灣社會的風水糾紛〉，《臺南文化》，新 61 期、62 期，2006 年 12 月、2007 年 6 月，頁 27～54。

93. 洪健榮，〈落地生根：清代臺灣客家族群的風水葬俗〉，《臺灣文獻》，59 卷 3 期，2008 年 9 月，頁 39～87。

94. 洪健榮，〈明末耶穌會士艾儒略對中國傳統堪輿術數的批判〉，《輔仁歷史學報》，第 22 期，2009 年 1 月，頁 237～267。

95. 洪健榮，〈清季淡水開港後西教傳佈與傳統風水民俗的衝突〉，《臺北文獻》，直字第 172 期，2010 年 6 月，頁 43～68。

96. 洪敏麟，〈古地名沙馬磯位置的調查報告書：關於沙馬磯古地名現在位置的探討〉，《臺灣文獻》，17 卷 2 期，1966 年 6 月，頁 48～72。

97. 洪曉聰，〈烈嶼傳統聚落之研究──村落領域關係、擇址和空間組織之探討〉，臺南：國立成功大學建築研究所碩士論文，1994 年 1 月。

98. 柯俊成，〈臺南（府城）大街空間變遷之研究〉，臺南：國立成功大學建築研究所碩士論文，1998 年。

99. 范勝雄，〈府城地理傳說〉，《臺南文化》，新 44 期，1997 年 12 月，頁 97～120。

100. 姜佩君，〈澎湖的七鶴穴傳說〉，《硓𥑮石》，第 15 期，1999 年 6 月，頁 45～57。

101. 姜道章，〈十八世紀及十九世紀臺灣營建的古城〉，《南洋大學學報》，第 1 期，1967 年，頁 182～200。

102. 施邦興，〈《葬書》中的風水理論──環境規範體系之研究〉，臺南：國立成功大學建築研究所碩士論文，1989 年 6 月。

103. 施志汶，〈「臺灣史研究」的反思──以近十年來國內各校歷史研究所碩士論文為中心（1983～1992）〉，《國立臺灣師範大學歷史學報》，第 22 期，1994 年 6 月，頁 413～446。

104. 施志汶，〈近十年歷史研究所臺灣史碩士論文之考察（1993～2002 年）〉，《臺灣史料研究》，第 21 號，2003 年 9 月，頁 54～87。

105. 施順生，〈臺灣地區敬字亭稱謂之探討〉，《中國文化大學中文學報》，第 15 期，2007 年 10 月，頁 117～168。

106. 施翠峰，〈臺灣民間故事的發展及其內容〉，《漢學研究》，8 卷 1 期，1990

年 6 月，頁 677～681。

107. 胡國雄，〈伙房屋廳下空間之文化內涵研究──以桃、竹、苗為例〉，臺北：國立臺灣師範大學工業教育研究所碩士論文，1998 年 6 月。

108. 胡萬川，〈土地‧命運‧認同──京官來臺灣敗地理傳說之探討〉，《臺灣文學研究學報》，第 1 期，2005 年 10 月，頁 1～21。

109. 胡維佳，〈陰陽、五行、氣觀念的形成及其意義──先秦科學思想體系試探〉，《自然科學史研究》，1993 年第 1 期，頁 16～28。

110. 高麗珍，〈臺灣民俗宗教之空間活動──以玄天上帝祭祀活動為例〉，臺北：國立臺灣師範大學地理研究所碩士論文，1988 年 6 月。

111. 夏雯霖，〈清末後堆地方傳統聚落之研究〉，臺南：國立成功大學建築研究所碩士論文，1994 年 6 月。

112. 孫海泉、王少久，〈劉銘傳與臺灣煤礦〉，《福建論壇》，1994 年 2 期，頁 64～69。

113. 唐錫仁、黃德志，〈試論我國早期陰陽五行說與地理的關係〉，《天津師院學報》，1980 年第 2 期，頁 26～30。

114. 唐蕙韻，〈金門民間故事研究〉，臺北：私立中國文化大學中國文學研究所碩士論文，1997 年 6 月。

115. 根岸勉治，〈噶瑪蘭熟番移動與漢族之殖民〉，《臺灣風物》，14 卷 4 期，1964 年 10 月，頁 7～15。

116. 堀込憲二，〈清朝時代臺灣恒春縣城的風水：以方志及實地勘測為中心〉，《建築學刊》，第 8 期，1986 年 4 月，頁 67～72。

117. 堀込憲二，〈如何解讀臺灣都市的風水──風水思想與清代臺灣的城市之研究〉，《哲學雜誌》，第 3 期，1991 年 1 月，頁 79～101。

118. 郭中端、堀込憲二著，卞鳳奎譯，〈風水漫談〉，《史聯雜誌》，第 30、31 期，1997 年 12 月，頁 169～188。

119. 郭金龍，〈談澎湖傳統民宅的厭勝物──以風櫃為例〉，《西瀛風物》，第 4 期，1998 年 6 月，頁 82～92。

120. 郭庭源，〈臺灣與金門地區民間風水傳說研究〉，高雄：國立高雄師範大學國文研究所碩士論文，2007 年元月。

121. 郭時銘，〈北埔傳統聚落空間之歷史論述〉，桃園：私立中原大學建築研究所碩士論文，1995 年 6 月。

122. 郭雙林，〈論晚清思想界對風水的批判〉，《史學月刊》，1994 年第 3 期，頁 43～51。

123. 盛清沂，〈清代本省之喪葬救濟事業〉，《臺灣文獻》，22 卷 2 期，1971 年 6 月，頁 28～48。

124. 婁子匡，〈鄭成功傳說之整理〉，《臺北文獻》，第 1 期，1962 年 6 月，頁 101～130。

125. 婁子匡，〈迷信堪輿的陳望曾〉，《臺北文獻》，第 6～8 期，1969 年 12 月，頁 94～96。

126. 張文瑞，〈陽宅風水與建築相關技術之研究〉，臺北：私立中國文化大學實業計劃研究所工學組博士論文，1991 年 7 月。

127. 張玉法，〈福州船廠之開創及其初期發展（1866～1875）〉，《中央研究院近代史研究所集刊》，第 2 期，1971 年 6 月，頁 177～225。

128. 張守真，〈康熙領臺時期鳳山縣治設置問題探討〉，《高縣文獻》，第 11 期，1991 年 11 月，頁 191～213。

129. 張守真，〈左營興隆莊縣城淪為舊城原因初探〉，《高市文獻》，10 卷 1 期，1997 年 7～9 月，頁 1～21。

130. 張宇彤，〈金門與澎湖傳統民宅形塑之比較研究——以營建中的禁忌、儀式與裝飾論述之〉，臺南：國立成功大學建築研究所博士論文，2001 年 6 月。

131. 張明喜，〈中國術數文化發凡〉，《社會科學》，1992 年第 2 期，頁 49～53。

132. 張昀浚，〈臺灣民間風水傳說研究〉，臺北：國立臺北大學民俗藝術研究所碩士論文，2004 年 6 月。

133. 張昀浚，〈臺灣民間的聚落與寺廟風水傳說的類型和內容探討〉，《臺灣民俗藝術彙刊》，第 1 期，2004 年 10 月，頁 23～44。

134. 張建隆，〈淡水靈穴傳奇〉，《北縣文化》，第 49 期，1996 年 6 月，頁 29～32。

135. 張政亮、鄧國雄、吳健蘭，〈臺北地區漢人聚落拓墾與地形之相關研究〉，《師大地理研究報告》，第 40 期，2004 年 5 月，頁 67～90。

136. 張朝隆，〈清朝鳳山縣治遷移之研究〉，臺南：國立成功大學歷史研究所碩士論文，2001 年 6 月。

137. 張雅蕙，〈漚汪傳統民宅空間之研究〉，臺南：國立成功大學建築研究所碩士論文，2000 年 1 月。

138. 張勝彥，〈清代臺灣書院制度初探〉，《食貨月刊》，復刊 6 卷 3～4 期，1976 年 6～7 月，頁 11～23，8～18。

139. 張勝彥，〈清代臺灣廳縣之建置與調整〉，《史聯雜誌》，第 22 期，1993 年 6 月，頁 27～57。

140. 張壽安，〈十七世紀中國儒學思想與大眾文化間的衝突：以喪葬禮俗為例〉，《漢學研究》，11 卷 2 期，1993 年 12 月，頁 69～80。

141. 張震鐘，〈澎湖民宅營造方式變遷之研究——以二崁為個案〉，臺北：私立淡江大學建築研究所碩士論文，1993 年 6 月。

142. 張燕芬、王麗娟，〈風水釋義〉，《語文學刊（高教版）》，2006 年第 1 期，頁 90～91。

143. 陳壬癸，〈談臺灣民間習俗「風水」〉，《臺灣文獻》，32 卷 3 期，1981 年 9 月，頁 95～99。

144. 陳壬癸，〈馬偕博士與臺灣〉，《臺灣文獻》，33 卷 2 期，1982 年 6 月，頁 111～119。

145. 陳亦榮，〈從族譜看清代漢人在臺灣地區遷徙之特質〉，收入《第五屆亞洲族譜學術研討會會議記錄》，臺北：聯合報文化基金會國學文獻館，1991 年，頁 71～104。

146. 陳有樂，〈臺灣合葬墓園的探討——以金湖「萬人塚」演變爲例〉，嘉義：南華大學環境與藝術研究所碩士論文，2001 年 6 月。

147. 陳志梧，〈空間變遷的社會歷史分析：以日本殖民時期的宜蘭地景爲個案〉，臺北：國立臺灣大學土木工程研究所博士論文，1988 年 1 月。

148. 陳居淵，〈論焦循的易學與堪輿學〉，《周易研究》，2006 年第 3 期，頁 5～11。

149. 陳其南，〈土著化與內地化：論清代臺灣漢人社會的發展模式〉，收入《中國海洋發展史論文集（第一輯）》，臺北：中央研究院中山人文社會科學研究所，1984 年，頁 335～366。

150. 陳秋坤，〈清代前期對臺少數民族政策與臺灣土著的傳統土地權利，1690～1766〉，收入中央研究院近代史研究所編，《近代中國初期歷史研討會論文集》，臺北：中央研究院近代史研究所，1989 年，頁 1023～1038。

151. 陳純瑩，〈明鄭對臺灣的經營（1661～1683）〉，臺北：國立臺灣師範大學歷史研究所碩士論文，1986 年 5 月。

152. 陳連武，〈風水——空間意識形態實踐：臺北個案〉，臺北：私立淡江大學建築研究所碩士論文，1993 年 6 月。

153. 陳啓鐘，〈風生水起——論風水對明清時期閩南宗族發展的影響〉，《新史學》，18 卷 3 期，2007 年 9 月，頁 1～43。

154. 陳偉智，〈「龜」去來兮！——龜山島與宜蘭文化史初探〉，收入黃于玲編，《眺望海洋的蘭洋平原：「宜蘭研究」第四屆學術研討會論文集》，宜蘭：宜蘭縣政府文化局，2002 年，頁 247～282。

155. 陳進忠，〈略論「臺灣之獄」〉，《中國近代史》，1985 年 12 期，頁 50～56。

156. 陳進國，〈福建買地券與武夷君信仰〉，《臺灣宗教研究通訊》，第 3 期，2002 年 4 月，頁 101～117。

157. 陳進國，〈事生事死：風水與福建社會文化變遷〉，廈門：廈門大學博士論文，2002 年 7 月。

158. 陳進國，〈民間通書的流行與風水術的民俗化——以閩臺洪潮和通書爲

例〉，《臺灣宗教研究通訊》，第 4 期，2002 年 10 月，頁 195～230。

159. 陳進國，〈安鎮符咒的利用與風水信仰的輻射——以福建爲中心的探討〉，《世界宗教研究》，2002 年第 4 期，頁 105～120。

160. 陳進國，〈寺廟靈籤的流傳與風水信仰的擴散——以閩臺爲中心的探討〉，《宗教學研究》，2003 年第 1 期，頁 61～73。

161. 陳進國，〈風水信仰與鄉族秩序的議約化——以契約爲證〉，《中國社會經濟史研究》，2004 年第 4 期，頁 73～89。

162. 陳進國，〈扶乩活動與風水信仰的人文化〉，《世界宗教研究》，2004 年第 4 期，頁 138～148。

163. 陳進國，〈理性驅馳：風水信仰與士紳階層的人文抉擇——福建的案例〉，《臺灣宗教研究通訊》，第 7 期，2005 年 7 月，頁 1～91。

164. 陳進國，〈墳墓形制與風水信仰——福建與琉球（沖繩）的事例〉，《新世紀宗教研究》，4 卷 1 期，2005 年 9 月，頁 2～54。

165. 陳進國，〈骨骸的替代物與祖先崇拜：福建的案例〉，《宗教哲學》，第 34 期，2005 年 10 月，頁 172～196。

166. 陳進國，〈考古材料所記錄的福建「買地券」習俗〉，《民俗研究》，2006 年第 1 期，頁 165～184。

167. 陳進國，〈《洗骨改葬の比較民俗學の研究》評述〉，《民俗研究》，2006 年第 1 期，頁 263～269。

168. 陳燈貴，〈私挖煤炭禁令碑的幾個問題〉，《臺煤》，第 552 期，1988 年 4 月，頁 1～8。

169. 陳漢元，〈臺灣有關地理之民間故事初輯〉，《臺灣風物》，16 卷 3 期，1966 年 6 月，頁 37～45。

170. 莊吉發，〈信仰與生活——從現藏檔案看清代臺灣的民間信仰〉，《臺灣文獻》，51 卷 3 期，2000 年 9 月，頁 123～137。

171. 莊吉發，〈從現藏檔案資料看清代臺灣的文教措施〉，《臺灣文獻》，51 卷 4 期，2000 年 12 月，頁 15～31。

172. 莊吉發，〈從檔案資料看清代臺灣的客家移民與客家義民〉，收入氏著《清史論集（十二）》，臺北：文史哲出版社，2003 年，頁 259～286。

173. 莊英章，〈房頭神與宗族分支：以惠東與鹿港爲例〉，《中央研究院民族學研究所集刊》，第 88 期，1999 年秋季，頁 203～232。

174. 許書怡、莊英章，〈新竹客家地區的龍神崇拜〉，《臺灣風物》，45 卷 1 期，1995 年 3 月，頁 152～172。

175. 梁宇元，〈清末北埔聚落構成之研究——一個客家居住型態之探討〉，臺南：國立成功大學建築研究所碩士論文，1988 年 6 月。

176. 畢長樸，〈試論洗骨葬文化的起源〉，《臺灣風物》，20 卷 3 期，1970 年 8 月，頁 5～9。

177. 畢長樸，〈洗骨葬制的起源與發展〉，《臺北文獻》，直字第 76 期，1986 年 6 月，頁 85～114。

178. 彭喜豪，〈臺北府城理氣佈局之星宿立向研究〉，《臺北文獻》，直字第 151 期，2005 年 3 月，頁 305～344。

179. 傅寶玉，〈文教與社會力：敬字亭與客家社會意象的建構〉，《思與言》，43 卷 2 期，2005 年 6 月，頁 77～118。

180. 覃瑞南，〈風水鎮物在臺灣地區民宅施作的研究〉，《臺南女院學報》，第 23 期，2004 年 10 月，頁 267～286。

181. 覃瑞南，〈中國山水畫中風水龍脈之研究〉，《臺南科大學報·生活藝術》，第 27 期，2008 年 9 月，頁 79～92。

182. 黃一農，〈擇日之爭與「康熙曆獄」〉，《清華學報》，新 21 卷 2 期，1991 年 12 月，頁 247～280。

183. 黃一農，〈耶穌會士對中國傳統星占術數的態度〉，《九州學刊》，4 卷 3 期，1991 年 10 月，頁 5～23。

184. 黃一農，〈從湯若望所編民曆試析清初中歐文化的衝突與妥協〉，《清華學報》，新 26 卷 2 期，1996 年 6 月，頁 189～220。

185. 黃一農，〈通書——中國傳統天文與社會的交融〉，《漢學研究》，14 卷 2 期，1996 年 12 月，頁 159～186。

186. 黃文車，〈高屏地區墓穴風水傳說之結構與意涵初探〉，收入國立高雄師範大學臺灣文化及語言研究所編，《2010 年臺灣文化及語言學術研討會論文集》，高雄：國立高雄師範大學臺灣文化及語言研究所，2010 年，頁 39～53。

187. 黃仲淇，〈風水場域之意象性研究——以三元理氣爲例〉，嘉義：南華大學環境與藝術研究所碩士論文，2004 年 7 月。

188. 黃有興，〈澎湖民間信仰初探〉，《臺灣文獻》，38 卷 2 期，1987 年 6 月，頁 51～113。

189. 黃秀政，〈朱一貴的傳說與歌謠〉，《臺灣文獻》，26 卷 3 期，1975 年 9 月，頁 149～151。

190. 黃秀顏，〈地券與柏人：宋元江西民俗芻探〉，《中國文化研究所學報》，新第 6 期，1997 年，頁 97～128。

191. 黃典權，〈延平王鄭二公子墓考〉，《臺灣風物》，19 卷 1、2 期，1969 年 6 月，頁 41～58。

192. 黃典權，〈鄭成功復臺前臺灣開發史事新材——東勢村方氏祖先源流之勘考〉，《史蹟勘考》，第 8 期，1982 年 6 月，頁 39～63。

193. 黃典權，〈皇明壬寅重修故妣吳門徐氏塋墓考證〉，《國立成功大學歷史學報》，第 12 號，1985 年 12 月，頁 155～177。

194. 黃典權，〈三研「蔣公子」〉，《國立成功大學歷史學報》，第 13 號，1987 年 3 月，頁 83～154。

195. 黃典權，〈近代中國歷史初期臺灣實證史料考索〉，收入中央研究院近代史研究所編，《近代中國初期歷史研討會論文集》，臺北：中央研究院近代史研究所，1989 年，頁 977～1012。

196. 黃哲水，〈由傳說與文獻來看王得祿〉，《臺灣風物》，25 卷 1 期，1975 年 3 月，頁 15～21。

197. 黃得時，〈劍潭一帶的傳說奇聞〉，《臺北文物》，2 卷 2 期，1953 年 8 月，頁 79～84。

198. 黃啓明，〈艋舺與龍山寺〉，《臺北文物》，2 卷 1 期，1953 年 4 月，頁 47～49。

199. 黃健敏，〈臺灣的城與堡〉，《建築師》，1979 年 5～6 月。

200. 黃富三，〈清代臺灣之移民的耕地取得問題及其對土著的影響〉，《食貨月刊》，復刊第 11 卷 1～2 期，1981 年 4～5 月，頁 19～36，26～46。

201. 黃蘭翔，〈風水中的宗族脈絡與其對生活環境經理的影響〉，《臺灣史研究》，4 卷 2 期，1997 年 12 月，頁 57～88。

202. 黃蘭翔，〈以「風水」觀點論客家人的住家環境〉，收入徐正光主編，《聚落、宗族與族群關係》，臺北：中央研究院民族學研究所，2000 年，頁 153～190。

203. 曾玉昆，〈鳳山縣城建城史之探討〉，《高市文獻》，9 卷 1 期，1996 年 7～9 月，頁 1～64。

204. 楊文衡，〈試論中國古代地學與自然和社會環境的關係〉，《自然科學史研究》，1997 年第 1 期，頁 1～9。

205. 楊秉煌，〈大溪地區傳統建築的地理研究〉，臺北：國立臺灣師範大學地理研究所碩士論文，1989 年 6 月。

206. 楊國柱，〈從風水理論觀點探討殯葬設施用地之規劃選址〉，《生死學研究》，創刊號，2003 年 12 月，頁 93～114。

207. 楊瑟恩，〈鄭成功傳說研究〉，臺北：私立輔仁大學中國文學系碩士論文，1997 年 6 月。

208. 葉春榮，〈風水與空間——一個臺灣農村的考察〉，收入黃應貴主編，《空間、力與社會》，臺北：中央研究院民族學研究所，1995 年，頁 317～350。

209. 葉春榮，〈風水與報應：一個臺灣農村的例子〉，《中央研究院民族學研究所集刊》，第 88 期，1999 年秋季，頁 233～257。

210. 葉振輝，〈鴉片戰爭與臺灣〉，《臺灣文獻》，43 卷 2 期，1992 年 6 月，頁

129～135。

211. 葉曉青，〈論科學技術在中國傳統哲學中的地位〉，收入杜石然主編，《第三屆國際中國科學史討論會論文集》，北京：科學出版社，1990 年，頁302～305。

212. 楊仁江，〈石敢當初探——臺南地區石敢當實例〉，《臺南文化》，新 24 期，1987 年 12 月，頁 63～113。

213. 溫振華，〈清代臺灣漢人的企業精神〉，《國立臺灣師範大學歷史學報》，第 9 期，1981 年 5 月，頁 111～139。

214. 溫振華，〈清代臺灣的建城與防衛體系的演變〉，《國立臺灣師範大學歷史學報》，第 13 期，1985 年 6 月，頁 253～274。

215. 龍玉芬，〈廟宇與聚落互動之研究——以北埔慈天宮爲例〉，《臺灣風物》，52 卷 3～4 期，2002 年 9、12 月，頁 123～192，95～106。

216. 漢寶德，〈風水——中國人的環境觀念架構〉，《國立臺灣大學建築與城鄉研究學報》，2 卷 1 期，1983 年 6 月，頁 123～150。

217. 漢寶德，〈風水宅法中禁忌之研究〉，《國立臺灣大學建築與城鄉研究學報》，3 卷 1 期，1987 年 9 月，頁 5～55。

218. 趙啓斌，〈山水格局與龍脈氣勢〉，《東南文化》，2001 年第 3 期，頁 40～45。

219. 鄧元忠，〈科學主義在中國（民國 20 年～26 年）〉，《國立臺灣師範大學歷史學報》，第 17 期，1989 年 6 月，頁 341～367。

220. 劉大可，〈風水與傳統客家村落社會——閩西武北村落的田野調查研究〉，《客家文化研究通訊》，第 8 期，2006 年 4 月，頁 41～86。

221. 劉芳宜，〈雲林縣地方傳說研究〉，雲林：國立雲林科技大學漢學資料整理研究所碩士論文，2007 年 7 月。

222. 劉秀美，〈日治時期六堆客家祠堂建築之研究〉，臺南：國立成功大學建築研究所碩士論文，2001 年 7 月。

223. 劉祥光，〈宋代風水文化的擴展〉，《臺大歷史學報》，第 45 期，2010 年 6 月，頁 1～78。

224. 劉敏耀，〈「地理」對澎湖聚落空間的影響〉，桃園：私立中原大學建築研究所碩士論文，1995 年 6 月。

225. 劉敏耀，〈澎湖地理師常用的擇向方法〉，《澎湖縣立文化中心季刊》，第 11 期，1998 年 6 月，頁 40～48。

226. 劉淑芬，〈清代鳳山縣城的營建與遷移〉，《高雄文獻》，第 20、21 期合刊，1985 年 1 月，頁 5～46。

227. 劉淑芬，〈清代的鳳山縣城——一個縣城遷移的個案研究〉，《高雄文獻》，第 20、21 期合刊，1985 年 1 月，頁 47～63。

228. 劉淑芬，〈清代臺灣的築城〉，《食貨月刊》，復刊第 14 卷 11、12 期，1985 年 3 月，頁 40～59。

229. 劉翠溶，〈漢人拓墾與聚落之形成：臺灣環境變遷之起始〉，收入劉翠溶、伊懋可主編，《積漸所至》，臺北：中央研究院經濟研究所，1995 年。

230. 劉毅，〈明代帝王陵墓選址規則研究〉，收入張國剛主編，《中國社會歷史評論》第 3 卷，北京：中華書局，2001 年，頁 378～386。

231. 劉曉親，〈楊本縣過臺灣傳說研究〉，桃園：國立中央大學中國文學系研究所碩士論文，2007 年 7 月。

232. 廖春生，〈清代臺北城空間形式之變遷〉，臺北：國立臺灣大學土木工程學研究所碩士論文，1988 年 6 月。

233. 廖倫光，〈臺灣傳統墳塚的地方性樣式與衍化研究〉，桃園：私立中原大學建築學系碩士論文，2004 年 7 月。

234. 廖漢臣，〈荷人經略北部臺灣〉，《臺北文物》，8 卷 3 期，1959 年 10 月，頁 1～17。

235. 廖漢臣，〈鴉片戰爭與臺灣之獄〉，《臺灣文獻》，16 卷 1 期，1965 年 3 月，頁 24～52。

236. 蔡宗昇，〈當前恒春古城（城牆）空間意義的詮釋與衝突〉，臺北：私立淡江大學建築學系碩士論文，1997 年 1 月。

237. 蔡秉德，〈澎湖澎南聚落之空間研究〉，臺北：私立中國文化大學地學研究所碩士論文，1997 年 6 月。

238. 蔡相煇，〈二王廟與鄭成功父子陵寢〉，《臺灣文獻》，35 卷 4 期，1984 年 12 月，頁 33～39。

239. 蔡淵洯，〈清代臺灣的社會領導階層（1684～1895）〉，臺北：國立臺灣師範大學歷史研究所碩士論文，1980 年 7 月。

240. 蔡淵洯，〈光復後臺灣地區有關清代臺灣社會史研究的檢討〉，《思與言》，23 卷 1 期，1985 年 5 月，頁 71～92。

241. 蔡淵洯，〈清代臺灣的移墾社會〉，收入《認識臺灣歷史論文集》，臺北：國立臺灣師範大學歷史學系，1997 年，頁 83～109。

242. 蔡增仲、林仁川，〈清代臺灣城市規劃的變體禮制思想〉，《中華建築技術學刊》，7 卷 1 期，2010 年 6 月，頁 57～76。

243. 蔡懋棠，〈鹿港「日茂行」是龍蝦穴的傳說〉，《臺灣風物》，20 卷 2 期，1970 年 5 月，頁 40～42。

244. 蔡懋棠，〈林占梅軼事〉，《臺灣風物》，25 卷 4 期，1975 年 12 月，頁 74。

245. 潘君祥，〈論官辦基隆煤礦的創辦和經營〉，《中國社會經濟史研究》，1988 年第 1 期，頁 86～92。

246. 潘英，〈臺灣原住民族的族稱演變〉，《臺北文獻》，直字第 111 期，1995 年 3 月，頁 126～146。

247. 鄭喜夫，〈清代臺灣善書初探〉，《臺灣文獻》，33 卷 3 期，1982 年 9 月，頁 7～37。

248. 鄭喜夫，〈鄭延平之世系與井江鄭氏人物雜述〉，《臺灣文獻》，41 卷 3、4 期，1990 年 12 月，頁 233～282。

249. 鄭喜夫，〈讀〈皇明誥封夫人丘氏誌銘〉〉，《臺灣文獻》，51 卷 2 期，2000 年 6 月，頁 275～288。

250. 賴子清，〈南市科舉人物詩文輯〉，《臺南文化》，6 卷 4 期，1959 年 10 月，頁 70～86。

251. 賴仕堯，〈風水：由論述構造與空間實踐的角度研究清代臺灣城市空間〉，臺北：國立臺灣大學建築與城鄉研究所碩士論文，1993 年 2 月。

252. 賴志彰，〈一九四五年以前臺中民居空間地域特色之轉化〉，收入王正雄總編輯，《中縣開拓史學術研討會論文集》，臺中：臺中縣立文化中心，1994 年，頁 288～311。

253. 謝宗榮，〈厭勝物所反映的臺灣民間信仰空間觀念〉，《臺北文獻》，直字第 124 期，1998 年 6 月，頁 131～160。

254. 謝宗榮，〈臺灣辟邪劍獅研究〉，臺北：國立藝術學院傳統藝術研究所碩士論文，2000 年 6 月。

255. 謝貴文，〈臺灣民間故事「林半仙」初探〉，《高市文獻》，20 卷 3 期，2007 年 9 月，頁 145～162。

256. 謝貴文，〈半屏山的由來傳說探析〉，《高市文獻》，21 卷 1 期，2008 年 3 月，頁 101～124。

257. 謝貴文，〈報恩、報仇與報應——臺灣民間故事「林半仙」再探〉，《高市文獻》，21 卷 3 期，2008 年 9 月，頁 102～115。

258. 蕭道明，〈清代臺灣鳳山縣城的營建〉，南投：國立暨南國際大學歷史研究所碩士論文，2000 年 6 月。

259. 盧明德，〈安平古聚落所見獸牌及其造形之研究〉，《實踐學報》，第 12 期，1981 年 3 月，頁 243～299。

260. 鍾心怡，〈新竹縣客家傳統夥房屋卦書之基礎研究〉，臺南：國立成功大學建築研究所碩士論文，2001 年 1 月。

261. 鍾明樺，〈臺灣閩客傳統民宅構造類型之研究——以旗山鎮與美濃鎮為例〉，雲林：國立雲林科技大學空間設計研究所碩士論文，2002 年 6 月。

262. 戴文和，〈在科學與迷信之間——古代神秘的風水學初論〉，《僑光學報》，第 24 期，2004 年 10 月，頁 1～17。

263. 戴文鋒，〈清代臺灣的社會救濟〉，臺南：國立成功大學歷史語言研究所

碩士論文，1991 年 6 月。

264. 韓森（Valerie Hansen），〈宋代的買地券〉，收入鄧廣銘、漆俠主編，《國際宋史研討會論文選集》，保定：河北大學出版社，1992 年，頁 133～149。

265. 簡松村，〈風水奇譚——清代皇陵迷信風水〉，《故宮文物月刊》，第 6 期，1983 年 9 月，頁 38～43。

266. 簡美玲、劉塗中，〈書院與堪輿：中港溪頭份街庄一個客家家族的知識與經濟〉，收入詹素娟主編，《族群、歷史與地域社會：施添福教授榮退論文集》，臺北：中央研究院臺灣史研究所，2011 年，頁 185～222。

267. 簡齊儒，〈支付與回報、試煉與公理——從「社會交換論」觀點探析臺灣地理師風水傳說〉，《興大人文學報》，第 33 期（上），2003 年 6 月，頁 181～211。

268. 顏尚文，〈赤山龍湖巖觀音信仰與嘉義縣赤山保地區的發展（1661～1895）〉，《國立臺灣師範大學歷史學報》，第 29 期，2001 年 6 月，頁 95～132。

269. 關華山，〈臺灣傳統民宅所表現的空間觀念〉，《中央研究院民族學研究所集刊》，第 49 期，1980 年春季，頁 175～215。

270. 嚴昌洪，〈民國時期喪葬禮俗的改革與演變〉，《近代史研究》，1998 年第 5 期，頁 169～194。

271. 蘇益田，〈生態條件對澎湖傳統聚落型態之影響〉，桃園：私立中原大學建築研究所碩士論文，1995 年 6 月。

272. 蘇峰楠，〈記臺南市新發現的兩座明代古墓——兼論其墓碑形制〉，《臺灣文獻》，61 卷 3 期，2010 年 9 月，頁 367～400。

273. 羅永昌，〈新竹鄭氏家廟祭祀活動及祭祀空間之研究〉，宜蘭：私立佛光大學文化資產與創意學系碩士論文，2010 年。

274. 羅烈師，〈客家族群與客家社會：臺灣竹塹地區客家社會的形成〉，收入徐正光主編，《聚落、宗族與族群關係》，臺北：中央研究院民族學研究所，2000 年，頁 115～152。

（三）外文專書

1. 丸井圭治郎，《臺灣宗教調查報告書（第一卷）》，臺北：臺灣總督府，1919 年。

2. 巴克禮（Thomas Barclay），《巴克禮作品集》，臺南：教會公報出版社，2005 年。

3. 井出季和太，《臺灣治績志》，臺北：成文出版社，1985 年據昭和十二年排印本景印。

4. 片岡巖，《臺灣風俗誌》，臺北：臺灣日日新報社，1921 年。

5. 甘爲霖著，阮宗興譯校注，《臺南教士會議事錄》（*Handbook of the South Formosa Mission*），臺南：教會公報出版社，2004 年。

6. 伊能嘉矩，《臺灣文化志》，東京：刀江書院，1965 年。

7. 尾部仲榮編，《臺灣各地視察要覽》，臺北：成文出版社，1985 年據昭和五年刊本景印。

8. 牧尾良海，《風水思想論考》，東京：山喜房佛書林，1994 年。

9. 酒井忠夫，《增補中國善書の研究》，東京：株式會社國書刊行會，1999～2000 年。

10. 曾景來，《臺灣宗教と迷信陋習》，臺北：臺灣宗教研究會，1939 年。

11. 渡邊欣雄，《風水思想と東アジア》，京都：人文書院，1990 年。

12. 渡邊欣雄，《風水：氣の景觀地理學》，京都：人文書院，1994 年。

13. 渡邊欣雄，《風水の社會人類學——中國とその周邊比較》，東京：風響社，2001 年。

14. 渡邊欣雄、三浦國雄編，《風水論集》，東京：凱風社，1994 年。

15. 黃昭堂，《臺灣總督府》，東京：教育社，1981 年。

16. 鈴木清一郎，《臺灣舊慣冠婚葬祭と年中行事》，臺北：臺灣日日新報社，1934 年。

17. 臺北廳，《臺北廳志》，臺北：成文出版社，1985 年據大正八年排印本景印。

18. 增田福太郎，《臺灣の宗教》，東京：株式會社養賢堂，1939 年。

19. 臨時臺灣土地調查局，《臺灣舊慣制度調查一斑》，大阪：中村善助，1901 年。

20. 臨時臺灣土地調查局，《臺灣土地慣行一斑》，臺北：臺灣日日新報社，1905 年。

21. 臨時臺灣舊慣調查會，《臨時臺灣舊慣調查會第一部調查第一回報告書》，京都：經濟時報社，1903 年。

22. 臨時臺灣舊慣調查會，《臨時臺灣舊慣調查會第一部調查第二回報告書》，神戶：金子印刷所，1906 年。

23. 臨時臺灣舊慣調查會，《臨時臺灣舊慣調查會第一部調查第三回報告書・臺灣私法》，東京：東洋印刷株式會社，1910～1911 年。

24. 瀨川昌久，《族譜：華南漢族の宗族・風水・移居》，東京：風響社，1996 年。

25. Ahern, Emily M. *The Cult of the Dead in a Chinese Village*. Stanford: Stanford University Press, 1973.

26. Brandauer, Frederick P. and Chün-chien Huang (eds.) *Imperial Rulership and*

Cultural Change in Traditional China. Seattle: University of Washington Press, 1994.

27. Bruun, Ole. *Fengshui in China: Geomantic Divination between State Orthodoxy and Popular Religion.* Honolulu: University of Hawai'i Press, 2003.

28. Bruun, Ole. *An Introduction to Fengshui.* Cambridge: Cambridge University Press, 2008.

29. Campbell, William. *An Account of Missionary Success in the Island of Formosa.* London: Trubner & Co., 1889.

30. Campbell, William. *Sketch from Formosa.* London: Marshall Brothers, 1915.

31. Chang, Chung-li. *The Chinese Gentry: Studies on Their Role in Nineteenth-Century Chinese Society.* Seattle: University of Washington Press, 1955.

32. Chang, Hsin-Pao. *Commissioner Lin and the Opium War.* Cambridge/Mass.: Harvard University Press, 1964.

33. Cohen, Paul A. *China and Christianity: The Missionary Movement and the Growth of Chinese Anti-foreignism, 1860～1870.* Cambridge: Harvard University Press, 1963.

34. Collingwood, R. G. *The Idea of History.* Oxford: Clarendon Press, 1946.

35. Davidson, James W. *The Island of Formosa: Past and Present.* London/New York: Macmillan & Co., 1903.

36. Dreyfus, Hubert L. and Paul Rabinow. *Michel Foucault: Beyond Structuralism and Hermeneutics.* Chicago: The University of Chicago Press, 1982.

37. Fernandez, Pablo ed. *One Hundred Years of Dominican Apostolate in Formosa, 1859～1958.* trans. by Felix B. Bautista and Lourdes Syquia-Bautista, Manila: 1959. *Reprinted Taipei: SMC Publishing Inc., 1994.*

38. Feuchtwang, Stephan. *An Anthropological Analysis of Chinese Geomancy.* Vientiane/Paris: Vithagna, 1974.

39. Feuchtwang, Stephan. *The Imperial Metaphor: Popular Religion in China.* London/New York: Routledge, 1992.

40. Feyerabend, Paul. *Against Method.* London: Verso, 1978.

41. Foucault, Michel. *Power/Knowledge: Selected Interviews and Other Writings 1972～1977.* edited and translated by Colin Gordon. Brighton: The Harvester Press, 1980.

42. Freedman, Maurice. *Lineage Organization in Southeastern China.* London: University of London, Athlone Press, 1958.

43. Freedman, Maurice. *The Study of Chinese Society: Essays.* Stanford: Stanford University Press, 1979.

44. Gernet, Jacques. *China and the Christian Impact: A Conflict of Culture.* Translated by Janet Lloyd. Cambridge: Cambridge University Press, 1985.

45. Johnson, David, Andrew J. Nathan and Evelyn S. Rawski (eds.) *Popular Culture in Late Imperial China*. Berkeley: University of California Press, 1985.

46. Kuhn, Thomas S. *The Structure of Scientific Revolutions*. 2nd and enlarged ed. Chicago: The University of Chicago Press, 1970.

47. Kwok, Daniel W. T. *Scientism in Chinese Thought, 1900～1950*. New Haven: Yale University Press, 1965.

48. Lakatos, Imre and Alan Musgrave (eds.) *Criticism and the Growth of Knowledge*. Cambridge: Cambridge University Press, 1970.

49. MacLeod, Duncan. *The Island Beautiful: the Story of Fifty Years in North Formosa*. Toronto: Board of Foreign Missions of the Presbyterian Church in Canada, 1923.

50. Needham, Joseph. *Science and Civilisation in China*. vol. 2. Cambridge: Cambridge University Press, 1956.

51. Redfield, Robert. *Peasant Society and Culture: An Anthropological Approach to Civilization*. Chicago: University of Chicago Press, 1956.

52. Redfield, Robert. *The Little Community and Peasant Society and Culture*. Chicago: University of Chicago Press, 1960.

53. Skinner, G. William, ed. *The City in Late Imperial China*. Stanford: Stanford University Press, 1977.

54. Watson, James L. and Evelyn S. Rawski (eds.) *Death Ritual in Late Imperial and Modern China*. Berkeley/Los Angeles/London: University of California Press, 1988.

55. Wolf, Arthur P., ed. *Studies in Chinese Society*. Stanford: Stanford University Press, 1978.

（四）外文論文

1. 池田溫，〈中國歷代墓券略考〉，《東洋文化研究所紀要》，第 86 冊，1981 年 11 月，頁 193～278。

2. 堀込憲二，〈風水思想と中國都市の構造〉，東京：東京大學工學博士論文，1990 年。

3. 鄭正浩，〈臺灣における風水の傳承〉，收入牧尾良海博士頌壽記念論集刊行會編，《中國の宗教・思想と科學》，東京：國書刊行會，1984 年，頁 325～330。

4. 齋藤齊，〈風水研究に關する主要文獻目錄：和文・歐文編（刊年順）〉，《史學》，59 卷第 4 號，頁 165～180。

5. Lee, Sang Hae. "Feng-Shui: Its Context and Meaning." Ph.D. thesis, Cornell University, 1986.

後　記

　　本書的前身，爲筆者就讀國立臺灣師範大學歷史學系博士班期間，於 2003 年在恩師王爾敏教授的指導下所完成的博士論文，爲筆者計劃中一系列臺灣風水文化研究專書的首部曲。博士班畢業之後，由於入伍服役所造成的學術中斷，退伍謀職過程中的人事波折，再加上任職國立故宮博物院圖書文獻處期間的研究轉向，使得這部博士論文的修訂出版工作拖延日久。其間，筆者曾將當中部分章節修改成單篇專論發表。2010 年八月，筆者轉任國立臺北大學歷史學系教師，得以重拾過往對於臺灣史研究領域的專注。次年暑假，始有較多的空暇沉澱思緒，投入博士論文的修訂事宜。修訂的內容，主要著重於文句的潤飾、段落的調整及資料的增補，至於綱目架構與基本論點，除了將原論文第三、四章各拆成兩章之外，其餘仍大致維持原論文的格局。修訂工作於今年（2014）九月完成，委請新北市花木蘭文化出版社出版，在此致上深摯的謝意。本書修訂工作歷經多年斷續進行，疏漏與缺失之處在所難免，敬請海內外博雅方家不吝斧正指教。

　　博士論文寫作期間，感謝指導教授王爾敏老師的耳提面命，指引學生努力發展社會文化史、方志學、思想史等學術課題與研究方向，並給予學生自由發揮的空間。老師學養博大精深，在史學園地中耕耘不懈，以及對於學生的包容體諒，都是學生未來終身學習的典範。論文口試時，承蒙口試委員魏秀梅、張壽安、劉德美、溫振華老師的指正，讓學生能及時補救全文資料、用辭、斷句與史實方面的一些缺失，並鼓勵學生在學術領域中精益求精、更上層樓，令學生受益良多，感激不盡。

　　在博士班的學習階段，感謝李國祁、李恩涵、王啓宗、莊吉發、溫振華、

朱鴻老師於課堂中為學生絜下中國近代史、臺灣史、史學理論的專業研究能力，也要感謝蔡淵洯、吳文星老師在臺灣史研究領域的教導與啟發。吳學明、張弘毅、陳君愷、陳方中、陳俊強、邱麗娟、鄭永昌、陳健文、張妙娟、許世融、鄭政誠、楊翠、謝美娥、張省卿、魏君德、陳宗仁、吳蕙芳、蘇瑞鏘等多位學長姐以及在國立僑生大學先修班兼課期間沈宗憲、丁筱媛、杜欽、宋秉仁、鍾豔攸、邱炫煜、蔡佩娥、王緒安老師的協助與鼓勵，同窗好友吳美鳳、賴淙誠、李鳳圭、歐素瑛、范純武、吳政憲的相互關懷，課餘之際彼此的腦力激盪與知識交流，讓博士班期間成為筆者於十九歲北上求學之後最充實愉悅的學習階段。

近幾年來，筆者透過「風水」深入瞭解臺灣的歷史、人文與地理，「風水」成為筆者鑽研文獻史料、凝聚研究焦點與連結學術網絡的主要媒介，從中獲得了許多知性與感性的樂趣，並逐漸建立起個人的臺灣史觀。而筆者開始有志於探索「風水」與臺灣社會文化變遷的互動關係這項課題，則緣起於 1995 至 1997 年間跟隨尹章義老師編纂《五股志》期間所醞釀而成的研究構想。從大學時期以來，感謝尹老師開啟了學生的臺灣史視野，引導學生投入臺灣區域史、臺灣方志學與術數文化史的研究領域，並協助學生渡過求學期間的經濟困境與認知失調問題。

在中央研究院近代史研究所擔任張玉法老師的助理期間，張老師對於學問的態度與修養，於潛移默化之中，讓學生逐漸學會如何超越原本身處茫茫學海之中的迷惘、浮躁與不安，而能以坦然平靜的心情，將研究、生活與娛樂融合在一起，盡情地享受人世間永無止境的知識探索。歷經六年的光陰，每週一次於張老師研究室的工讀時間，如今成為博士班經歷中回憶至深的學習空間。

在國立清華大學歷史研究所碩士班求學期間，感謝指導教授徐光台老師以及黃一農、傅大為、張永堂老師的教導，讓學生在科學史與術數史的研究領域中絜下基礎，也逐漸摸索出自己後來可以發展的方向。

感謝田天賜（布農名菲力安・帖斯努男）老師與英年早逝的王新民（布農名霍斯陸曼・伐伐）老師，猶記得 2001 至 2003 年參與臺東縣《延平鄉志》編纂期間，透過兩位老師的關係結識到許多熱情的原住民朋友，這一段別開生面的編纂過程與生命經驗，不僅激發了我身上所擁有的原住民血統的呼喚，更讓我開始有機會深入思索原住民主體史觀的理論與實踐。

　　從輔仁大學、清華大學、臺灣師範大學的求學階段到後來謀職、就業期間，感謝所有曾經在精神、課業或物質上幫助過我的師長、同學與朋友們。輔大歷史學系大一導師雷俊玲老師多年來的關照，國立故宮博物院馮明珠院長的提攜，故宮各處室前輩師長與同事們的協助，令我銘感於心。在故宮任職期間，曾多次與家人利用假日到三峽、鶯歌一日遊，體驗當地的自然與人文之美；或與蔡龍保老師相約於北大、老街之間，暢談臺灣史研究的心得及構想。來到國立臺北大學歷史學系任教之後，系上師長們的勉勵與互助，師生之間的相處有如大家庭般的溫馨和樂，令人備感幸福踏實。多年來在教學及研究上追求安身立命的夢想，終得實現。

　　本書資料搜集的過程中，特別要感謝中央圖書館臺灣分館（國立臺灣圖書館）、國家圖書館、國立故宮博物院、國立臺灣大學圖書館以及中央研究院臺灣史研究所、近代史研究所、民族學研究所圖書館等學術文化單位提供的各項協助。

　　本書從初稿到修訂完成，前後間隔十二年的光陰。這段期間，筆者歷經了一些人生在世的起落浮沉；而這些人情世故的遭遇，或是從病痛折磨中復原的歷練，也為筆者的研究及創作累積了不少的能量。史學研究致廣大而盡精微，既為一種「異時空裡的知識追逐」，也是一種身心性命之學。每一篇史學論文或每一部歷史專著，都可視為研究者平生累積的學養、經驗與反思，在某一個階段具體呈現的結果。這部專書的問世，宣告筆者過去學習與摸索階段的暫停，也將預告著未來第二、三部曲寫作階段的開始。

　　回想 1990 年，西德國家隊在世界盃足球賽擊敗阿根廷國家隊，高舉第三次奪冠金盃。那一年，十九歲的我離開故鄉臺南，北上就讀輔仁大學歷史學系，展開了這一生在史學領域中的學海飄泊與知識追逐，也逐漸從效法德國精神的意念中凝鑄出「堅持到最後」的自我要求。從此，很巧合的，每逢四年一度的世界盃，我的人生似乎會有較大的波動變化。二十四年過去了，就在今年（2014），再度目睹德國國家隊贏得世界盃的榮耀之後，本書終得定稿出版，內子芯汝與我也迎接小女伊璿的誕生。

　　父母兄姊與岳父母多年來的照顧，家人與親朋好友的關懷，始終是我投身史學研究與實現學術理想的最大支持。

　　回首來時路，內心深處，盡是感激。

—2014.3.23. 於新北泰山民權居初稿
—2014.10.3. 於新北泰山民權居定稿